OTS 자격검정 수험서

현업 프로젝트 적용가능한 **OT보안 실무가이드**

OT보안관리사

ISO/IEC 27017 | 27018 | 27019 인증심사원 연수용 교재

공병철 외 23인 지음
정보보호연구회 감수

ISO27001

Security

ISMS
27017
27018
27019
27701

건강하고 안전한 정보보호

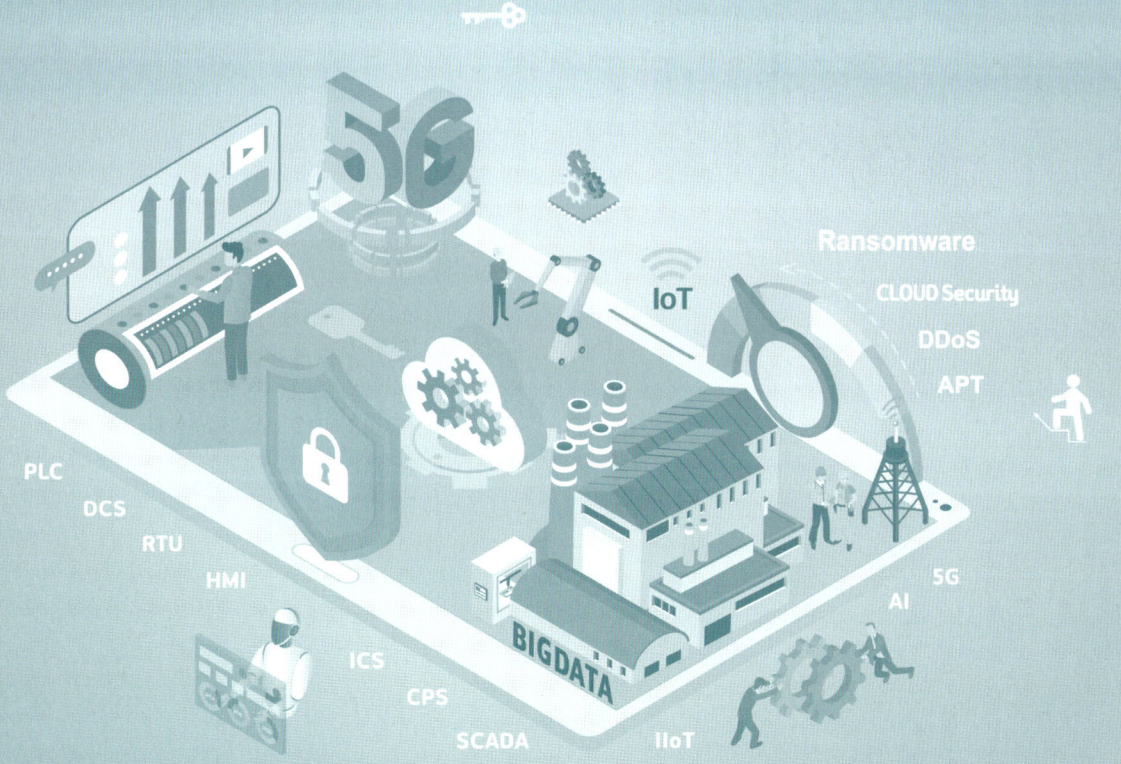

Operations Technology Security Specialist

S·L·I·N·K   정보보호인정협회   정보보호북스

OT보안관리사
Operations Technology Security Specialist

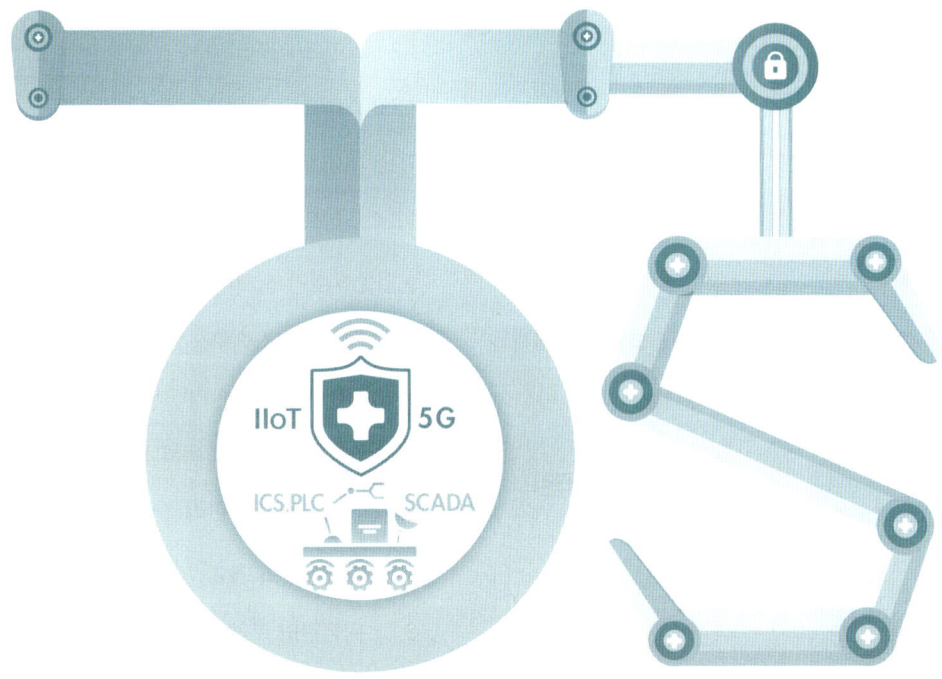

교재 목차

1. OT 산업 개요	1.1. OT 산업의 개념	1.1.1 OT 산업시스템의 이해
		1.1.2 OT 산업의 변화
		1.1.3 OT 산업의 보안 중요성
	1.2. 스마트 제조 개요	1.2.1 스마트 제조의 개념
		1.2.2 스마트 공장의 개념
		1.2.3 스마트 제조/공장의 동향
		1.2.4 스마트 제조의 정보보호 기술
2. OT 보안 관리체계	2.1. OT 보안 관리체계	2.1.1 OT 보안 정책수립
		2.1.2 OT 보안 조직구성
		2.1.3 OT 보안 운영관리
	2.2. OT 자산 관리	2.2.1 OT 자산식별 및 목록 관리
		2.2.2 OT 자산등급 관리
3. OT 위험관리	3.1. OT 위험관리 전략	3.1.1 위험관리의 개요
		3.1.2 위험관리 프레임워크
	3.2. OT 보안 위험평가	3.2.1 위험평가의 개요
		3.2.2 위험분석 방법론의 개요
	3.3. OT 보안 진단	3.3.1 OT 보안진단의 개요
		3.3.2 OT 보호대책 전략

4. OT 침해사고 관리	4.1. OT 중요정보 유출방지	4.1.1 OT 중요정보 관리 통제
		4.1.2 OT 보안 위험관리
		4.1.3 OT 환경의 랜섬웨어 방어 전략
	4.2. OT 침해대응 및 재해복구 체계	4.2.1 침해사고 유형 및 대책
		4.2.2 재해복구 체계
	4.3. OT 보안감사 전략	4.3.1 OT 보안감사 절차
		4.3.2 OT 보안감사 수행
		4.3.3 OT 보안감사 결과보고 및 조치
5. OT 보안인증 전략	5.1. ISO 국제표준 개요	5.1.1 ISO 국제표준의 이해
		5.1.2 세계 주요국의 OT보안 현황
	5.2. ISO 정보보안 인증 개요	5.2.1 OT 보안 국제표준 인증 개요
		5.2.2 IEC 62443 국제표준 개요
		5.2.3 ISO/IEC 27002의 이해
		5.2.4 ISO/IEC 27017의 이해
		5.2.5 ISO/IEC 27018의 이해
	5.3. OT보안 국제인증 개요	5.3.1 ISO/IEC 27019의 이해
		5.3.2 IEC 62443 OT보안의 이해
	5.4. OT보안 국제인증 취득 전략	5.4.1 국제표준 인증심사 개요
		5.4.2 국제표준 인증 취득 프로세스

부록

발간사

우리 일상에서 카페, 사무실, 집에 있는 커피머신, 보일러, 컴프레셔, 온도측정, 설정된 메뉴프로그램에 따른 작동여부 결정과 멈춤 제어 등 여러 OT기술이 적용되어 있으며, 스마트 기능을 추가하여 스마트폰으로 작동, 상태 파악, 주문, 운영체제 접근도 가능합니다. 커피머신이 네트워크에 연결되면서 더욱더 혁신적인 기능과 편리성을 갖게되었지만 동시에 불법적인 접근을 통한 해킹의 위협에 노출될 가능성도 커졌습니다.

일상의 커피머신 뿐만 아니라 국방시설, 방산회사, 스마트 팩토리, 발전소, 변전소, 지하철, 물류센터, 빌딩, 엘리베이터, 지역난방 등 산업제어시스템이 있는 사회기반시설들 역시 이러한 위협에 쉽게 노출될 수 있는 상황입니다.

지난 2010년 이란의 스턱스넷 공격을 기점으로 전세계적으로 SCADA, ICS, OT 환경을 운영하는 산업시설·기반시설을 대상으로 한 사이버공격이 꾸준히 증가하고 있으며, 해외에서는 물론 국내에서도 공장에서 사용하는 윈도우 기반 산업용 PC와 PLC가 랜섬웨어 등 악성코드에 감염돼 오작동을 일으키거나 운영이 중단되는 사고가 늘어나고 있습니다. ICS와 OT 환경에서 보안사고가 발생하는 경우, 정보유출 목적보다는 파괴/운영 중단 목적의 지능화된 공격이 주로 이뤄지기 때문에 그 위험성과 파급력이 큽니다.

원자력발전시설, 석유화학플랜트, 제철공정시설, 공장자동화시설 등 OT산업 영역은 과거 폐쇄망에서 작업이 진행되는 환경이기에 외부로부터의 접근이 엄격히 통제됨으로써 바이러스 등 악성코드의 위협에서 안전하다고 인식됐지만, 인더스트리(Industry) 4.0을 통한 Smart Factory의 등장으로 제조산업은 새로운 기술 및 기능의 적용, 효율성 개선 추구 등의 영향으로 기존의 IT영역과 접점이 늘어나고, 연결이 많아짐으로 인해 더이상 안전한 영역이 아닌 시대가 도래되었습니다.

IT보안 전문가는 OT산업의 이해와 용어, 기술에 익숙하지 않으며, 반대로 OT종사자는 사이버보안에 대한 인식이 미흡하고 전문성이 부족한 상황입니다. 따라서 OT산업의 보안 중요성을 고려해 볼 때 각자 영역의 간극을 좁혀 나가기 위한 전문인력 양성의 필요한 시점입니다.

'OT보안관리사(OTS : Operations Technology Security Specialist)'는 산업현장에서 수행하는 ICT 업무(시스템·단말·서비스) 환경에서 위/변조, 유출, 해킹, 서비스 거부, 랜섬웨어 등을 비롯한 각종 사이버 공격으로부터 조직의 정보자산을 안전하게 보호하고, 물리적 공간에서의 보안 침해사고를 방지하는 데 필요한 업무 수행 능력을 가진 자를 말합니다.

OT보안관리사 자격검정 시험은 필기시험과 실기시험으로 나누어지며, △응시자격은 관련 분야의 5년 이상의 실무에 종사한 사람, 시험과목은 △이론 시험은 제1과목 OT보안 관리전략, 제2과목 정보보호 일반, 제3과목 정보보안 일반, 제4과목 정보보안 기술, 제5과목 정보보안 운용으로 총 5과목을 평가하며 객관식 4지 또는 5지선다 객관식 및 주관식 혼용으로 출제되며, △시험시간은 90분 △합격기준은 100점 만점기준 60점 이상 득점하여야 합니다.

OT보안관리사 자격검정은 한국직업능력개발원으로부터 지난 2021년 0월 00일 민간자격등록증(제 00000호)을 취득하였으며, 주무부처는 과학기술정보통신부(등록번호 제2021-000000호)로 등록자격관리자는 주식회사 에스링크입니다.

(사)한국사이버감시단에서는 제4차 산업혁명의 미래 IoT 초연결 사회를 대비하는 생애주기형 시큐리티 인력양성 전략에 맞추어 '자격검정센터'에서는 정보보호활용능력, 정보보안관제사, 정보보안진단원, OT보안관리사, 정보보호최고책임관리사, 정보보호·정보보안 전문강사 등 국내민간자격증과 ISO27001 국제표준 인증심사원 양성하는 'ISO정보보호연수원'을 운영중에 있으며, 정보보호 및 정보보안 분야의 초급 인재부터 최정예 인재까지 산업에서 요구되는 실무형 맞춤 인재양성과 글로벌 융합형 인재를 배출해 나가기 위해 지속적으로 노력해 나갈 것입니다.

본 편찬도서의 훌륭한 원고를 주신 집필위원님과 전문위원님들의 노고에 감사를 드리며, 아울러 본 교재의 감수기관인 정보보호인정협회 임원과 (사)한국인터넷정보학회 정보보호연구회 위원님들께도 깊은 감사를 드립니다.

사단법인 한국사이버감시단
대표이사 **공병철**

OT 보안관리사(OTS) 자격검정 시험 개요

■ 검정 개요

- ▶ 명칭 : OT보안관리사 (OTS : Operations Technology Security Specialist)
- ▶ 목적 : OT보안관리사는 전 산업현장(스마트 제조, 스마트 공장, 스마트 시티, 스마트 팜, 스마트 헬스 등)에서 필요한 ICT 업무(시스템·단말·서비스)를 중심으로 운영기술(OT) 영역의 산업제어시스템(ICS), 감시제어 및 데이터 수집시스템(SCADA), 분산제어시스템(DCS) 및 프로그래머블 로직 컨트롤러(PLC) 등의 산업 사물인터넷(IIOT) 등에 대한 사이버 공격으로부터의 안전성, 가용성, 신뢰성, 예측가능성을 관리하는 업무를 수행하는 전문가를 말하고, 당해 전문지식과 지능정보기술 능력을 검정하여 스마트 산업현장에 전문인력을 공급함으로써 국가 경쟁력 향상에 기여토록 하는데 목적으로 한다.
- ▶ 직무 : 산업현장에서 수행하는 ICT 업무(시스템·단말·서비스) 환경에서 위/변조, 유출, 해킹, 서비스 거부, 랜섬웨어 등을 비롯한 각종 사이버 공격으로부터 조직의 정보자산을 안전하게 보호하고, 물리적 공간에서의 보안 침해사고를 방지하는 데 필요한 업무업무를 수행하는 일이다.

■ 검정 기준

등급	검 정 기 준 (수행 직무)
급수 없음	산업현장의 ICT 운영기술(Operational Technology) 업무를 안정적으로 운영하는 데 필요한 관리적, 물리적, 기술적 보안 대책 수립과 안정적으로 운영하는데 필요한 지식 능력을 갖추었는지를 평가하고, 조직의 정보 자산을 사이버 공격으로부터의 안전성, 가용성, 신뢰성, 예측가능성을 관리하는 실무능력을 갖추었는지를 평가

■ 검정 응시자격

연령/학력	세 부 응 시 자 격
연령/학력 해당없음	1. 관련 분야의 4년제 대학졸업 이상 또는 이와 동등학력을 취득한 자로서 1년 이상의 실무경력이 있는 사람 2. 관련 분야의 전문학사학위 이상 또는 이와 동등학력을 취득한 자로서 2년 이상의 실무경력이 있는 사람 3. 관련 분야의 5년 이상의 실무경력이 있는 사람 4. 정보보호 및 정보보안 관련 유관 자격을 취득한 자 5. 외국에서 동일한 종목에 해당하는 자격을 취득한 사람

■ 합격 기준

» 필기시험은 시험과목당 100점 만점기준 40점 이상, 전과목 평균 60점 이상 득점
» 실기시험은 100점 만점기준 60점 이상 득점한 자를 합격자로 A/B 레벨로 구분한다.

구분	세부 능력 수준
A 레벨	주어진 과제의 85%~100%를 정확히 해결할 수 있는 능력 수준
B 레벨	주어진 과제의 60%~84%를 정확히 해결할 수 있는 능력 수준

■ 검정 세부방법

» NCS 학습모듈
  · 20.정보통신 > 01.정보기술 > 06.정보보호
  ⇒ 보안 위험관리(7수준), 침해사고 분석(6수준), 네트워크 보안운영(5수준), 시스템 보안운영(5수준), 관리적 보안운영(5수준), 정보시스템 진단(5수준)

■ 과목별 시험 문항수 및 시험시간표

구분	과 목 명	세부 항목	문항수	시간	문제유형	합격기준
필기시험	1. OT보안 관리전략	· OT 산업 개요 · OT 보안 관리체계 · OT 위험관리 전략 · OT 침해사고 관리 · OT 보안인증 전략	20문	90분	4지 또는 5지 선다 객관식 및 주관식 혼용	60점
	2. 정보보호 일반	· 정보보호 개요 · 스마트 산업 개요 · 정보보호 법규 개요	20문			
	3. 정보보안 일반	· 보안 인증 기술 · 접근통제 정책 · 키 분배와 전자서명	20문			
	4. 정보보안 기술	· 운영체제 보안 · 네트워크 보안 · 애플리케이션 보안	20문			
	5. 정보보안 운용	· 보안 시스템 운영 · 보안업무 지원시스템 운영 · 침해사고 분석 기술	20문			

■ 민간자격 검정사업단 개요

» 주   최 : ㈔한국사이버감시단
» 발급기관 : ㈜에스링크 대표이사 공병철

■ 검정 문의

» http://www.ots-21.com
» Tel : 02-555-0816
» e_mail : info@ots-21.com

OT 산업 개요

1.1. OT 산업의 개념
    1.1.1 OT 산업시스템의 이해
    1.1.2 OT 산업의 변화
    1.1.3 OT 산업의 보안 중요성

1.2. 스마트 제조 개요
    1.2.1 스마트 제조의 개념
    1.2.2 스마트 공장의 개념
    1.2.3 스마트 제조/공장의 동향
    1.2.4 스마트 제조의 정보보호 기술

PART 1

1.1 OT 산업의 개념

항목	
1.1.1	OT 산업시스템의 이해
1.1.2	OT 산업의 변화
1.1.3	OT 산업의 보안 중요성

1.1.1 OT 산업시스템의 이해

■ 자동화의 이해
» 자동화란 기본적으로 사람에 의해 조작되던 기능들이 기술적인 장비를 통해 대신하는 것을 말하며, 업무 자동화를 수행하거나 IT 및 비즈니스 운영을 돕는 시스템을 의미한다.
- 자동화는 생활 주변에서 쉽게 접할 수 있는 주차타워, 자동세차기부터 발전설비, 냉동공조, 기계, 빌딩, 상업용 및 산업용, 조선(해양), 철도, 발전(수처리), 철강 등에 이르기까지 전 산업에 적용 된다.
- HMI(Human Machine Interface)란 인간-기계-인터페이스를 뜻하는 공장 자동화의 대표 기술이다. 자동화 기술을 사용해 수동 프로세스를 줄이고 태스크를 수행하며, 반복적인 태스크를 처리하기 위해 제조, 로봇 공학, 자율주행 자동차(인공지능 분야), IT 시스템 및 비즈니스 의사 결정 소프트웨어와 같은 기술 업계 등 모든 업계에서 자동화를 널리 사용되고 있다.

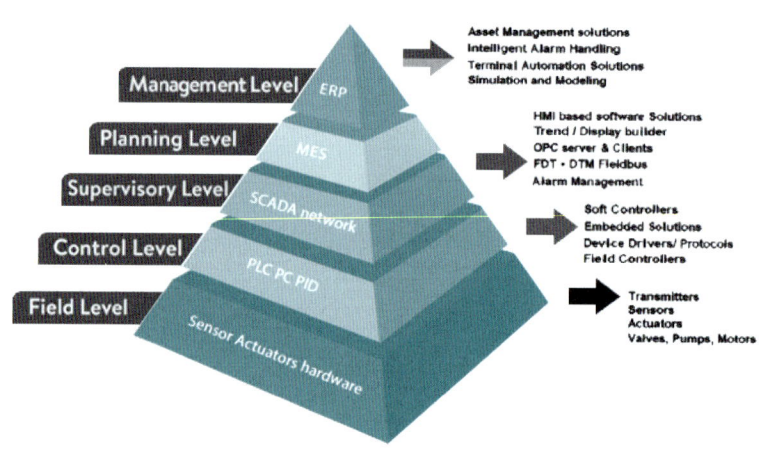

자동화에 대한 영역별 설명

■ PLC 프로그램 가능 로직제어기의 이해
» PLC(Programmable Logic Controllers)는 1968년 미국 GM(General Motors)에서 요구된 10개 항목을 만족하는 컨트롤러로서 시작되었으며, 기존에 사용되던 Relay, Timer, Counter 등의 기능을 반도체 소자로 대체시킨 산업용 제어 컨트롤러로서 디지털이나 아날로그 입·출력부를 매체로 하여 다양한 형태의 기계나 공정을 제어하는 디지털식 전자 제어장치로 입력 가능한 논리회로를 의미 한다.

전원모듈 CPU/메모리 통신모듈 고속카운터,위치결정 입/출력(외부기기연결)

PLC 구조 예시

- 오늘날 산업현장에서 가장 많이 활용되고 있는 제어 컨트롤러로서 유접점식 릴레이 시퀀스를 대체하기 위해 개발된 자동화 제어장치라고 할 수 있다.
- PLC 탄생 전의 대부분의 시퀀스제어 방식은 유접점 릴레이로 접점의 접촉불량, 접점의 마모, 다수 릴레이의 설치와 배선 작업의 어려움, 제어 내용 변경의 번거로움 등과 같은 문제점이 있었다.
- 대부분의 PLC에서 채용하는 방식은 직렬 반복연산 방식으로 모든 시퀀스 프로그램을 메모리에 로딩해두고, 시퀀스 프로그램을 실행할 때는 최초의 명령인 0번 스텝부터 차례대로 실행하고, 최후의 스텝인 END 명령까지 실행을 완료하면 다시 처음 스텝으로 돌아가 PLC의 운전모드가 정지(stop)모드로 될 때까지 몇 번이고 반복하여 실행하게 된다.
- 자동화 설비를 구성하는 각 장치들(입력/출력/관제)과 통신 & 배선을 통해 연결하여 자동화 시스템을 구성하게 된다.
- PLC는 연결되어 있는 장치들에 대해 지속적으로 모니터링하고 컨트롤 할수 있는 제어시스템의 핵심장비로써 사용자가 프로그램(작업순서)을 입력하면 이를 메모리에 저장하고, 입력장치(센서 등)와 통신, 연산하면서 정해진 순서에 따라 다양한 출력장치들을 작동시키는(제어) 역할을 한다.
- PAC (Programmable Automation Controller) : PLC가 기본형이라면 PAC는 확장형, 다목적용으로 대규모 산업기계를 고성능으로 제어하며, PLC에서 PAC로 진화하는 추세이다
- CIP (Common Industrial Protocol) : 산업 자동화 시스템에서 사용하는 규약으로 자동화 시스템, PLC, PAC, HMI, DCS(Distribure Control System, 분산제어시스템), SCADA(Supervisory Control And Data Acquistion, 감독제어 데이터수집)등 시스템과 기기간 통신을 위해 고안된 프로토콜이며, 프로피넷(Profitnet), 모드버스(MODBUS) 등 다양한 프로토콜이 있다.

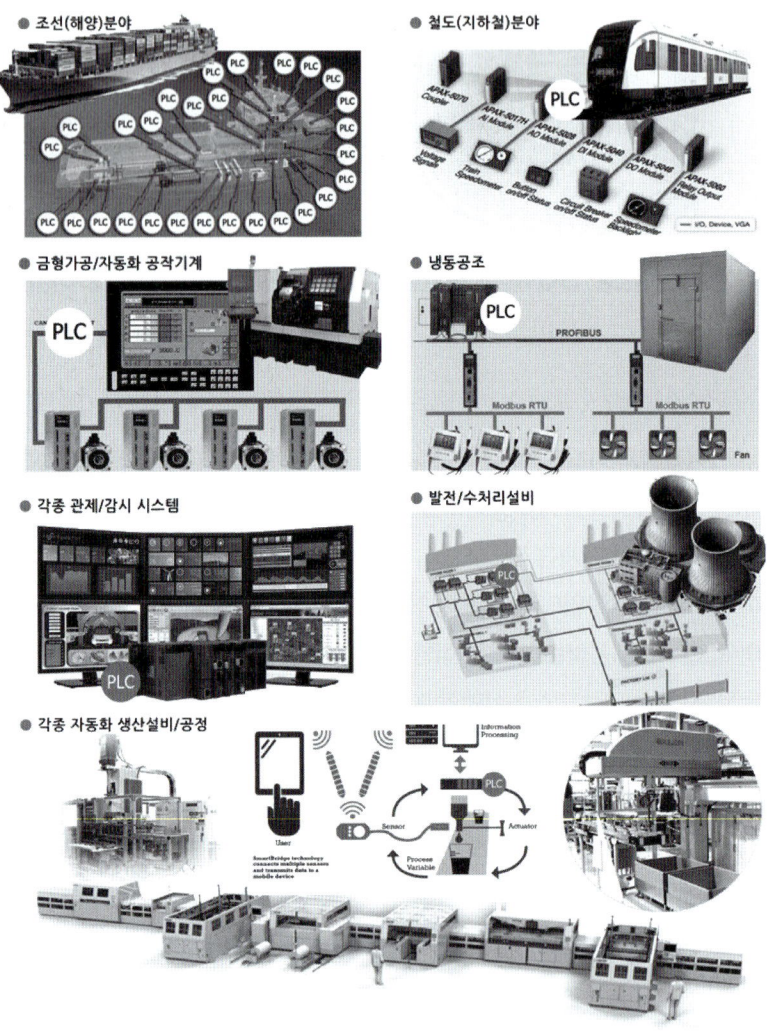

PLC 적용 산업 사례

DCS 분산제어시스템의 이해

▶ DCS(Distributed Control System) 분산제어시스템은 동일한 지리적 위치 내의 석유 정제, 물 및 폐수처리, 발전소, 화학 제조공장, 자동차 생산 및 제약 처리시설 산업 등을 위한 제어 생산 시스템에 사용되며 일반적으로 공정제어 또는 개별 부품 제어시스템이라고 한다.
- DCS는 산업기계공정의 자동화 제어와 운영을 위한 플랫폼으로서 복잡한 운영을 최적화하고 운영의 신뢰성을 확보할 수 있으며, 지역화된 공정의 세부 사항을 제어하는 여러 통합부시스템을 감독하는 감시 수준의 제어를 포함하는 제어 구조로서 통합된다.
- DCS에는 전체 생산 공정을 수행하는 전반적인 작업이 공유되는 지역화된 컨트롤러의 그룹을 조정하기 위해 중앙 집중식 감시 제어루프가 사용된다.

- 제품 및 공정제어는 일반적으로 핵심 제품 및/또는 공정조건이 원하는 설정값 주위에서 자동으로 유지되는 피드백 또는 피드포워드 제어 루프를 전개하여 달성된다.
- 원하는 제품 및 공정 공차를 지정한 설정값 주위에 유지하기 위해 특정 공정 컨트롤러 또는 더 강력한 PLC가 현장에 적용 및 조정되어 원하는 공차 뿐 아니라 예기치 않은 공정의 혼란 상황에서 자동 조정율을 제공한다.
- 생산시스템을 모듈화 함으로써 DCS는 전체 시스템에 대한 단일 고장의 영향을 줄인다.
- 대부분의 최신 시스템에서 DCS는 업무 네트워크와 인터페이스로 접속되어 경영 활동에 생산에 대한 시각을 제공한다.
- 이 DCS는 하단의 생산 공정에서 상단의 조직 계층까지 전체 시설을 망라한다. 이 사례에서 감시 컨트롤러(제어서버)는 제어 네트워크를 통해서 하위 장비들과 교신한다.
- 감독자는 분산된 현장 컨트롤러에 설정값을 보내고 분산된 현장 컨트롤러에 데이터를 요청한다.
- 분산된 컨트롤러는 공정 센서의 센서 피드백과 제어 서버 명령에 기반을 두어 공정 액추에이터를 제어한다. 아래 그림은 DCS 시스템에서 찾을 수 있는 낮은 수준 컨트롤러의 사례이다.

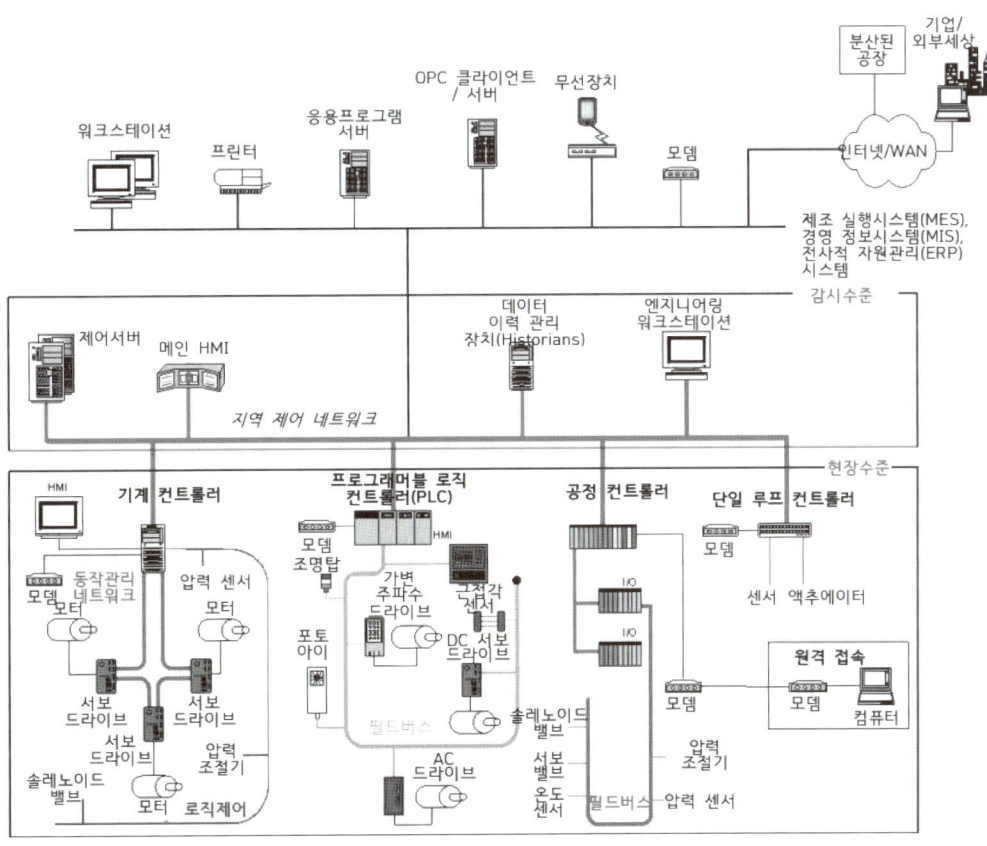

DCS 시스템 구현 사례 (출처 : ICS보안가이드 NIST 800-82, 2차 개정판)

- 표시된 현장 컨트롤러에는 PLC, 공정 컨트롤러, 단일 루프컨트롤러 및 기계컨트롤러가 포함되어 있다.
- 단일 루프 컨트롤러는 점대점 배선을 사용하여 센서 및 액추에이터와 상호 작용하며, 다른 3개의 현장 장치는 공정 센서 및 액추에이터와 상호 작용하기 위해 필드버스 네트워크를 통합한다.
- 필드버스 네트워크에는 컨트롤러와 개별 현장 센서와 액추에이터 사이의 점대점 배선이 필요 없다. 게다가, 필드버스는 제어 이상의 뛰어난 기능(예: 현장 장치진단)을 제공하며, 필드버스 내에서 제어 알고리즘을 수행할 수 있어서 모든 제어 작동에 대해 신호가 PLC로 다시 돌아가는 것을 방지할 수 있다.
- Modbus와 Fieldbus와 같은 산업 단체에서 설계한 표준 산업 통신 프로토콜은 제어 네트워크 및 필드버스 네트워크에서 흔히 사용된다.
  - 모드버스(Modbus) : 1979년, 지금은 Schneider Electric인 Modicon 이라는 조직에서 만든 시리얼 통신 프로토콜로 직렬포트 및 태그기반 데이터 수집기기이다. 제조공장이나 놀이공원의 기계들을 자동화하고 제어하는 목적으로 사용되는 PLC들과의 통신에 사용할 목적으로 만들어졌으며, 장비제어와 모니터링에 필요한 기능들을 수행할 수 있어 현재까지 산업용 전자 장치들을 서로 연결하는 목적으로 modbus가 산업용으로 널리 사용된다.
  - 필드버스(Fieldbus) : Field(PLC를 기본으로 한 제어장비)+BUS(장비사이의 네트워크시스템)를 합성한 의미하며, 설비들 사이의 네트워크데이터를 전송하는 통로로 PROFIBUS, CC-Link, MODBUS-RTPS, EtherCAT 등이 있다. IEC 61158에서 표준화된 산업용 네트워크를 의미한다.
- 감시 수준 및 현장 수준 제어 루프에 더하여 중간 수준의 제어도 존재할 수 있다. 예를 들어, 개별 부품 제조 시설을 제어하는 분산제어시스템(DCS)의 경우 공장 내의 각 칸에 중간 수준의 감독자가 있을 수 있다. 이 감독자는 원료와 최종 제품을 처리하는 로봇 컨트롤러 및 부품을 처리하는 기계 컨트롤러가 포함된 제조 칸을 포함할 것이다.
- 메인 DCS 감시 제어 루프에 따라 현장 수준 컨트롤러를 관리하는 여러 개의 이러한 칸들이 있을 수 있다.

ICS 산업제어시스템의 이해

> ICS(Industrial Control System) 산업제어시스템이란 산업 공정의 운영 또는 자동화에 사용되는 모든 기기와 기구 및 관련 사용되는 SCADA, DCS 및 PLC 와 Field Device 같은 여러 유형의 제어시스템을 포함하는 일반적인 용어이다.

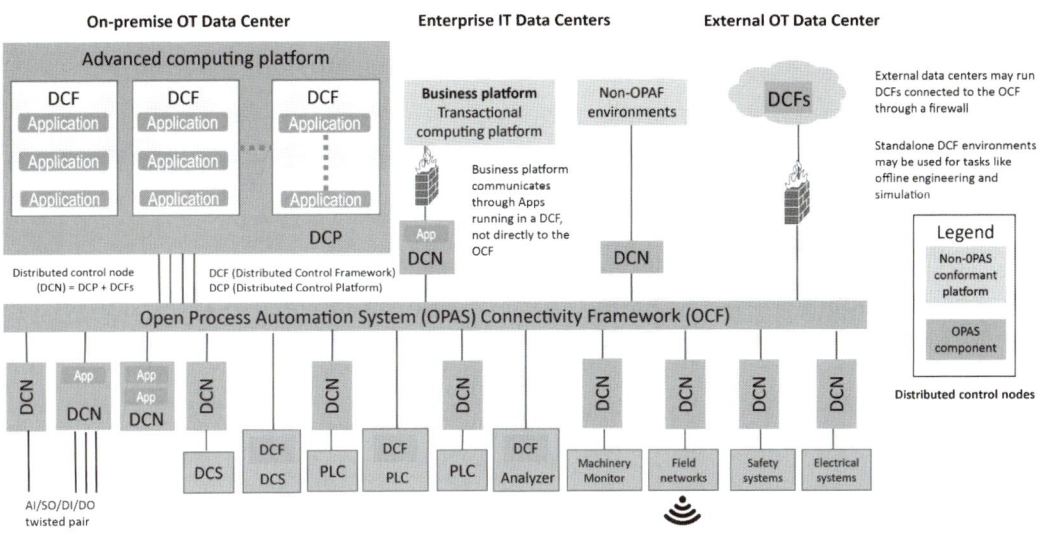

개방형 프로세스 자동화 참조 아키텍처 (출처 : OPA포럼)

- ICS는 국가 주요기반기설과 산업분야의 시스템을 효과적으로 제어하고 모니터링하기 위해 필수적인 요소이며, 일반적인 취약점에도 국가안보와 국민의 안전에 치명적인 영향을 미칠 수 있다.
- ICS는 하나의 산업 목표(예:제조, 물질이나 에너지의 운송)를 달성하기 위해 함께 작동하는 제어 구성요소(예: 전기, 기계, 유압, 공압 등)의 조합들로 구성된다.
  - 주로 출력 생성에 관련된 시스템의 부분은 공정이라고 한다.
  - 시스템의 제어 부분에는 원하는 출력 또는 성능의 사양이 포함되어 있다.
  - 제어는 완전히 자동화하거나 인력을 일원으로 포함시킬 수 있다.
  - 개방형 루프, 폐쇄형 루프 및 수동 모드를 작동하도록 시스템을 구성할 수 있다.
  - 개방형 루프 제어시스템에서 출력은 정해진 설정 값에 의해 제어된다.
  - 폐쇄형 루프 제어시스템에서 출력은 원하는 목표를 유지하는 방식으로 입력에 영향을 미친다.
  - 수동 모드의 시스템은 완전히 인력에 의해서 제어된다.
  - 주로 사양과의 적합성을 유지하는데 관련된 시스템의 부분은 컨트롤러(또는 제어)라고 한다.
- 전형적인 ICS에는 수많은 제어 루프, 인간-기계 인터페이스(Human-Machine Interfaces, HMI) 및 다수의 네트워크 프로토콜을 사용하여 구축되는 유지보수 도구와 원격 진단이 포함될 수 있다.
- ICS 제어 산업용 공정은 전형적으로 전기, 물 및 폐수, 석유 및 천연가스, 화학, 운송, 제약, 펄프 및 제지, 식품, 음료 및 개별 품목 제조(예: 자동차, 항공우주 및 내구재) 산업에서 사용된다.
- ICS시스템의 구축, 운영, 폐기에 이르기까지 분야별 위협요인에 대하여 신속하게 대응할 수 있는 보안 관제체계를 구축해야 한다.

일반 IT시스템과 ICS의 주요 차이점

- 초기 산업제어시스템은 릴레이, 카운터 및 타이머 배치를 통한 하드웨어 형태로 제작하여 구현하였으나, 프로그램이 가능한 집적회로 및 마이크로프로세서의 등장으로 PLC 제어기 형태로 발전되었으며, 현재의 산업제어시스템 설비들은 상호연결성과 원격접근성 향상을 위한 IT & 네트워크 기술 적용으로 보안 취약점 발생 가능성이 증대되는 단점을 가지고 있다.
- 일반적인 IT 보안은 시스템과 네트워크의 취약점을 탐지하고 해결하는 데 집중하지만, OT 공장 운영자에게 가장 중요한 것은 시스템의 무결성과 가용성이므로 산업공정 시스템에 실질적으로 미치는 영향에는 신경쓰지 않는 것이 보통이다. 특정 사이버 위협이 얼마나 정교한가보다는 공정에 문제를 일으킬 수 있는지 여부에 더욱 집중한다.

ICS(Industrial Control System) 분야별 OT(Operation Technology) 적용의 이해 (예)

분야	ICS & OT 환경
빌딩	• 빌딩을 종합적으로 관리하고 효율적으로 유지하기 위해서 스마트빌딩 시설관리 시스템 • 건물의 물리적 상태를 관리하고 유지하는 기본적 기능부터 환경, 에너지 관리, 안전까지 종합적으로 관리 • 전기, 공조설비, 엘리베이터, 보일러설비, 공기 및 수질 측정, 보안감시 및 순찰, 출입인원/차량/물품 관리, 통신시설, 소방시설 등 복합적인 요인들을 상시 모니터링 및 제어
엘리베이터	• 로프식, 유압식 등의 작동방식이 있으며 수전반, 전동장치, 원격모니터링장치, 제어반 등 여러 구조로 구성 • 이중 엘리베이터의 작동을 제어하는 주제어장치인 제어반과 각종 센서를 관리하는 엘리베이터 OT운영 • 대형 빌딩의 경우에는 빌딩 자동제어시스템과 엘리베이터가 연동되어 중앙통제센터에서 다수의 엘리베이터를 감시하고 일괄 제어
지역 난방공사	• 열병합발전소와 보일러 시설을 갖추고 근처의 건물에 열과 전기를 공급하는 도시 기반시설 • 열생산시설에서 생산된 온수가 열수송관을 통해서 열사시설인 아파트에 공급 • 열병합발전소, 보일러, 열교환기, 축열시설, 열수송관 등에는 각종 작동 및 제어장치, 센서 등 산업시설
지하철	• 전동차 운행, 전기/신호/통신/기계설비 등 제어시스템 통제, 시설물 관리 등 지하철 운행과 관련된 모든 일을 통제하는 종합관제센터 • 지하철에 전력을 공급하고 통제하는 SCADA시스템 • 전동차 운행을 제어하고 원격통제하는 통신과 각종 제어설비, 공조/환기/소화/승강 등 역사 및 터널의 설비를 자동제어하는 시스템
물류센터	• 교통요지인 지역 거점에 위치하며 시설 내부와 시설간 대규모 주문 물량시스템 • 다양한 종류의 물품의 입고, 분류, 적재, 픽업, 출고 등 전과정 자동화 • 컨베이어벨트, 각종 센서 등으로 이루어진 자동화 설비라인 시설

발전소 & 변전소	• 증기발생장치(원자로), 터빈제어기, 발전설비, 전기설비 등에는 각종 제어기, 계측기 등이 있고 이들의 제어 및 통제기기로 원자력 발전을 가동 • 송배전시설은 발전소에서 변전소까지 고압전력을 송전하고 변전소에서는 전압을 조절하여 배전 • 송배전설비에도 제어기기 및 계측기기가 있는 시설
공항	• 다수의 여객터미널, 활주로, 유도로, 계류장, 항공등화시설, 항공유도장비, 위치거리 정보기기, 주차장, 수하물분리 및 처리시설, 보안시설, 태양광발전시설, 상하수도시설, 정화시설, 급유 및 관로시설, 공항접근시설 등 공항은 거대한 도시처럼 다양한 시설의 집합체
스마트 제조(공장)	• 기존의 조립 및 생산 공장을 자동화하는 것을 넘어서 지능화된 공장으로 전환 • 한 생산라인에서 다양한 제품을 생산할 수 있어 대량 생산, 유연한 생산을 가능토록 하며 관리 용이성, 에너지 절감, 품질 및 원가절감으로 경쟁력 확대 • 생산공정에 로봇, 스캐너, 컨베이어벨트, 각종 검사장비 및 측정장비, 센서 등 생산라인 전반에 걸쳐 있는 제어시스템 운영
스마트 시티	• 도시의 인프라 전체에 걸쳐 IT와 OT, IoT가 적용되어 도시 전체를 자동화 운영된다. • 태양광을 이용하여 전력을 자체 생산하는 발전시설, 도시내 공장지대의 스마트 팩토리, 교통 통제의 자동화, 의료 시설의 IT 현대화 등 SCADA와 산업제어시스템이 도시 곳곳에 설치 및 운용된다.

▶ ICS에서 기본적으로 사용되는 PLC 작동 구조(예)

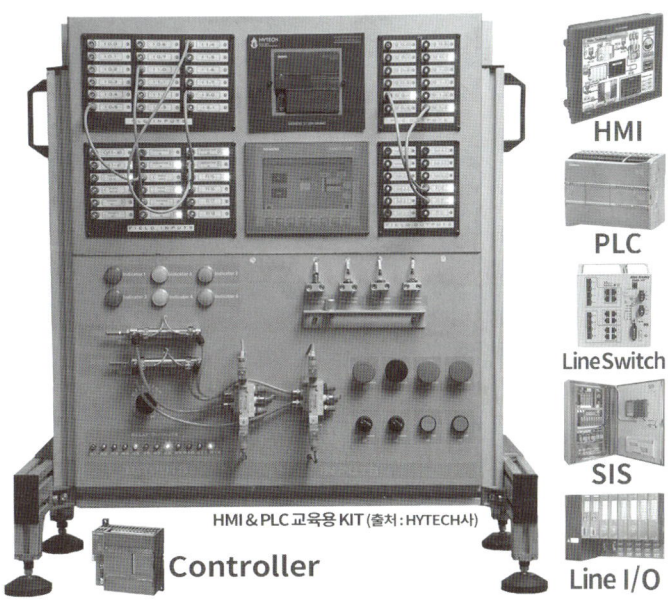

HMI & PLC 교육용 KIT (출처: HYTECH사)

- HMI(Human-Machine Interface) : 산업기계를 제어하기 위해 동작을 실행하거나 감시할 때 작업자(엔지니어)가 실제로 사용하는 제어 패널로서 버튼, 램프식부터 터치패널, 대형 모니터 등 다양한 패널

이 있으며, 제어 할 시설의 규모나 복잡도에 따라 HMI의 규모도 달라진다.
- PLC(Programmable Logic Controller) : 산업기계를 자동으로 제어하고 감시하는 제어 장치의 일종으로 입력을 순차적으로 처리하고 출력 결과를 사용하여 연결된 장치를 제어하며, 입력과 출력은 프로그래밍 어플리케이션으로 설계할 수 있고 설계를 변경함으로써 전혀 다른 장치도 제어한다.
- Line Switch(Network Ethernet Switch) : 산업기계 및 생산라인 제어 및 감시를 위한 통신을 지원하는 네트워크 이더넷 장비로 안정적인 통신을 보장할 수 있도록 설계, 제작된 통신 장비이며, 장비 규모에 따라 라인, 분산, 코어 등으로 구분된다.
- SIS(Safety Instrumented Systems) : 산업기계 제어는 작은 실수라도 용납할 수 없기 때문에 작업자, PLC, 주변환경 등이 정확한 동작을 할 수 있도록 보호하는 안전 솔루션이다.
- LINE I/O(Line Input/Output Systems) : PLC, PAC 등 산업용 제어기기와 산업기기간 모듈식으로 설치하여 연결 케이블이 효율적으로 설치, 확장, 안정성 보장 되도록 지원하는 인터페이스 시스템이다.

제조공장의 ICS 적용사례

▶ 전기 자동제어시스템 PLC 운영 사례

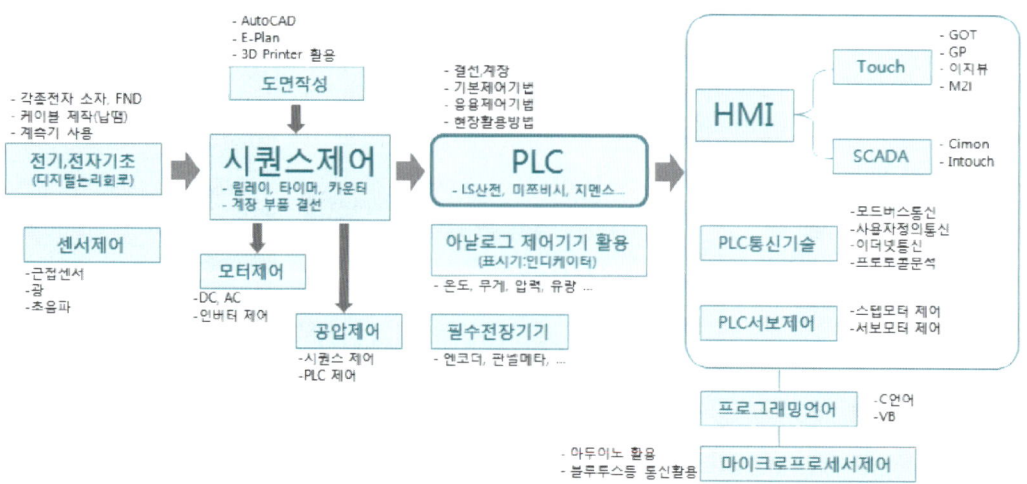

- ▶ IACS (International Annealed Copper Standard)는 국제연동표준의 약칭이며 전도율의 단위로 열처리된 순동의 도전율을 기준으로 한다.
  - 전기 전도도 측정은 특히 동이나 동합금 및 알루미늄에서 매우 중요하며, 전도도는 IACS 규격에 의한 %로 표시된다. IACS에 의한 %가 높아질수록 재질의 전도도가 좋다는 것을 의미한다.

- ▶ ICS 보안의 중요성
  - ICS 가운데 많은 수가 인터넷, 즉 산업용 사물인터넷(IIoT)을 통해 센서와 다른 기기에 연결되며, 잠재적인 ICS 공격 표면이 늘어나고 있다.
  - ICS시스템은 물리적으로 분산되어 있으나, 대다수의 설비들이 전자화, 지능화된 통신설비(NW, 5G 등)로 연결되어 있어 사이버공격(적대적인 정부, 테러집단, 불만을 품은 직원, 악의적인 침입자, 복잡한 문제, 사고 및 자연 재해, 내부자에 의한 악의적이거나 돌발적인 행동, 악성코드/랜섬웨어 감염 등)의 취약성과 위협은 다양한 원천에서 올수 있다.
  - 사이버보안은 현대 산업 공정의 안전하고 신뢰할 수 있는 운영에 필수적이기 때문에 ICS 사이버보안 프로그램은 항상 산업현장 및 조직 사이버보안 프로그램 모두에서 폭 넓은 ICS 안전 및 신뢰성 프로그램의 일부이어야 한다.
  - ICS 보안 목표는 전형적으로 가용성, 무결성, 기밀성의 우선순위를 따른다.

SCADA 산업자동화 및 제어시스템의 이해

- ▶ SCADA (Supervisory Control And Data Acquisition) 시스템은 집중 원격감시 제어시스템으로 중앙 제어시스템이 원격장치를 감시 제어 및 데이터 수집 시스템을 말한다.

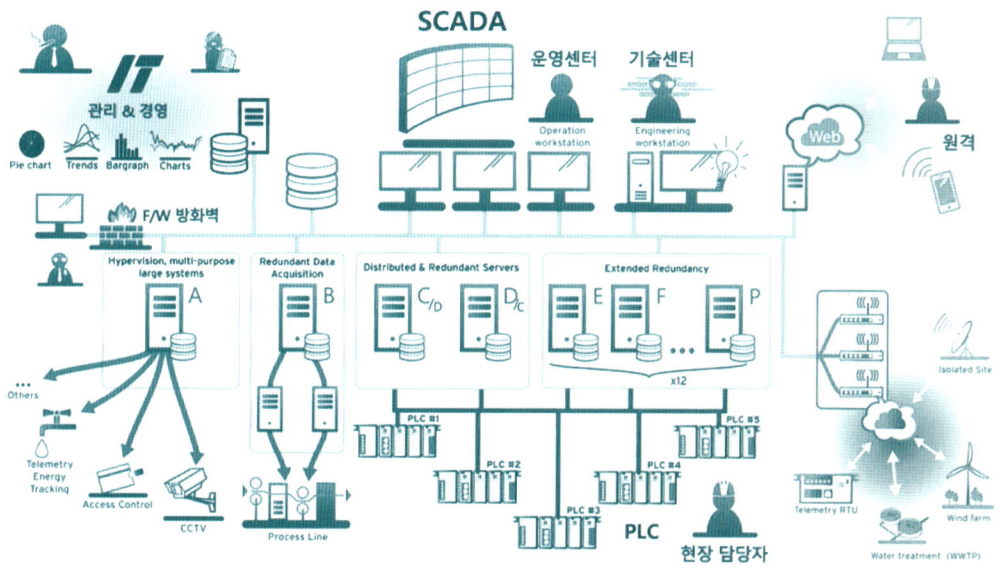

SCADA 적용사례

- 로컬 또는 원격 위치에서 산업 프로세스를 제어하고, 실시간으로 데이터 모니터링하며 수집된 정보를 전용 소프트웨어를 통해 센서, 밸브, 펌프, 모터 등과 같은 장치와 직간접 통신을 통하여 산업 현장에서 일어나는 각종 이벤트를 로그 파일에 기록하고 관리하여 주며, SCADA 시스템은 광범위한 부문과 조직에서 운영을 제어하고, 운영 데이터를 활용하여 보다 나은 의사 결정을 내리는 데 핵심적인 역할을 한다.
- SCADA 시스템은 효율성을 유지하고 보다 현명한 의사결정을 위해 데이터를 처리하고, 시스템 문제를 해결 할 수 있으며, SCADA 시스템을 활용하여 시설의 운영 상태와 정보 등을 수집해서 중앙 모니터링 시스템에 전송하고, 분석해 각종 설비를 최적화된 상태로 효과적으로 운용할 수 있어 신뢰도를 높이고 안정성을 기대할 수 있게 한다. 또한, 운영자에게 제품 배치에 오류 발생률을 알려주며 작업자는 작업을 일시 중지하고 에러 데이터의 원인을 검토하고 시스템 오작동을 확인한 이후에 제어 및 재수정을 할 수 있게 한다.

» SCADA는 일반적으로 PLC 및 원격 단말 장치(Remote Terminal Units, RTU)와 같은 소프트웨어 및 하드웨어의 조합으로 이루어진다.
- 데이터는 공장 기계 및 센서와 같은 플랜트 현장 장비와 통신하는 PLC 및 RTU에서 수집된다. 장비에서 수집된 데이터는 제어실과 같은 다음 단계로 전송되고 운영자는 HMI를 사용하여 PLC 및 RTU 제어를 감독할 수 있다.
  - HMI는 운영자와 SCADA 시스템의 통신을 지원하는 화면으로 주요 요소이다.
- 조직들은 SCADA 시스템을 사용하여 다음과 같은 작업들을 수행할 수 있다.
  - 로컬 또는 원격으로 프로세스 제어, HMI 소프트웨어를 통해 장비와 상호 작용
  - 데이터 수집, 모니터링 및 처리, 이벤트 및 데이터 기록

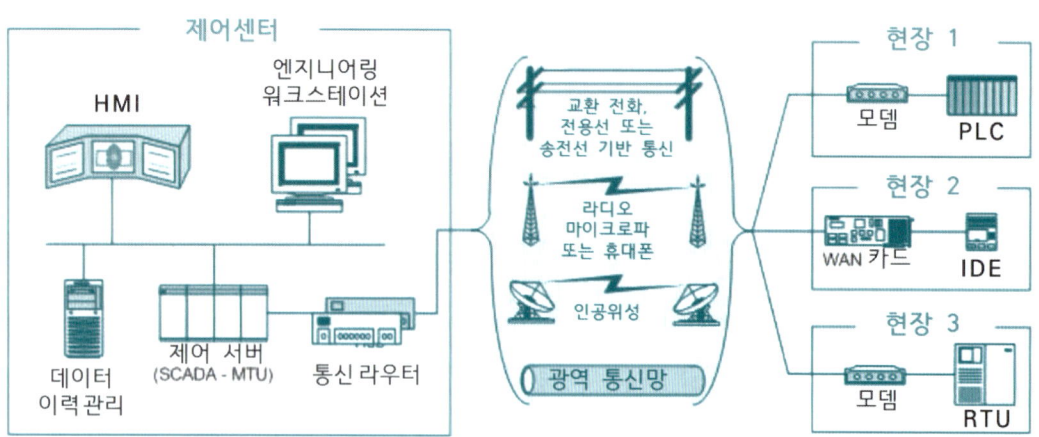

SCADA 시스템의 일반구조 (출처 : ICS보안가이드 NIST 800-82, 2차 개정판)

SCADA와 HMI

- 동일 시스템의 일부분인 HMI는 종종 SCADA와 함께 거론되거나 상호 호환되어 사용되기도 하며, PLC, RTU 및 기타 기능과 함께 SCADA 시스템의 구성 요소이다.

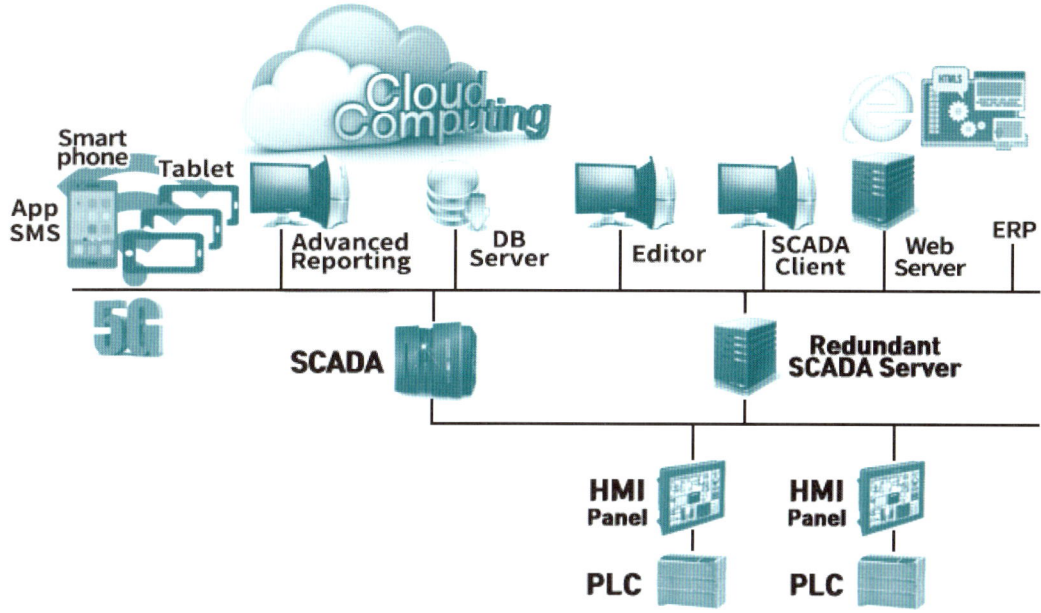

- HMI는 운영자가 SCADA와 상호 작용하기 위해 사용하는 시스템의 일부이며, SCADA 시스템은 데이터 수집 및 저장과 장비를 제어하는 작업을 수행하며, 화면과 이상적인 사용자 친화적 대시 보드 및 제어 기능을 제공하는 HMI를 통해 그래픽과 시각화를 활용하여 데이터와 기능을 보다 쉽게 사용하고 이해할 수 있다.
  - HMI는 SCADA 시스템의 많은 유용한 기능들을 이용 가능하게 하며, SCADA 시스템은 실질적인 기능들을 제공한다.
  - HMI는 작업자가 SCADA 시스템과 상호 작용 및 제어하기 위해 사용하는 화면이며, SCADA는 더 큰 규모의 시스템과 모든 기능들을 칭하기 위해 사용된다.

SCADA 소프트웨어의 주요 이점

보다 쉬운 엔지니어링	쉽게 찾을 수 있는 도구, 마법사, 그래픽 템플릿 및 기타 사전 구성된 요소들을 제공하는 고급 SCADA 애플리케이션인 zenon을 통해 엔지니어들은 프로그래밍 경험 없이도 자동화 프로젝트를 생성하고 매개 변수를 빠르게 설정할 수 있다. 필요에 따라 기존 애플리케이션을 쉽게 유지 관리하고 확장할 수 있으며 엔지니어링 프로세스 자동화 기능을 통해 사용자, 시스템 통합 업체 및 OEM(Original Equipment Manufacturers)은 복잡한 프로젝트를 훨씬 더 효율적이고 정확하게 설정할 수 있다.

향상된 데이터 관리	고품질 SCADA 시스템을 사용하면 운영 데이터를 보다 쉽게 수집, 관리, 액세스 및 분석할 수 있다. 자동으로 데이터를 기록하고 중앙에서 데이터를 저장한다. 필요에 따라 MES(Manufacturing Execution System) 및 ERP(Enterprise Resource Planning)와 같은 다른 시스템으로 데이터를 전송할 수도 있다. zenon이 제공하는 다양한 드라이버 및 개방형 인터페이스를 통해 이기종 하드웨어 환경에서도 데이터 전송이 가능하다.
가시성 향상	운영 가시성의 향상은 SCADA 소프트웨어 사용으로 얻을 수 있는 주요 이점 중 하나이며, 작업 정보를 실시간으로 제공하며 HMI를 통해 해당 정보를 편리하게 볼 수 있다. 이외에도 SCADA 소프트웨어는 보고서 생성 및 데이터 분석 기능을 제공한다.
효율성 향상	자동화 작업 및 사용자 친화적인 도구를 통해 프로세스를 간소화할 수 있다. SCADA가 제공하는 데이터를 통해 운영 효율성을 개선할 수 있으며, 이를 활용하여 프로세스의 장기적인 변화 및 실시간 상황 변화에 대응할 수 있다.
사용편의성 향상	작업자에게 HMI를 통해 보다 빠르고 쉽고 안전하게 장비제어를 가능하게 한다. 각 기계의 수동제어 없이 작업자는 원격으로 다수의 장비를 제어 및 관리할 수 있으며 현장 밖에 있는 관리자들도 이 기능을 통해 편리하게 장비들을 제어할 수 있다.
가동 중지 시간 감소	초기 단계에서 결함을 감지하고 담당자에게 즉각적인 경보를 전달한다. 예측 분석 기능을 통해 오류 발생으로 더 큰 문제를 야기하기 전에 기계의 잠재적인 문제를 알려주어, 전체 장비 효율성(Overall Equipment Effectiveness, OEE)을 개선하고 문제 해결 및 유지관리에 소요되는 시간 및 비용을 절감할 수 있다.
간편한 통합	기존 기계 환경과의 연결은 데이터 파일로 제거 및 생산성 극대화를 위해 매우 중요하다. zenon은 300개 이상의 표준 통신 프로토콜을 갖추고 있어 기존 기계 및 네트워크 인프라에 간편하게 통합할 수 있으며, 프로젝트 전반에서 사용할 수 있도록 사전 구성된 드라이버, 기능 및 변수를 제공한다.
통합 플랫폼	단일 통합 플랫폼인 zenon은 모든 장비와 프로세스 제어가 가능하여, 운영 복잡성을 감소시키며, 모든 데이터를 단일 플랫폼에 제공함으로써 운영에 대한 개요를 명확하게 파악하고 데이터를 최대한 활용할 수 있다. 모든 사용자에게 로컬 또는 원격으로 실시간 업데이트를 제공한다.

▶ SCADA 시스템은 주로 발전 시설, 석유화학 플랜트, 제철공정 시설, 공장 자동화 시설 등 산업 조직들은 전체 플랜트뿐만 아니라 다양한(에너지 및 인프라, 식음료, 제약, 자동차, 상하수도, 운송, 건물, 산업 간 애플리케이션) 규모의 자산을 감시 및 제어할 수 있으며, 광범위한 산업 분야에서 매우 중요한 역할을 한다.
  • SCADA 도입 전, 많은 산업 조직들은 장비를 수동으로 제어하고 모니터링하는 작업자에게 전적으로 의존해야만 했으며, 작업자들은 아날로그 푸시 버튼, 다이얼, 기타 제어 장치 및 게이지를 통해 장비를 제어할 수 있었다.
  • 산업 현장 규모가 커지고 원격 사이트가 보편화되면서 더 효율적인 장비 제어 방법에 대한 필요성이 증대했다. 이로 인해 조직들은 각 장치와의 수동적인 상호 작용 없이 장거리에서도 일정 수준의 제어가 가능한 릴레이와 타이머를 사용하기 시작했다.

- 릴레이 및 타이머에 일부 자동화 기능이 추가되었음에도 재구성 및 문제 해결이 어렵고, 제어판 설치를 위해 많은 공간이 필요했다. 산업 운영 수준이 계속 성장함에 따라 조직들은 더욱 포괄적인 자동화 기능을 제공할 수 있도록 보다 효율적인 제어 및 모니터링 방법이 필요했다.
- 산업 분야에서 컴퓨터 도입으로 인해 제어 및 자동화 기능이 향상되었으며, 유틸리티 및 기타 산업 조직들은 감독 관리를 위해 컴퓨터를 사용하기 시작했다.
- 원격 측정 기술로 인해 거리에 따라 자동으로 데이터를 측정하고 전송할 수 있게 되었으며, 마이크로 프로세서와 PLC가 보편화되면서 이러한 모니터링 및 제어 시스템은 더욱 정교해졌고 SCADA라는 용어가 사용되었다.
- 웹 기반 애플리케이션, OPC 및 SQL과 같은 최신 IT 실무 및 기술을 SCADA 소프트웨어에 통합함으로써 기능, 효율성, 안정성 및 보안성이 크게 향상되었으며, 오늘날 많은 SCADA 애플리케이션에는 엔지니어가 광범위한 소프트웨어 개발 지식 없이도 쉽고 빠르게 애플리케이션을 설계할 수 있는 기능을 제공하여 주어서 개인과 조직들이 SCADA 시스템을 사용할 수 있게 되었다.
- SCADA 시스템은 시설 운영에 대한 실시간 데이터를 제공하며, 사용자는 전 세계 어디에서나 액세스할 수 있으며, 이벤트 기록 및 재생 기능을 통해 사용자는 문제들을 검토하여 향후 재발 방지를 위해 변경할 수 있다. 이러한 프로세스 기록 기능은 직원 교육을 위해서도 유용하게 사용되고 있다.

» SCADA 시스템은 4차산업 혁명이 시작되면서 스마트 팩토리 및 스마트 시티에서 핵심적인 역할을 하기 시작했다.
- 최근 SCADA 시스템은 시설 전체에 위치한 센서로부터 실시간으로 데이터를 자동 수집하고 인증된 직원들은 로컬 서버 또는 인터넷 연결을 통해 수집된 데이터를 사용할 수 있으며, 이렇게 향상된 데이터 수집 및 관리 기능을 통해 산업조직(조직)들은 오늘날 사용 가능한 고급 데이터 분석 기술의 이점을 활용할 수 있다.
- IT/OT 컨버전스가 증가하면서 SCADA 시스템에서 최신 IT 표준 활용이 증가하고 있으며, OPC UA 및 SQL과 같은 개방형 표준 사용은 SCADA 시스템과 MES(Manufacturing Execution System) 및 ERP(Enterprise Resource Planning) 시스템 통합을 용이하게 해준다.
- 클라우드 컴퓨팅과도 결합하여 조직들은 운영 및 비즈니스 시스템을 연결하고 전사적으로 데이터를 공유할 수 있으며, 점점 더 많은 사용자들이 웹 기반 및 모바일 응답 애플리케이션을 통해 태블릿 및 모바일 장치에서 프로젝트에 액세스 할 수 있다. 이는 SCADA 프로젝트의 효율성, 보안성 및 생산성을 크게 향상시킵니다.
- 4차 산업 기술에 대한 산업조직(조직)들의 관심이 증대하면서, SCADA 시스템은 앞으로도 산업 운영에서 중요한 역할을 할 것이며, 고급 데이터 분석, 기계 학습 및 기타 관련 기술도 시스템의 주요 요소로 간주될 것이다. 또한, 5G를 통한 산업 시설이 보다 복잡하게 연계되면서 SCADA 시스템은 다른 비즈니스 시스템 및 장비와 더욱 밀접하게 상호 연결되어 더욱 개방적이고 안전하며 향상된 유연성과 접근성으로 디지털 혁신을 주도할 것이다.

1.1.2 OT 산업의 변화

■ 제 4산업 혁명의 도래

▸ 인더스트리(Industry) 4.0은 2011년 1월 독일에서 진행한 산업관련 정책으로 제조업 같은 전통 산업에 IT 시스템을 결합하여 생산 시설들을 네트워크화하고 지능형 생산시스템을 갖춘 스마트 공장(Smart Factory)으로 진화하자는 의미를 뜻한다.

2003년	제조업의 ICT 융합에 대한 논의 시작
2005년	IoT R&D 지원사업
2006년	서비스 인터넷(IoS, Internet of Services) 도입 방안과 IoT와 IoS간의 연계 방안 연구
2010년	CPS(Cyber Physical System)에 대한 연구
2011년	FU에서 인더스트리 4.0 추진을 공식적으로 발의

▸ 4차 산업혁명은 디지털, 물리적, 생물학적 영역의 경계가 없어지면서 기술이 융합되는 것이 핵심 목표이며, 속도, 범위, 영향력 등에서 3차 산업혁명과 비교되지 않을 정도로 차별화되어 전 산업분야에서 파괴적 기술(Disruptive Technology)에 의해 대대적으로 재편이 되고 있으며, 기술혁신은 생산, 관리, 지배구조 등을 포함한 전체 시스템의 큰 변화를 가져오고 있다.

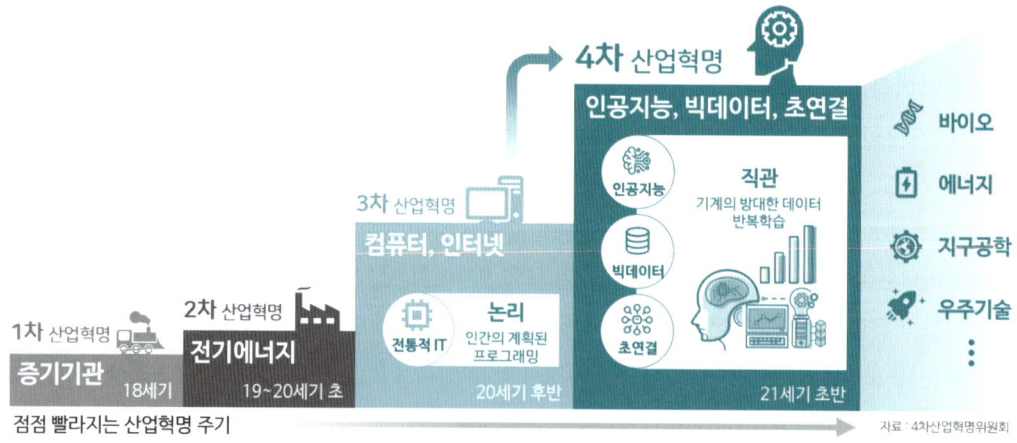

점점 빨라지는 산업혁명 주기   자료 : 4차산업혁명위원회

■ 제조산업의 환경변화

▸ 산업 시설(제조, 공장, 시티 등)의 스마트화가 가속화 되고 있다.

- OT(Operation Technology, 운영기술)는 과거는 과거 공장 등 제조업에서 주로 사용되는 용어였지만, 제4차산업혁명이 도래된 이후에는 교통, 통신, 건물, 스마트시티와 같은 대규모 인프라 영역까지도 OT의 영역에 포함되고 있다. 또한 이를 위해 지금까지의 유선 연결에서 벗어나 블루투스, Wi-Fi, LoRa, LTE, 5G 등의 다양한 무선 프로토콜이 사용되고 있으며, 클라우드나 데이터센터, 주변의 다른 기기와의 IIoT 연결, 특화된 산업 제어 프로토콜 외에 TCP/IP 네트워크 환경을 운영하고 있으며, 인터넷을 사용하는 사내망과 연결된 지점, 무선 네트워크 연결 등 IT와 OT환경은 점점 더 융합화되고 있다.
- 산업제어시스템(ICS)의 자동화 운영기술(OT)은 공장·제조(Factory & Manufacturing) 산업의 특성을 반영하여 지속성, 효율성, 실시간성 등의 향상에 초점을 맞추어 발전해 왔으며, 스마트 제조·혁신의 요구로 과거 "소품종-대량 생산" 위주에서 "다품종-맞춤형 생산" 방식으로 변화하고 있다.
- OT 환경의 스마트화는 IoT 센서, 빅데이터, AI, 5G 등 다양한 ICT 기술과 접목하여 발전하고 있으며, 과거 공장이나 조직 내부에만 머무르던 제조데이터는 지리적 위치에 영향을 받지 않고 활용되도록 글로벌 IT시스템 및 클라우드 서비스로 옮겨가고 있다.

■ CPS 사이버물리시스템의 도입
▶ CPS(Cyber-Physical System) 사이버물리시스템은 제조환경에서 서로 다른 가상환경과 물리체계에서 모든 정도(Scale)와 수준(level)에서 세밀하게 통합하여주는 시스템으로 사이버상에서 물리적 환경 정보(데이터)의 처리 결과로 현실의 시스템 혹은 프로세스를 제어하는 시스템을 의미한다.

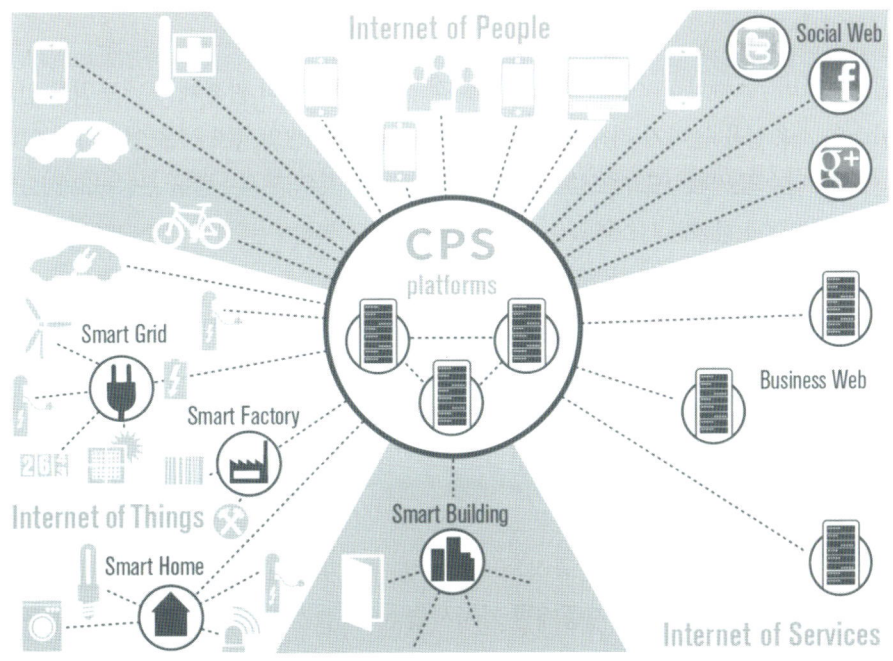

- 마이크로프로세서와 메모리 기술의 발달로 더 작고 성능이 뛰어난 시스템이 개발되었으며, 임베디드 시스템의 등장으로 다양한 기계 및 전자 장비에 삽입되어 원하는 조작을 효율적으로 가능하게 되었다.
- 다양한 임베디드 기기가 물리시스템의 상태를 관찰한 정보를 바탕으로 연산하여 도출된 결과를 다시 물리시스템에 영향을 미치는 피드백 시스템을 제고하는 CPS시스템이 전통적인 임베디드 시스템을 넘어서는 새로운 패러다임으로 주목을 받기 시작하였다.

» CPS는 통신기술을 활용하여 물리적 현상을 관찰, 계산 및 조작하는 각 시스템 개체들간의 협력적 관계를 구축한다.
- CPS는 통신(Communication), 연산(Computation), 제어(Control)의 세 요소를 핵심 개념으로 하여 인간과 공존하는 물리 세계 개체들과 센서(Sensor), 액추에이터(Actuator), 임베디드(Embedded) 시스템 등과 같은 시스템 개체들로 구성되는 사이버 세계와의 융합을 추구한다.
- CPS는 인바운드 물류부터 생산, 마케팅, 아웃바운드 물류, 서비스, ICT 기반으로 End-to-End 통합 기능을 제공하는 스마트머신, 창고 시스템, 생산 설비 등으로 구성되며, 생산에 필요한 모든 정보가 교환되고 최적화된 상품 제조가 가능한 플랫폼이 조성됨에 따라 스마트 제조의 생산과정을 통제하므로 생산의 전 과정은 물론 상품 자체의 최적화가 가능하다는 장점이 있다.
- CPS는 공장 요소 상호 간의 정보교환을 가능하게 하고자 센서, 인공지능, 임베디드 시스템, 빅데이터 등 첨단 IT기술을 활용하고 있으며, 이러한 여러 요소들을 5G 무선으로 상호 연결하여 서로 간의 데이터 교환이 용이하게 함으로서 서비스간인터넷(IoS), 사물인터넷(IoT), 산업사물인터넷(IIoT)을 실현할 수 있는 기반을 제공한다.

» 인더스트리(Industry) 4.0에서는 공간, 기술적 품질, 신뢰성의 관점에서 네트워크 인프라와 서비스의 가용성을 높이기 위해 '실시간'을 기반으로 한 CPS의 중요성을 언급하고 있다.
- CPS는 다수의 임베디드 시스템들이 상호 통신하는 네트워크 시스템을 구성하고 있으며, 다양한 물리시스템과 컴퓨팅 시스템의 연계에 따라 시스템의 복잡도는 점점 가중되면서 예상치 못한 오류나 상황 발생 가능성 또한 높아졌다.
- 인더스트리 4.0에서는 CPS를 통해 스스로 다이내믹하게 최적화하는 자율적인 가치창출 네트워크를 구현하는 것이 기술적인 목표이며, 가치창출 네트워크가 하나의 공장 안에서 구현될 경우 스마트팩토리가 구현된다.

■ 스마트팩토리의 개념
» 스마트팩토리(Smart Factory)란 공장의 생산설비(시스템)를 기반으로 한 수직적 통합과 고객의 요구사항을 시작으로 하는 제품개발 가치사슬(value chain) 기반 수평적 통합이 구현되는 공

장으로 제품의 기획, 설계, 생산, 유통, 판매 등 전 과정을 IT 기술로 통합, 최소 비용 및 시간으로 고객맞춤형 제품을 생산하는 공장을 의미한다.

- 수직적 (생산시스템) 통합은 제품이 생산되는 다양한 설비에서 센서 및 디바이스를 통하여 신호를 획득하고, PLC(Programmable Logic Controller) 및 HMI(human Machine Interface) 등의 제어기술을 통하여 설비의 제어를 수행하며, 생산 프로세스를 관리하기 위한 MES(Manufacturing Execution System)와 창고관리를 위한 WMS(Warehouse Management System)를 거쳐 상단의 ERP(Enterprise Resource Planning)까지 유기적으로 관리될 수 있는 개념을 포함한다.
- 수평적 가치사슬 통합은 제품을 사용하는 고객(B2B에서의 조직고객 및 B2C에서의 개인고객을 모두 포함)이 원하는 요구사항을 도출하기 위한 시장조사 및 제품기획 단계를 거쳐, 고객의 요구사항을 충족시키기 위한 제품개발 R&D(개념설계-상세설계) 단계 및 공정설계 후 제품을 생산하여 제품을 고객에게 전달하는 과정까지를 포함하고 있다.

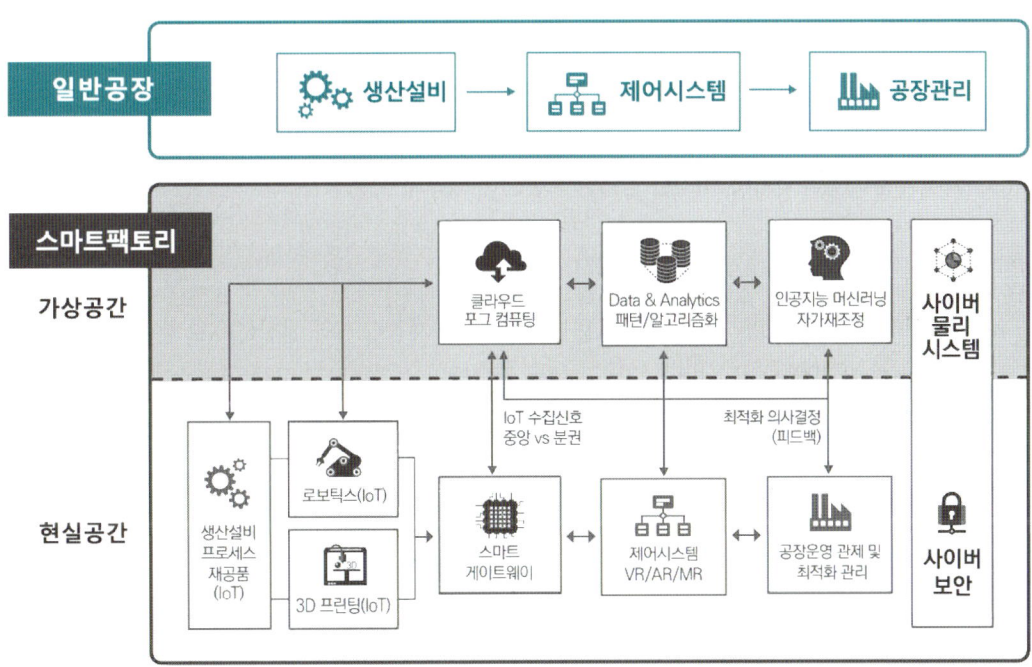

▶ 스마트팩토리는 공장 내 설비와 기계에 센서(IoT)가 설치되어 데이터가 실시간으로 수집, 분석되어 공장 내 모든 상황들이 일목요연하게 보여(Observability)지고, 이를 분석해 목적된 바에 따라 스스로 제어(Controllability)되는 공장을 말한다.

- 과거에는 하나의 공장에서 대량생산을 위해 공장자동화(Factory Automation)를 구축하였지만, 스마트팩토리는 모든 공장을 하나의 공장에서 움직이는 것과 같이 상호 연동되어 움직이며, IoT, CPS

를 기반으로 제조 全단계가 자동화·정보화되고 전후방 산업 전체가 하나의 공장처럼 실시간 연동 되어지는 시스템을 의미한다.

 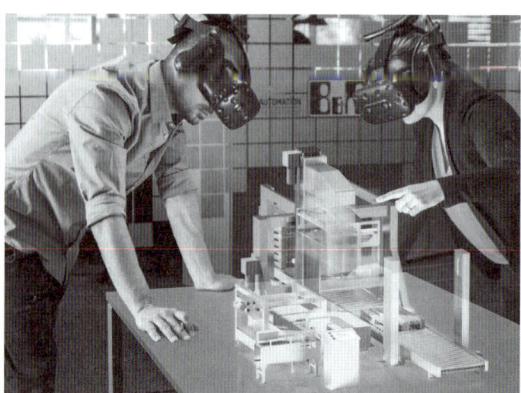

- 현장에서 발생하는 돌발상황이 모니터링되어 비숙련자도 대응할 수 있도록 원격지에서 가이드를 해줄 수 있게 되며, 이러한 데이터들이 MES, ERP 등과 같은 생산, 경영분야의 기간 시스템과 연동되어 주문이 접수되거나, 어떠한 경영상의 판단이 내려지면, 공장은 최적의 생산체제 하에서 운영되는 장점이 있다.

▶ 스마트팩토리에서 CPS 기술은 그 적용 대상에 따라 제품CPS와 생산CPS로 분류한다.
- 제품(Product) CPS는 인지, 판단, 그리고 행동 기능들이 소형화되고 모듈화되어 제품에 탑재되고, 이들이 서로 네트워크를 통해 정보를 교환하여 새로운 제품 서비스를 창출하는 개념이며, 이를 위해서는 센서, 액추에이터, 제어 기술과 이들을 뒷받침하는 컴퓨팅 기술과 이들을 서로 연결시켜주는 통신기술의 융합이 필수적이다.
- 생산(Production) CPS는 실제 세계의 제품, 공정, 설비, 공장 등에 대한 가상화(Virtualization)를 통해 사이버 세계의 디지털 모델을 구축한 후, 사전 시뮬레이션을 통한 최적의 생산계획, 공정 설계를 수행하며, 이를 실제 생산에 적용하고, 설비 고장 등 실제 현장의 변화를 각종 센서 등으로 인지하여 사이버 세계에 실시간으로 동기화시킨다.
- 외부환경, 공장설비, 운영시스템에 연결된 센서 등과의 통신을 통해 수집된 정보를 자율적으로 분석하고 의사 결정하여 최적의 솔루션을 찾는 방식으로 지능화된 상황 인지, 분석, 판단, 의사결정 등 사전에 검증된 수행계획을 통하여 설계, 운영에 관련된 최적화된 의사결정을 통합적으로 지원하게 된다.

▶ 스마트팩토리의 주요 목적은 효율적이고 유연하며 자율적인 지능형 설계와 운영이다.
- 지능형 생산자동화와 전사적 정보통합, 유연하고 효율적인 생산시스템을 갖추기 위해 적용되는

주요한 개념인 인지(Sensor), 판단(Decision & Control), 행동(Actuation)을 능동적이고 자율적으로 수행하는 가상물리시스템(Cyber Physical System, CPS)을 의미하기도 한다.
- 제품, 공정, 설비, 공장이 통합되어 상호 연계되는 제조의 모든 과정에서 유연하고 효율적인 자율운영 시스템이 실현된다.
- 독일에서 시작된 제4차 산업혁명은 제조업이 직면한 사회, 기술, 경제, 생태, 정치 부문의 변화에 ICT를 접목해 총력적으로 대응하겠다는 전략으로, 사물인터넷(IoT)과 조직용 소프트웨어, 위치정보, 보안, 클라우드, 빅데이터, 가상현실 등 ICT 관련 기술들을 도입한 스마트팩토리를 목표로 한다.

▶ 스마트팩토리가 구현되면 각 공장에서 수집된 수많은 데이터를 기반으로 분석하고, 의사결정하는 데이터 기반의 공장 운영(Data Driven Operation)체계를 갖춤으로써 생산현장에서 발생하는 현상, 문제들의 상관관계를 얻어낼 수 있다.
- 원인미상의 돌발 장애, 품질 불량 등의 원인을 알아내 해결할 수 있게 되며, 숙련공들이 경험으로 얻은 노하우를 데이터화 함으로써 누구나 쉽게 활용할 수 있게 된다.
- 제조업의 위상 강화, 고급인재 유치, 양질의 일자리 창출 등을 지향하는 스마트팩토리는 생산공정, 조달물류, 서비스까지의 통합을 목표로 하며, 생산성 향상, 에너지 절감, 안전한 생산환경을 구현하고, 다품종 복합생산이 가능한 유연한 생산체계 구축이 가능하다.
- 제조 단계별 스마트팩토리 적용 모습

기획·설계 단계	가상공간에서 제품성능을 제작 전에 시뮬레이션 함으로써 제작기간 단축 및 소비자 요구 맞춤형 제품 개발 가능
생산 단계	설비-자재-관리 시스템 간 실시간 정보교환으로 1개 공장에서 다양한 제품생산 및 에너지·설비효율 제고가 가능
유통·판매 단계	생산 현황에 맞춘 실시간 자동 수·발주로 재고비용이 획기적으로 감소하고 품질, 물류 등 전 분야에서 협력 가능
분산 결정 단계	CPS 스스로 결정을 내리고 그들의 작업을 가능한 자율적으로 수행할 수 있는 능력이다. 예외의 경우에만 간섭이나 상충하는 목표가 더 높은 수준으로 위임된 작업이 가능

- 스마트팩토리가 구현되면 각 공장에서 수집된 수많은 데이터를 기반으로 분석하고, 의사결정하는 데이터 기반의 공장 운영(Data Driven Operation) 체계를 갖춤으로써 생산현장에서 발생하는 현상, 문제점들의 상관관계를 얻어낼 수 있으며 원인미상의 돌발 장애·품질 불량 등의 원인을 알아내고 해결할 수 있게 된다.
- 숙련공들의 경험과 노하우를 축적해 형식화함으로써 누구나 쉽게 활용할 수도 있고, 현장에서 발생하는 돌발 상황들이 모니터링 되어 비숙련자도 대응할 수 있도록 원격지에서 가이드를 제시해 줄 수 있게 된다.

- 스마트팩토리 구현은 전통 제조 산업에 ICT를 결합하여 개별공장의 설비와 공정이 지능화되어 서로 연결되고, 모든 생산정보의 지식이 실시간으로 공유, 활용되어 최적화된 생산운영이 가능한 공장인 동시에 이러한 개념의 확장을 통해 상·하위 공장들과 연결되어 협업적 운영이 지속 될 수 있는 생산체계를 갖추는 공장이 만들어진다.

» 우리 정부는 제조조직의 공장을 대상으로 '스마트 팩토리' 사업이 추진되면서 자동화를 넘어 지능화된 환경으로 탈바꿈하려는 산업정책과 관련법률 제정을 추진하고 있다.

디지털 트윈의 개념
» 디지털 트윈(Digital Twin) 이란 미국의 제너럴 일렉트릭(GE)이 만든 개념으로, 실제 존재하는 물리적인 자산 대신 소프트웨어로 가상화한 자산의 디지털 컴퓨터로 복사된 쌍둥이를 만들어 모의실험 함으로써 결과를 미리 예측하는 기술을 의미하며, 실제 자산의 특성(자산의 상태, 자산의 생산성, 자산의 동작 시나리오 등)에 대한 정확한 정보를 얻을 수 있다.

- 디지털 트윈은 제조업뿐 아니라 에너지, 항공, 헬스케어, 자동차, 국방 등 여러 산업 분야에서 적용하여 자산의 최적화, 돌발 사고 최소화, 생산성 증가 등의 효율을 향상시킬 수 있는 기술로 주목 받고 있다.
- 다양한 물리적 시스템의 구조, 맥락, 작동을 나타내는 데이터와 정보의 조합으로, 과거와 현재의 운용 상태를 이해하고 미래를 예측할 수 있는 인터페이스라고 할 수 있다.
- 디지털 트윈 기술은 공장의 생산설비를 가상으로 하여 복사하여 시뮬레이팅 하는 물리적 환경을 가상 환경으로 구현할 수 있는 기술인 만큼, 혁신성이 매우 뛰어난 기술이라고 할 수 있다.
- 디지털 트윈 기술이 완벽하게 기능을 하기 위해서는 여러 가지 기술이 뒷받침되어야 하며, 대표적으로 사용되는 기술로 IoT, 클라우드 서비스 기능, 빅데이터 처리 기술과 정밀한 센서를 통해 얻은 DATA로 컴퓨터가 예측을 해야 하기 때문에, 인공지능 기술 또한 매우 중요한 핵심 기술 중에 하나라고 할 수 있다.

» 제조공정의 디지털 트윈 연동을 통해 실제 장비의 동작을 정밀하게 재현하는 것이 가능하다.
- 산업현장에서의 디지털트윈 적용은 주로 OPC(OLE for Process Control)서버를 이용하여 컨트롤러와의 접속을 통해 원거리에 있는 장비의 모션 등 현재값을 실시간으로 읽어 들이는 것이 가능하며 물성을 포함한 장비의 실제 움직임을 확인할 수 있다.
- 트레이스 데이터(trace data)로 장치 시운전 시 상세한 동작을 슬로우 모션을 하거나 스케일을 표시해 반복 검증 재현이 가능하다.
- 디지털 트윈의 실행은 정보수집, 데이터분석, 종합 및 활용으로 크게 세단계로 구성한다.

- 1단계는 실제 정보를 수집하여 가상의 쌍둥이 모델에 반영하는 단계로 센서 및 센서 데이터를 수집하기 위한 IoT기술 등이 사용된다.
- 2단계는 디지털 세계의 쌍둥이를 분석하는 단계로 컴퓨터를 활용한 수치 시뮬레이션, 빅데이터 분석, 머신러닝, AI 등의 기술이 적용된다.
- 3단계는 분석 결과를 통해 유지보수 일정 수립, 이상 징후 포착 및 경고, 물리적 모델 제어 등을 결정하는 판단 자료를 생성하여 현실 세계에서 활용한다.

▶ 디지털 트윈의 활용은 관제모델, 운영모델, 최적화모델 등 크게 세 가지 형태로 활용된다.
- 관제 모델(Observation Model)은 데이터 센싱 등을 통해 물리적 대상의 상태를 모니터링 하는 것으로 제조현장의 기계 운영 현황을 분석해 이상 징후 포착 및 경고, 장애 대응 등에 활용된다.
- 운영 모델(Operation Model)은 디지털 트윈에 조건을 설정하여 물리적 대상을 제어하는 것으로 일정한 실내 온도 조절을 위하여 설비의 밸브나 공조 시설 제어 등에 활용된다.
- 최적화 모델(Optimization Model)은 물리적 대상의 데이터를 활용하여 운영을 최적화하기 위한 시뮬레이션을 하는 것으로 풍력 발전기 날개의 경사각을 시뮬레이션하여 최적화하고 그 결과로 발전량 증대에 적용 등에 활용된다.
- 사이버 물리시스템은 현실세계와 센서, 컴퓨터, 액추에이터 등으로 구성되는 가상의 사이버세계와 상호 작용을 통해 융합되는 시스템으로 디지털 트윈을 활용한 관제, 운영, 최적화 모델이다.

▶ 자율시스템은 자세한 프로그래밍이나 사람의 통제 없이도 높은 수준의 과업(high-level tasks)을 수행할 수 있는 지능을 가진 기계(혹은 집합)을 의미한다.
- 자율시스템은 프로세스의 실제 상태와 동일한 수준의 모델에 접속할 수 있어야 하며, 상호 작용이 가능하므로 '디지털 트윈'이라는 모델환경과의 상호작용이 필요하다.
- 자동화된 시스템은 사람에 의해서 정밀하게 정의된 순서에 의해서 기계가 자동으로 실행되며 자율화 시스템은 기계, 환경, 과업에 대한 지식을 기반으로 과업을 수행하며 제품과 생산량의 변이 및 예외상황 등을 고려하여 감독관의 간섭이 없이 자율적으로 판단하여 실행한다.
  - 자율화시스템 예시 : 물리적 파트를 나르는 팔레트에 접착된 컴퓨터 메모리에 디지털 트윈이 저장, 물리적 파트와 디지털 트윈이 서로 연결된 상태 가정한다.

▶ 디지털 트윈 성숙도 모델은 디지털 트윈의 실현 수준이 어느 정도인지 이해하기 위한 평가 도구를 제공하는 것을 목표로 하며, 더 높은 수준을 향한 지속적인 개선 계획을 수립할 수 있도록 기준을 제시하여 준다.
- 성숙도 모델은 디지털 트윈 모델의 대상과 목적과 모델링 범위가 다르기 때문에 상대적 비교의 대상으로 적절하지 않고, 같은 대상에 대해 지속적으로 개선 활동을 추진하기 위한 자기 평가 수단으로 활용해야 한다.

성숙도 수준	명칭	요구사항	사례
5수준	자율 디지털 트윈 (Autonomous Digital Twins)	• 현실의 물리 트윈과 디지털 트윈, 또한 다수 디지털 트윈들 간의 실시간, 통합적, 자율/자동 동기화 동작 (사람의 개입이 불필요) • 디지털 트윈 모델과 시스템이 신뢰할 수 있고, 안정적이며, 안전한 동작을 보장할 수 있는 궁극적 달성 수준	–
4수준	상호작용 디지털 트윈 (Interactive Digital Twins)	• 이종 도메인이 상호 연계되는 디지털 트윈 간의 연합적 동작 모델 • 디지털 트윈들 간의 연계, 동기화 및 상호 작용 작업 (동작 수행을 위해 사람의 개입이 필요할 수 있음) • 디지털 트윈 간의 데이터 인터페이스 버스(예:Digital Thread)와 동기화를 통해 작용과 반작용의 상호 작용을 할 수 있으나, 최종적인 실행 단계에서 관리자의 확인과 결정을 통한 개입이 필요 • 인터페이스 버스는 물리 트윈의 생애주기 전체과정에 걸쳐 디지털 트윈 상호 연동을 위한 데이터흐름 채널로서 기능함	–
3수준	동적 디지털 트윈 (Dynamic Digital Twin)	• 현실 대상에 대한 동작 모델이 존재함 • 동작 모델에 대한 입력 변수의 변화를 통해 변화되는 동작을 시뮬레이션할 수 있음 • 현실 대상에게 이미 일어난 문제에 대해 로그데이터를 바탕으로 동작 모델을 통해 문제를 재현하여 원인 분석을 할 수 있음 • 현실 대상과 디지털 트윈은 데이터 링크(예:MTConnect)를 통한 동기화에 따라 작용과 반작용의 상호 작용을 할 수 있으나, 최종적인 실행 단계에서 관리자의 확인과 결정을 통한 개입이 필요할 수 있음 (시스템의 안정성과 신뢰성을 보장할 수 없는 경우에 사람의 개입이 반드시 필요)	CAE, Digital Factory, Virtual Singapore, HILS, CPS 등
2수준	정적 디지털 트윈 (Static Digital Twin)	• 구축 때 설치되고, 고정되어 있고, 재구축 때 외에는 사실상 영구적인 통신 연결 • 행동 및 역학 모델은 없지만, 프로세스 논리가 적용되어 운영 • 실시간 모니터링 • 부분 자동 제어, 그러나 주로 인간의 개입을 통한 동작	SCADA DCS CAM 등
1수준	형상모사 디지털 트윈 (Look-alike Digital Twin)	• 2D 또는 3D로 모델링되어 시각화된 현실	CAD 등

디지털 트윈 성숙도 모델 (출처 : ETRI, 디지털트윈의 꿈)

1.1.3 OT 산업의 보안 중요성

■ OT 보안의 개념

» OT(Operational Technology)란 산업 장비, 자산, 프로세스 및 이벤트를 직접 모니터링 또는 제어하여 변경을 감지하거나 유발하는 하드웨어 및 소프트웨어의 '운영기술'이라고 가트너에서 정의하고 있다.

- 산업제어시스템(ICS)을 통한 시설 및 기계의 제어와 통제 등 운영기술(OT)은 산업 분야에서 문제가 발생하지 않도록 보호하는 것을 의미하기도 한다.
  - IT(Information Technology)와의 기술적 기능적 차이를 나타내기 위해 만들어진 용어이다.
  - OT는 에너지, 석유, 가스, 전기, 통신, 물, 폐기물, 제조 등 중요 인프라산업 운영을 관리하는 컴퓨팅 및 네트워크 시스템을 관리하는 기술이다.
- OT산업 영역에는 제조 공장, 오일 플랜트, 발전소에 구축되어 있는 산업 공정을 위한 산업제어시스템부터 필드 디바이스까지 운용하기 위한 산업 기술, 산업 네트워크를 말한다.
- IT영역에는 메일서버, 웹 서버, DB 서버, 휴가 시스템, 재무 시스템 등 사람이 업무를 보거나 일상 생활을 영위하기 위한 서비스(등본 같은 것을 발급하는 공공 서비스, 온라인 쇼핑, 결제 서비스, 소셜서비스 등)처럼 인간의 사회 생활과 밀접하며 현실적으로 누구나 사용하지 않을 수 없다.
- 최근 OT산업영역 내에서도 IT기술인 AI, 빅데이터, 보안관제시스템 등이 도입되고 있으며 융합은 가속화 될 것이다.

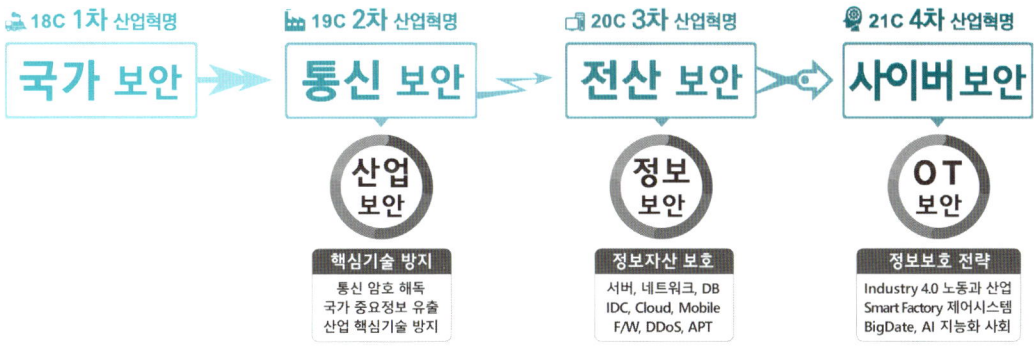

» 우리 일상에서 카페, 사무실, 집에 있는 커피 머신, 보일러, 컴프레셔, 온도측정, 설정된 메뉴 프로그램에 따른 작동 여부 결정과 멈춤 제어, 무선통신 등 여러 OT기술이 적용되어 있다. 최근 이 커피 머신에 네트워크 통신과 스마트 기능을 추가하여 스마트폰으로 작동시키거나 작동 상태를 파악하거나 주문도 할 수 있으며, 네트워크를 통해서 IT 기술이 접목된 커피 머신에 내장된 운영체제에 접근도 가능하다.

- IT환경에서 서버가 해킹되듯이 커피 머신이 해킹될 수도 있게되었으며, 네트워크에 연결되면서 더욱더 혁신적인 기능과 편리성을 갖게되었지만 동시에 불법적인 접근을 통한 해킹의 위협에 노출 될 가능성도 커졌다.

▶ 일상의 커피머신 뿐만 아니라, 빌딩, 엘리베이터, 지역난방, 지하철, 물류센터, 발전소, 변전소, 스마트팩토리 공장, 국방시설이나 방산조직의 OT산업 등 산업제어시스템에 대한 중요도나 접근성의 어려움 측면에서 최상위에 있는 시설들 역시 이러한 위협에 노출될 수 있다.

■ OT 보안의 이해
▶ OT보안(Operational Technology Security)은 산업시스템(시스템·솔루션·단말·서비스 등) 환경에서 주요 정보시스템의 위/변조, 유출, 해킹, 서비스 거부, 랜섬웨어 등을 비롯한 각종 사이버 공격으로부터 조직의 자산을 안전하게 보호하고, 물리적 공간에서의 침해사고를 방지하는 산업현장에서 '운영기술보안'을 의미하며, ICT 환경에서 정보보안과는 차이점이 있다.

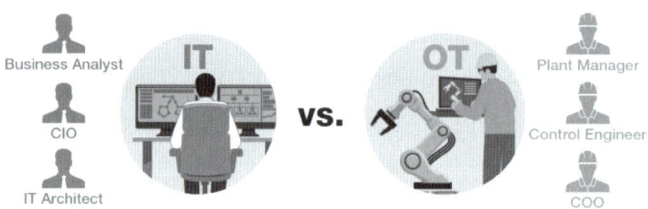

- IT 와 OT의 보안 요구사항의 차이점

비교 항목	OT	IT
1차적 연결 (혹은 이용) 대상	기계, 설비	거의 대부분 사람
직접적 대상에 제공	제품 생산, 사회 기반 시설 운용	서비스(등본발급, 경비신청, 소셜 등)
설치하는 위치	사회기반시설(발전소/공항/철도/교통 등), 공장 등	데이터센터, 기관/조직 전산실, 홈
하드웨어	산업제어설비(PLC, 계측기 등)	서버, 네트워크장비, PC, 스마트폰 등
소프트웨어	제조사별 자체 제작 운용체제/펌웨어	리눅스, 윈도우, 어플리케이션
관리 시스템	부재 혹은 HMI, 공정제어시스템	자체내장, NOC, SOC
통신 프로토콜	대부분 산업전용(비표준, 표준), 일부분 IT 표준	IT 표준

비교 항목	OT	IT
구축 후 교체 주기	장기간(20년 전후)	대부분 3~5년
운영체제	전용 OS, 실기간 OS사용	범용 OS사용(윈도우, 리눅스 등)
가용성 요구사항	안전이 중심, 매우 높음	보안 및 기밀성이 중심
실시간성 요구사항	응답시간이 중요하며 통신지연 불허	일부 통신지연 허용
패치 및 보안감사	정기적, 필수적(유지보수가 용이)	일시적, 부분적(유지보수가 어려움)
개발 시 보안 고려	대부분 비고려 사항(최근 일부 적용)	필수적 고려 사항
보안에 대한 인식	미흡, 초기	높음, 성숙
해킹 목적	피해 유발	대부분 금전적, 과시적
장애 시 피해 (공공시설)	막대한 범 사회적 피해	불편 초래, 건별 피해
장애 시 피해 (민간시설)	막대한 생산체인 전체 중단 피해	해당 서비스 중단 피해

운영기술(OT)과 정보기술(IT) 비교 (출처: seculayer, ICS & OT 산업보안 이해하기)

» **제조산업의 ICT기술 도입에 따른 운영환경이 변화하고 있다.**
- OT는 조직의 대규모 생산설비를 포함하고 있어서 잠깐의 멈춤이나 장애도 전체 생산과 수익성에 큰 차질을 초래할 수 있으며, 24시간 끊김 없는 가용성(Availability)을 최우선 가치로 두는 것이 일반적이다.
- 어떤 실수나 내/외부로부터의 공격으로부터 안전을 담보해야 하므로 OT보안에 필요한 요구사항은 훨씬 복잡하고 까다로워진다.
- 발전소, 공장 시설 등 OT영역은 과거 폐쇄망에서 작업이 진행되는 환경이라서 외부로부터의 접근이 엄격히 통제되기 때문에 바이러스 등 악성코드의 위협에서 안전하다고 인식됐지만, 새로운 기술 및 기능의 적용, 효율성 개선 추구 등의 영향으로 기존의 IT(Information Technology) 영역과 접점이 늘어나고, 연결이 많아짐으로 인해 더이상 안전한 영역이 아닌 시대가 도래되었다.
- 자율협동로봇, 증강현실(AR) 웨어러블 장치, 산업용 IoT 장비들이 내부에서 중요한 데이터를 직접 처리하고 무선으로 전송하는 외부 연결성에 의하여 OT 환경은 방어해야 할 공격 접점(Attack Surface)과 보호해야 할 자산(Security Asset)이 늘어나며, 기기 자체 및 통신 취약점에 대한 대비가 필요하다.

■ OT 보안의 중요성

▶ OT산업영역에서 보안사고로 인한 피해는 IT영역의 보안사고처럼 잘 알려지지 않았을 뿐 지속적으로 발생하고 있으며, 대응체계 구축의 중요성이 커지고 있다.

- 지난 2010년 스턱스넷 공격을 기점으로 전세계적으로 SCADA, ICS, OT 환경을 운영하는 공장, 발전소 등 산업시설·기반시설을 대상으로 한 사이버공격이 꾸준히 증가하고 있다.
- 해외에서는 물론 국내에서도 공장에서 사용하는 윈도우 기반 산업용 PC와 PLC가 랜섬웨어 등 악성코드에 감염돼 오작동을 일으키거나 운영이 중단되는 사고가 늘어나고 있으며, ICS와 OT 환경에서 보안사고가 발생하는 경우, 정보유출 목적보다는 파괴/운영 중단 목적의 지능화된 공격이 주로 이뤄지기 때문에 그 위험성과 파급력은 크다.
- 2019년 미국 CyberX의 조사에 따르면, 50% 이상이 바이러스 백신이나 보안업데이트를 하지 않고 있으며, 40%에서 인터넷과 연결된 네트워크가 탐지되었으며, 69%가 시스템 비밀번호를 암호화하지 않고 평문으로 보관하고 있었다. 현재 OT산업현장의 보안 수준은 매우 떨어져 있음을 알 수가 있다.
- 5G를 활용하여 사물인터넷 기반 서비스가 확대되고 있으며, 의료, 스마트 홈, 스마트공장, 스마트 농업 등 전 산업군의 실제 생활 영역에 적용되면서 생활과 밀접화된 공격이 증가하고 있다. 보안이 취약한 도어락의 원격 개폐기능을 악용하여 가정 내 무단침입을 시도하거나, 취약한 비밀번호가 설정된 IP 카메라를 해킹하여 사생활 노출 협박 및 금전을 요구하는 사례도 빈번히 발생하고 있다. 특히 이러한 IoT 기기는 보안 기능이 제한적이거나 없는 경우가 많아서 공격이 상대적으로 쉽다.
- 제조실행시스템(MES), ERP, CRM 등 IT경영시스템과 워크스테이션, 필드 장비 등을 연결하는 경우 연쇄적인 보안 위협에 노출될 수 있으므로, 새로운 시스템의 도입 시에는 반드시 사전보안성 검토를 수행하고 관리가 중요하다.

▶ OT/ICS 산업현장에서 사이버 공격으로부터 대응하는 전문인력 양성이 필요한 시점이다.

- IT 보안 전문가는 OT 산업의 이해와 용어, 기술에 익숙하지 않으며, 반대로 OT 종사자는 사이버 보안에 대한 인식이 미흡하여 전문성이 부족한 상황이다. OT 산업의 보안 중요성을 고려해 볼 때 각자 영역의 간극을 좁혀 나가기 위한 전문인력 양성이 시급한 현실이다.

■ OT 환경 대상 사이버공격 추세

▶ 최근 10년 OT 시스템 감염 및 공격 사례

- OT 보안사고는 단순한 기계 몇 개로 운영되는 소규모 공장이거나, 혹은 작은 건물의 감시 시스템 정도에 그치는 것이 아닌, 대규모 플랜트나 발전소, 수도, 신호등, 철도, 항만, 항공 등 각종 사회 기반 시설물까지 대상이 되기 때문에 인적, 물적으로 엄청난 피해를 유발할 수 있으며, 시민의 안전은 물론이고 국가의 안보에까지 영향을 줄 수 있다.

- 2020년 상반기 카스퍼스키가 차단한 감염된 시스템 중에서 공장 자동화시스템 40%, 석유·가스 분야 컴퓨터 감염 37.8%, ICS 컴퓨터의 인터넷 위협 차단 16.7%, USB 등 이동식 저장장치를 통한 침투 시도 5.8%, 악성 이메일 첨부파일 3.4%의 위협이 발견돼 차단됐다고 밝혔다.

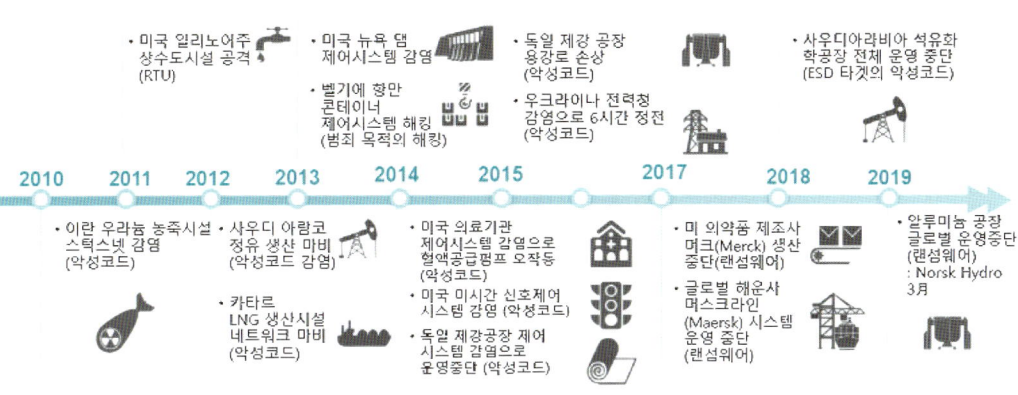

▶ 년도별 ICS 제어시스템 사이버공격 사례
- 2000 호주, 오폐수처리시스템 무선 해킹 공격으로 3개월 동안 46차례 오폐수 방출
- 2003 미국, Davis-Besse 원자력발전소 Slammer Worm 감염, 미국 동부 철도조직 신호제어기가 컴퓨터 바이러스에 감염되어 운전 정지
- 2005 브라질, 여러 도시 해킹으로 정전 발생
- 2009 미국, 전력 핵심 기반시설 중·러 해킹으로 악성코드 감염
- 2010 이란, 원자력발전소가 사이버 공격에 사용된 스턱스넷(Stuxnex) 악성코드는 독일 지멘스사 S7 PLC의 STEP 7 소프트웨어를 사용하는 SCADA2 시스템 네트워크의 침입을 목표로 개발되었고, 악성코드가 담긴 물리적 USB를 전달하는 사회공학기법(Social Engineering) 공격으로 폐쇄망에 침투하여 시스템 제어에 성공한 이후에도 프로세스 데이터 및 로직을 변경하여, 원전 운영자가 이상 징후를 알아차리지 못하도록 하였다. 원전 제어시스템의 통제권을 획득한 공격자는 1,000여 개에 달하는 고농축 우라늄 원심 분리기에 과부하를 일으켜 사용 불가 상태로 만드는 피해를 주었으며 전 세계에 보여준 첫 사례가 되었다.
- 2011 원전 제어시스템 제조사 Areva 해킹, 미국 일리노이 수처리제어시스템, 유지보수 용도 공개 서비스를 이용한 해킹으로 Water Pump 제어
- 2012 사우디아라비아 에너지 조직 아람코 전산망 악성코드 감염으로 정지, 미국 전력조직 전력시설 터빈 제어시스템에 악성코드 감염되어 3주간 운전 중단
- 2014 일본 후쿠이현 몬주 원자력발전소 내부 관리자 컴퓨터 악성코드에 감염되어 개인정보 등을 포함한 4만2천건 문서 유출, 독일 철강조직 용광로제어시스템 장애 발생

- 2015 우크라이나, 발전소로부터 전력을 공급받아, 가정이나 상가, 공장 등에 분배하는 배전망 조직 3곳의 배전 IT 시스템이 사이버 공격을 받아, 변전소와의 전기 연결이 3시간 동안 끊어졌고, 약 225,000 가구가 피해를 보았다. 공격자는 마이크로소프트 오피스 문서를 조작하여 BlackEnergy 3 악성코드가 포함된 스피어피싱(Spear-phishing) 이메일을 보내 해당 조직의 IT 네트워크를 장악하는 1단계 침투 성공으로 거점을 확보한 공격자는 2단계로 킬디스크(KillDisk) 악성코드를 사용해 핵심 시스템의 마스터 부트 레코드(MBR)를 삭제하여 배전 시스템과 연결 복구를 지연시키고, 흔적이 남지 않도록 관련 로그 기록 또한 삭제하였다. 변전소의 필드 장비를 대상으로는 맞춤형 악성 펌웨어를 삽입하여 직렬-이더넷(Serial to Ethernet) 변환 장치를 작동 불가능하게 만들고, 무정전 전원공급장치(UPS)를 비활성화하는 등 SCADA 운영에 지장을 주기 위한 다각도의 공격을 수행하였다. 정전 피해가 발생한 이후에도 공격자는 고객이 정전 사실을 조직에 알리는 것을 지연시키기 위해 조직 콜센터에 전화 서비스거부공격(DoS)을 수행하여 피해 지속시간이 늘어나도록 하는 치밀함까지 보였다.
- 2016 12월 우크라이나, ICS에 대한 직접적인 공격이 가능한 인더스트로이어(Industroyer) 악성코드를 퍼트려 우크라이나의 수도 키예프의 송·변전소를 사이버 공격하여 도시의 약 20%에 한 시간 가량 정전 피해가 발생했다. 인더스트로이어는 특정 업체나 구성에 한정되지 않고, 전력망 및 네트워크 통신에 피해를 줄 수 있으며, 모듈식으로 구성되어 DNP 3(Distributed Network Protocol 3) 프로토콜 스택 등 추가 탑재가 가능했다.
- 2016.04 미국 전력, 랜섬웨어가 첨부된 이메일을 통한 스피어 피싱 공격이 발생, 내부 네트워크까지 감염이 확산되자 추가 피해 발생을 막기 위해, 조직 시스템 일시 중지
- 2017.06 일본 자동차, 혼다자동차 사야마 공장 워너크라이 랜섬웨어에 감염되어, 약 48시간 동안 엔진 생산과 조립 중단
- 2017.10 미국 댈러스 비상사이렌, 무선통신망의 해킹으로 인해 댈러스의 비상 사이렌이 15시간 동안 가동됨
- 2018.08 TSMC, 애플의 차기 폰에 탑재되는 AP를 독점 생산하는 TSMC가 워너크라이 변종에 감염되어 48시간 동안 생산 중단되고 이로 인해 납품 지연, 매출 및 손익 피해와 조직의 신뢰도 하락
- 2019.03 노르웨이 노르스크하이드로, 세계 최대 알루미늄 생산자인 노르웨이 대조직 노르스크하이드로가 랜섬웨어 공격 받아 미국과 유럽의 IT 시스템까지 영향을 미치고, 생산 중단, 약 4,100만 달러 손실, 주가 3.4% 하락
- 2020.01 미쓰비시 전기, 일본의 미쓰비시 전기에서 일본 방위 기술과 관련된 정보와 중요한 사회 인프라에 관한 데이터가 유출되는 사고. 미쓰비시 전기 측은 해킹 수법 등을 참고하였을 때 방위 관련 기밀 정보를 주로노리는 중국계 해커 집단 'Tick(틱)'이 관련됐을 것으로 추정
- 2020.05 Microsoft, Github 계정이 탈취되어 자체 개발한 Repository에서 500GB에 달하는 데이터가 유출되는 사고가 발생되었으며 샤이니 헌터스(Shiny Hunters) 해킹 조직의 소행이며, 현재

탈취한 500GB 중 약 1GB의 데이터가 무료 유포된 것으로 확인됨
- 2020 스리랑카, 비즈니스 이메일 침해(BEC, Business Email Compromise) 사고가 2배 이상 증가하였으며, 무역조직과 같은 수입 및 수출조직은 이메일을 통해 대금지불이 많이 이루어져 표적의 대상이 되고 있다. 해커는 사전 공격을 통해 메일 수신 및 전달자 설정을 변경하여 조직과 거래처와의 메일 내용을 엿보다가 거래처에서 청구서를 보낼 때 가로채어 결제정보를 변경하며, 조직은 동일한 거래처의 청구서로 정상 파일이기에 의심 없이 금액을 지불하게 된다.
- 2020년 초 등장한 'dark_nexus' IoT 봇넷 악성코드는 라우터, 영상 레코더, 열화상 카메라 등을 포함해 1천 300대가 넘는 다양한 IoT 기기를 감염시켰다. 중국, 한국, 태국, 브라질, 러시아 등 전 세계적으로 공격이 이루어졌으며, 이러한 봇넷을 통해 DDoS 공격이 증가하고 있다.
- 2020 미국, 솔라윈즈(SolarWinds)의 네트워크 관리도구 '오리온'의 업데이트 코드에 악성코드 선버스트(SUNBURST)를 러시아 해커들이 3월에 공격이 시작되었지만 12월이 되어서야 알게 되었다. 악성코드는 솔라윈즈의 오리온을 사용하는 18,000개의 세계 각국의 공공기관과 민간조직으로 악성코드에 의한 해킹 피해가 확산되었으며, 미국 국무부와 국토안보부, 상무부, 재무부는 물론 미국 국립보건원 등 희생자가 속출하였다. 솔라윈즈 해킹은 러시아가 악성코드를 공격하기 보다는 신뢰할 수 있는 수단을 공격하는 "공급망" 공격이었기 때문에 미국의 디지털 침입을 탐지하기 위해 고안된 시스템인 아인슈타인(Einstein)은 사전 탐지가 실패했다.
- 최근, 스피어 피싱이 대상 맞춤 형태의 공격으로 정교해지고 있으며, 해커는 다크웹이나 소셜네트워크, 언론 등을 통해 특정 대상의 내부정보를 얻고 이를 활용하여 정밀하고 신뢰성 있는 공격을 진행하고 있으며, 유출된 조직 재무, 계약정보를 통해 조직 거래처나 고객에게 대량으로 악성 메일을 발송하여 공격을 확대하고 있다. 이렇게 맞춤형 이메일과 대량 피싱이 결합된 매스피어링(Masspearing)이 등장했으며, Emotet 악성코드는 뱅킹 악성코드로 시스템에 설치된 이후 추가 모듈 또는 악성코드를 다운로드 시키는 트로이목마로 Emotet 악성코드를 첨부한 악성 메일을 보내고 감염된 계정의 주소록에 해당 계정으로 악성 메일을 보내 감염을 전파시킨다. 이러한 공격은 랜섬웨어 감염, 정보 유출 등 2차 공격의 기반이 된다.

2021년도별 사이버 위협 전망 (출처 : KISA)

글로벌 사이버 위협 전망
- 표적형 공격 랜섬웨어의 확산과 피해규모 증가, 고도화된 표적형 악성 이메일, 코로나-19 사이버 공격 팬데믹, 다크웹 유출 정보를 활용한 2차 공격 기승, 조직을 낚는 사이버 스나이퍼 등 5가지를 선정했다.

국내 사이버 위협 전망
- 표적 공격과 결합된 랜섬웨어의 위협 확대, 거세진 DDoS, 금전까지 요구하는 공격 증가, 사회기반

시설 및 중요 인프라를 겨냥한 사이버 위협 범위 확대, 포스트 코로나 시대 비대면(언택트) 전환 후 보안 사각지대를 노린 사이버 위협 증가, 클라우드 서비스 목표한 공격 증가, 국가 지원 해킹 그룹의 공격 증가와 위협 대상 확대 및 다양화, 5G를 이용한 사물인터넷(IoT)제품의 활성화로 새로운 보안 위협 대두, 보안 솔루션을 우회하기 위한 기법 고도화 등 8가지를 선정했다.

- 특히, 랜섬웨어는 국내·외 공통으로 2021년 가장 주목해야 할 사이버 위협이 될 것으로 전망했다. 최근 국내의 한 조직은 랜섬웨어 공격으로 영업을 조기에 종료하는 상황이 벌어졌으며, 일본의 한 자동차 조직은 전 세계 11곳의 공장 시스템이 마비돼 출하가 일시 중단되는 일이 발생하기도 했다. 이 외에도 해외에서는 랜섬웨어로 병원 시스템이 마비돼 긴급 이송하던 환자가 사망한 사건이 발생했다. 랜섬웨어는 더 이상 분야를 가리지 않고 대상을 표적해 공격할 뿐 아니라, 조직의 중요정보, 고객 개인정보 및 결재정보를 가지고 협박하는 수단 또한 다양해질 것으로 보인다.
  - 최신 보안 업데이트 조치, 출처 불명확한 이메일과 URL 링크 실행 주의 등 기본적인 보안 관리, 백업 체계 구축 및 보안성 강화 등 철저한 관리가 필요하다.

1.2 스마트제조 개요

항목	
1.2.1	스마트 제조의 개념
1.2.2	스마트 공장의 개념
1.2.3	스마트 제조/공장의 동향
1.2.4	스마트 제조의 정보보호 기술

1.2.1 스마트 제조의 개념

■ 산업 현장의 이해
- 산업현장에서는 생산(production)과 제조(manufacturing)라는 용어를 특별한 의미 차이를 두지 않고 언어 습관에 따라 혼용해서 쓰고 있다.
  - 생산관리와 제조관리, 생산공정과 제조공정, 생산 지원시스템과 제조 지원시스템 등과 같이 각 용어들이 같은 뜻으로 사용되기도 하고, 현장에서 사용되는 습관에 따라 다른 의미로 사용되기도 한다.
  - 제조는 공작기계와 공정 절차를 통해 원료를 가공하여 가시적 형태의 제품을 만드는 것을 말하고, 생산은 어떤 과정을 거쳐서 결과를 만들어내는 모든 행위를 말한다. 즉, 제조는 항상 유형의 결과를 도출하고, 생산은 유형 또는 무형의 결과를 도출한다는 것을 의미하며, 행위는 생산과정과 결과를 항상 포함하지만, 생산은 제조 행위 없이도 수행될 수 있다.
  - 생산은 산업 현장에서 어떤 업종의 사업 수단을 만드는 일반적 의미로 이해하고, 제조는 사업 수단을 실체적 형태로 만드는 행위로 구분하여야 하며, 생산관리는 제조를 포함하여 최종 산물을 만드는 데에 필요한 제반 사항들을 다룬다는 점에서 제조관리보다 더 적합한 용어라고 할 수 있다.
  - 제조공정은 제품이 실제 제조되는 현장의 작업 절차와 운영을 의미한다는 뜻에서 생산공정보다 더 적합한 용어라고 할 수 있다.

- 제조현장에서는 경영, 영업/수주, 제품 기획, 설계, 개발, 원부자재 구매, 제조, 품질검사, 재고관리, 출하 등 다양한 후방산업군과 전방산업군의 산업 활동을 통해 운영된다.
  - 후방산업군은 제품 원료가 되는 원부자재 및 이를 위한 근본 물질을 만드는 제조에 근접한 산업군을 의미하고, 전방산업군은 생산된 제품을 최종 소비자에게 판매하고, 제품의 수리, 폐기 및 재활용 등 고객에 근접해 있는 산업군을 말한다.

■ 스마트 제조의 정의
- 스마트 제조란 ICT(Information and Communication Technologies)를 활용하여 기존 제조업의 전 과정을 디지털화하고, 미래 첨단 산업으로 전환(Digital Transformation)함으로써 국가 산업구조를 혁신하기 위한 제반 활동으로 제품(Product)과 생산 시스템(Production System), 그와 관련된 비즈니스 등 제품의 생산 및 이와 연계된 제조 활동을 의미한다. (제조는 원료나 재료를 가공하여 물건을 만들어 내는 설비를 갖춘 규모가 작은 공장을 모두 포함한 개념)
  - 제품의 기획, 설계, 생산, 유통·판매 등 전 과정이 IoT(Internet of Things), CPS(Cyber Physical System), IoS(Internet of Services) 등의 ICT와 융합하여 자동화 및 정보화되어 가치사슬 전체가 실시간 연동 통합됨으로써 생산성 향상, 에너지절감, 인간중심의 작업 환경을 구현하고, 최적비용 및 시간으로 고객맞춤형 제품을 생산한다.

▶ 급속한 기술발전의 성과를 적용하여 제조업 활동 전반에 걸쳐 정보를 수집, 분석하고 활용함으로써 부가가치 사슬 간의 연계성과 통합성을 높여 새로운 제조업으로 이행하는 과정으로 정의할 수 있다. 스마트 제조는 지능화라는 점에서 자동화와 차이가 있으며, 정보의 수집과 분석뿐만 아니라 활용과 연계라는 점에서 정보화(디지털화)에 비해서도 차이가 있다.

- 스마트제조는 비용절감이나 생산효율성 제고라는 소극적 목표보다는 제품의 스마트화, 지능형 생산방식으로의 이행, 조직과 시장혁신을 통한 새로운 제조업으로의 이행이라는 적극적인 목표 하에 추진되어야 한다.
- 스마트 제조를 구현하기 위해서는 높은 수준의 지능화가 필요하다. 제조 지능화의 목적은 품질 향상, 적기 생산, 소비자 맞춤형 제품 설계 및 제조, 적정 재고 관리, 에너지 소비 효율화 등으로 다양하며, 새로운 기술을 바탕으로 기존 생산 지원 시스템들의 기능 개선 또는 새로운 생산 지원 시스템과 기술로 실현할 수 있다.

▶ 스마트 제조 혁신은 지능정보기술을 적극적으로 활용하여 제조업 가치사슬 전반을 혁신적으로 재편하는 것으로, 개념적으로는 기획·설계, 생산, 유통·판매뿐만 아니라 물류·유통, 사후서비스와 사용 등 전 영역에 걸쳐 새로운 제조업으로 전환하는 것을 의미한다. 아울러 혁신의 범위가 조직간·산업간 연계, 수요-공급간 연계까지 확대된다는 점에서 보다 넓은 산업혁신의 관점에서 이해되어야 한다.

◼ 스마트 제조의 범위

▶ 스마트 제조는 조직과 산업 전체의 가치사슬을 동시에 연결하고 상향이동 시킬 가능성을 제시하고 있다. 여기에 예지보전(Predictive Maintenance), 렌탈, 구독경제, 금융연계 등 경계를 뛰어넘는 융복합을 통해 새로운 비즈니스모델을 만들어낸다는 점에서 이전의 제조 혁신에 비해 범위가 커지고 있다.

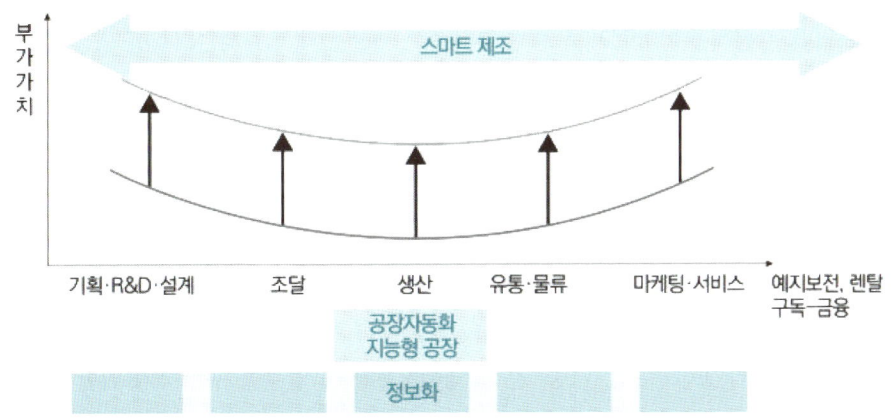

가치사실과 스마트 제조의 범위 (출처: KIET 산업연구원)

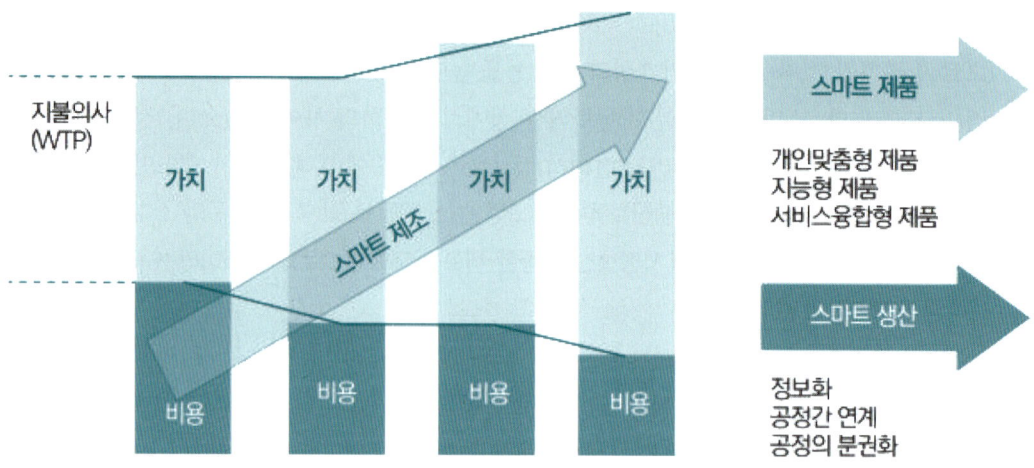

스마트 제조를 통한 새로운 제조업 전환 (출처: KIET 산업연구원)

- 스마트 제조는 고객 요구, 새로운 시장으로의 확장, 새로운 제품 또는 서비스의 개발, 보다 예측 가능하고 반응이 빠른 운영 방식 등 주요 주체들의 요구변화에 따라 발전하고 성장할 수 있는 가능성을 제공한다. 궁극적으로는 가상공간에서 기획(Planning) 중심으로 정보를 분석하고 예측과 모델링 데이터를 공유하고 물리적 공간에서는 재고관리, 품질관리, 효율(가동률) 관리를 CPS로부터 전달받아 운용될 것이다.
- 스마트 제조 생태계는 가상의 공간에서는 공정최적화를, 물리적 공간에서는 생산최적화를 실현하는 소프트웨어, 설비, 서비스로 구성되어 제품개발부터 양산까지 그리고 시장수요 예측 및 조직의 주문에서부터 완제품 출하까지 모든 제조 관련 과정을 포함하게 된다.
- 독일은 인더스트리 4.0의 전략 달성을 위해 모든 관련자들의 전체 가치 사슬이 투명하게 공유되고 효율적으로 운영되어야 한다고 보았다. 이를 위해선 개별 조직(공장)의 모든 생산체계들이 수직 통합을 통해 긴밀하게 연계되어야 하고, 생태계에 속한 조직 간의 수평적 통합도 전제되어야 한다고 보았다. 수평적 통합이란 제품 판매, 유지보수, 재활용/폐기 규제관리 대응 등의 제조 전방산업과 제품기획/설계, 제조/공정관리 등의 후방산업의 가치사슬이 긴밀하게 연동되는 것을 의미하며, 유기적이고 지능적으로 제조 효율을 극대화 시키며 맞춤형 제품을 생산하는 '스마트제조'가 가능해진다고 정의하고 있다.

▶ 스마트 제조데이터란 제품의 기획, 설계, 제조 등 제조 과정부터 제품의 유통, 마케팅, 유지·관리 등 활용과정까지 조직이 생산, 보유, 활용하는 데이터를 말하며, 제조데이터 플랫폼이란 제조데이터의 생산·수집, 가공·분석, 공유·유통 등 업무를 수행하기 위한 데이터베이스 및 시스템의 조직화된 체계를 말한다.
  - 제조데이터를 제품의 기획, 설계, 제조 등 제조과정부터 제품의 유통, 마케팅, 유지·관리 등 활용

과정까지 조직이 생산, 보유, 활용하는 데이터로 「제조데이터 관리 가이드라인」에서 국제표준기구 ISO의 '스마트제조'를 근거로 개념을 정의하고 있다.

구분	정의	활용방안
장비 데이터	• 생산단계에서 생산설비들로부터 실시간으로 생산과 관련된 데이터 • 제조 운영상 생성되는 운영데이터로 MES를 통해 전사적 공정에서 데이터가 획득됨	• 초기에는 장비의 고장 원인, 위치 파악 등 현황 모니터링에 활용 • 데이터 축적량이 많아지면 작업의 효율성, 생산성 향상, 예측분석, 공정 최적화를 위한 가치창출로도 활용 가능
운영 데이터	• 판매, 마케팅, 물류 등 제조 운영에 있어 간접적인 영향을 미치는 데이터를 결합한 것을 의미	• 제조 운영에 있어 변화하는 고객 주문에 대한 대응 수월 • 영업에서도 실시간으로 제조 상황을 모니터링 할 수 있음
고객 경험 데이터	• 고객의 니즈와 상품에 대한 의견 등을 가리키는 것 • (비정형) 제품 사용후기	• 중소 제조조직이 생산한 제품에 대한 고객의 느낌, 요구 등을 구체적으로 파악하여 제품 개발 및 서비스 운영에 활용

제조데이터별 정의 (중소벤처조직부, 스마트제조혁신추진단, KAIST 2010.4)

- '제조데이터'의 범위에 제품개발단계에서의 데이터 뿐만 아니라 완제품의 출하까지의 모든 제조 관련 과정에서 생성되는 데이터를 포함하는 등 그 범위를 명확히 함으로써 관련 분야에 대한 체계적 지원이 이루어지도록 하려는 것임.

스마트제조 어플리케이션 구성요소

구분	정의
APS	• Advanced Planning and Scheduling, 생산계획 시스템 • ERP와 MES 두 시스템 간 중간에 위치하여 수요계획, 생간계획 및 스케줄을 관리하는 시스템
ERP	• Enterprise Resource Planning, 전사적 자원관리 • 경영활동 데이터를 통합·관리하는 전사적 자원관리 시스템
PLM	• Product Life-cycle Management, 제품수명주기관리 • 제품개발부터 폐기에 이르기까지 제품생산 전 과정의 데이터를 관리하는 시스템
SCM	• Supply Chain Management, 공급사슬관리 • 제조업의 전체 공급망을 전산화하여 효율적으로 처리할 수 있는 관리 시스템
FEMS	• Factory Energy Management System, 공장에너지관리시스템 • 제조공장의 에너지 이용 효율을 개선하는 에너지관리시스템(EMS)
MES	• Manufacturing Execution System, 제조실행시스템 • 제조데이터를 통합하여 관리하는 시스템으로 공장운영 및 통제, 품질관리, 창고관리, 선비관리, 금형관리 등 제조현장에서 필요로 하는 다양한 기능을 지원

1.2.2 스마트 공장의 개념

■ 스마트 공장의 정의
- 스마트공장이란 기존의 공장자동화(Factory Automation, FA) 수준을 넘어 제조데이터에 기반하여 제품의 제조 과정의 전부 또는 일부에 IoT, AI, 빅데이터와 같은 ICT기술을 적용하여 자동화, 디지털화된 공장을 구현하여 조직의 생산성, 품질, 소비자 중심 등을 향상시키는 지능형 공장을 의미한다.
  - 각 공정을 모듈화하여 한 생산라인에서도 소비자의 취향에 따라 유기적 및 능동적으로 다양한 맞춤형 제품 생산이 가능하며, 기존의 공장과 비교하여 가상공간 등을 통해 실시간으로 현장 및 품질을 관리/제어하며 에너지, 인력 등 자원 활용 면에서 효율을 향상시켜 결과적으로 생산 원가 하락을 통한 제품 경쟁력 강화를 가능하게 해준다.
  - 스마트공장은 제품의 기획부터 판매까지 모든 생산과정을 ICT(정보통신)기술로 통합해 최소 비용과 시간으로 고객 맞춤형 제품을 생산하는 공장으로 공정 자동화 및 다품종 생산에 대응하는 유연 생산체계 등을 통해 생산성 향상, 에너지 절감, 인간 중심의 작업 환경 등을 지향한다.

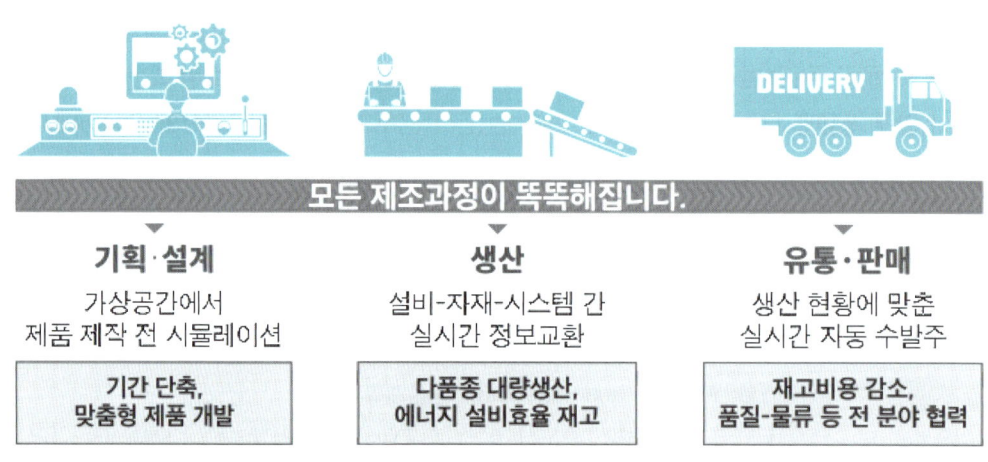

스마트공장의 개념 (출처: 중소조직기술정보진흥원 스마트제조혁신추진단)

- 최적화된 생산을 달성하기 위한 스마트공장은 기존의 공장에 비해 데이터와 분석이 특히 강화된 특징 보유
  - (데이터) 스마트 공장에서 운영되는 모든 기기(자동화기기, 제어기, 센서, 모터, 스마트기기 등)들이 표준화된 데이터 모델에 기반하여 실시간으로 공유되고 상호제어 될 수 있는 환경 제공.
  - (분석) 실시간으로 수집된 데이터들을 분석하여 수요 예측, 자원 관리, 예지 보전, 문제 발생 회피, 통제·운영상의 문제 등을 분석하는 SW 제공.
  - (모델) 수집된 데이터를 기반으로 가상의 공장 모델을 활용하여 모델링 및 시뮬레이션을 수행/검증하여 실공장에 반영할 수 있는 기능 제공.

- **(운영·통제)** 모델링 및 시뮬레이션 검증 결과를 바탕으로 최적의 생산 공정 확립을 위해 각 생산시스템 및 기기들의 제어 기능을 제공하는 SW로 MES, ERP 등을 포함.
- **(통합·연동)** 스마트공장을 위하여 사용된 모든 기기들을 연결하고 생성된 데이터를 실시간 저장, 공유하여 최적 생산을 결정할 수 있도록 도와주는 제반 지원 시스템으로 CPS 기반기술, IIoT, IIoS, 클라우드, 빅데이터, 보안기술 등을 포함.

스마트 공장의 범위

» 스마트 공장은 제품(Product)과 생산 시스템(Production System), 그와 관련된 비즈니스 등 제품의 생산 및 이와 연계된 제조 활동을 말함.

- 산업집적활성화 및 공장설립에 관한 법률(산집법) 상 "공장"이란 건축물 또는 공작물, 물품제조공정을 형성하는 기계·장치 등 제조시설과 그 부대시설(이하 "제조시설등"이라 한다)을 갖추고 대통령령으로 정하는 제조업을 하기 위한 사업장으로서 대통령령으로 정하는 것을 말한다고 규정한다.
- 제품(Product) 생애주기에는 제품 기획, 공정 설계, 생산 엔지니어링, 생산, 제품 사용 및 서비스, 재활용에 이르는 제품의 생애와 관련된 활동을 포함.
- 생산 시스템(Production)은 자원을 활용하여 제품을 생산하기 위해 구성된 기계, 장비, 및 보조적 시스템들의 집합으로, 생산시스템 생애주기는 그러한 생산라인을 설계, 구축, 운용 및 유지보수, 폐기 및 재활용과 관련된 활동을 포함.
- 제조 비즈니스(Manufacturing Business)는 계획·조달·생산·배송·회수 등 제조업의 가치사슬에 존재하는 사업 활동 및 이를 관리하는 활동을 포함.
- 스마트공장은 제품 기획·개발부터 양산까지, 주문에서부터 완제품 출하까지 제조 관련 모든 과정에 응용시스템뿐 아니라 현장자동화와 제어자동화 영역까지 공장운영의 모든 부분을 포함한다.

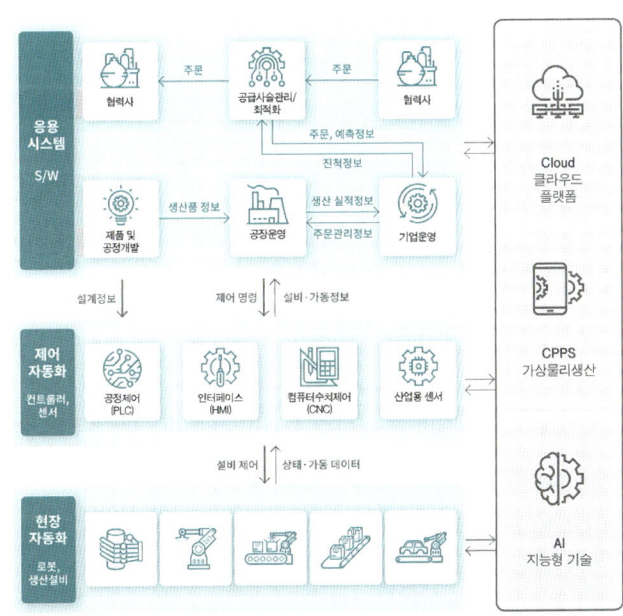

스마트 공장의 핵심 기술요소

▶ 스마트공장의 핵심요소는 사이버물리시스템(CPS), 로보틱스, 3D 프린팅, IoT 기반 포그 컴퓨팅(FogComputing), 사이버 보안 등 여러 디지털 신기술들이 사용된다.
- 실시간으로 제조현장의 데이터를 수집할 사물 인터넷, 수집된 데이터를 실시간으로 의미 있는 결과로 만들고 의사결정을 지원할 애널리틱 및 인공지능 기술은 사이버물리시스템(CPS)의 핵심 요소가 된다.
- 제조 설비로부터 현장 데이터를 수집해 실시간으로 제어하기 위해서는 기존 클라우드보다는 제조현장 가까이서 활용될 수 있는 포그 컴퓨팅은 생산 현장에서의 3D프린터 도입시 설계 단계부터 적은 비용으로 시제품을 제작할 수 있도록 지원하며, 양팔 및 협동 로봇은 생산라인에 큰 변화를 가져오고 있다.

▶ 스마트제조 기술 R&D 로드맵 분류
- 스마트제조의 공정 모델 기술 분야는 응용 애플리케이션 기술, 플랫폼 기술, 디바이스/네트워크 기술, 제조보안 기술 등의 요소기술로 나눌 수 있다.

구분	정의	활용방안
애플리케이션	• 스마트공장 ICT 솔루션의 최상위 소프트웨어 시스템으로 MES, ERP, PLM, SCM 등의 플랫폼 상에서 각종 제조 실행을 수행하는 애플리케이션 • 애플리케이션은 디바이스에 의해 수집된 데이터 가시화 및 분석할 수 있는 시스템으로 구성	공정설계, 제조실행 분석, 품질분석, 설비보전, 안전/증감작업, 유통/조달/고객대응
플랫폼	• 스마트공장 ICT 하위 디바이스에서 입수한 정보를 최상위 애플리케이션에 정보 전달 역할을 하는 중간 소프트웨어 시스템으로 디바이스에 의해 수집된 데이터를 분석하고, 모델링 및 가상물리 시뮬레이션을 통해 최적화 정보 제공 • 각종 생산 프로세스를 제어/관리하여 상위 애플리케이션과 연계할 수 있는 시스템으로 구성	생산 빅데이터 애널리틱스, 사이버 물리 기술, 클라우드 기술, Factory-Thing 자원관리
디바이스	• 스마트공장 ICT 솔루션의 최하위 하드웨어 시스템으로 스마트 센서를 통해 위치, 환경 및 에너지를 감지하고 로봇을 통해 작업자 및 공작물의 위치를 인식하여 데이터를 플랫폼으로 전송할 수 있는 시스템으로 구성	컨트롤러, 로봇, 센서 등 물리적인 컴포넌트
제조 보안	• 스마트공장이 디지털화 되면서 연구개발 정보, 디자인, 제조 및 관리 관련 데이터뿐만 아니라 최말단의 다종다양한 센서, 액추에이터, 컨트롤러 등이 모두 네트워크에 연결되고 있음에 따라, 외부로 부터의 사이버 공격이나 해킹이 가능 • 센서부터 애플리케이션까지 전 분야를 대상으로 각종 데이터, 시스템, 제조 설비 등을 안전하게 보호할 수 있는 정보보호 및 산업기밀 보호 기술과 대응 방안	MES, PLM, EMS 등 여러 애플리케이션의 소프트웨어 보안 및 시스템 보안, 산업기밀 데이터 보호기술, 제조 설비의 안전성·보안성 및 상호보안 인증 등

스마트공장 주요 기술 (출처: 국가기술표준원)

- 조직들이 기존 제조공정에 스마트 팩토리를 도입하면서 제조업의 혁신이 일어 나고 있다. 스마트 팩토리의 주요 기반 기술들로는 사이버물리시스템(CPS), 로보틱스, 3D 프린팅, IoT 기반 포그 컴퓨팅, 사이버 보안 기술 등이 있다. 화학, 자동차, 철강, 항공, 식료품, 섬유 등 다양한 제조 산업에 걸쳐 스마트 팩토리를 도입하게 되면서, 디지털 신기술에 의해 생산성이 증폭되고 기존에 소비자에게 제공하지 못하던 다양한 서비스 제공이 가능해 지고 있다.
- 스마트공장을 구성하고 수준 별로 발전시킴에 있어서 다섯 가지 필수조건이 필요하다.

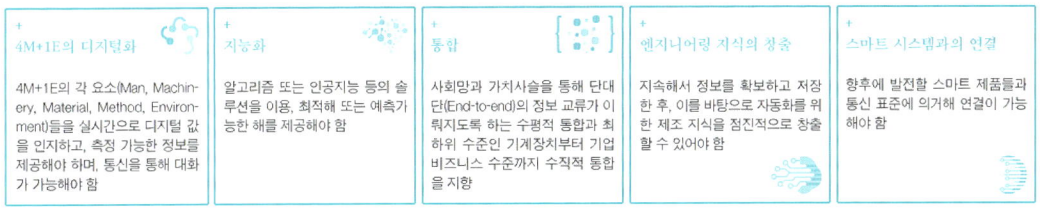

스마트공장의 5대 요건 (출처: 중소조직기술정보진흥원 스마트제조혁신추진단)

스마트공장 용어 이해

- 스마트공장 주요 및 관련된 용어에 대한 설명 (출처 : 한국정보통신기술협회)

용어	설명
가치 사슬 (Value Chaine)	시장 수요를 충족시키기 위한 일련의 동업 조직들을 의미하며, 원재료의 수급에서 고객에게 제품을 전달하는 일련의 자원과 정보의 흐름 전체를 관리하기 위해 부품, 기자재, 원료 등의 구매에서부터 조달, 제조, 보관 및 운송, 유통, 판매까지의 가치사슬 전체를 담당하는 공급업체를 통칭
가상 플랜트 (Virtual Plant)	원격지에 있는 플랜트를 완전하게 자동화하고, 플랜트와 고속 통신 회선으로 연결하여 원격 관리하거나 생산, 판매 등의 경영 판단을 일괄적으로 처리하는 플랜트 시스템
가치 흐름 (Value Stream)	원재료의 조달부터 최종 소비자에게 이르는 프로세스를 시간과 함께 보여주는 것
감시제어 데이터수집 시스템 SCADA (Supervisory Control And Data Acquisition)	통신 경로 상의 아날로그 또는 디지털 신호를 사용하여 원격 상태 정보 자료를 수집, 처리하여 중앙제어시스템이 원격장치를 감시 제어하는 시스템으로, 주로 석유화학 플랜트, 제철 공정 시설, 송배전 시설, 공장 자동화 시설 등을 중앙 집중식으로 감시·제어하는 시스템
고객 경험 관리 CEM (Customer Experience Management)	고객이 주관적, 감성적으로 느끼는 부분을 집중 관리하는 활동 - 현장에서 고객과 만나는 지점과 순간이 (Touch point 또는 MOT (Moment of Truth) 로 불리는) 특히 중요하게 여김

용어	설명
고객 관계 관리 CRM (Customer Relationship Management)	고객, 특히 회원 가입의 과정을 거쳐서 리스트를 가진 구매자(즉, 소비자나 일회성 구매자 보다는 지속 구매하거나 그 가능성이 있는 구매자)를 대상으로 관계를 축적, 강화하는 활동 - '관계'라는 단어에서 알 수 있듯이 한순간 보다는 장기적인 측면에서의 지속적인 상호작용에 중점을 둠. - 결과에 대해서는 조사를 통하는 대신 회원리스트와 결합된 거래내역에 대한 지표들을 통해 판단하는 경우가 많음. 회원리스트와 결합된 데이터베이스 내의 고객에 대한 정보활용이 중요한 요소
공급망 관리 (SCM: Supply Chain Management)	조직에서 원재료의 생산·유통 등 모든 공급망 단계를 최적화해 수요자가 원하는 제품을 원하는 시간과 장소에 제공하는 것 - 부품 공급업체와 생산업체, 고객에 이르기까지 거래관계에 있는 조직들 간 정보공유를 통해 시장이나 수요자들의 요구에 기민하게 대응토록 지원
공장에너지 관리시스템 FEMS (Factory Energy Management Systems)	공장 내 전기·가스 등 소비량을 센서, 유·무선 네트워크를 통해 실시간 원격 제어하여 에너지 효율을 개선하기 위한 시스템
공정제어 PLC (Programmable Logic Controller)	기존의 각종 릴레이, 타이머, 카운터 등의 기능을 마이크로프로세서를 이용한 프로그램으로 제어될 수 있게 통합시킨 장치
조직 업무 시스템 (Enterprise Business System)	조직의 부서와 기능 전체에 걸쳐 업무 프로세스와 정보를 통합하기 위한 시스템 - 조직 업무 시스템의 예는 전사적 자원관리(ERP), 제조실행시스템(MES), 공급사슬관리(SCM), 제품수명주기관리(PLM) 등
디지털 공장 (Digital Factory)	현재 또는 미래에 실재하는 생산시스템의 디지털적 표현 - 생산시스템은 프로세스 플랜트, 제조 플랜트 또는 기타 다른 영역을 포함
마이크로 팩토리 (Micro Factory)	개인 및 조직 요구에 따라 맞춤형 생산이 가능한 개방형 소규모 스마트팩토리
배치공정 (Batch Process)	일련의 공정(工程) 처리가 동일 장소에서 순차적으로 정해진 순서에 따라 실행되는 제조 과정 - 식품가공·제철·플라스틱 제조 등의 각종 공업은 배치 프로세스의 전형적인 것임
사이버-물리 생산시스템 CPPS (Cyber-Physical Production System)	물리적인 제품 제조설비와 가상의 제조 관련 정보시스템을 완전 통합 운영함으로써 제조설비 및 제조현장의 센서 데이터를 바탕으로 제조 현황 및 상태 정보를 획득 분석하고, 이를 정보시스템에서 처리하고 그 결과를 바탕으로 생산공정을 관리 제어함으로써 유연 생산을 포함한 최적의 제조공정을 운영할 수 있는 생산시스템 - CPS 개념을 제조 분야에 접목한 시스템
사이버-물리 시스템 CPS (Cyber-Physical System)	물리적 실제시스템과 사이버 공간의 소프트웨어 및 주변 환경을 실시간으로 통합하는 시스템으로써, 임베디드시스템의 발전적 형태

용어	설명
생산 기술 (Production Technology)	산업 내부에서 제품의 더 큰 효용과 가치를 얻기 위하여 재료의 형상, 상태, 상호 관계 따위를 변화시키는 기술적 방법
생산 시스템 (Production System)	생산 목표를 달성하기 위해 각종 자원을 효율적으로 결합하여 제품 및 서비스를 만들어 내는 것으로써, 일반적으로 투입물을 변환과정을 거쳐 산출물로 만드는 구조
생산시점 관리시스템 POP (Point Of Production System)	CAM 등을 도입하여 작업의 진행, 재고, 품질 관리 등의 정보를 실시간으로 수집, 조정하는 시스템
생애 주기 (Life-cycle)	하나의 기술이나 제품이 세상에 발표된 때부터 더이상 사용되지 않게 되거나 시장에 나타나지 않을 때까지의 기간으로, 수명 또는 생존 기간(life time)과 거의 같은 뜻으로 사용되기도 하지만, 생명주기는 어떤 기술이나 제품이 발표된 후에 다른 기술이나 제품에 의해 대체되는 때까지의 기간
스마트 제조 (Smart Manufacturing)	기존 제조업에 최신 스마트기술을 결합하여 차세대 제조업으로 도약하기 위한 요소기술로서, 스마트 제조기술은 제품설계·생산·에너지효율 등 공정최적화를 달성하기 위한 스마트센서, CPS, 3D프린팅, 에너지절감 기술 등 생산시스템 혁신기술과 생산과정에서 발생한 다양한 정보를 수집·가공·활용하는 사물인터넷(IoT), 클라우드, 빅데이터, 홀로그램 등 정보통신기반기술을 포함 - 신제품의 신속한 제조, 제품 수요의 적극적 대응, 생산 및 공급사슬 망의 실시간 최적화를 가능하게 하는 첨단 지능형 시스템들을 심화 적용한 기술 (intensified application)
스마트팩토리 (Smart Factory)	전통 제조산업에 ICT를 결합하여 제품의 기획, 설계, 생산, 유통, 판매 등 전 과정을 IT기술로 통합, 최소비용, 시간으로 고객맞춤형 제품 생산을 지향하는 공장으로, 생산성 향상, 에너지 절감, 인간중심의 작업환경이 구현되고, 개인맞춤형 제조, 융합 등 새로운 제조환경에 능동적 대응 가능한 공장(팩토리)
스마트팩토리 운영 시스템 (Smart Factory Operation System)	제품의 기획·설계, 생산, 유통·판매 등 전 과정을 IT 기술로 통합, 최소비용·시간으로 고객맞춤형 제품을 생산하고 생산정보(4M1E)를 활용한 지능화된 공장운영시스템 - 4M1E : Man, Machine, Material, Method, Energy & Environment
스마트팩토리 참조 구조 (Smart Factory Reference Achitecture)	스마트팩토리 참조모델을 바탕으로, 개념적 요소들의 세부 수행 기능을 규명하여 각각의 구성과 관계를 보여주는 구조도
스마트팩토리 참조 모델 (Smart Factory Reference Model)	스마트팩토리의 통합적 개념과 기본 구조에 대한 것으로, 스마트팩토리 영역의 특성과 용도, 작용, 기타 요소와 이러한 요소들 사이의 관계를 보여주는 개념적 구성도
스테이션 (Station)	일련의 제어 모듈 또는 설비 모듈 및 하나 또는 그 이상 주요 공정을 수행하는 공정 설비(process equipment) - 물리적 장비 및 객체 모두에 적용

용어	설명
업무 프로세스 (Business Process)	고객을 위해 가치를 창조하는 시작과 끝이 있는 업무 활동의 집합. 제품 디자인, 마케팅, 판매, 회계 재무 관리, 제조, 물류, 공급망관리, 고객 관계관리와 같은 조직 경영 활동에서 목표를 달성해 가는 일련의 단계
연속공정 (Continuous Process)	장치의 조작방식으로 원료를 장치에 일정한 유량을 연속적으로 넣는 동시에 연속적으로 제품을 꺼내는 방식으로 연속조작
유연 제조시스템 & 유연 생산시스템 (Flexible Manufacturing System / Flexible Production System)	다양한 제품을 높은 생산성으로 유연하게 제조하는 것을 목적으로 생산을 자동화한 시스템 - 유연생산시스템이 추구하는 목표는 크게 유연성, 생산성, 신뢰성이라고 할 수 있으며, 수치제어(numeric control) 공장기계와 자동반송시스템, 중앙통제컴퓨터, 자동창고시스템, 산업용 로봇으로 구성됨
이산공정 (Discrete Process)	구분이 가능한 이산 시간이 고려되는 방식으로, 기계-물리적인 가공, 조립에 의해 개별적인 동작(Operation)들의 순서(routing)를 통해 공정들이 구성됨
작업장 (Work Center)	하나 또는 그 이상의 배치 생산 방식에 필요한 장비들의 논리적 집단. 일반적으로 사업장내 한 개의 공정 설비(process cell)에 대한 논리적 제어로 정의 (물리적 장비 및 객체 모두에 적용됨)
재공 (Work In Progress: WIP)	생산 현장에서 제조 과정 중에 있는 물품
재공재고 (WIP Stock)	가공이 시작되었지만 완성은 되지 않은 제품, 상품, 원재료, 부산물, 재공품
전사적 자원관리 ERP (Enterprise Resource Planning)	조직 전체를 경영자원의 효과적 이용이라는 관점에서 통합적으로 관리하고 경영의 효율화를 기하기 위한 시스템 - 좁은 의미에서는 통합적인 컴퓨터 데이터베이스를 구축해 조직의 자금, 회계, 구매, 생산, 판매 등 모든 업무의 흐름을 효율적으로 자동 조절해주는 전산 시스템을 뜻하기도 함
제어 모듈 (Control Module)	기초적인 제어를 수행할 수 있는 물리적 모듈 장비의 집단 - 물리적 장비 및 객체 모두에 적용됨
제조 기술 (Manufacturing Technology)	생산기술에 의해 정해진 제조 공법과 프로세스 엔지니어링을 중심으로 실제 양산하려는 작업장에 적용시킨 후, 생산 기술이 갖는 한계성을 보완하고 극복하는 고유 기술과 관리 기술의 혼합체
제조 실행시스템 (Manufacturing Execution System) 생산 지원시스템 (Production Support System)	작업 현장에서 작업 일정, 작업 지시, 품질관리, 작업 실적 집계 등 제반 활동을 지원하기 위한 관리시스템으로, 생산계획과 실행의 차이를 줄이기 위한 시스템으로 현장 상태의 실시간 정보 제공을 통하여 관리자와 작업자의 의사결정을 지원하는 기능을 수행
제품 (Product)	생산된 제품 그 자체를 의미하며, 유사한 제조 요구사항을 가진 부품을 생산하기 위해 함께 모아 놓은 이종의 기계 집단 - 물리적 장비 및 객체 모두에 적용됨

용어	설명
제품 데이터 관리 PDM (Product Data Management)	제품의 기획에서 설계·제조·인증 및 마케팅에 이르는 제품 개발 각 과정의 모든 데이터를 일원적으로 관리하는 시스템 - 제품의 개발은 크게 기획, 개념 설계, 상세 설계 및 제조의 공정을 거치는데, 각 공정에서는 컴퓨터 지원 설계(CAD) 데이터, 해석 데이터, 문서데이터 등 많은 종류의 데이터를 관리할 필요가 있음
제품 생애주기 관리 PLM (Product Life-cycle Management)	제품 설계를 위한 아이디어수집, 기획 단계부터 제품 생산을 시작하기 직전까지 관련된 정보를 통합관리 하는 것 - 전사적자원관리(ERP)가 생산과정에 초점이 맞춰져 있다면, PLM은 제품개발과 설계단계 프로세스의 관리를 같이하는 것
FaaS (Factory As A Service)	생산공정의 정보공유, 완제품이 고객에 도달할 때까지 추적관리 등 생산과정 및 제품이 고객에게 서비스 형태로 제공하는 공장
Plug-and-Work	새롭게 추가된 제조설비와 공정을 가상 제조환경으로 이식하는 동적 자원 재구성 기술 자동인식 후 동작(Plug-and-Work) 기술은 제조라인에 새로운 장비를 연결하면 장비의 속설이 자동으로 인식되고 애플리케이션에 자동으로 반영되어 곧바로 운영할 수 있어서 고객 주문에 따라 제조라인을 변경 없이도 운용이 가능하게 해준다. - 추가적인 시스템 통합 및 엔지니어링 부담을 대폭 줄일 수 있어 유연한 생산 자원 활용을 통해 생산 효율성이 뛰어나다.
사물 인터넷 IoT (Internet of Things)	물리/가상의 사물이 지능형 서비스와 연계되어 물리/가상의 정보를 처리하고 그 결과에 따른 대응을 가능하게 하는 기반 구조
산업용 사물 인터넷 IIoT (Industrial Internet of Things)	상호 간에 각기 다양한 접속 프로토콜 방식으로 데이터를 교환할 수 있고, 다양한 유형의 최종 시장 애플리케이션으로 생산성을 향상시키도록 하는 지능적 장치와 센서들의 네트워크
인더스트리 3.0	사물인터넷(IoT)에 의한 소재·제품·기기의 지능화를 통하여 과거의 경직된 중앙집중식 생산 체계
인더스트리 4.0	모듈단위의 유연한 분산·자율 제어 생산 체계 - 전반적인 밸류 체인을 감안하여 자체적으로 네트워크화되고 조직화된 제조설비가 존재하여야 하고, 제조 프로세스는 유연성을 기반으로 결정되어야 함
전력·에너지 자산관리 기술	ICT 기술을 활용한 전력과 에너지 자산을 지능적으로 관리하는 스마트 자산관리 시스템
클라우드 커넥티비티 (cloud connectivity)	공장 내·외에 존재하는 제조데이터의 수집, 관리, 공유, 분석이 가능하도록 인간-기계 상호 교류 지원 클라우드 컴퓨팅 기반 인터페이스 및 플랫폼
클라우드 컴퓨팅 (cloud computing)	인터넷 기술을 활용해 고객에게 확장성을 가진 자원을 서비스로 제공하는 컴퓨팅의 한 형태
통합제조시스템 IMS (Integrated Manufacturing Systems)	생산 효율성 증대, 시장 출시 기간의 단축, 제품 유연성의 확대를 목적으로 분산된 제조시스템을 ICT를 매개로 통합 운용하는 체계

용어	설명
플랫폼 인더스트리 4.0	인더스트리 4.0의 초기 접근방법을 보완하기 위해 제조공정 디지털화 전략 개선, 표준화, 데이터 보안, 제도정비 및 인력 육성을 새로운 과제로 재설정하기 위한 산업계 연합회
초연결 (Hyper Connectivity)	공장 내부의 모든 설비들을 연결하고 상호 인지하여 상호 작용할 수 있도록 지원하는 기술 – 제조현장 내 자재/제품, 설비, 센서 등이 네트워크를 통해 논리적 연결
서비스화 (Servitization)	고객맞춤형으로 생산공정이 유연하게 변경(Mass Customization), 생산과정 및 제품이 고객에게 서비스 형태(FaaS)로 제공하며, 생산공정의 정보공유, 완제품이 고객에 도달할 때까지 추적관리 등
지능화 (Intelligence)	생산 현장의 기기들이 스스로 판단·조정하며, 기기 간 자율적 협업으로 최적 생산 (자율제조, 협업제조, 인공지능, 머신러닝)
인간중심 (Humanity)	공장 내 작업자가 조립, 검사, 훈련 등 작업 시 최적의 작업환경을 보장 (U-작업환경, 원격지도, 위험감지, 사전예방)
친환경 (Green)	제품에 유해물질 사용 회피, 분쟁광물 규제 대응, 희소금속 재활용, 에너지 사용 효율 관리, 분진/폐수/소음 관리 등 환경 친화적인 생산공정 구축 (클린 환경, 도심형공장, 에너지관리)

1.2.3 스마트 제조/공장 동향

■ 스마트제조의 국내 동향 및 전망
  ▶ 국내 제조업의 환경변화
    • 코로나19 팬데믹으로 인한 제조업계의 변화 및 스마트제조 도입의 필요성 증대
      – 급작스럽게 변화하는 원격 근무환경에 따른 민첩한 대응과 관리 서비스의 도입 필요
      – 글로벌 공급망이 불안전해지면서 핵심 부품을 자급할 수 있는 방안을 찾는 추세
      – 호주는 코로나19가 확산되면서 식품가공 분야 관련 자동화된 가공 장비 도입 및 상용화 추진
    • 국내 제조업 평균가동률, 매출증가율 등 제조업 지표 부진, 국제경쟁력은 하락 추세
      – 제조업 평균가동률 : '19년 11월 현재 71.8%로 '12년 이후 지속적인 하락세(KOSIS, 통계청)
      – 한국의 제조업경쟁력지수는 '10년 3위에서 '16년 5위로 하락, '20년에는 6위로 하락 전망
    • 한국의 제조업 비중은 주요 선진국은 물론 중국에 비해서도 높은 수준을 기록할 정도로 여전히 제조업은 한국경제의 중요한 산업 부문으로 평가
      – 2016년 기준 주요국의 제조업/GDP 비중을 살펴보면 한국이 29.3%로 미국(11.7%), 독일(26.9%), 일본(20.0%) 등 제조업 선진국들보다 높은 수준을 기록 (현대경제연구원, 2018.04.06.)
      – 특히 한국의 제조업이 경제에서 차지하는 비중은 신흥국인 중국(27.5%)보다도 높은 수준을 보이고 있을 정도로 제조업은 현재 한국에서 중요한 산업 부문의 위치를 차지
      – 제조업 혁신도는 38.3%로 일본(제조업 비중 19%, 제조업 혁신도 50.4%)에 비해 뒤쳐지는 것으로 분석

  ▶ 국내 스마트제조 시장은 2020년까지 연평균 11.2%의 고성장이 예상되어, 2020년에는 78.3억 달러 규모로 형성될 것으로 전망된다.
    • 국내 제조업은 출산율 감소에 따른 생산 가능 인구 감소와 인건비 상승으로 개발도상국 대비 경쟁력이 낮아진 상황이며, 사회구조적인 변화에 따른 제조업의 경쟁력 확보를 위해 정부 차원의 지원 정책이 확대되고 있으며, 제조업 부문의 대조직도 자체적인 생산성 확보 및 효율성 증대를 위한 스마트제조 도입이 가속화 될 것으로 예상된다.

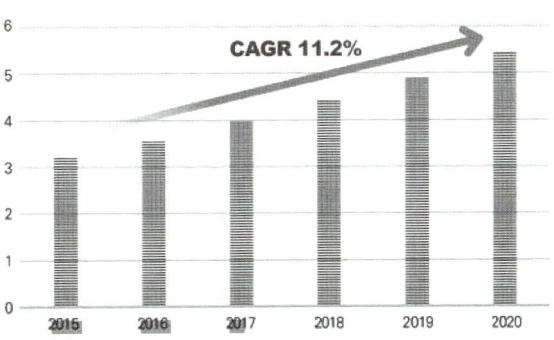

국내 스마트공장 시장 규모 (출처 : ETRI, 스마트제조 기술 및 표준)

- 중소조직의 경우, 정부에서 2025년까지 3만개 보급·확산사업(추정 시장 1조원, 중소조직 비중 98.1%, 중견조직 비중 1.9%)으로 자체적인 경쟁력 확보를 위한 스마트제조 도입이 확산되어 대조직의 협력업체들도 대조직의 변화에 대응하기 위한 투자가 지속적으로 확대될 것으로 전망되며, 스마트제조 시장이 커질 것으로 예상된다.
- LG CNS, 삼성 SDS, 포스코 ICT, 핸디소프트 등과 프랑스의 Dassult, 미국의 PTC, Oracle, Cisco 및 Autodesk, 독일의 SAP 등은 SW 기반의 솔루션 제공 조직들로 스마트공장에 특화된 솔루션을 제공하며 글로벌 시장 선점을 위해 영역다툼을 벌이고 있다.
- 4차 산업혁명 시대의 스마트 팩토리로의 전환은 제조업의 생산성을 획기적으로 향상시킬 것으로 전망되며 에너지 절감, 인간 중심의 작업환경 구현 또한 가능하다. 가상의 공간에서 제조현장을 모니터링 할 수 있을 뿐더러 제어까지 가능하여 공장 관리가 용이하며 품질 및 원가 경쟁력 강화로도 이어질 것으로 전망된다.

스마트제조의 해외 동향 및 전망

» 세계 스마트제조 시장 규모는 20년 2,147억 달러에서 25년 3,848억 달러로 연평균 12.4% 성장 전망

- 제조 공정에서의 자동화에 대한 관심 증가, 산업 자동화 지원에 대한 정부의 참여 확대, 규제 준수에 대한 강조, 공급망의 복잡성, 시간과 비용을 줄이는 소프트웨어 시스템에 대한 수요가 늘어날 것으로 전망, 특히 IIoT(Industrial IoT)와 제약 산업이 스마트 제조 시장에서 높은 성장을 보이며 주도적으로 시장을 견인할 것으로 전망된다. 특히, 아시아태평양 지역이 가장 높은 연평균성장률을 기록할 전망으로 성능과 보안 개선 등에 대한 지출 등이 증가하면서 빠르게 성장할 것으로 전망된다.
- 스마트제조 플랫폼 시장은 2019년 44억 달러에서 2024년까지 108억 달러로 연평균 19.7% 성장 예정
  - 스마트제조, 스마트팩토리 등의 중요성이 증가함에 따라 산업용 장비를 제어할 수 있는 소프트웨어 및 플랫폼에 대한 투자 증가
- 스마트제조기술의 플랫폼, 애플리케이션이 적용된 자동차산업 분야의 경우 2018년에서 2023년까지 연간 8.3%로 고속 성장하여 2023년에는 스마트 제조 어플리케이션 시장 중 가장 큰 전방산업 시장을 형성할 전망
  - 플랫폼 및 애플리케이션 분야에서는 분산제어시스템(DCS), 프로그래머블 로직콘트롤러(PLC), 생산관리시스템(MES)이, 디바이스 분야에서는 산업용로봇과 센서가 가장 큰 비중을 차지할 전망

- 스마트제조 플랫폼·애플리케이션 적용 산업별 시장 규모

개별산업	'18	'19	'20	'21	'22	'23	'24	CAGR
자동차	9.8	10.6	11.5	12.6	13.6	14.8	16.0	8.3
반도체/전자	2.8	3.1	3.3	3.6	3.9	4.3	4.7	8.6
기계제조	1.2	1.2	1.3	1.3	1.4	1.5	1.6	4.7
항공및방위	2.6	2.9	3.2	3.5	3.8	4.2	4.6	9.5
의료장치	1.1	1.2	1.3	1.5	1.6	1.8	2	9.8
기타	2.5	2.9	3.2	3.6	4.1	4.6	5.2	12.2
총계	20.1	21.9	23.7	26	28.3	30.9	34.1	8.9

단위 : 십억 달러, % (출처 : marketsandmarkets, 2017)

- 국외 스마트제조는 제조경쟁력을 강화하며 4차 산업혁명시대 각국의 첨단 산업을 주도할 것으로 기대하고 있으며, 세계 시장 규모는 연평균 8% 성장해, 2020년에는 미화 2,870억 달러에 이른다.

지역	2018	2019	2020	CAGR
미주	76.11	81.7	87.74	7.37
유럽	70.97	75.44	80.19	6.30
아시아	86.28	94.83	104.23	9.90
중동	12.66	14.10	15.68	11.30
합계	246.02	266.07	287.84	8.08

국외 스마트공장 시장 규모 (출처: 국가기술표준원) 단위: 10억달러, %

- 중동은 원유 수출 등으로 마련한 막대한 자금으로 자국의 제조업을 본격적으로 육성할 것으로 예상되어, 최신 설비를 갖춘 스마트제조 도입이 이뤄질 것으로 전망되며, 제조2025를 통해 제조역량을 확대함에 따라 아시아 시장 성장에서 높은 비중을 차지하고 있다.
- APAC 시장 규모는 2018년 615억 달러로, 전 세계 스마트제조 시장의 41.3%를 차지하고 있으며, 2023년까지 매년 11.1%로 성장하여 1043억 달러에 도달 예상
- 북미 지역의 스마트제조 시장은 매년 8.2%씩 성장할 것으로 예상되며, 2018년에 373억 달러에서 2023년 556억 달러에 도달할 것으로 예상
- 중국산업정보에 따르면, 2017년 중국 공업 소프트웨어 시장 규모는 약 1,400억 위안으로 전년 대비 약 12% 성장했고 2021년 2,000억 위안을 돌파할 전망
    - CAD, CAE, PLM 등 연구개발 설계 소프트웨어의 비중이 75.08%로 가장 높고, MES, SCADA 등 생산제어시스템이 13.15%, ERP, SCM, HRM 등 관리시스템이 4.17%를 차지

- 독일의 Siemens, 일본의 Mitsubishi, 미국의 Rockwell과 Honeywell은 로봇, 공작기계 등 하드웨어를 포함하여 공정의 전 영역에 걸친 통합 솔루션을 제공하는 조직들로 스마트공장의 기술시장을 선도하고 있다.

스마트 제조의 정책 현황 및 특징

국내 정책 현황 및 특징

- 구조대전환의 시대에 제조업의 고도화는 기존의 빠른 추격자 전략에서 벗어나 선발자로서의 역량과 비전을 가지고 추진해야 한다. 과거 패러다임이 효율적 공급체제, 가격경쟁, 산업 혹은 조직 경쟁력을 중시했다면, 스마트 제조를 위해서는 소비자 대응, 제품서비스 융합 시스템의 경쟁, 유연한 사업재편과 적응역량의 강화가 관건이다. 생산구조의 혁신과 제품 포트폴리오의 전환은 특정 산업에 대한 집중도를 완화하고, 유망한 27 제품군을 발굴하여 생산과 수출에서 제품 포트폴리오를 다양화하는 것이 중요하다. 따라서 중장기 산업발전 비전에 대응하면서 우리 제조업의 강점을 활용하여 다른 국가들과 차별성을 갖고 지속적으로 경쟁우위를 확보하기 위해서는 스마트 제조 혁신을 전략적으로 추진해야 한다. 그래야만 미래의 국제 경쟁환경에서도 국가간 협력과 경쟁을 통해 성장의 상승효과를 거둘 수 있기 때문이다.

국외 정책 현황 및 특징

- 독일, 미국 등 주요국은 자국 제조업의 새로운 도약과 경쟁우위 확보를 위해 스마트 제조혁신을 추진하고 있으며, 독일의 플랫폼 4.0, 미국의 steering committee, 일본의 미래투자회의 등 조직과 학계의 최고전문가들이 주도적으로 참여하는 협의체를 거쳐 정책 권고안을 도출하고 있다.

국가	주요 정책	추진방향	조직·산업 동향
독일	• Industrie 4.0 • Mittelstand 4.0 • Plattform industrie 4.0 • Arbeit 4.0 • RAMI 4.0	• 글로벌 프리미엄 기계장비 시장의 경쟁우위 유지, 중소·중견조직 혁신 기회 • 국제 산업표준 정립, 인적자원 양성	• AI, 스마트데이터 활용하여 기계장비산업의 글로벌 경쟁우위 강화 • 금속, 전기산업 등 교육규정 마련
미국	• 첨단제조파트너십(AMP) • 신미국혁신전략 (NNMI) • 스마트 제조 프로그램(Smart Manufacturing Program)	• 제조 신기술 개발과 신제조업으로 전환 • 공공-민간 협력체계에 기반한 산업화	• 글로벌 대조직들이 산업 인터넷 컨소시엄(IIC) 구성 (2014.1.) • 테스트베드 구축 추진, 글로벌 시장 진출
일본	• Society5.0 미래투자회의 • 미래투자전략 • 데이터기반 조성사업 • 로봇신전략(RRI)	• 총리 직속의 거버넌스체제 • 개인·산업 구분하여 데이터활용기반 확보	• 로봇, 첨단 소재·부품 시장 선점 • 노동자-조직간 소통과 협력, 수용성 제고

중국	• 중국제조 2025 • 국가 스마트 제조 표준체계 정립 지침 • 스마트 제조 발전계획 (2016~2020)	• 제조강국을 위한 중점 산업의 스마트화 • 국가 스마트 제조 표준 정립 • 공급부문 국내자급률 확대, 스마트 제조 시범 프로젝트 추진	• 주요 제조사와 IT조직 중심으로 스마트 제조 활발하게 추진 • 하이얼, 온라인 기반 대량 맞춤 생산 플랫폼 • 알리바바, 클라우드 기반 산업인터넷 플랫폼
한국	• 제조업혁신 3.0 • 스마트공장 확산 및 고도화 전략 • 중소조직 스마트 제조 혁신 전략	• 중소조직 혁신전략의 일환으로 스마트공장 지원 강화 • 스마트공장 R&D 로드맵 수립 • 공장표준 등 국제협력 진행	• 스마트공장에 대해 중소조직 정부지원, 대조직 독자 구축 추진 • 사회적 수용성을 높이기 위한 이해관계자간 소통 착수

주요국 스마트 제조의 현황과 특징

- 다양한 분야의 의견을 수렴하고 조정을 거쳐 정책으로 만들어지기 때문에 정책의 실행효과와 전략적 타당성을 높이고 있으며, 정책이 지속성을 갖고 제조역량 강화로 이어지는 주요한 기반이 되고 있다. 나아가 독일의 Arbeit 4.0처럼 노동자도 정책형성과 추진 과정에 참여하여 사회적 수용성과 제도의 전환을 위한 충분한 검토와 합의를 도출하여 조직 혹은 정부가 일방적으로 추진하는 과정에서의 마찰과 지체 위험을 낮추고 있다.

스마트 공장의 국내 정책 현황

» 한국판 뉴딜 10대 과제 중 AI 활용 확대를 통한 산업 고도화로 스마트공장 1.2만개(~'22) 보급 및 로봇설비 구축 300개사 지원, 제조 스마트화 도입 자금·보증 5조원 공급할 것으로 계획되어 있다.
- 제조업은 우리나라 수출의 80%, GDP의 28%를 담당하고 있으며, 그 간의 경제성장을 견인해 온 근간으로서 그 역할이 매우 중요함. 더욱이 코로나19를 계기로 방역물품 품귀, 리쇼어링 경쟁 등 국가안보 측면에서도 제조업 기반의 중요성이 더욱 부각되고 있음.
- 인적역량과 가격경쟁력이 경쟁우위를 가름하던 시대에서 기술력이 제조업의 경쟁력을 좌우하는 시대로 변화하면서, 주요국 대비 낮은 노동생산성, 기술혁신 미흡 등으로 제조업의 고도화 및 부가가치화가 부진한 국내 제조업에 대한 제조혁신 필요성이 제기되어 왔으나 우리나라 중소조직의 디지털화 수준은 매우 저조한 수준으로, 빅데이터 활용조직 종사자수 10명 이상 50명 미만 조직 대상의 비중은 3.6%로 비교 대상 국가 중 가장 낮은 수준이고, 전자상거래 이용조직의 비중은 8%로 2016년 기준 20개 국가 중 가장 낮으며, 클라우드 컴퓨팅 환경으로 평가한 디지털화 수준은 OECD 회원국 36개 중 28위 2017년 기준에 그치고 있음.
  - 출처 : 디지털 혁신을 통한 중소조직 재도약, 박재성·최종민, 중소조직포커스 제19-05호, 2019.p3-4

- 정부는 중소조직의 제조혁신을 지원하기 위해 스마트공장 보급 사업을 2014년부터 시행하여 2019년까지 12,660개를 보급하였고, 2022년까지 3만개 보급을 목표로 사업을 추진하고 있음.
  – 스마트공장 신규구축 및 고도화 지원사업 https://www.smart-factory.kr/

구분	14~16년	17년	18년	19년	20년	21년	22년
보급계획	2,800	2,200	2,800	4,400	5,600	6,000	6,200
누적	2,800	5,000	7,800	12,200	17,800	23,800	**30,000**
보급현황	2,800	2,203	2,900	4,757	–	–	–
누적	2,800	5,003	7,903	**12,660**			

스마트공장 연도별 보급계획 및 보급현황 (단위 : 개)

- 스마트공장 도입조직은 생산성·고용·매출액·납기준수율 등의 향상과 산업재해 감소 등 공정 및 경영의 측면에서 개선의 성과를 창출하고 있으나 스마트공장 보급에 비해 스마트제조 기술은 최고기술수준을 보유한 미국의 70% 수준에 불과하며, 특히 플랫폼, CPS 등의 첨단분야의 경쟁력이 취약하며, 스마트공장에서 생성되는 제조데이터를 활용해 조직의 생산성을 제고하거나 새로운 사업기회 발굴 등 조직수요에 따라 데이터를 공유 거래할 필요성이 증대되고 있음에도, 자금 및 인력이 부족한 중소조직은 스스로 제조데이터를 수집·활용이 어려운 반면, 국가차원에서 중소조직의 스마트제조혁신을 추진할 수 있도록 제조데이터 인프라 구축을 지원하기 위한 제도적 기반은 미비한 실정임.

	공정개선 성과				경영개선 성과		
	생산성 증가율	품질 향상률	원가 감소율	납기 준수율	고용증가	매출액 증가율	산업재해 감소율
전체	30	43.5	15.9	15.5	3	7.7	18.3
기초	31.2	42.7	16.1	15.8	3.1	10.6	15.3
중간1	26.3	46.2	14.3	13.8	2.1	0.6	29.4
중간2	23.4	55.8	39.2	22.9	10.8	20.5	**46.2**

스마트공장 도입 성과 '18년 스마트공장 지원사업 성과조사·분석 결과 (출처: 중소벤처조직부)

스마트공장 수준확인 제도

- 중소벤처조직부는 지난 2014년부터 스마트공장 구축 및 고도화 사업을 시행하고 있으며, 동 사업에 대한 지원을 위해서는 스마트공장의 수준 확인이 필요하다. 또한 스마트공장 수준 확인을 통해 민간의 자발적인 스마트공장 구축을 유도하고, 스마트공장 보급·확산을 위한 기반을 조성할 것으

로 예상된다.
- 중소조직기술정보진흥원 스마트제조혁신추진단은 스마트공장의 ICT 기술의 활용 정도 및 역량 등에 따라 '구축시스템 스마트화 수준(기초 – 중간1 – 중간2 – 고도)'을 구분하고 있다.
  – 조직의 종합적인 스마트역량을 측정하여 '조직제조혁신역량 수준(Level1~5)'으로 구분
- 스마트공장은 조직의 여력이나 상황에 따라 점진적으로 구현 가능하기 때문에 조직의 사정에 따라 적절한 수준 및 기능을 선택해 집중 하는 것이 중요하다. 현재 많은 중소조직들이 비교적 적은 비용으로 쉽게 시작할 수 있는 기초 단계를 구축하고 있으며 기초 단계라 해도 실시간 만들어지는 제품을 바로 집계해 관리할 수 있고 자재 이력관리(lot-tracking)까지 가능하다.

수준	개념 및 유형
Lv5 (고도화)	맞춤형 유연생산, 지능형 공장 : IoT, CPS 기반의 완전한 지능형 공장
Lv4 (중간2)	시스템을 통한 생산공정 제어 – 수집/분석된 생산정보를 토대로 원인과 해결책을 시스템이 스스로 판단하고 실시간으로 제어하여 생산 최적화하는 수준 – 분야별 관리시스템의 상호 실시간 연동, 협력사까지 유기적으로 정보 공유
Lv3 (중간1)	생산정보 실시간 수집/분석 – 생산설비, 공정, 자재 및 제품 정보가 실시간 수집/분석되는 수준 : 생산정보를 통해 품질분석이 가능하고 수집/분석한 정보를 이용 하여 의사결정 실시
Lv1~2 (기초)	생산정보 디지털화 – 공장 내 아날로그 생산정보를 디지털화(전산데이터)하는 수준 : 바코드, RFID 등으로 생산정보를 수집하고 제품생산단위(LOT)별로 생산과정 파악 – 제품의 생산이력 관리
ICT 미적용	수기작성 – 시스템을 갖추지 못한 상태, 엑셀 정도 활용 *스마트공장 미적용

구분	현장자동화	공장운영	기업자원관리	제품개발	공급사슬관리
고도	IoT/IoS 기반의 CPS화				인터넷 공간 상의 비즈니스 CPS 네트워크 협업
	IoT/IoS화	IoT/IoS(모듈)화 빅데이터 기반의 진단 및 운영			
중간2	설비제어 자동화	실시간 공장제어	공장운영 통합	시뮬레이션과 일괄 프로세스 자동화	다품종 개발 협업
중간1	설비데이터 자동집계	실시간 의사결정	기능 간 통합	기술 정보 생성 자동화와 협업	다품종 생산 협업
기초	실적집계 자동화	공정물류 관리(POP)	관리 기능 중심 기능 개별 운용	서버를 통한 기술/납기 관리	단일 모기업 의존
ICT 미적용	수작업	수작업	수작업	수작업	전화와 이메일 협업

스마트공장의 구축시스템 스마트화 수준 (출처: 중소조직기술정보진흥원 스마트제조혁신추진단)

1.2.4 스마트 제조의 정보보호 기술

■ 스마트 제조의 산업데이터 보호 기술
- 제조현장에 사물인터넷이 급격하게 늘어남에 따라 폭발적으로 증가하고 있는 데이터를 보호하고 관리하는 기술의 필요성이 늘어나고 있다.
  - 스마트제조는 재료나 부품 등에서 문제가 생기거나 미세한 변화가 일어나도 이를 인지해서 상태를 조절할 수 있도록 만드는 알고리즘으로 운영되며, 모든 데이터는 센서 등을 통해 실시간으로 전달 되어 예측과 대응에 활용되어야 한다. 결국 데이터 자산을 어떻게 얼마만큼 활용하느냐에 따라서 스마트제조의 성숙도는 달라지게 된다.
  - 국내 중견제조 업체의 경우 글로벌 제조 환경을 고려한 원가, 품질 경쟁력 확보의 절대적 필요성에 따라 ICT, IoT 기반의 설비 도입이 먼저 이뤄지는 경우가 많았으나, 최근에는 ERP, MES 등 스마트공장 지원 기반 시스템을 기반으로 RFID를 통한 자재 물류와 HMI를 제조설비에 적용을 통해 공장 생산 모니터링을 구축하고, SPC 등을 통한 생산품질 분야까지 산업데이터 기술 보호를 적용하고 있는 추세이다.

- 스마트공장 내·외부로부터의 사이버 공격·해킹 등에 대응할 수 있는 정보보호 방안이 필요한 시점이다.
  - 과거 공장에서 사용하는 설비나 자동화기기 등이 네트워크에 접속하여 운용되는 경우가 많지 않았으나, 최근 도입되는 스마트공장의 설비 및 기기들은 거의 대부분 유·무선·이동통신 등 여러 통신 수단을 통해서 네트워크에 접속하여 사용되고 있다.
  - 설비나 기기가 ICT 기술과 연동되거나 무선공유기, 인터넷 등 네트워크에 접속·사용되는 순간부터 내·외부로부터의 사이버 해킹·공격 등의 위험에 노출되기 시작된다.

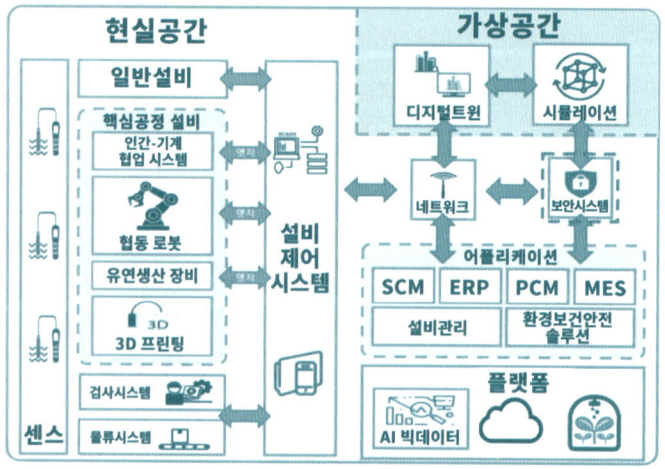

스마트공장의 구축시스템 스마트화 수준 (출처: 중소조직기술정보진흥원 스마트제조혁신추진단)

스마트제조용 보안 시스템

» 스마트제조용 보안 시스템이란 ICT 기술의존도가 높은 스마트제조의 안전하고 안정적인 운영을 위하여 스마트제조 수행 요소인 어플리케이션, 플랫폼 및 장비·디바이스의 정보보안을 위해 효과적인 모니터링 및 통제를 수행하는 시스템을 의미한다.

» 공장 설비를 제어하고 운영하는 기반 기술이 디지털화하고 정보통신기술과 인터넷에 연결하는 추세로써, 공장의 사무환경과 공장 제어시스템·설비·기기의 안전성·신뢰성·보안성 확보가 중요한 이슈
- 각종 제조 설비와 기기 등이 지능(스마트)을 갖추게 되고, 공장 작업용 도구, 로봇들과 같은 공장자동화 기기와 결합하여 네트워크에 연결되어 작동하는 스마트제조로 변화하면서 사이버 세계와 연동 발전하는 중
- 중소조직 공장 환경이 더욱 스마트해질수록 조직이나 공장 내·외부로부터 사이버 해킹, 공격, 테러 등의 위험성 존재

» 공장 내 중요 정보 유출 위협
- 이동형 저장 매체에 대한 통제 시스템 및 중요 정보 접근제어 시스템 등이 구축되지 않아 공장 제어시스템에 USB 등 외부매체를 직접 연결하여 중요 정보 유출
- 안티바이러스 솔루션이 구축되지 않았거나 시스템 내 패치 관리가 제대로 되지 않아 보안 위협에 취약한 산업 장비의 악성코드 감염 및 이를 통한 중요 정보 유출
- 외부에서 스마트제조를 원격 제어하거나 모니터링 할 수 있는 호스트 장비를 악용하여 중요정보 유출
- 스마트제조에서 사용되는 무선통신 보안 약점을 악용한 스니핑 공격 등을 통해 중요 정보 유출
- 중요 정보에 접근 가능한 협력업체 직원이나 악의적인 내부자에 의한 중요 정보 유출
- 매각·폐기된 자산과 출력물을 영구 삭제 솔루션 및 디가우저(Degausser) 등을 통해 완전히 삭제하고 파기하지 않아 남아있는 정보가 복구되어 중요 정보 유출

» 스마트제조 분야에서의 보안 사고는 일반 조직의 사무환경에서 발생하는 보안 사고보다 큰 문제를 야기, 특히 생산·제조 공정을 담당하는 산업 설비·기기나 시설·자산운용에 문제가 생길 경우 엄청난 후유증을 초래
- 스마트제조에서 사용되는 시설·설비·기기들을 안전하게 보호하는 정보보호 기술은 스마트제조 혹은 스마트제조를 구현하려는 제조조직에서 원·부자재 발주, 에너지 수급, 생산관리, 운영관리, 물류, 배송 등 전 과정에 걸쳐 적용해야 할 기본적·필수적인 기반 기술

» 계속해서 증가하는 IoT 기기에 대한 보안 대책 필요
- OT 분야부터 안전성과 보안성을 고려하여 설비를 구축하였으나, 해커들이 ICT 환경을 먼저 공격

하여 거점을 확보한 후에 OT 환경으로 감염 전파해 가고 있음에 따라 최근에는 'ICT + OT'에 대한 종합적인 보안 대책을 강구 중
- 스마트제조에서 사용되는 IoT 기기들(각종 센서나 액추에이터, 제어·동작 기기들)이 적게는 수십~수백 개(중소공장)에서, 많게는 수십만~수백만 개(자동차, 전자 등 대규모 공장)가 사용 중
- IIoT 기기들은 스마트한 기능 구현을 위해 내부에 임베디드 소프트웨어가 장착되고 더불어 LAN, WiFi, Mobile 네트워크 등 인터넷에 연동되는 기능을 갖추면서 상대적으로 해킹이 가능

▶ 스마트제조용 보안시스템 분야 후방산업은 공정설계 보안, 기계 및 전자통신 부분 제조업, 유무선 정보통신망 등이 있고 전방산업으로는 시설보안, 공공부문 인프라, 에너지관리 등이 존재
- 스마트제조용 보안시스템 분야 산업구조

후방 산업	스마트 물류창고 분야	전방 산업
공정설계 보안, 제조시행 분석 보안, 기계 및 전자통신 부분 제조업, 유무선 정보통신망	IT, OT, IoT 기반 스마트제조용 보안시스템	시설보안, 공공부문 인프라, 의료부문, 에너지 관리, 신분확인

▶ 보안영역도 점차 확대되는 양상으로 클라우드 보안솔루션도 인프라 보안, 방화벽, 네트워크, 데이터 보호, 접근제어 등 용도별로 다양화되고 있다.
- 네트워크 보안 기술
  - 네트워크 보안을 위해 업무 영역과 OT 영역 세분화하여 네트워크 분리하고, 세분화된 네트워크는 방화벽 또는 네트워크 장비 ACL(Access Control List) 설정으로 접근 통제
  - 업무망과 공장망 간 데이터 전송을 중재하는 Plant DMZ를 구축하여 망간 직접적인 연결 제한, 공장 내부에서 업무망 또는 외부망으로 데이터 전송 시 단방향 게이트웨이 구축
- 침입/악성코드 탐지 기술
  - 외부망에서 내부 스마트팩토리를 보호하기 위해 인터넷 접점에서 침입을 탐지/방지할 수 있는 솔루션 구축
  - 공장 내부도 산업제어시스템 무결성 및 가용성 침해에 대응해 산업제어시스템 이상징후 탐지 솔루션 구축
  - 바이러스 및 악성코드 탐지를 위한 바이러스 백신 설치
  - 업무 영역과 제어시스템 영역을 통합하여 이상 행위를 모니터링 할 수 있는 통합보안관제시스템 구축 필요
- 중요 정보 보호 기술
  - 스마트팩토리 중요 정보: 국가 핵심기술, 특허기술, 제품생산정보, 제조 공정도, 설계 도면, 제품 원가 분석자료(BOM)
  - 조직에 맞는, 보호해야 할 중요 정보, 저장 및 활용 위치 파악

- 중요 정보보호를 위해 데이터베이스 접근 통제, 암호화, 인증/권한관리, 매체 제어 등 기술 적용
- 생산설비 보안 기술
  - 센서, 엑추에이터, 산업용 로봇 등 생산설비의 기기마다 보안 적용이 어려울 수 있으므로 각 조직에서는 보안기술이 적용된 생산설비 우선 채택하여 적용
  - 생산설비에 기기 인증을 적용하고 설비 간 통신 시 데이터 노출 및 변조를 막기 위해 암호화를 제공하는 통신 프로토콜(Zigbee Alliance AES-CCM, Bluetooth BR/EDR 등) 사용 권장

후방 산업	전방 산업
인프라	• 인공지능, 클라우드 보안 솔루션 구축 기술 • 하이브리드 IT 인프라를 위한 관린형 클라우드 기반 보안 및 규정 준수 기술
네트워크	• 프라이빗 클라우드를 위한 SDN 솔루션 기술 • 클라우드 환경에서 방화벽 등의 보안 서비스 기술
웹 어플리케이션	• 자동화된 학습기능을 통해 알려진 위협과 알려지지 않은 위협, 봇공격, 잠재적인 위협이 되는 어플리케이션 취약성으로부터 앱과 데이터 보호 • AWS 등의 워크로드에 대한 어플리케이션 제어, 시스템 무결성 모니터링, 도용 방지 등 주요보안제어 항목 자동화 기술
차세대	• 클라우드 환경 내 방화벽, 침입방지시스템, 어플리케이션 컨트롤, 데이터 유출 방지 등 기술 제공
방화벽	• 사무실과 클라우드 연결 및 원격 제어접근, 동적 프로파일링 어플리케이션 인식 기술로 새로운 보안위협으로부터 보호
데이터	• 암호화, 키 관리 및 정책 기반 제어를 통해 데이터 보호, EC2 인스턴스에 대한 전체 디스크 암호화 제공 • 온프레미스 키 관리자에 따라 제어, 클라우드 저장 데이터 보안

■ 스마트 공장의 보안솔루션 (출처: KISA, 스마트공장 보안 모델)

▶ 스마트공장 계층별, 제어설비, 제어 네트워크 보안요구사항에서 제시한 보안솔루션의 경우 일반적인 보안기능과 함께 스마트공장에 특화된 보안기능이 요구된다.

보안솔루션	사용목적	보안 기능
산업용 IDS	산업제어시스템 네트워크에서 일반적인 IT프로토콜과 함께 산업용 프로토콜을 통한 이상행위를 탐지	• 산업용 프로토콜 지원 • 산업용 네트워크 유해트래픽 분석 및 탐지 • 산업제어시스템 통신 체계 감시 및 분석 • 혹독한 환경에서 안정적인 성능 제공

보안솔루션	사용목적	보안 기능
산업용 방화벽	업무영역과 공장 네트워크의 접근 통제를 통한 망분리와 함께 산업제어시스템 애플리케이션 및 산업용 프로토콜에대한 탐지 및 차단	• 네트워크 접근제어 및 패킷 필터링 • 접근통제 정책을 통한 논리적 망분리 • 산업용 프로토콜 및 어플리케이션 제어 • 혹독한 환경에서 안정적인 성능 제공
산업용 스위치	높은 수준의 가용성이 요구되는 산업현장(예: 변전소)에서 주로 사용 되며, 그에 따른 내구성 검증 및 안정적인 통신에 초점이 맞추어진 네트워크 장비	• 특정 산업용 프로토콜(IEC 61850, Modbus 등)을 통한 자산관리 가능 • 통신상의 문제 발생시 보다 신속하게 복구 가능한 프로토콜 및 기능 보유
산업용 AP	보다 안정적인 무선통신이 요구되는 산업현장(예: 물류창고, 반도체 생산라인 등)에서 장비들 간의 상호 간섭을 최소화하면서 통신을 하기 위한 네트워크 장비	• Client 장비의 로밍이 해제 될 때 보다 신속하게 다른 AP 및 영역 탐지를 하여 적용 • 어플리케이션에 있어 높은 수준의 가용성을 유지
포트락	비인가 장비, 인력의 이더넷 통신 접근을 통한 접근에 대해 통제	• 비어있는 포트 개방의 보안 취약점 제거 (불필요한 USB 등의 포트를 막아서 차단) • 사전등록이 되지 않은 장비에 대한 접근 통제
침입탐지시스템 (IDS)	주요 산업 네트워크상 유해 트래픽을 탐지, 감시, 분석하는 보안장치	• 실시간 유해트래픽 탐지, 감시, 분석 • 데이터 수집, 책임추적성 대응
네트워크 접근 통제 (NAC)	안전한 공장 유/무선 네트워크 환경을 위한 비인가자 및 비인가 장치의 공장 네트워크 접근 방지	• 비인가자 및 비인가 장치 유/무선 네트워크 접근통제 • 정책관리 및 관리콘솔 지원
방화벽	외부 인터넷으로부터 내부망으로 비인가 접근, 네트워크 공격 등 보안 위협에 대한 탐지 및 차단	• 네트워크 접근 제어 및 패킷 필터링 • 접근 통제 정책을 통한 논리적 망분리
웹 방화벽	공장 및 전사 외부에 공개되어 있는 서비스의 취약점을 이용한 보안 위협 차단	• SQL삽입, XSS 등 웹 공격탐지 및 차단 • 유해사이트 및 특정 콘텐츠 필터링 정책 • 변조 및 도용 등 웹 취약점 차단
보안 스위치	공장 네트워크에 비인가 침입을 방지하기 위한 접근 통제와 공장 운영에 불필요한 유해 트래픽 차단	• DDoS, Spoofing, SCAN 등 네트워크 공격차단 • IP 및 MAC 기반의 사용자 단말식별 및 네트워크 비인가접근 차단 • 장치 관리 계정 및 권한 관리
VPN	업무 영역 및 공장 내부로의 원격접속이 불가피한 경우 사용자 식별/인증을 통한 접근통제 및 암호화 통신을 통한 안전한 원격 접속환경 구성	• 터널링 기법을 통한 네트워크 보안 • 안전한 암호화 통신 사용 • 원격접속 지원 및 접근통제
일방향 전송 장비	분리된 공장 네트워크 영역에서 불가피한 데이터전송을 위해 외부네트워크와 안전한 데이터 전송경로 확보	• 일방향 파일 전송 • 일방향 통신 서비스

보안솔루션	사용목적	보안 기능
출입통제 솔루션	사전에 등록된 인원에 한하여 권한을 부여하고 출입을 통제	• 출입자 현황, 인원, 시간 등의 통합 관리 • 홍채, 얼굴, 지문, 카드 등의 다양한 인증 방식 제공
IoT 게이트웨이	연결된 디바이스의 데이터를 수집하고 각각 디바이스와 인터넷이 연결할 수 있는 인터페이스 역할	• 디바이스 데이터 수집 • 수집 데이터 서버 전송
모니터링 시스템	실시간 상태 모니터링 및 이벤트 발생 시 알람기능을 통한 위험 감지	• 실시간 상태 모니터링 • 이벤트 발생 시 알람 기능 • 상태 및 이벤트 기록들에 대한 보고자료 작성
패치 관리 솔루션	폐쇄망으로 운영되는 서버 영역과 공장망에 대한 제조사에서 권고하는 최신 보안업데이트 및 보안 패치를 통해 공개된 보안취약점 대응	• 배포 대상 및 주기 등 정책 설정 • IT 프로토콜 및 산업용 프로토콜 연동
서버 접근통제시스템	서로 다른 업무망간의 인가되지 않은 접근통제	• 작업인력의 업무 범위에 따른 접근권한 설정 기능 • 비인가 인력의 접근에 대한 알람기능 및 통제
DB 접근제어시스템	사용자의 DBMS 접근권한을 설정하여 데이터베이스에 대한 접근을 통제하고 접근통제 현황을 모니터링	• 사용자의 데이터베이스 접근권한 설정 • 접근권한별 DBMS 접근통제 • 접근통제 기록 및 모니터링
DB암호화 솔루션	데이터베이스의 외부침입, 인가된 내부 사용자의 실수, 악의적인 접속으로부터 DB를 보호	• 보안성 강화 • DB 암/복호화 수행 • Table 단위, 파일 단위 암호화 수행
보안 AP	공장 무선 네트워크에 비인가 침입을 방지하기 위한 접근통제와 무선 보안 설정을 통한 안전한 무선 네트워크 환경 구성	• 안전한 무선 통신 암호화 • SSID숨김, 안전한 비밀번호 구성, WPS 기능 비활성화 등 보안 설정 • IP 및 MAC 기반의 사용자 단말 식별 및 네트워크 비인가 접근차단 • 장치관리 계정 및 권한 관리
WIPS	공장 내 비인가 사설 무선 네트워크를 구성하여 외부 인터넷과 공장 네트워크의 접점 발생 방지	• 비인가 무선장비 사용 탐지 및 차단
메일 보안	이메일을 통한 악성코드 감염 같은 보안 위협과 내부 중요정보 유출 방지	• 이메일 첨부파일 악성 여부 검사 및 대응 • 메일 필터링 정책
매체 제어	이동식 저장 매체, 불필요한 인터페이스를 통한 자료 유출과 악성코드 및 랜섬웨어 감염 방지	• 소프트웨어 사용 제어 • 저장장치 및 이동식 저장장치 사용 제어 • 네트워크 카드 및 USB 등 기타 매체 사용 제어

보안솔루션	사용목적	보안 기능
백신	공장과 업무영역을 포함하여 모든 시스템에 바이러스, 웜 등 악성코드와 함께 랜섬웨어의 탐지 및 차단	• 악성코드 진단 및 대응 • 악성코드 실시간 진단 • 랜섬웨어 탐지 및 대응 • 보안 정책에 따른 악성파일 대응 및 시스템 변경 차단
문서/ 백업 관리	산업제어시스템의 정상 동작 설정값과 제품생산을 위한 레시피 등 중요정보에 대한 안전한 관리	• 중요정보 버전관리 및 이력관리 • 중요 저장 정보 암호화 • 백업 데이터 암호화 • 양방향 백업, 저장소 보호 등 랜섬웨어 대응
데이터 완전삭제 솔루션	외부로 유출되지 말아야 할 데이터의 잔재가 남지 않도록, 즉 데이터의 복구가 불가능하게 관리	• 중요 데이터 유출 방지 • 삭제 데이터 복구 불가
소스코드 진단 솔루션	소스 코드상 취약점을 분석하고 애플리케이션 개발 시 고려해야 하는 보안수준 및 시큐어 설계방안 도입	• 취약점 점검 • 입력 값 검증 • 안전한 코딩

OT 보안 관리체계

2.1. OT 보안 관리체계
    2.1.1 OT 보안 정책수립
    2.1.2 OT 보안 조직구성
    2.1.3 OT 보안 운영관리

2.2. OT 자산 관리
    2.2.1 OT 자산식별 및 목록 관리
    2.2.2 OT 자산등급 관리

PART 2

2.1 OT 보안 관리체계 수립전략

	항목
2.1.1	OT 보안 정책수립
2.1.2	OT 보안 조직구성
2.1.3	OT 보안 운영관리

2.1.1 OT 보안 정책수립

■ OT 보안 정책의 필요성

» 문서화된 정보보호 정책/지침 등의 규정이 없다면 임직원이 정보보호 활동을 임의적으로 수행하거나, 통제 및 관리 활동을 수행할 수 없어 정보보호 수준의 유지 또는 제고가 불가능하다.
- 정보보호 정책 수립 시 실무에서의 적용 가능성을 우선적으로 고려하여 정보보호 정책에서 지침, 절차로 내려갈수록 작성 내용이 구체화 되어야 한다.

» 정책의 요구사항(requirement)은 소프트웨어공학에서 파생된 용어로 문제의 해결 또는 목적을 달성하기 위하여 사용자에 의하여 요구되거나, 표준이나 명세 등을 만족하기 위하여 자산별로 가지는 서비스 또는 어떤 제약 사항이 구현되어야 하는지에 대한 명세로, 자산의 동작 방법과 속성들에 대한 설명이며, 정보시스템 개발 프로세스상의 제약(Constraint) 사항을 뜻한다.
- 요구사항은 정보보호 업무 수행을 위한 관리적, 물리적, 기술적 보호대책의 구현을 위해 조직의 정보보안 정책에 명시되어야 하는 제약사항을 말한다.

» 정책의 수립을 위한 관련자들의 요구사항을 정확히 수렴하기 위해서는 철저한 요구사항 관리가 수행되어야하며, 요구사항 변경에 따른 문제 발생에 대해서도 문제점을 미연에 방지할 수 있어야 한다.
- 요구사항 수집 기법으로는 인터뷰(Interview) 기법, 프로토타입(Prototype) 기법, 관찰(Observation) 기법, 심층 워크샵(Facilitated workshops) 기법 등으로 다양한데, 일반적으로 인터뷰 기법이 가장 광범위하게 기본적으로 적용되고 있다.

■ OT 보안 정책 수립

» 스마트공장의 정보 및 자산을 보호하기 위하여 필수적인 사항에 대한 보안정책 및 운영절차 수립, 보안 전담조직 구성, 내·외부 직원 관리를 위한 체계를 구축하여야 한다.
- 스마트공장을 구축한 조직은 중요자산을 보호하기 위해 일관된 보안 정책을 가지고 있어야 한다.
- 최상위 단계로 보안 활동을 규정하는 보안 정책을 제정하고, 상위 단계의 정책을 세부적으로 시행할 수 있도록 규정, 지침, 절차 등으로 구분하여 제정할 수 있다.
- 중요자산에 대한 보안 정책은 최고경영자(CEO)의 승인을 받아 공식적으로 공표해야 하며, 모든 임직원 및 관련자에게 알기 쉬운 방식으로 배포되고 관련자는 해당 정책을 인식하고 있어야 한다.

- 중요자산에 대한 보안 정책 수립 시에는 보안 활동의 목적, 방향, 범위, 책임 및 각종 보호 조치방안 등 스마트공장에서 수행되는 모든 보안 활동을 포함해야 한다. 또한 스마트공장 구축 조직이 준수해야하는 보안 관련 법적 요구사항을 분석하여 정책에 반영해야 한다

» OT 보안 정책수립시 정보보호정책, 정보보호규정, 정보보호 관련 지침, 정보보호 절차서 등 단계별 계층 구조를 가진다.
- 정책 : 정책은 상위 레벨의 문서로서, 한 조직의 조직 철학, 고위 경영진의 업무 프로세스로서 책임자의 전략적 사고를 대변한다. 정책은 변경이 잦지 않은 것이 특징이다. 경영진은 모든 정책을 정기적으로 검토하고 상황 변화가 정책에 반영되도록 한다.
- 지침 : 지침은 정책의 원칙 준수를 위한 구체적인 사항이나 양식이다. 지침은 포괄적으로 기술되는 정책을 준수하기 위한 부문별 상세 정책이 기술되어 있다.
- 절차 / 매뉴얼 : 절차 / 매뉴얼은 자세하게 기술된 문서로서, 정책 및 지침으로부터 도출되어야 한다. 따라서, 절차는 정책 및 지침보다 동적으로 변경 가능하여야 하며, 수시적으로 검토가 필요하다. 절차 및 매뉴얼에는 업무 프로세스와 그 안에 내재된 통제가 기술되어 있다.

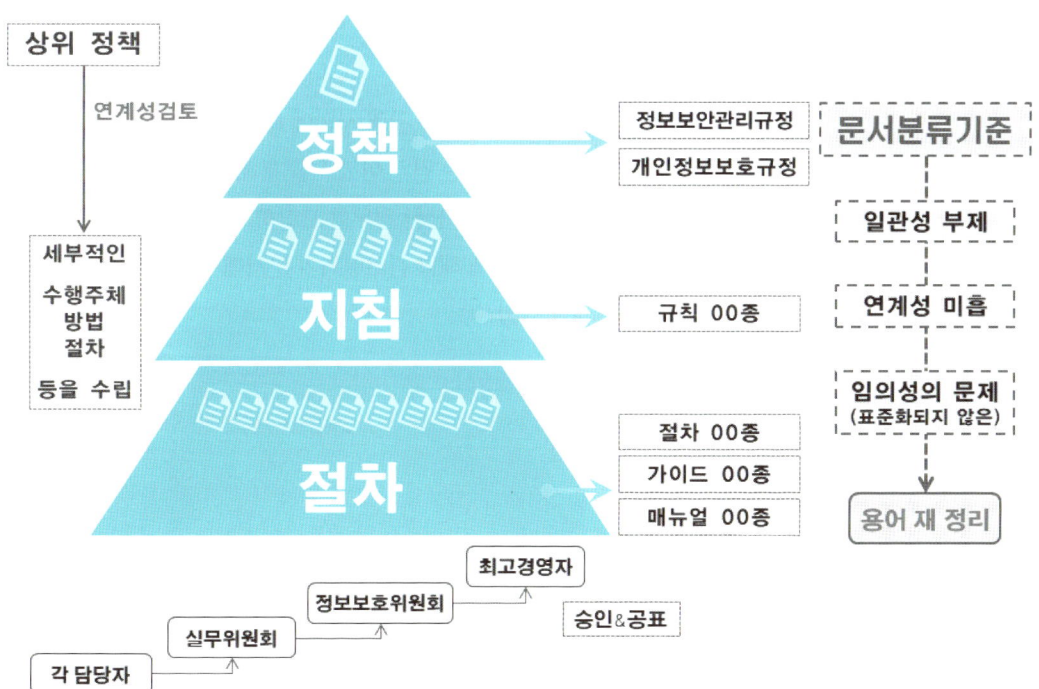

구분	정의 및 특성
정책 (Policy)	정보보호에 대한 상위 수준의 목표 및 방향을 제시 조직의 경영목표를 반영하고 정보보호 관련 상위 정책과 일관성을 유지 정보보호를 위해 관련된 모든 사람이 반드시 지켜야 할 요구사항을 전반적이며 개략적으로 규정
표준 (Standard)	정보보호 정책과 마찬가지로 반드시 지켜야하는 요구사항에 대한 규정이지만, 정책의 만족을 위해 반드시 준수해야 할 구체적인 사항이나 양식을 규정 조직의 환경 또는 요구사항에 따라 관련된 모든 사용자 들이 준수하도록 요구되는 규정
지침 (Guidelines)	반드시 지켜야 하는 것이 아니라 선택 가능하거나 권고적인 내용이며 융통성 있게 적용할 수 있는 사항을 설명 정보보호 정책에 따라 특정 시스템 또는 특정 분야별로 정보보호 활동에 필요하거나 도움이 되는 세부 정보를 설명
절차 (Procedures)	정책을 만족하기 위하여 수행하여야 하는 사항을 순서에 따라 단계적으로 설명 정보보호 활동의 구체적 적용을 위해 필요한 적용 절차 등의 구체적이고 세부적인 방법을 기술

▶ 정책의 제·개정 시에는 이해관계자의 검토(협의 및 조정 등)를 통해 스마트공장 내에서 실제 수행하고 있는 중요자산 보호 활동이 정책 내용에 반영될 수 있도록 하여야 한다.
- 이해관계자는 상위정책과 정책시행 문서의 시행주체가 되는 부서 및 담당자(보안부서, 정보시스템 운영 및 개발 부서, 현업부서)를 의미한다. 또한, 중요자산 보호 관련 사안에 대한 실무적인 검토, 이행방안 업무를 수행하는 보안 실무협의회를 운영하고 있는 경우 이 조직을 통해 검토할 수도 있다.
- 보안 정책 및 정책시행 문서는 다음과 같은 상황이 발생한 경우를 포함하여 주기적으로 타당성 검토를 거쳐야 하며, 필요한 경우 제·개정 절차를 통해 해당 검토결과가 문서에 반영되어야 한다.
- 보안 정책 및 정책시행 문서의 제·개정 필요 상황 (예)
  - 내부감사 수행 결과
  - 개인정보 및 정보보호 관련 법령 제·개정
  - 중대한 침해사고 및 정보유출 사고 발생
  - 새로운 위협 또는 취약점 발견
  - 보안 환경의 중대한 변화
  - 조직 사업 환경의 변화 (예 : 신규 공장 건립 및 확장)
  - 정보시스템 환경의 중대한 변화 (예 : 차세대 시스템 구축)

▶ 정보보호 활동 수행 간에 만들어진 각종 양식, 대장 등 운영기록을 보호하기 위한 대책(접근통제 등)을 마련하여야 하며, 정보보호경영시스템(ISMS)(102개)의 이행 확인이 가능하도록 운영 증적기록을 확보해야 한다.

- ▶ 운영기록을 보호하기 위한 대책 마련(예시)
  - 운영 증적기록은 허가되지 않은 자가 접근해서는 안되며, 문서보안지침 등에 따라 대외비 또는 비밀 등의 등급을 부여하고 외부인이 볼 수 없도록 해야 한다.

- ▶ 운영 증적기록 확보(예시)
  - 정보보호경영시스템(ISMS)의 이행을 확인 할 수 있도록 해야 하는데, 예를 들어 년 2회 이상 정보보호 교육 시행'을 하도록 하고 있다면 '정보보호 교육 계획', '정보보호 교육 참석자 명단'등의 관련 증적기록을 남겨야 한다.

- ▶ 정보시스템 운영을 위한 하위 지침 또는 절차를 수립하여야 한다.
  - 시스템 운영정책, 변경관리지침, 장애관리지침, 재해복구지침, 정보시스템백업 및 복구관리지침, 전산실 관리지침 등

■ OT 보안 현황 및 요구사항 분석
- ▶ 제조조직의 경영전략은 생산자 주도로 제품이나 서비스를 제공하기 때문에 '소품종 대량생산(연속생산)'체계로 사용자에게 천편일률적으로 동일한 규격의 제품이나 성능을 일방적으로 강요되어 왔다. 그러나 최근 가심비(價心費)나 소비자 수요 중심의 시장(Rebuilding Consumertopia)과 소비자 맞춤형 제품이나 서비스로 시장이 재편되면서 다품종 소량생산(개별생산) 및 다품종 대량생산 체계로 제조방식의 변화에 따른 경영전략의 재분석이 필요하다.
  - 다품종 소량생산, 다품종 대량생산은 소품종 대량생산에 비해 많은 비용과 시간이 소요되는 탓에 제조업에서 선호하는 방식은 아니었다.
  - 4차 산업의 IT기술 발전으로 다품종 소량생산을 추구하는 사회적 환경변화에 발맞춰 개인 맞춤형 소품종 대량생산이 가능한 스마트팩토리(스마트 공장)의 등장으로 가능해졌다.

구분	내용
조직 환경 조사	• 조직 환경의 조사 수행을 통하여 기존의 경영계획 수립 자료, 실사 분석 자료 등을 준비하고, 경영층과 함께 기획부서의 주요 임원직과 함께 작업하는 것이 효과적임 – 주요 분석 대상 　외부 : 산업 및 시장 환경 분석, 고객 분석, 경쟁사 동향 분석 　내부 : 조직 현황 조사, 내부 역량 분석, 경영 전략 분석 – 주요 기법 : SWOT, CSF(Critical Sucess Factor), 5Force, Value Chain 등
임원 면담	• 조직의 경영 비전, 철학, 전략 등에 대한 의견을 듣고 임원의 관장 업무 이해 후 CSF를 발굴하기 위하여 수행함 • 사전에 면담 일정과 내용 전달 후 정해진 시간에 마칠 수 있도록 하며, 경영 전반의 상위 질문으로 구성하고 세부적 질문은 배제하는 것이 바람직함

구분	내용
경영 전략 워크숍	• 조직의 비전, 경영 전략에 대한 이해의 차이를 극복하는 데 목적이 있음 • 전체 임원진이 공감하는 경영 전략 도출이 효과적임
업무 조사서 분석	• 각 부서·팀에 한 부씩 배포 후 전체 부서에 대하여 동일한 기준으로 조사를 수행함

조직의 경영전략 분석 방법

▶ 정책 수립시 관련 보안업무 현황을 분석해야 한다.

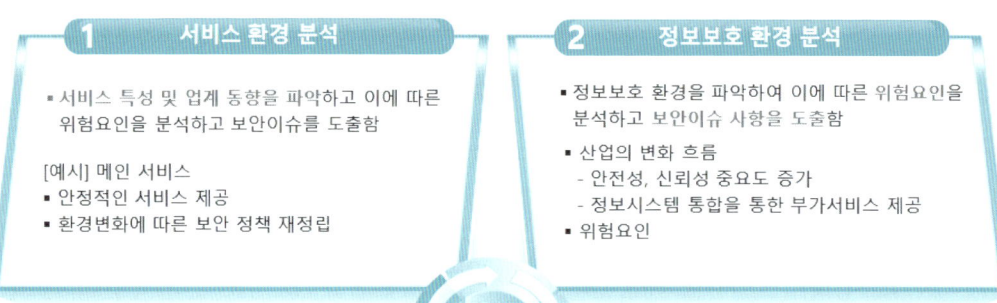

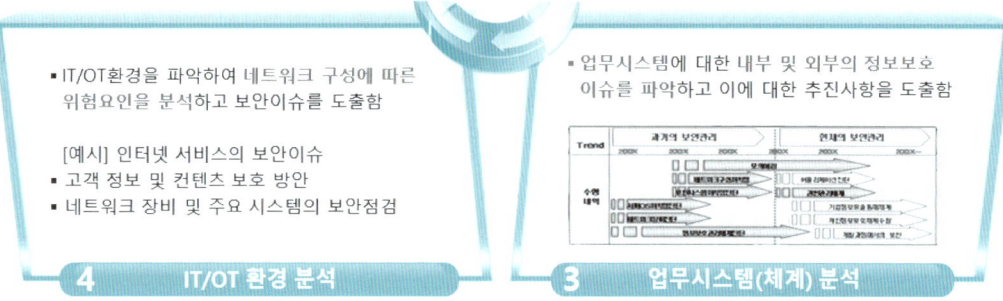

- 업무 현황 분석은 상세한 부분까지 접근하지 않는 것이 보통이며, 일반적으로 고객의 경영 환경, 사업 활동, 경쟁 관계 등의 총괄적인 측면에서의 분석과 보안 조직 구성, 보안 현황 등의 보안 문제 도출을 위한 기능 파악에 초점을 두면서 진행하여야 한다.

▶ 조직의 사업 목표에 대한 철저한 분석을 통하여 조직의 미션과 비전을 파악한다.
- 조직의 미션과 비전이 없을 경우에는 경영층과의 심층 인터뷰를 통하여 조직의 미션과 비전에 대한 방안을 도출하여야 한다.
- 비전과 미션에 기반한 정보보호 정책 요구사항을 도출하여 이를 향후 정보보호 정책기획에 적용하여야 한다.

- 요구사항 도출 시 다양한 프레임워크 및 툴을 활용하여 논리적이고 체계적인 전략을 도출한다.

▶ **정보보호 정책 수립을 위한 요구사항 도출을 위하여 관련자와의 인터뷰 수행한다.**
- 인터뷰 사전 준비 수행 : 인터뷰의 대상, 인터뷰 진행 시간, 인터뷰 장소에 대하여 사전에 명확한 준비가 있어야 한다. 인터뷰에 대한 사전 준비가 제대로 되지 않으면 인터뷰 목표에 대한 방향성을 잃게 될 수 있으니 유념하여야 한다.
- 인터뷰 수행 시 도출할 내용 대한 질의서 작성
  - 인터뷰에서 질문할 내용에 대하여 상세히 작성한다.
  - 정보보호 정책에 대한 정확한 고객의 요구사항을 도출하려면 내용을 도출하기 위한 인터뷰 질문을 사전에 철저하게 누락 없이 작성하여야 한다.
- 인터뷰 질의서를 기반으로 인터뷰 수행
  - 인터뷰 진행 시에는 가능한 한 자신이 말을 많이 하지 않고 인터뷰 대상자의 내용에 대하여 경청하는 자세로 진행하여야 한다. 또한 인터뷰 진행 시 인터뷰의 효율화를 위하여 임무를 나누어 역할을 수행하는 것이 좋다. 특히, 회의 내용을 상세히 기록하고 회의록 작성을 위하여 서기를 임명하는 것도 좋은 방법이다.
- 인터뷰 수행 결과에 대한 인터뷰 결과서 또는 회의록 공유
  - 인터뷰 수행 내용은 최대한 현장감을 살리고 누락 요소가 발생하지 않도록 인터뷰 수행 직후 빠른 시간 내에 작성하여야 한다. 또한 인터뷰 내용은 향후 업무 수행에 중요한 근거 자료가 될 수 있으므로 관련자에게 공유하는 것이 좋다. 따라서 인터뷰 회의록의 내용에 누락 요소나 오류가 없는지 관련자와 공유하여 필요 시 수정하도록 한다.

2.1.2 OT 보안 조직구성

■ OT 보안 조직 구축
» 스마트공장을 구축한 최고경영자(CEO)는 조직의 규모 및 통제해야 할 자산의 중요도에 따라 필요인력, 예산 등을 확보하고, 중요자산을 체계적으로 보호하기 위한 정보보호 및 정보보안 실무조직을 구성해야 한다.

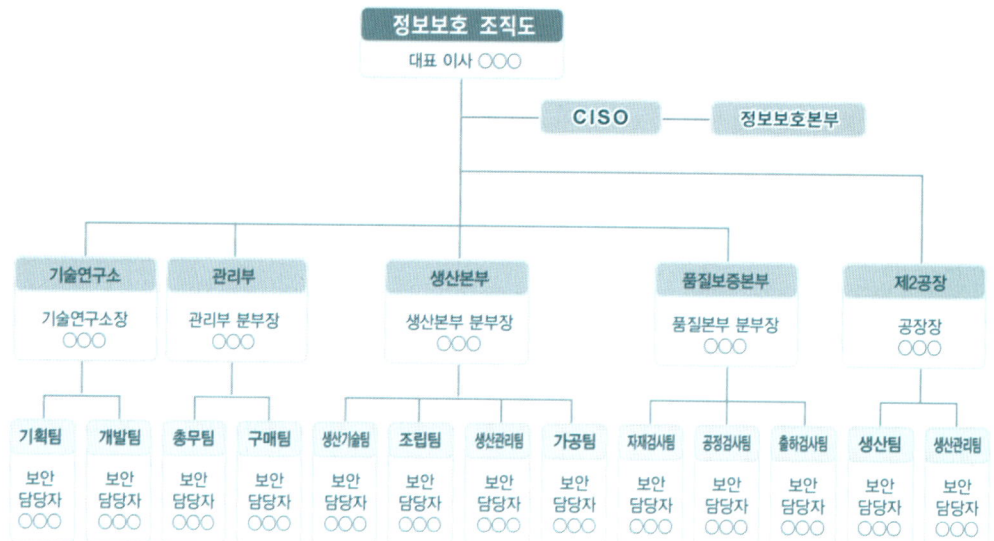

- 중요자산 보호를 위한 실무조직은 별도의 전담조직으로 구성하는 것이 바람직하며, 실무조직의 구성원을 임명할 경우 보안 전문성을 고려하도록 한다.
- 스마트공장 조직의 규모(크기 및 인력), 관리구조 등의 여건과 환경으로 인해 전담조직 구성이 어려운 경우, 겸임조직으로 구성할 수 있으나 이러한 경우에도 해당 조직에 대한 공식적인 선언이나 지정이 필요하다.
- 보안 지원 조직 임무
  - 전담 조직의 보안 활동 승인
  - 보안 정책 위반 행위에 대한 처리
  - 보안 전반에 걸친 사항 검토 및 승인
  - 보안 조직 구성원을 대상으로 직급과 담당 업무에 따른 책임과 역할을 정의하고 문서화 한다.

■ OT 보안 조직 구성 시 고려사항
» 조직의 정보보호 활동과 업무를 원활히 수행하기 위해서는 조직의 각 부분에서 정보보호에

관련된 역할과 책임을 명확히 정의하여야 한다. 정보보호를 수립하고 구현 및 운영하기 위해 정보보호책임자를 지정해야 한다. 책임을 할당받은 경영진 또는 관리자들은 다른 사람에게 정보보호 업무를 위임할 수 있다.

- 최종 책임(accountability)은 여전히 위임자에게 남아있다. 따라서 수행 책임(responsibility)을 위임한 자는 위임한 업무가 모두 올바르게 수행되었는지를 확인하여야 한다. 조직의 규모에 따라 달라질 수 있으나, 대부분의 경우 정보보호 관리자 및 실무자를 지정하여 실제 업무를 수행 하도록 한다. 조직의 규모가 큰 경우에는 CISO조직, 정보보호 전담 팀, 부서 단위로 만들어질 수 있다.
- 정보보호 전담 인력이 아무리 많더라도 정보는 정보시스템, 문서 및 사람의 머리속에서 생성, 저장 하고 처리되기 때문에 단일 부서나 조직이 전 조직에 걸친 정보보호 업무를 전담할 수 없고, 정보보호에 대하여 단독적으로 책임을 질 수도 없다.
- 각부서의 업무 처리 중의 정보보호에 대한 책임은 각 부서의 관리자들에게 남아 있다. 일반적인 최적 실무(best practice)는 각 자산에 대하여 소유자를 지정하여 그 자산의 보호책임을 지도록 하는 것이다. 자산의 소유자는 정보보호 관리자와 협력하여 자신이 책임져야 하는 자산의 보호 방법을 결정하고 보호 방법을 구현하기 위한 자원을 조달해야 한다.

» 정보보호조직을 구성할 때는 조직의 규모(크기 및 인력), 조직 관리 구조, 운영 사이트의 수와 위치, 사이트 간 상호 연결 형태, 정보화 및 IT 예산, 시스템 운영 환경 등을 고려하여야 한다.

- 조직에서 정보보호 활동을 원활히 수행하기 위해서는 보호해야 할 자산의 유형, 규모 및 가치 등을 고려하여 이에 적합한 수준으로 인원과 예산을 배정해야한다.
- 전 조직에 걸쳐 목표 정보보호 수준을 유지하는 것은 정보보호 전담 조직만의 노력만으로는 부족하다. 조직의 모든 부서에서 해당 업무 수행에 필요한 정보보호책임이 할당되어야 하며, 이를 정보보호 전담 조직은 이를 기획·조정, 통합하고 이행을 모니터링하며 정보보호 사고 등 위반에 대응하는 역할을 수행하는 것이 바람직하다.
- 정보보호 전담 인력이 아닌 일반 직원이라 하더라도 자신의 업무 수행 과정에서 정보를 보호할 책임이 있으며 이는 본래의 업무 수행과 똑같이 중요한 책임이다.
- 정보보호 조직을 구성함에 있어 직무 분리의 원칙을 적용해야 한다. 직무 분리는 부주의에 의한 또는 고의적인 시스템 오용, 악용의 위험을 감소시키기 위해 필요하며, 직무 분리가 어려운 상황에서는 별도의 관리 감독 강화 또는 통제 대책을 수립하여야 한다.
- 정보보호 조직을 구성·운영하는 데 있어 적정 인력을 확보하기 어려운 경우 외부전문 업체에 정보보호 업무를 위탁할 수 있으나, 책임을 져야 하는 정보보호책임자, 정보보호 관리자는 내부 인력으로 임명해야 하며, 실무 수행을 담당하는 정보보호 담당자에 대해서는 외부 인력을 활용할 수 있다. 어떤 경우에든 최종적인 책임은 경영진에게 남아 있다.
- 외부 전문 업체의 인력을 활용하고 있는 경우, 해당 인력의 책임 및 역할, 자격 요건 등도 문서화하

고, 계약된 인력과 실제 업무를 수행하는 인력이 일치하는 지에 대해서도 반드시 확인이 필요하다.

OT 보안 조직의 역할과 책임

» 스마트공장에서 생성되는 제품의 설계도, 특허 기술 등 중요정보를 보호하기 위한 실무조직은 보안 최고책임자와 그의 임무를 위임받아 업무를 수행하는 관리자, 조직에서 실무를 담당하는 부서별 보안 담당자 등으로 구성될 수 있다.
  - 조직의 전사적 정보보호 의사결정을 위하여 모든 부서의 임원진 등 경영층이 참여하는 정보보호위원회를 구성하고, 각 부서별로 정보보호 활동 지원을 위한 정보보안 담당자가 지정되어야 한다.

» 정보보호위원회는 조직 전반에 걸친 중요한 정보보호 관련 사항을 검토 및 의사결정을 하거나 정보보호 실무조직 구성 및 정보보호 활동을 위한 자원할당 등의 역할을 수행한다.
  - 정보호호위원회는 주기적인 운영이 가능하도록 위원회의 구성, 역할, 책임, 주기 등을 정의한 규정을 마련하여야 한다.
    - 정보보호위원회의 구성 및 운영 방법
    - 정보보호위원회의 역할 및 책임
  - 정보보호위원회는 정보보호 관련하여 조직 내 이해관계를 대변할 수 있는 경영진, 부서장, 정보보호 최고책임자 등 주요 임직원으로 구성하여야 한다. 정보보호 관련 주요 사안에 대해 검토 및 의사결정, 집행권한이 부여된 직책자로 구성하여야 한다.

» 조직은 보안 업무를 효율적으로 총괄·관리할 수 있도록 정보보호최고책임자(CISO)를 임원급에서 지정하여야 하며, 인사발령 등의 공식적인 지정 절차를 거쳐 보안에 대한 책임과 역할을 명확히 수행할 수 있도록 하는 것이 바람직하다.
  - 정보보호최고책임자의 업무 영역 (예)
    - 보안 정책 및 정책시행 문서(지침/절차/매뉴얼 등)의 수립, 관리
    - 조직 구성, 담당자별 명확한 책임과 권한 부여
    - 정보보호 관리체계 수립 및 운영
    - 중요자산의 식별 및 보안등급 부여
    - 임직원 대상 보안 교육
    - 그 밖의 법·제도에서 정한 보호조치 이행 등
  - 조직은 CISO의 관리 업무를 실무적으로 이행할 수 있도록 보안 관리자와 보안 담당자의 책임과 역할을 구체적으로 정의하여야 하며 이를 직무기술서 등의 형태로 문서화하는 것이 중요하다.
  - 조직 내 KPI((Key Performance Indicator : 핵심성과지표), MBO(Management By Objectives : 목표관리), 인사평가와 같은 평가체계 내에 보안 활동의 책임과 역할을 평가할 수 있는 항목을 포함하여 주기적으로 보안 조직 구성원의 활동을 평가한다.

- **OT 보안 조직의 독립성 확보**
  - 전담 보안 조직이 중요정보를 체계적으로 보호하기 위해서는 전담조직의 독립성 확보가 중요하다. 다른 부서에 영향을 받지 않도록 현업업무와 직무상으로 분리하고 CISO나 이사회 등으로부터 직접적인 지시를 받아야 한다.
  - 보안 감사업무를 수행할 경우 필요한 모든 자료를 청구할 수 있는 권한 및 감사 결과 시 나타난 문제점에 대한 경영진의 공식적인 의견 제출과 시정을 요구할 수 있는 권한이 부여되어야 한다. 감사 결과를 이사회 등 최고 의결 기관에 직접 보고함으로써 보안감사의 의무를 완수할 수 있게 지원해야 한다.
- **OT 정보보안 조직 구성원을 대상으로 직급과 담당 업무에 따른 역할과 책임을 명확히 정의하고 문서화해야 한다.**
  - 스마트공장 구성요소에 대한 보안 관리 책임이 있는 책임자를 식별한다.
  - 보안 관리 책임자의 보안 역할 및 책임을 정의하고 문서화하여 관리한다.
  - 협력 업체는 스마트공장 구성요소에 물리적 및 논리적 접근 인력을 사전에 통보하며, 계약서에 관련자들의 보안에 관한 책임 및 역할을 명시한다. 또한 사업상 보안 사고로 인한 자원 손상 시 조직의 책임 범위와 계약자의 책임 범위를 명시한다.
  - 고위 경영진은 스마트공장 시스템의 보안 요구사항과 이를 이행하기 위한 책임을 인지한다.

- **OT 외부 인력 보안**
  - 스마트공장 구축, 유지·관리 등에 참여하는 외부 인력에 대한 보안 정책을 수립하고 시행한다.
  - 외부 인력 보안 정책 (예)
    - 스마트공장 시스템에 논리적/물리적으로 접근 가능한 외부 인력 식별
    - 외부 인력이 접근 가능한 시스템의 중요도 판단
    - 자산의 기밀성과 무결성을 유지할 수 있는 대책
    - 비인가자가 시스템에 접근할 경우에 대비한 보호대책 수립
  - 외부 인력은 외부 인력 보안 정책을 포함한 정보보안 관련 규정을 준수할 것을 약속해야 하며, 비밀유지를 위해 보안서약서를 함께 제출해야 한다.
  - 외부 인력이 보안 정책을 준수하는지 여부를 지속적으로 모니터링하고 준수하지 않는 행동이 발견될 경우 담당자에게 알린다.
  - 기밀 정보 취급하는 외부 인력을 대상으로 정보보안 측면에 대한 교육을 수행한다.
  - 외부 인력과 계약이 종료된 직후 한시적으로 부여된 접근 권한을 종료한다.

2.1.3 OT 보안 운영관리

■ OT 보안 운영절차 수립
» 스마트공장 주요 인프라 및 핵심 자원을 정의하고 스마트공장 운영절차와 시스템간의 구성 등을 문서화하여 관리하고, 시설 내에 배포한다.
- 스마트공장 운영절차 내용 (예)
  - 시스템 구동/중지, 백업 및 복구(복구절차에는 복구 우선순위, 복구 책임자 및 협력인원 식별, 복구절차, 주기적 교육 등을 포함한다.)
  - 설비 유지, 미디어 관리, 제어실 관리, 네트워크 관리, 시스템 이동 및 업데이트, 시스템간의 구성
- 스마트공장 구성도 내용 (예)
  - 연결된 인터페이스 특성, 송수신되는 데이터 정보, 포트 정보, 프로토콜 정보, 보안 요구사항
  - 구성요소에 대한 정보(소프트웨어 라이선스 정보 및 버전 등)
- 스마트공장 유지·관리 절차 내용 (예)
  - 인가된 유지·관리 도구 사용, 유지·관리 인력 관리
  - 긴급 상황 발생에 대비한 유지·관리 인력 연락처 관리
  - 유지·관리 업무 수행 시 담당자 배석
  - 주기적인 유지·관리 수행
  - 유지·관리에 사용된 도구 제거
- 스마트공장 시스템의 변경 절차 수립/갱신 내용 (예)
  - 중대한 변경 기록
  - 변경 계획 수립 및 변경 계획 시험
  - 변경에 의한 잠재적 영향 평가
  - 공식적인 승인 절차
  - 무단 변경 탐지 모니터링 및 대응 절차
- 스마트공장 보안사고 대응 절차 내용 (예)
  - 사고 종류 식별 : 서비스 중단, 악성코드, DoS, 불완전/부정확한 데이터에 의한 오류, 정보 유출 또는 변경, 시스템 오용 등
  - 사고 대응 내용 : 사고 원인 분석, 피해 확산 방지, 재발 방지 대책 수립 등
  - 증거 목록 : 식별 데이터(사건의 위치, 발생 날짜 및 시간, 항목의 일련 번호, 호스트 이름, MAC 주소, IP주소), 증거를 수집하고 처리한 담당자, 증거가 저장된 날짜와 시간
  - 사고 감시(사고 추적 및 기록 관리)
  - 관련 내부 인원에게 사고 보고
  - 관련 외부 기관과의 사고 정보 공유

- 사고 영향 평가 및 피해 분석

■ 임직원에 대한 정보보보 인식 및 정보보호 전문 기술 향상을 위해 정보보호 교육 관련 지침을 수립하고, 지침에 따라 정기·수시적으로 교육을 수행해야 한다.
  » 정보보호 교육계획은 연간 정보보호 계획서 내에 계획을 수립하고 전년도말 혹은 당해 1/4분기 이내에 하는 것을 권고한다.
    • 정보보호 교육계획서(예시)

정보보호교육계획서 주요 내용	- 교육대상 (전사, 신입사원, 개인정보취급자, 수탁자 등) - 교육시기 (분기별, 반기별 등) - 교육내용 (보안인식제고, 전문성, 개인정보보호 등) - 교육방법 (온라인, 집합교육 등) - 교육기간 (각 교육별 기간)

  » 정보보호 교육훈련 지침이 현행화 되지 않을 경우 실제 이행 결과가 누락되거나 지침과 상이한 신청기관이 있다. 따라서 정보보호 교육훈련 지침을 수립 시에는 업무특성 및 임직원의 교육 참여도를 높일 수 있는 실효성 있는 방안을 마련한다.

■ OT 보안 인식교육 수립
  » 최고경영자는 스마트공장 환경과 상황을 고려하여 보안과 관련한 교육부서와 담당자를 지정해야 하며, 교육 횟수 및 내용에 관해서도 내부관리지침을 마련하여야 한다.
    • 스마트공장 보안 의식 강화 교육은 관련된 전문 교육은 외부 전문가나 전문기관을 통하여 실시할 수도 있으며, 보안 책임자가 집합교육, 온라인 교육, 유인물 배포 등 다양한 방식으로 혼용하여 교육 방법 중 적절한 것을 선택하여 시행 한다.
    • 보안 담당자는 교육에 앞서 전 직원을 대상으로 교육 실시 관련 내용을 사전에 공지해야 한다. 임직원들이 보안에 대한 책임감을 가지고 사내 보안 규정을 숙지하여 정확하게 실천할 수 있도록 전 직원을 대상으로 보안 의식 강화 교육을 정기적으로 실시하도록 한다.
      - 신입사원, 경력사원 입사 시 6개월 이내 집체 교육
      - 전 직원 대상 보안 교육 및 홍보(1년 2회 이상)
      - 임직원의 중요 정보 유출 방지 교육, 협력사 직원에 대한 보안 관련 교육
    • 보안 의식 강화 교육 프로그램 (예)
      - 스마트공장 OT보안의 필요성
      - 공장 내 보안 정책 및 보호 관리체계
      - 보안사고 발생 시 대응 절차 및 방법
      - 중요정보 유출 위험의 구분 및 인지, 보안을 위한 업무 분장

- 보안 관련 법규 및 공장 내 보안 정책 및 보호체계
- 의심스러운 전자 메일을 받을 때 대응 절차, 모바일 장치 사용에 대한 주의사항
- SNS 사용에 대한 주의사항

▶ **정보보호 의식 교육의 방법**
- 사내 게시판 공지, 이메일 공지, 보안의식 제고 문구가 포함된 내용물 배포 등을 통해 보안의식 향상을 위해 노력해야 한다.
- 정기교육은 내부규정에 명시된 사항을 준수하여 최소 연 1회 이상 시행해야 하며, 정해진 시점에 정기 교육을 실시하되, 전 직원이 참여할 수 있도록 시기와 장소, 내용 등을 계획단계에서부터 고려해야 한다.
- 수시교육은 신입 및 경력 직원이 입사한 경우나 보안규정이 개정 된 경우, 중요정보 유출 사고가 발생한 경우 등을 포함하여 CEO나 정보보호관리 책임자가 보안교육이 필요하다고 인정한 경우에는 해당자를 대상으로 수시로 교육을 실시할 수 있고, 이때 직원들의 교육 참여가 적극 독려되어야 한다.
- 보안교육은 모든 임직원이 참석하는 것을 원칙으로 하며, 부득이한 사유로 교육에 참석하지 못한 임직원은 차후에 별도 교육을 받거나, 유인물 배포 및 전자메일을 통해 해당 교육내용을 숙지할 수 있도록 조치해야 한다.
- 각 대상별 교육내용 및 주기 (예시)

대상	교육 내용	주기
중역 이상	경영자 보안 교육	1회/년
부장 ~ 사원	예방 보안 교육	10시간
부장 ~ 과장	심화 보안 교육	10시간
대리 ~ 사원	기초 보안 교육	10시간
신입 전입 사원	생활 보안 교육/가상훈련	2시간
보안 담당자	실무 보안 교육/가상훈련	4회/년
보안 실무	외부 특별 교육	4회/년
핵심기술 취급자	핵심기술보안교육/가상훈련	수시
고 위험군	특별 보안 교육/가상훈련	수시

■ **OT 보안 인력의 책임성 강화**
▶ 조직에서는 임직원의 입사 시부터 퇴직까지 전 기간에 걸쳐 중요자산 보안의 중요성을 각인시키고, 책임성 강화를 위한 방안을 시행해야 한다.

- 중요자산 보안을 강제할 수 있는 취업규칙 조항 제정 및 개정
  - 스마트공장 구축 조직은 업무, 시스템 관리 운용 등을 하면서 생산되는 설계도면, 생산 정보 등 중요정보가 내부자를 통해 외부에 유출되지 않도록 취업규칙 내에 중요정보 보호를 강제하는 조항을 넣을 수 있다.
  - 취업규칙에 중요정보 유지의무, 경업금지의무, 중요정보의 창출 및 귀속에 관한 규정, 위반 시 조치 등을 포함시키는 '보안유지서약서'와 함께 종업원 채용 시 보안 책임성을 부여할 수 있는 기본적인 장치로써의 기능을 한다.

- 인력관리 단계별 보안서약서 요구
  - 취업규칙에 기초한 보안 의무는 포괄적·일반적인 의무규정에 머무르고, 직원에게 공개된 정보 가운데 어떤 것이 보호 대상인지 불명확한 경우도 있으므로, 조직에서는 보안과 관련된 임직원들의 의무규정을 명확화하기 위해 비밀유지 대상과 비밀보안 관리 및 부수의무, 예외 규정, 비밀보호 기간, 비밀보호 의무 위반 시 조치 사항 등을 포함한 보안서약서를 추가적으로 작성하도록 할 수 있다.

- 프로젝트 참여 등 재직기간 중요자산 보호 관련 서약서 작성
  - 프로젝트에 투입되거나 퇴사 시에는 추가적인 고려사항을 명시하여 보안서약서를 작성 한다.
  - 임직원이 재직 중 중요자산과 관련된 프로젝트에 참여하였다면, 보안서약서 상에 포함되어야할 내용 외에도 참여한 프로젝트 명, 프로젝트 기간, 프로젝트 수행 산출물과 중요자산 등을 포함한 보안서약서를 작성하도록 한다.

- 퇴직 시 보안 관련 서약서 작성 시 고려사항
  - 보안을 위해 임직원의 퇴직 시에는 퇴직 후에도 보안 의무를 유지해야할 책임이 있다는 내용을 퇴직서약서에 포함시키고, 재직 기간 중 참여한 프로젝트, 업무 등을 통해 접근한 자산 중 중요자산 보호의무 대상의 범위를 명시하도록 한다.

- 퇴직자가 보유하였던 중요정보 및 자산의 내용은 가능한 구체적으로 기재하고, 보안규정에 따라 자료에 식별 코드나 문서 번호가 부여된 경우 관련 사항도 함께 기재하여 퇴직 전까지 반납서와 함께 반납하도록 한다. 관리 부서에는 제출된 내용에 누락이 없는지를 해당 직원의 퇴직 전까지 확인해야 한다.

▶ 부서 및 직무변경, 휴직, 퇴직 등 인사 변경 발생 시 정보자산 반납, 접근권한의 변경 회수 조치가 신속하게 이루어질 수 있도록 인사부서는 변경내용을 정보보호부서, 정보시스템 운영부서 등에 공유하여야 한다.
- 조직 내 인력(정규직 임직원, 임시직원, 외주용역업체 직원 등)의 직무 변경 혹은 퇴직발생 시 정보자산 반납, 접근권한의 조정·회수 등을 수립된 절차에 따라 시행하고 결과를 확인하여야 한다.
- 직무변경자 혹은 퇴직자가 불가피하게 정보시스템 및 정보보호시스템 계정을 공유하여 사용하고 있었다면 계정의 비밀번호를 즉시 변경하여야 한다.

▶ 경업금지약정서 작성 시 고려사항
- 경업금지약정이란 근로자가 퇴직 후 경쟁관계에 있는 업체에 취업하거나 스스로 경쟁업체를 설립, 운영하는 등의 경쟁행위를 하지 않을 것을 주 내용으로 하는 약정을 말한다.
- 경업금지서약서 작성이 필요할 시에는 업종·분야와 경업금지 기간을 구체적으로 명시토록 한다.
- 경업금지 기간은 업종, 제품의 라이프 사이클, 특허출원 상황 등을 통합적으로 고려하여 결정해야 한다. 향후, 중요정보유출 및 경쟁업종 금지 기간 중 경쟁업체로 이직할 경우, 관련법규에 의해 처벌받는다는 사실을 명시하고 관련 내용을 고지한다.

▶ 실효성 있는 경업금지약정 체결을 위한 고려사항
- 중요자산 접근 가능성 있었던 자에게 보안 의무를 부여해야 한다.
- 경업금지의 기간이나 지역적 범위, 직종은 지나치게 포괄적이지 않고 합리적인 수준에서 정하여 약정서에 기재해야 한다.
- 경업금지약정은 퇴사하는 근로자의 특성에 맞는 내용으로 개별적으로 체결하는 것이 바람직하다.
- 근로자에게 경업금지 의무를 부담하는 것에 상응하는 대가를 지급하는 것이 바람직하다.
- 근로자의 생계 등 이익을 보호하는 조치를 함께 취하는 것이 바람직하다.

▶ 부서 및 직무변경, 휴직, 퇴직 등 인사 변경 발생 시 정보자산 반납, 접근권한의 변경 회수 조치가 신속하게 이루어질 수 있도록 인사부서는 변경내용을 정보보호부서, 정보시스템 운영부서 등에 공유하여야 한다.
  - 조직 내 인력(정규직 임직원, 임시직원, 외주용역업체 직원 등)의 직무 변경 혹은 퇴직발생 시 정

보자산 반납, 접근권한의 조정·회수 등을 수립된 절차에 따라 시행하고 결과를 확인하여야 한다.
- 직무변경자 혹은 퇴직자가 불가피하게 정보시스템 및 정보보호시스템 계정을 공유하여 사용하고 있었다면 계정의 비밀번호를 즉시 변경하여야 한다.

■ OT 보안 외부서비스 계약 관리
» 외부 업체에 의해서 실행, 운영, 유지되는 서비스 계약 입찰 및 체결 시 보안 요구사항이 입찰서 및 계약서 내에 포함한다.
- 외부 업체 서비스 계약서 및 입찰서 내용 (예)
  - 조달 할 제품 또는 서비스의 사양
  - 제품 또는 서비스의 공급 기간 중에 공급 업체가 준수해야 하는 보안 요구사항
  - 공급 업체 선정 프로세스, 시스템 등에서 전송되는 데이터를 보호하기 위한 기밀 조항
  - 보안 요구사항은 서비스수준협약(SLA: Service Level Agreement)에 반영하여, 이를 위반할 시 처벌을 가하거나 손해배상을 청구할 수 있음을 조항의 내용으로 명시한다.
- 외부 업체가 제공하는 서비스 내용이 변경 될 경우, 업무 및 보안에 주는 영향을 고려하여 변경 내용을 검토한다.
- 외부 업체가 보안 요구사항을 준수하는지 지속적으로 모니터링 한다.
- 외부 업체의 보안 사고가 조직에 영향을 미치는 경우에 대비하기 위해 서면 계약에서 외부 사업자와 조직 간의 책임 소재를 명확히 하고, 피해 보상을 기술한다.

■ OT 보안 외부자 인력 관리
» 외부 협력사에 업무를 위탁하는 경우에는 정보시스템, 네트워크, 인력 및 사무환경 등을 관리·통제하기 위한 보안 요구사항을 계약서상에 명시해야 하고 요구사항을 서비스수준협약(SLA: Service Level Agreement)에 반영해야 한다.
- 외부 위탁 계약서에 포함되어야 하는 보안 요구사항으로는 법적 요구상의 충족, 책임감 있는 보안 관리, 자산의 비밀성과 무결성을 유지할 수 있는 대책, 자산의 접근제한 및 오남용 방지 등이 있다. 또한 외부위탁업체 직원은 외부자 보안정책을 포함한 보안 관련 규정을 준수할 것을 약속해야 하며, 비밀 유지를 위한 보안서약서를 함께 제출해야 한다. 이와 같은 계약서는 신청기관과 위탁업체의 책임자가 승인한 공식적인 계약서로써 관리되어야 한다.
- 외부 위탁 계약서 작성 방안
  - 외부 위탁 계약 시 관련된 보안 요구사항을 사전에 분석 한다.
  - 외부 위탁 계약 시 정보시스템, 네트워크 인력 및 사무환경 등을 관리 통제하기 위한 보안 요구사항을 계약서상에 명시한다.
  - 보안 요구사항은 SLA에 반영하여, 이를 위반할 시 처벌을 가하거나 손해배상을 청구할 수 있

음을 조항의 내용으로 명시한다.
- 해외에 R&D센터 등 연구시설을 설립하여, 신기술, 연구개발 등이 이루어지는 경우 중요정보 유출에 더욱 주의를 기울이고, 핵심기술을 블랙박스화하여 현지인들의 모방을 방지하도록 해야 한다.
  - 산업 분야마다 차이가 있을 수 있지만, 핵심 부품은 분해 및 재제작을 어렵게 하여 역 엔지니어링(reverse engineering)을 원천적으로 차단하는 방법이 있으며, 전체적인 제조 프로세스에서 중요정보가 유출되는 것을 방지하기 위해 현지 연구원에게는 단위별 프로세스만 알 수 있도록 업무를 제한적으로 공개하는 등의 방법을 활용할 수 있다.

▶ 해외에 지사 또는 R&D 시설이 있는 경우 중요정보 유출에 관리해야 한다.
- 해외에 진출한 국내 조직의 근로자가 대부분 현지인이라도 핵심기술 및 시설의 보안담당은 내국인이 맡는다.
- 연구센터 내 전담 관리 조직을 두어 보유 기술을 체계적으로 관리한다.
- 외국인 연구원에 대하여 별도 보안조치를 적용한다. (영문 보안서약서 작성, 출입지역 제한, 반출·반입 물품제한, 특이동향 관리 등)

2.2 OT 보안 자산관리

항목	
2.2.1	OT 자산식별 및 목록 관리
2.2.2	OT 자산등급 관리

2.2.1 OT 자산식별 및 목록 관리

■ OT 중요자산의 식별
- 스마트공장 구성요소에 대한 하드웨어 및 소프트웨어 목록 및 식별정보를 문서화하고 관리한다.
  - 구성요소에는 PLC, 센서, 로봇, 펌웨어, 네트워크 스위치, 전원 공급기, 기타 네트워크 구성요소 및 장치, HMI 및 기타 ICS 구성 요소, 응용 프로그램, 소프트웨어 운영체제가 포함된다.
  - 식별정보에는 자산이름, 하드웨어 사양, 기계 이름 및 네트워크 정보가 포함된다.
  - 각 자산별 관리 책임자를 지정하여 문서화해야 한다.

- 자산이 손상 및 파괴될 경우 조직에 손실을 발생시킬 수 있는 정도를 고려하여 자산 중요도를 정의하고 분류·관리 한다.
  - 자산 주체별 구분과 역할 정의

구분	역할
자산	조직에서 보유한 가치 있는 모든 것 예) 장비, 시스템, 네트워크, 물리적 자산, 솔루션, S/W, 서비스, 인력 등
소유자	자산의 소유 권한과 처리에 대한 총괄 관리 및 책임자 예) 자산의 취득, 사용허가, 처분 등 신규 도입부터 폐기시까지 권한 지님
관리자	자산의 소유자로부터 관리 위임을 받은자 예) 자산관리자는 절차에서 제시하고 있는 자산분류체계에 따라 각 파트에서 관리되고 있는 자산을 식별하고 각 자산의 중요성에 대한 평가 업무를 수행
사용자	설비 및 시스템을 활용하여 자산을 실질적으로 사용하는 사람 또는 기관 예) 자산 사용 시 자산의 유출 및 파손 사고가 발생하였을 경우 이에 대한 최종 책임은 사용자가 진다.

  - 조직에서 보유하고 있는 보호해야 할 자산을 체계적으로 관리하기 위해서는 유형별로 분류해야 하며 이를 위해 표준화된 기준의 자산분류기준이 마련되어야 한다.

- 중요 정보를 보호하기 위해 정보를 평가하여 평가 수준에 따라 보안 등급을 부여하여 관리해야 하며, 주기적으로 보안 등급을 재평가해야 한다.
  - 중요 정보의 보안 등급에 따라 접근·반입·반출 등을 통제하고 열람, 수정 등의 기록을 생성해야 한다.

■ OT 중요자산의 관리절차 수립
▶ 조직에서 보유하고 있는 다양하고 방대한 자산을 체계적이고 효율적으로 관리하기 위해서는 자산의 도입, 변경, 폐기되는 과정 등 자산의 생명주기에 따라 관리되어야 한다.
  • 자산을 관리하기 위해 방침을 세우고 일련의 절차를 거치는데, 각 절차에서의 주요 활동을 위한 일정 기준과 원칙을 먼저 수립하여야 한다.
  • 자산관리 프로세스에는 자산의 관리 정책 수립, 자산의 조사 및 식별, 자산의 분류 및 등록, 자산의 가치 평가, 자산의 변경 관리 등 5개의 단계가 있는데, 각 단계마다 다양한 활동과 업무 수행이 요구된다.

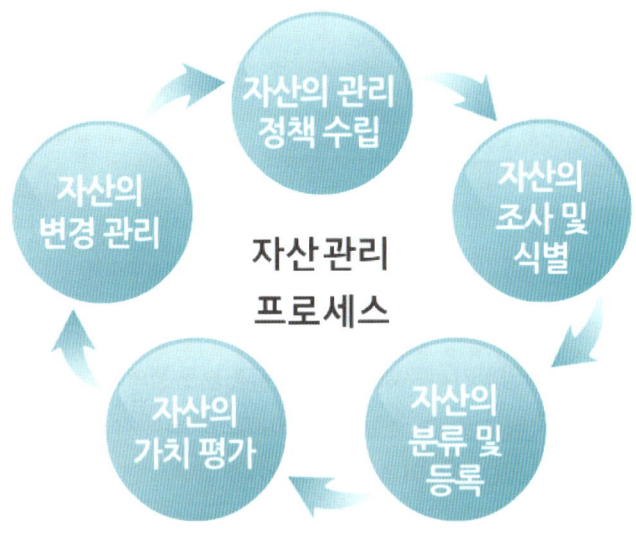

▶ 자산의 관리정책 수립시에는 자산을 체계적이고 효율적으로 관리하고 보호해야 할 대상을 선별하는 것이 중요하다.
  • 자산을 어떠한 유형으로 어떻게 분류해야 하는지를 우선적으로 정의하고, 각 자산에 대한 취급 및 관리기준을 수립하고, 규정(지침)에 의거하여 자산의 관리계획을 수립하고 시행해야 한다.
  • 자산의 책임이 있는 소유자는 자산관리자의 책임과 역할을 정의하고, 자산관리자와 담당자를 지정하여 자산에 대한 관리 권한을 위임한다. 자산의 등록, 변경, 폐기 등 생명주기에 따라 자산이 관리될 수 있도록 절차와 방법을 수립한다.
  • 자산을 유형별로 구분하기 위해 일관된 자산분류 기준을 마련하고, 자산의 신규 도입, 변경, 폐기 등 자산의 생명주기에 따라 자산을 취급하기 위한 절차와 방법을 정의한다.
  • 식별된 자산의 중요도 평가를 위해 평가 요소를 도출하고 평가 원칙과 절차를 정의하고, 자산의 가치에 따라 관리하기 위한 자산의 가치등급 부여기준을 수립한다.

OT 중요자산의 식별

» 자산의 조사 및 식별시에는 각 자산별 무엇을 중요하게 보호해야 할지를 식별하기 위해 가능한 모든 자산을 파악하여 목록으로 관리되어야 한다.

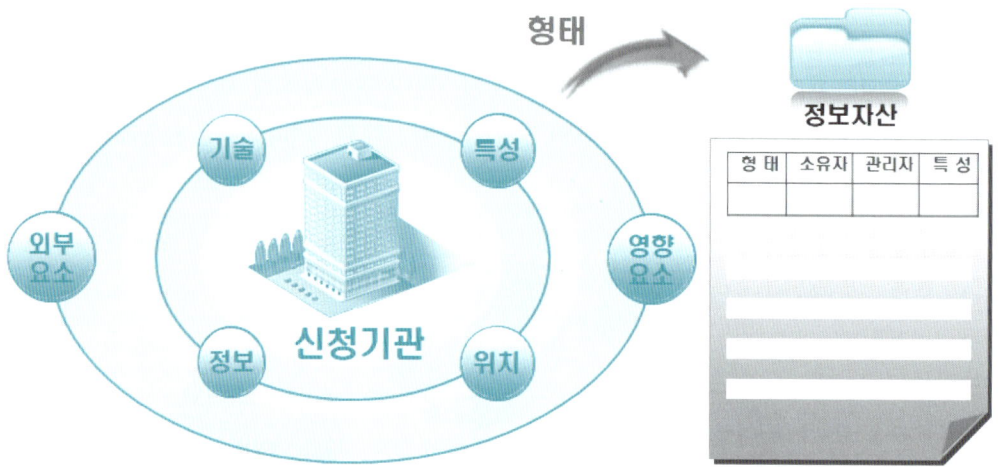

- 자산은 그 수나 종류가 다양하기 때문에, 적절한 분류기준을 정의하고 이에 따라 구분하여 파악하여 자산의 중복이나 누락되지 않게 자산을 식별하여 자산목록을 작성해야 한다.
- 설계도면 등 문서화되어 있는 자산이 훨씬 중요한 제조업이나 엔지니어링 분야의 경우 IT자산보다는 출력물이나 PC 등에 저장되어 있는 정보(문서파일 등)이 더 중요한 자산이 된다.

» 자산의 분류 및 등록시에는 자산분류기준에 근거하여 유형 또는 무형자산으로 나누어 관리한다.

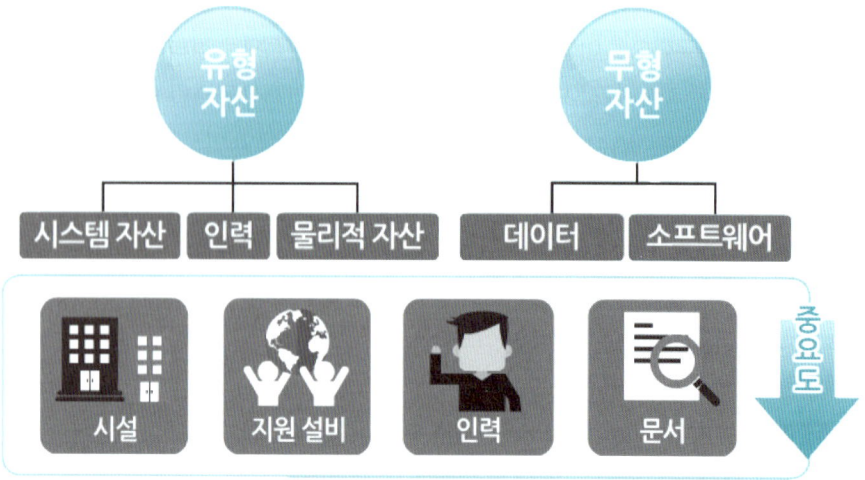

- 지원설비, 시설, 인력, 네트워크 장비, 하드웨어, 소프트웨어, 전자정보, 문서, 업무용PC, 개인용PC 등으로 구분하여 자산 목록표로 관리해야 한다.

자산 유형	설 명
문서	종이로 작성된 정보를 말하는 것으로 각종 보고서, 계약서, 매뉴얼 등
데이터	전산화된 정보를 말하는 것으로 문서 파일, 데이터 파일 등
소프트웨어	패키지 소프트웨어, 시스템 소프트웨어, 각종 애플리케이션 소프트웨어 등
서버	공용 자원을 가지고 여러 사용자에게 제공하는 컴퓨터 시스템
네트워크	산업용 네트워크, 통신 네트워크 장비, 통신 회선 등
운영장비	센서, PLC, HMI, MES, ICS, SCADA 등
시설	생산장비, 공장내의 기계 및 설비, 건물, 사무실, 전산실, 데이터 센터 등
지원 설비	공조시설, 전력공급, 방재시설 등 정보시스템을 운영을 지원하기 위한 시설

» 보안사고가 발생될 경우 조직 이미지 하락 또는 경제적 손실을 발생시킬 수 있는 중요자산의 경우, 자산 식별 및 관리하여야 한다.
- 보안 책임자는 새로운 자산이 도입 및 생성될 때 해당 자산이 중요자산인지 여부를 판단할 수 있도록 '중요자산 식별 기준'을 마련하여 현업 부서에 제공하여야 한다.
- 중요자산 목록 (예) : 자산명(분류/내용) 및 자산의 형태, 관리부서 및 관리책임자, 자산의 도입·생성 일자 및 보존기간, 자산의 보안등급 등

번호	자산번호	구분	자산명	용도	자산위치	소유부서	운영부서
1	SV002	서버	웹 main1	웹 서버	공장전산실	마케팅팀	기술팀
2	SV003	서버	DB2	DB 서버	공장전산실	마케팅팀	기술팀
3	NW001	네트워크	산업용 스위치	공장 스위치	공장전산실	네트웍팀	기술팀
4	NW002	네트워크	NAC	네트워크 접근통제	공장전산실	네트웍팀	기술팀
5	SEC003	보안장비	산업용 IDS	인터넷방화벽	공장전산실	보안팀	보안팀
6	SEC005	보안장비	산업용 방화벽	인터넷방화벽	공장전산실	보안팀	보안팀
7	FC002	시설	IoT 게이트웨이	온습도 조절	공장전산실	총무팀	기술팀

> ▶ 중요자산 식별기준
> - 새로운 자산 도입 및 생성 시 중요자산 여부를 판단하고, 중요자산으로 식별된 경우 '중요자산 목록'을 작성하여 부서장 승인을 받은 후 중요자산 관리 부서로 통보하여야 하며, 이를 이행하지 않을 경우 제재할 수 있는 근거를 마련하여 중요자산 관리 및 통제에 대한 책임성을 확립하도록 한다.
> - 중요자산 목록에 대한 통제방안 (예)
>   - 중요자산 목록의 접근 통제 (제한적 접근권한 부여)
>   - 중요자산 목록의 열람 이력 관리 및 보관
>   - 중요자산 목록 접근권한이 있는 직원의 관리
>   - 중요자산 목록의 변경 이력 관리
>   - 중요자산 목록 접근자 단말기(PC 등)에 대한 보안 점검 등
> - 중요자산의 목록을 출력물, 파일 등 여러 형태와 다양한 버전으로 관리하는 것은 보안 통제를 어렵게 하는 주된 요인이므로 목록 관리의 효율성, 비밀성, 무결성, 가용성 등을 확보하기 위해 전산화하여 관리할 필요가 있다.

■ 자산 그룹핑

> ▶ 자산 그룹핑을 하는 이유는 식별된 자산들이 예를 들어 1,000여개가 있다면 자산에 대해 위협 및 취약성을 모두 식별하는 것은 매우 어려운 작업이다. 따라서 각 자산의 중요도, 유사성, 위치, 소유자 및 용도 등이 동일하여 위협 및 취약점 분석을 실시하더라도 동일한 위험이 도출될 수 있는 자산들을 동일 자산으로써 그룹을 만들 수 있는데 이것을 그룹핑이라고 한다.
> - 관련 위협 및 취약성 평가와 위험평가를 수행 할 때 각 자산의 중요도, 유사성, 위치, 소유자 및 용도등과 같은 특성에 근거하여 결과가 달라지므로 같은 결과가 나오는 자산에 대하여 동일한 작업을 여러 번 반복하지 않기 위해서이다.

- 자산의 중요도, 유사성, 위치, 소유자, 용도 자산 그룹핑 기준을 정한다. 아래의 자산 그룹핑은 온라인 시스템과 오프라인 시스템으로 구분한 예시이다.

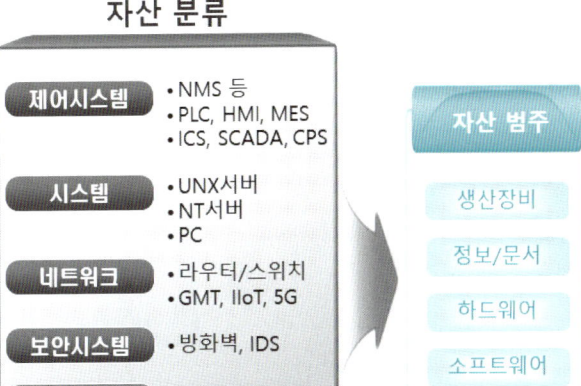
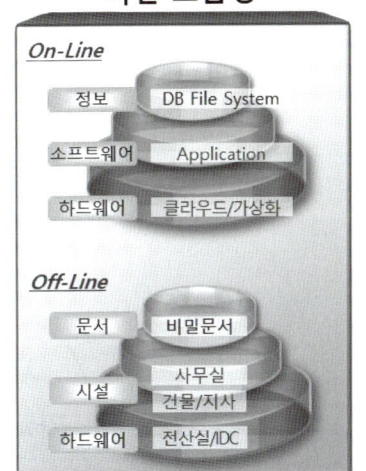

2.2.2 OT 보안 자산등급관리

■ OT 자산 분류 식별기준
» 조직의 환경 및 업무특성에 맞게 각 자산별 식별기준은 다르게 적용될수 있으며, 조직이 보유하고 있는 자산을 중요도 평가기준을 수립하여 가치평가를 수행해야 한다.

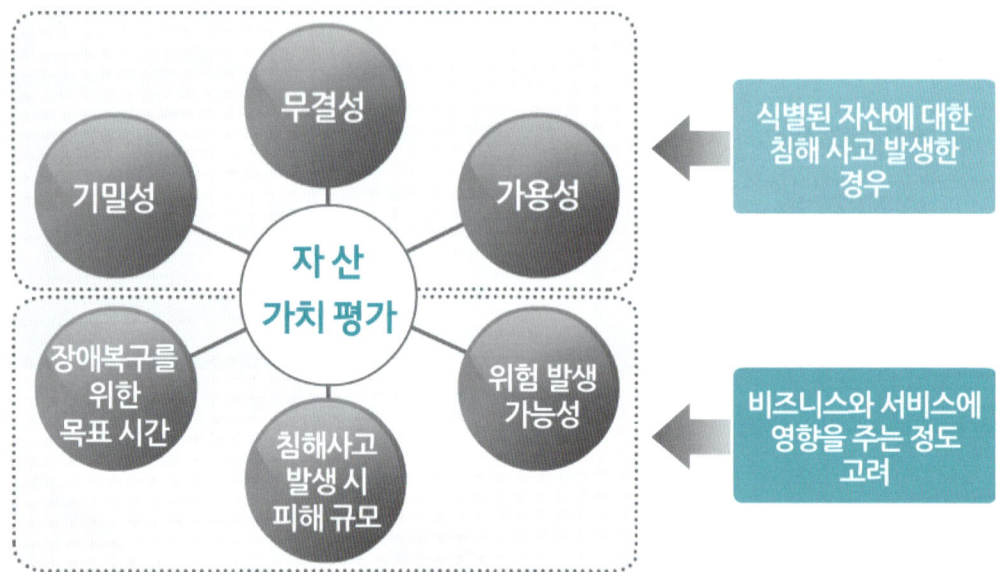

» 자산의 가치 평가를 하기 위해서는 우선 식별된 자산에 대해 침해사고가 발생한 경우, 그 영향을 기밀성, 무결성, 가용성 측면에서 파악하여 자산의 중요도를 산정해야한다.
 • 기밀성 : 자산의 접근은 인가된 사람만이 접근 가능함을 보장해야 하는 특성을 말한다.

중요도	설 명
높음	조직 내부에서도 특별히 허가를 받은 사람들만이 볼 수 있어야 하며 조직 외부에 공개되는 경우 개인 프라이버시나 조직의 사업 진행에 치명적인 피해를 줄 수 있는 수준
중간	조직 내부에서는 공개될 수 있으나 조직 외부에 공개되는 경우 개인 프라이버시나 조직의 사업 진행에 상당한 문제를 발생시킬 수 있는 수준
낮음	조직 외부에 공개되는 경우 개인 프라이버시나 조직의 사업 진행에 미치는 영향이 미미한 수준

- **무결성** : 자산 내의 정보 및 처리 방법의 정확성, 완전성을 보호해야 하는 특성(정도)을 말한다.

중요도	설 명
높음	고의적으로 우연히 변경되는 경우 개인 프라이버시나 조직의 사업 진행에 치명적인 피해를 줄 수 있는 수준
중간	고의적으로 우연히 변경되는 경우 개인 프라이버시나 조직의 사업 진행에 상당한 문제를 발생시킬 수 있는 수준
낮음	고의적으로 우연히 변경되는 경우 개인 프라이버시나 조직의 사업 진행에 미치는 영향이 미미한 수준

- **가용성** : 인가된 사용자가 필요시 자산 및 관련 정보에 접근하는 것을 보장해야 하는 특성(정도)을 말한다.

중요도	설 명
높음	서비스가 중단되는 경우 조직의 운영과 사업 진행에 치명적인 피해를 줄 수 있는 수준
중간	서비스가 중단되는 경우 조직의 운영과 사업진행에 상당한 문제를 발생시킬 수 있는 수준
낮음	서비스가 중단되는 경우 조직의 운영과 사업진행에 미치는 영향이 미미한 수준

보안 요구사항	내 용	평가
기밀성 C	조직내부에서 최고 높은 비밀 등급의 부여가 요구되며, 일반인에게 공개되는 경우 조직의 안전 및 프라이버시에 심각한 영향을 초래할 수 있고 조직의 사업 진행에 치명적인 피해를 줄 수 있는 수준	4등급
	조직 내부에서만 공유되어야 하며, 특정부서중 특정인에게만 공개되며 개인이나 조직의 안전 및 프라이버시에 상당한 영향을 초래할 수 있고 조직의 사업 진행에 상당한 문제를 발생시킬 수 있는 수준이다.	3등급
	조직 내부에서만 공유되어야 하며, 특정부서에서만 공개되며 개인이나 조직의 안전 및 프라이버시에 일정부분 영향을 초래할 수 있고 조직의 사업 진행에 상당한 문제를 발생시킬 수 있는 수준이다.	2등급
	조직내부에서만 공유되어야 하며, 사내에서 개인이나 조직의 안전 및 프라이버시에 영향이 크지 않고 조직의 사업 진행에 대한 피해가 무시할 수 있는 수준이다.	1등급
무결성 I	고의나 사고에 의해 변조되거나 일부 오류가 발생하는 경우 조직의 사업진행에 치명적인 피해를 줄 수 있고, 이로 인한 손실의 크기가 막대하다. 자산(정보) 변조의 가능성이 제일 높고, 변조 시 데이터의 무결성을 검증하기 힘든 경우	4등급
	고의나 사고에 의해 변조되거나 일부 오류가 발생하는 경우 조직의 일부 사업진행에 상당한 문제를 발생시킬 수 있고, 이로 인한 손실의 크기가 크다. 자산(정보) 변조의 가능성이 높고, 변조 시 데이터의 무결성을 검증하기 힘든 경우	3등급
	고의나 사고에 의해 변조되거나 일부 오류가 발생하는 경우 조직의 일부 사업진행에 일정부문 문제를 발생시킬 수 있고, 이로 인한 손실의 크기가 보통이다. 데이터 변조의 가능성은 있으나, 데이터 변조 시 무결성 검증이 가능한 경우	2등급
	고의나 사고에 의해 변조/조작되는 경우 조직의 사업진행에 피해가 거의 없고, 이로 인한 손실의 크기가 크지 않다. 자산에 포함된 정보의 변조 가능성이 희박하고, 정보 변조 시 무결성 검증이 용이한 경우	1등급
가용성 A	접근 또는 서비스가 중단되는 경우 조직의 사업진행을 중단하게 하는 치명적인 수준이며, 이로 인한 손실의 크기가 막대하다. 연중 24시간 무 중단 운영되는 자산(장비)으로서, 장애발생시 즉시 복구되어야 하는 경우	4등급
	접근 또는 서비스가 중단되는 경우 사업진행에 상당한 지장을 줄 수 있는 수준이며, 이로 인한 손실의 크기가 크다. 연중 24시간 무 중단 운영되는 자산(장비)으로서, 장애발생시 3시간 복구되어야 하는 경우	3등급
	접근 또는 서비스가 중단되는 경우 사업진행에 일정부분 지장을 줄 수 있는 수준이며, 이로 인한 손실의 크기가 보통이다. 연중 24시간 무 중단 운영되는 자산(장비)으로서, 장애 발생 시 24시간 이내에 복구되어야 하는 경우	2등급
	접근 또는 서비스가 중단되는 경우 사업진행에 대한 지장이 무시할 수 있는 수준이며, 이로 인한 손실의 크기가 크지 않다. 연중 24시간 무 중단 운영되는 자산(장비)으로서, 장애 발생 시 수일 이내에 복구되어야 하는 경우	1등급

OT 자산 보안 등급화

» 스마트공장은 보호해야 할 자산을 식별하고 자산의 중요도에 따라 보안등급화하고 자산의 종류와 등급에 따라 보안 통제함으로써 효율적인 보안 관리체계를 운영해야 한다.

- 스마트공장에서 생성·관리되는 정보는 제품 설계도, 영업정보, 공장 운영현황, 각종 제어 정보 등 그 종류와 특징이 매우 다양할 뿐만 아니라, 해당 정보가 유출되었을 때 발생할 수 있는 유·무형의 피해 규모나 파급력 등도 매우 다양하다.
- 정보들에 대해 동일한 기준의 보호조치를 취하는 것은 부적절한 관리 조치이며, 나아가 관리 노력 및 비용 등의 낭비로 이어질 수 있으며, 철저히 보호해야할 핵심 정보에 대해서는 제대로 된 보호조치가 이뤄지지 않을 수도 있다.
- 정보 유출 시 발생할 수 있는 유·무형의 피해(조직 이미지 하락, 경제적 손실) 규모나 파급력 등을 종합적으로 고려하여 중요정보별 보안등급을 부여하고 각 등급에 따른 보호조치를 차별화하여 관리할 필요가 있다.

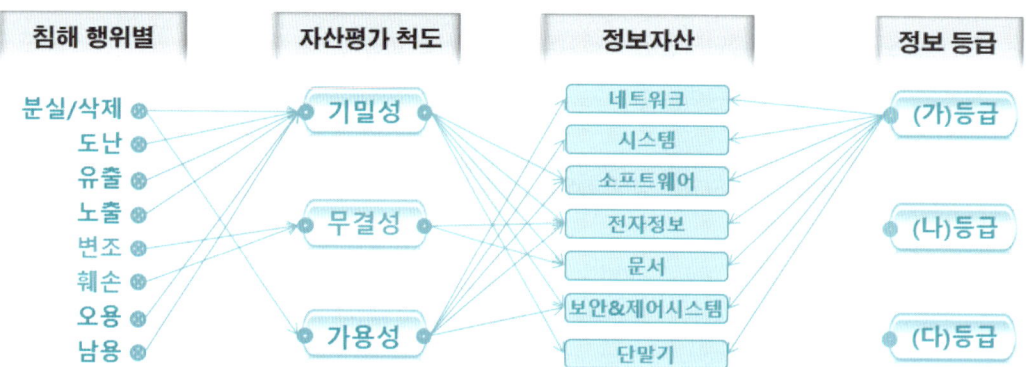

- 중요 자산 보안등급의 구분 (예)

보안등급	평가점수(합계)	설명
1급 (비밀정보)	7점 이상	• 조직 내에서 알 필요가 있는 일부에게 제공되는 민감정보 　- 고객정보, 개발S/W 소스코드, 제품설계서, 회계 및 경영정보 등
2급 (대외비정보)	4~6점	• 직원 모두에게 공개되는 대외비 정보 　- 견적서, 제안서, 거래처 목록 등
3급 (일반정보)	3점 이하	• 외부에 공개되어도 되는 정보 　- 조직 소개자료, 제품 설명자료 등

- 중요 자산 유형별 보안등급의 평가기준(예)

평가구분	보안등급 평가 요소	평가 수준
조직 이미지	• 중요정보가 유출(또는 훼손)되는 경우 조직의 이미지가 회복하기 어려울 정도로 추락할 수 있는 경우	상(3)
	• 중요정보가 유출(또는 훼손)되는 경우 조직의 이미지가 상당히 하락할 수 있는 경우	중(2)
	• 중요정보가 유출(또는 훼손)되어도 관계없거나, 조직 이미지에 미치는 영향이 경미한 경우	하(1)
경제적 손실	• 중요정보가 유출(또는 훼손)되는 경우 막대한 경제적 손실이 발생할 수 있는 경우	상(3)
	• 중요정보가 유출(또는 훼손)되는 경우 상당한 경제적 손실이 발생할 수 있는 경우	중(2)
	• 중요정보가 유출(또는 훼손)되어도 관계없거나 손실이 경미한 경우	하(1)
공장 운영	• 중요정보가 유출(또는 훼손)되는 경우 공장운영에 중대한 장애를 유발하거나 막대한 금전적 손실을 입히는 경우	상(3)
	• 중요정보가 유출(또는 훼손)되는 경우 공장운영에 상당한 장애를 유발하거나 상당한 금전적 손실을 입히는 경우	중(2)
	• 중요정보가 유출(또는 훼손)되어도 관계없거나 공장운영에 경미한 장애를 유발 또는 금전적 손실이 경미한 경우	하(1)

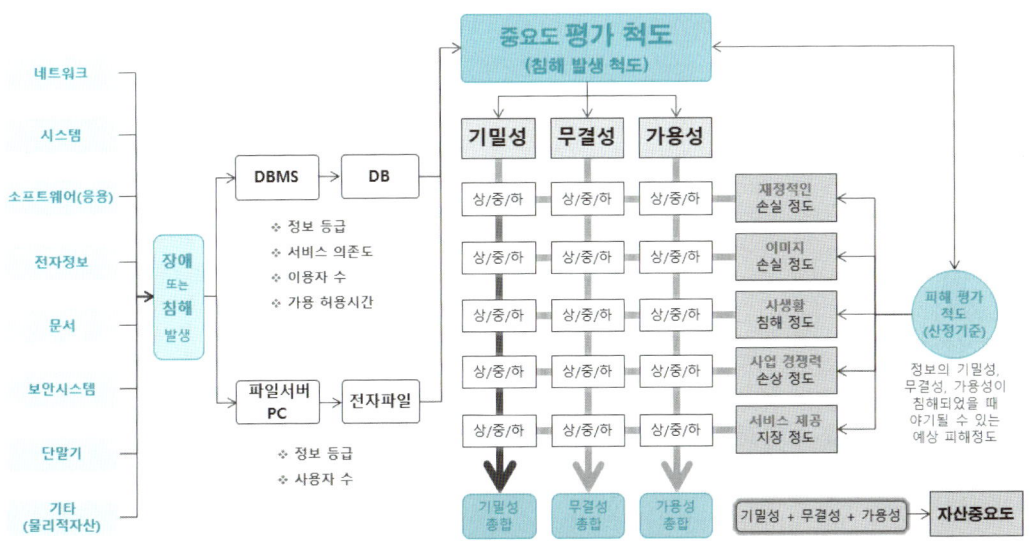

» 중요 정보의 보안등급별 보안등급별 통제항목은 중요정보 통제를 위한 인력, 예산 등 조직의 현황과 함께 다음의 내용을 고려하여 조직 특성에 맞추어 마련 후 적용할 수 있다.
- 중요정보 보안등급별 통제항목 고려사항
    - 중요정보의 권한은 업무의 필요한 최소 권한 부여 원칙을 적용
    - 업무와 무관한 중요정보에 대한 접근을 차단
    - 모든 중요정보에 대한 접근권한은 정보 소유자 또는 권한을 위임 받은 관리자에 의해 부여
    - 1급 내지 2급의 중요정보는 부서장의 사전 승인 없이 외부 유출 및 공개 차단
    - 중요정보에 대한 열람 제한
    - 중요정보의 반입 및 반출 통제
    - 중요정보 생성 및 보관 장소의 통제
    - 중요정보 유출 방지를 위한 기술적 보호조치의 적용
    - 중요정보 열람, 수정 등 로그 기록
    - 모든 중요정보는 년 1회 주기적으로 보안등급을 평가

» 중요 정보의 보안 권고 적용범위

적용되는 보안 권고사항	응용시스템	제어자동화	현장자동화	클라우드 플랫폼
중요자산 관리	O	O	O	-
중요 정보 관리	O	O	O	-

OT 보안 위험관리

3.1. OT 위험관리 전략
    3.1.1 위험관리의 개요
    3.1.2 위험관리 프레임워크

3.2. OT 보안 위험평가
    3.2.1 위험평가의 개요
    3.2.2 위험분석 방법론의 개요

3.3. OT 보안 진단
    3.3.1 OT 보안진단의 개요
    3.3.2 OT 보호대책 전략

PART 3

3.1 OT 위험관리 전략

항목	
3.1.1	위험관리의 개요
3.1.2	위험관리 프레임워크

3.1.1 위험관리의 개요

■ 위험관리(RISK Management) 개요
- 위험관리란 조직의 자산에 대한 위험을 감소할 수 있는 수준으로 유지하기 위하여 자산에 대한 위험을 분석하고 이러한 위험으로부터 자산을 보호하기 위한 비용 대비 효과적인 보호대책을 하는 일련의 과정을 의미한다.
  - 위험관리를 실시하는 목적은 가치를 창출하고, 가치를 보호하여 조직의 성과를 향상시키고, 이를 통해 목표 달성을 지원하기 위한 것이며, 위험관리 원칙은 효과적이고 효율적인 위험관리의 특징, 가치 전달 및 목적에 대한 지침을 제공한다.
  - 위험관리 원칙은 위험관리의 토대이며 조직의 위험관리 프레임워크 및 프로세스를 수립 할 때 고려되어야 하며, 조직에 미치는 불확실성의 영향을 관리할 수 있도록 하여야 한다.
  - 위험관리는 모든 조직에서의 활동을 빠짐없이 통합하는 부분이다.
  - 위험관리에 대한 체계적이고 종합적인 접근방식은 일관되고 비교 가능한 결과를 제공한다.

- 위험관리 프레임워크와 프로세스는 조직의 목표와 관련된 외부 및 내부 상황에 맞게 사용자 측면에서 정의되고 조정된다.
  - 이해관계자의 적절하고 시기 적절한 참여로 이해관계자의 지식, 견해 및 인식을 고려하는 것이 가능하며, 이로 인해 인지도가 향상되고 정보에 입각한 위험관리가 가능해진다.

- 조직의 외부 및 내부 상황이 변경되면 새로운 위험이 발생하거나, 변경되거나 사라질 수 있다. 위험관리에서는 이러한 변경 사항과 이벤트에 대해 적절한 방법과 적절한 시기를 예상하고, 탐지하고, 파악하고, 대응한다.
  - 위험관리에 대한 정보는 과거 및 현재 정보는 물론 미래의 기대치를 기반으로 하며, 정보 및 기대와 관련된 모든 제한 사항 및 불확실성을 명시적으로 고려한다. 정보는 관련된 이해 관계자가 시기 상으로 적절하고 명확하며 이용 가능해야 한다.

- 위험관리는 학습과 경험을 통해 지속적으로 개선되어야 한다.
  - 위험을 수용 가능한 수준으로 유지 관리되어야 하며, 위험감소를 기본전략으로 한다.

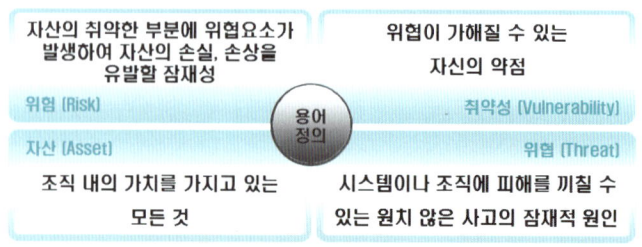

위험(RISK) 정의

- 위험이란 원하지 않는 사건이 발생하여 손실 또는 부정적인 영향을 미치는지(손실의 정도)를 분석한 것을 말한다.
  - 예, 화재로 인한 위험은 화재가 발생할 수 있는 주위의 환경적인 요소와 화재 발생 시 피해를 미칠 수 있는 경제적인 범위로 정의될 수 있다.

- 위험은 특정 위협이 자산의 취약점을 이용하여 자산을 공격해서 손상을 초래할 수 있는 가능성을 말하며, 발생가능 확률과 영향 두 가지 요소의 결합에 의해 위험도를 평가할 수 있으며 자산의 위험요인을 위협이라고 한다면 위협(Threat)은 시스템이나 조직에 피해를 끼칠 수 있는 원치 않은 사고의 잠재적 원인이다.
  - 위험을 구성하는 요소는 자산, 위협, 취약성이라고 할 수 있으며, 위험이 현실화되어 나타났을 경우 손실의 정도는 자산의 중요도에 의해서 판단할 수 있으므로 손실의 정도를 예측하여 각 자산별 보호 우선순위를 정리할 필요가 있다.

- 위험을 구성하는 요소는 자산, 위협, 취약성이라고 할 수 있다.
  - 위협과 취약성을 깊은 연관 관계가 있고 두 개념이 서로 맞물렸을 경우 실제적인 위험이 되므로 일반적으로 위협과 취약성을 묶어서 우려사항(Concern)이라고도 표현한다.

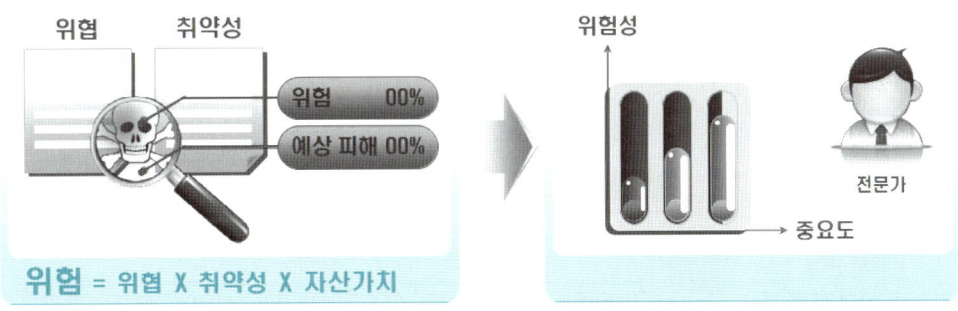

위협(Threat)의 정의

- 위협이란 자산이 가지는 고유의 취약성에 영향을 주어 악영향을 끼칠 수 있는 사건이나 행위를 의미하며, 위협이 관리되지 않으면 중요 자산에 대한 노출과 변조, 파괴라는 결과를 가져온다.
  - 위협의 유형은 자산에 대하여 발생했거나 발생할 가능성이 있는 보안관리에 관한 위협들을 조사하고 이들을 성질, 유형에 따라 분류한다.

- 직원의 실수, 악성코드 및 랜섬웨어, 지진, 홍수, 정전, 절도, 바이러스 감염, DoS공격, 불법접근, 권한도용 등
- 자산과 취약성과의 관계를 고려하여 위협을 각 자산별 및 조직 전체적인 관점에서 분류한다.
- 피해규모를 산출하기 위해서 발생빈도, 피해종류, 발생가능성, 피해대상 등을 모두 고려한다.

• 알려진 위협은 조직에서 발생되었거나 파악된 위협들로 장애관리 일지나 사고 대응일지 등을 바탕으로 조사한다.
• 위협 시나리오는 파악되지 않는 위협을 발견하기 위해 가상적인 위협을 찾아내는 방법이다.

식별 방법	내용
자산에 대한 행위자	- 인간 : 내부자, 외부자, 제3자 - 비인간 : 기술, 환경(사회적 문제), 자연(자연재해)
자산 접근 경로	- 네트워크: 네트워크를 통해 접근(원격) - 물리 : 물리적으로 직접접근(로컬)
자산 접근 동기	- 우연 : 목적 없이 우연히 접근 - 고의 : 어떤 목적을 달성하기 위해 접근
위협이 자산에 미치는 결과	- 변경 : 자산의 내용이 수정되거나 변경된 상태 - 노출 : 자산의 내용이 공개 - 손실, 파괴 : 자산이 손실되거나 파괴 - 방해 : 자산이 다른 방향으로 방해 받는 경우

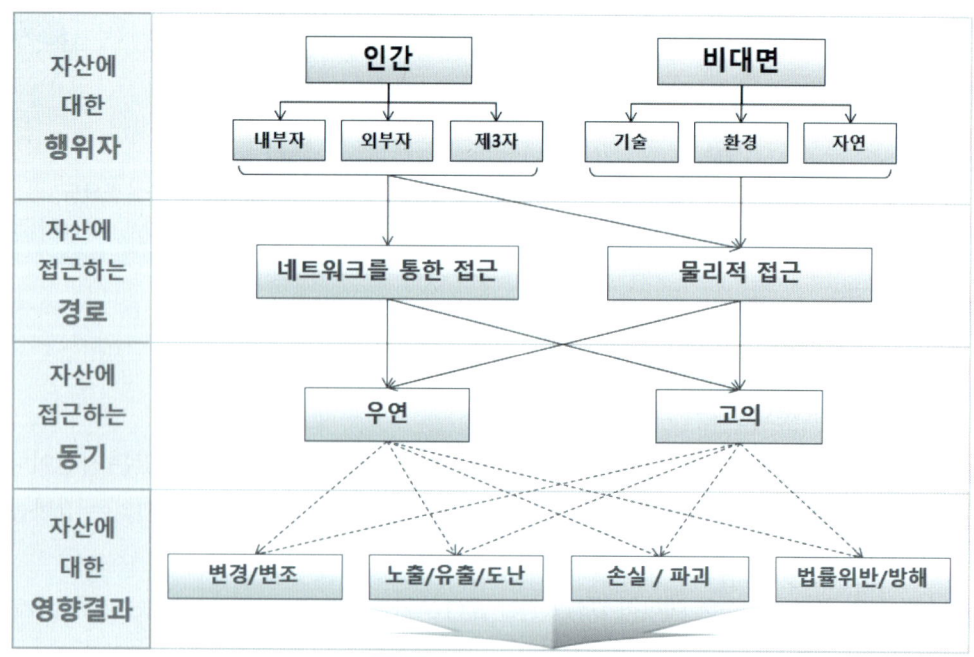

의도성	위협의 주체		위협 내용 예시
의도적 위협	외부인	물리적 위협	절도, 테러, 방화, 비인가된 물리적 침입
		외부인	비인가된 자산 반입, 반출 비인가자에 의한 자산 접근, 조작, 통제구역 출입
	내부인	물리적 위협	절도, 테러, 방화, 정보유출
		내부인	해킹, 백도어, 불법소프트웨어 사용, 유해사이트 접속/다운로드
비의도적 위협	사람에 대한 위협		정보 및 자산의 유출, 자산 비인가 조작, 자산 오남용, 인력에 의한 처리능력 미흡, 보안인식 부족
	환경적인 위협		태풍, 지진, 침수, 번개, 화재, 전압 불안정, 고온 다습
	시스템적인 위협		웜 및 바이러스 침투, 트래픽 과부하, 시스템 오작동 및 결함

- 위협 목록(예) : 지진, 화재, 전력 공급 중단, 공기정화시설 고장, 먼지, 도난, 저장장치의 노후, 사용자 오류, 인력 부족, 운영자 실수, 유지보수 관리 오류, 소프트웨어 고장, 악의적인 소프트웨어, 하드웨어 고장, 비인가자에 의한 네트워크 접근, 비인가자에 의한 시설 접근, 통신서비스 고장, 도청, 통신 메시지 변경, 인가받지 않은 장비 사용 등
- 위협의 영향은 위협발생시 조직에 미치는 영향으로 경제적 손실 또는 조직의 명예 등에 큰 손상을 입힐 수 있다.
- 위협의 발생 주기
  - 위협 발생주기는 위협이 얼마나 자주 발생하는가를 보여주는 척도
  - 화재나 지진과 같이 파괴력은 크나 발생주기가 지속적인 위협의 피해가 훨씬 심각하다.
  - 위협주기는 이미 발생한 위협을 기록한 통계자료를 이용하여 사용하지만 실제 통계자료가 없는 경우 위협발생가능성에 대해서 유추하여 사용한다.
- 위협 발생 가능성: 위협이 실재로 발생하지는 않았을지라도 위협의 발생 가능성이 얼마나 있는가를 보여주는 항목이다. 실제 위협이 발생하지는 않았지만 항상 발생가능성이 존재하고 있는 경우에 대해서는 이에 대한 대책이 필요하다
- 위협 식별 절차 : 위협식별시에는 장애일지나 사고대응일지 등을 통해서 알아낸 위협과 아직 조직에서 파악하지 못하고 있는 위협 등에 대해서 담당자와 협의하여 정확한 위협을 식별한다.
  - 기존에 이미 발생한 위협목록(장애일지, 사고대응일지 등)과 발생 가능한 위협목록을 조사하여 위협시나리오를 작성한다.
  - 위협 평가 기준표 및 위협평가 매트릭스를 작성한다.

- 담당자와의 면담을 통하여 위협을 식별한다.
- 위협식별은 업무프로세스별, 자산별로 분류하여 수행한다.
- 관리 및 물리적 환경에 대한 위협은 별도의 업무프로세스로 분류하여 식별한다.

» 위협 평가는 위협에 의한 영향, 위협 발생주기(또는 위협 발생가능성)를 기준으로 평가한다.

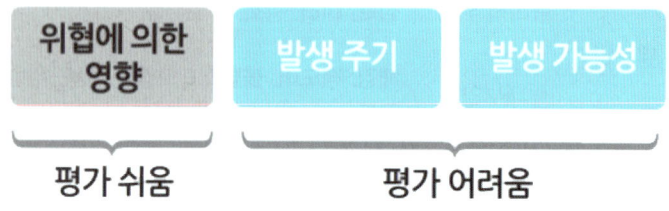

둘 사이의 관계를 고려하여 위협에 대한 평가를 쉽게 진행할 수 있음

평가	위협에 의한 영향	발생주기 또는 발생 가능성
낮음 (L)	위협으로 인한 손실이 매우 경미한 정도	자산의 Life Cycle 동안 거의 발생하지 않음
중간 (M)	위협으로 인한 손실이 있으나 업무에 심각하게 영향을 끼치지 않는 정도	시스템 자신이 Life Cycle 동안 두세 차례 손해를 입을 수 있는 상태(1년 이내)
높음 (H)	위협으로 인한 손실이 크나 업무의 중단을 초래 하지는 않는 정도	시스템의 Life Cycle동안 다섯 번 이상 발생할 수 있는 상태(6개월 이내)
매우높음 (VH)	손실이 매우 커서 업무가 장시간 중단되는 정도	시스템의 Life Cycle동안 매우 자주 발생함(3개월이내)

• 위험평가 매트릭스

위협 영향	L				M				H				VH			
발생주기	L	M	H	VH	L	M	H	VH	L	M	H	VH	L	M	H	VH
위협정도	2	3	4	5	3	4	5	6	4	5	6	7	5	6	7	8
위협등급	1	2	2	3	2	2	2	3	2	3	3	4	3	3	4	4

- 위협등급 : 4등급-위험정도 7~8, 3등급-위험정도 5~6, 2등급-위험정도 3~4, 1등급-위험정도 1~2(위협등급은 4등급이 가장 높은 기준임)

■ 취약성(Vulnerability)의 정의

» 취약성이란 공격자가 제품(기계, 서비스 등)의 가용성, 무결성, 기밀성 등 시스템 전반에 대한 잠재적인 공격 기회를 제공할수 있는 해당 제품의 약점을 의미한다.

» 취약점 분석은 자체가 직접적인 위험을 초래하지는 않지만, 위협에 의해 이용될 경우 잠재적인 위험을 발생시킬 수 있는 요소를 의미하며, 위협으로부터 방어할 수 있는 보호대책이 수립되지 않은 상태에서 조건을 제공한다.

- 관리적 관점에서 취약성 점검 : 정보보호관리체계 보안통제 항목에 근거한다. (보안정책, 보안조직, 인적보안, 업무연속성 계획 등)
- 물리적 관점에서의 취약성 점검 : 문서검토 및 체크리스트 등을 이용하여 면담 및 실사를 통해 점검 실시한다.
- 기술적 관점에서의 취약성 점검 : 서버, 네트워크, 보안장비, 웹 취약점, PC 보안점검 등을 통한 취약점 점검을 실시한다.
- 취약성에 따른 관련 위협 예시

평가	위협에 의한 영향	발생주기 또는 발생 가능성
환경, 시설	문, 창문 등의 물리적 보호의 결의	도난
	환경, 시설	정전, 오작동
	환경, 시설	홍수, 지진, 재해
하드웨어	온습도 변화에 영향을 받기 쉽다	고장, 오작동
	하드웨어	고장, 정보 유출
소프트웨어	사양서의 미준비	소프트웨어 장애, 오작동
	소프트웨어	도용, ROCKS, 정보 유출
	소프트웨어	부정 접속, ROCKS, 정보 유출
	소프트웨어	부정 접속
	소프트웨어	복구 불능

- 취약성 평가 기준

평가	내용
매우 취약(VH)	자산의 복구가 불가능하거나 피해규모가 아주 큰 경우
비교적 취약 (H)	최고 경영자나 상급관리자의 정미란 검색 및 승인을 필요로 하는 위험을 발생시킬 수 있는 경우와 자산의 복구는 가능하나 그 피해규모가 비교적 큰 경우

평가	내용
보통(M)	취약성이 상급관리자의 검토 및 승인을 필요로 하는 정도의 위험을 발생시킬 수 있는 경우
취약하지 않음(L)	취약성이 자산에 별다른 영향을 끼치지 않거나 취약성이 자산에 약간의 영향은 끼치지만 그 영향이 미미해서 해당 자산이 하위관리자의 조치만으로 문제 해결이 가능한 경우

■ 영역별 위험관리 전략
» 위험은 특정 위협이 자산의 취약점을 이용하여 자산을 공격해서 손상을 초래할 수 있는 가능성을 말한다. 발생가능 확률과 영향 두 가지 요소의 결합에 의해 위험도를 평가할 수 있으며 정보시스템의 위험요인을 위협이라고 한다면 위협(Threat)은 시스템이나 조직에 피해를 끼칠 수 있는 원치 않은 사고의 잠재적 원인이다. 다음은 각 영역별 위협 및 취약점들이 실제적으로 어떤 위험으로 나타나는지 예시로 제시한다.

» 정보정책 영역에서의 위협과 위험

위협 및 취약점	위험
정보보호 정책이 문서화되어 있지 않음	정보보호 사고에 대하여 체계적으로 대응하지 못하고 임시방편적·비효율적 대응
정보보호 정책이 관련 법령을 위반하고 있는 경우	관련 법령 위반으로 인한 소송, 법적 제재 발생
정보보호 정책이 최고 경영자의 승인을 받지 않음	정보보호 정책 실행 불가
정보보호 정책이 임직원이나 관련 기관에게 공표되지 않음	정보보호 정책 실행 불가
정보보호 정책이 정기적 또는 중요 사안 발생 시 수정·보완되지 않음	보안 위협에 대한 적절한 대응 실패로 인한 정보보호 사고 발생 위험성 증대

» 법적 준거성 영역에서의 위협과 위험

위협 및 취약점	위험
정보보호에 관련된 법령, 규정, 계약 의무와 보안 요구사항이 누락되어 있거나 없음	정보보호 요구사항 식별 및 준수 불가
법령, 규제, 계약, 업무 요구사항에 따라 기록물 보호하고 있지 않음	법률 및 시행규칙 위반

위협 및 취약점	위험
개인정보 보호 정책을 수립하지 않거나 이행하고 있지 않음	개인정보보호법 위반
관련 법령, 규제에 따른 암호 통제를 하고 있지 않음	암호화 대상 정보에 대한 안전성 약화
정보보호 정책을 주기적으로 검토하고 있지 않음	정보보호를 관리하기 위한 방법이 적합성, 타당성, 효과성을 보장하지 못함
보안 요구사항에 대한 준수성 주기적으로 검토하고 있지 않음	정보 처리 및 절차의 준수성 부적합에 따른 보안사고의 발생 가능성 확인 불가
정보시스템의 준수성을 주기적으로 검토하고 있지 않음	시스템 내의 취약점 탐지 불가 및 취약점으로 인해 발생하는 비인가 접근 발생
지적재산권 및 소프트웨어 제품의 정책 및 규정이 없으며 관리되고 있지 않음	지적 재산권 및 소프트웨어를 관리하지 않고 불법으로 사용할 시 저작권 위반으로 인한 법적 조치로 벌금이나 형사 소송에 직면

▶ 자산 영역에서의 위협과 위험

위협 및 취약점	위험
자산(정보 및 정보처리 시설과 연관된 자산)의 식별 및 목록화가 되어 있지 않음	누락된 자산에 대한 보안 위협 존재
자산 목록에 자산 보호 책임자가 없음	관리 소홀로 인한 보안 위협 존재
자산반납 절차가 존재하지 않음	자산이 분실되거나 훼손됨
자산 식별 및 분류 기준이 존재하지 않음	중요도에 따라 자산을 파악할 수 없음
자산에 정보 등급을 표시하지 않음	중요도에 따라 자산을 식별할 수 없음

▶ 물리적 영역에서의 위협과 위험

위협 및 취약점	위험
조직의 중요 정보 및 정보처리 시설을 보호하기 위한 보안경계가 지정되지 않음	비인가자에 의한 물리적, 환경적 사고 발생
외부인의 무단 접근을 방지하기 위하여 출입통제가 시행되지 않음	
보안구역 내 작업 절차가 수립되어 적용되지 않음	비인가 장비에 의한 보안구역 촬영, 녹음 등으로 인한 정보 유출
배송 및 하역구역이 중요시설로부터 격리되어 있지 않음	비인가자에 의한 도난 및 분실
자산을 반출할 때 승인을 받지 않음	자산 분실로 인한 정보 유출

위협 및 취약점	위 험
조직 외부 자산에 대한 보안이 적용되고 있지 않음	자산 방치로 인한 정보 유출
조직 내 자산의 폐기 절차가 수립되지 않음 완전히 폐기되지 않은	정보 복구로 인한 정보유출
사용자의 관리 실태 파악이 이루어지지 않음	관리 소홀로 정보 유출, 손상 발생
책상 정리 및 화면보호기 정책이 수립되어 적용되지 않음	서류 또는 컴퓨터에 표시되는 정보 유출
재해로부터 보호하기 위한 물리적 보호대책이 수립되지 않음	재해로 인한 하드웨어 고장, 손상 등 발생
환경적 위협과 유해요소를 고려하지 않고 장비 배치	부적합한 환경적 조건으로 장비 손상 유발 및 비인가 접근
전기, 통신, 수도, 가스 등 지원 설비의 장애 대책이 마련되지 않음	지원 설비 장애 시 운영 매뉴얼이 없어 장비 기능 저하 및 정지
통신 케이블과 전력 케이블을 배선할 때 분리되지 않음	혼선, 간섭, 파손 발생
장비 유지보수를 정기적으로 수행하지 않음	장비 결함이 발생하여 장애 발생

▶ 네트워크 영역에서의 위협과 위험

위협 및 취약점	위 험
네트워크 운영 절차가 수립되지 않음	네트워크 가용성 손실 및 네트워크로 전송되는 데이터 유출 시 체계적으로 대응할 수 없음
네트워크 서비스의 보안위협 및 장비에 보안 설정을 적용하지 않음	네트워크 공격에 의해 네트워크 서비스 비인가 접근
그룹이나 조직별 네트워크 도메인 미 분리	조직의 정보시스템에 대한 비인가 접근
네트워크 망분리 미 실행 (네트워크 망분리 의무대상)	정보통신망법 위반
암호화되지 않은 기밀정보 전송	기밀정보 노출
정보전송 협약서 체결 없이 업무 정보 외부 전송	데이터 손실과 같은 정보보호 사고 발생 시 법적 책임 근거 없음
외부인터넷(이메일, 메신저 등)에 의한 조직의 중요 정보 전송	정보의 기밀성과 무결성을 보장하지 못하여 정보의 유출 및 변조

접근통제 영역에서의 위협과 위험

위협 및 취약점	위 험
접근통제 관련 정책이 존재하지 않음	비인가 접근에 대한 통제를 체계적으로 이행할 수 없음
비인가 네트워크 및 네트워크 서비스 접근 가능	정보 유출
사용자 계정 등록 및 해제를 위한 관리 절차가 없음	사용자 계정 관리 미흡으로 비인가 로그인 허용
담당 업무에 따른 접근 권한 부여 원칙이 없음	사용자에게 적절치 못한 권한 부여로 비인가 데이터 접근
데이터베이스 관리 계정과 같은 특수 접근 권한자에 대한 별도의 관리 절차가 없음	불필요한 특수 권한으로 시스템 침해
공식적인 사용자 패스워드 관리절차가 존재하지 않거나 비밀번호 관리 규정을 준수하지 않음 안전한 로그인 절차가 존재하지 않음	패스워드 유출
사용자 접근권한을 모니터링 하지 않음	담당자 변경과 같은 권한 변동 시 접근권한을 제거하지 않아 기존 접근권한 유지
고용 상태에 따른 접근권한 조정되거나 제거되지 않음	고용 상태 변경 시 접근권한을 제거하지 않아 기존 접근권한 유지
정보에 대한 접근 제한 기준이 없음	잘못된 권한 부여로 비인가 정보 접근
프로그램 소스코드 접근을 통제 절차가 없음	프로그램 소스코드 유출

운영보안 영역에서의 위협과 위험

위협 및 취약점	위 험
정보처리와 통신 시설에 관련된 운영 절차 없음	예상치 못한 운영적 또는 기술적 문제 발생으로 시스템 장애 시 체계적으로 대응할 수 없음
변경관리 책임과 절차 없음	부적절한 테스트나 잘못된 절차를 통한 변경으로 시스템 장애 시 체계적으로 대응할 수 없음
용량관리 절차 없음	서비스 용량 예측이 불가능하여 시스템 부하 발생 등 서비스 장애 초래
개발, 시험, 운영환경이 분리되어 있지 않음	부적절한 개발자의 접근으로 미인가 또는 시험되지 않은 코드, 운영 데이터 변경 등 발생
악성코드 유입을 방지하는 운영 절차 없음	악성코드 공격으로 인한 정보 유출이나 시스템 파괴 발생 시 체계적으로 대응할 수 없음
백업 정책이 없고 백업을 수행하고 있지 않음	재해나 매체 장애가 발생 시 완전한 시스템 복구 불가

위협 및 취약점	위험
이벤트 로깅이 이루어지지 않음	시스템의 접근통제 위반, 장애, 오류 등의 기록이 없어 원인 분석 및 책임 확인 불가
로그기록 변조 및 삭제에 대비되지 않음	기록이 변조되거나 삭제되어 시스템의 접근통제 위반, 장애, 오류 등의 원인 분석 및 책임 확인 불가
시스템 관리자의 로그기록 조작에 대비되지 않음	변조된 기록으로 시스템의 접근통제 위반, 장애, 오류 등의 원인 분석 및 책임 확인 불가
정보시스템의 시간동기화가 이루어지지 않음	부정확한 시간으로 조사의 방해요인이 되며 증거의 신뢰도 저하로 법적 분쟁 시 증거 활용 불가
운영 중인 서버에 소프트웨어 설치 및 변경관리 절차 없음	변경 장애 시 원상복구를 위한 전략 부재로 운영 시스템 서비스 중단
시스템 취약점에 대한 진단 및 대응이 이루어지지 않음	패치 미설치로 인한 공격 발생과 불완전한 패치로 인한 장애 발생
소프트웨어 설치 제한 규정이 수립되고 적용되지 않음	정보 유출, 변조, 서비스 거부 등 지적재산권의 침해 발생
감사활동을 계획할 때 업무 영향도를 고려하지 않음	업무 담당자와 합의되지 않은 감사활동은 업무 수행에 지장 초래
통제되지 않은 휴대용 저장 매체 사용	비인가된 정보유출 및 악성코드 감염 중요 정보가 저장된 매체 폐기 절차 없음 저장 매체에 기록된 정보 유출
물리적 자산 이송 시 보호대책이 마련되지 않음	물리적 자산 이송 도중 자산 파손, 훼손, 도난
모바일기기 사용을 위한 정보보호 정책이 수립되지 않음	모바일기기를 조직의 외부 및 보호되지 않은 환경에서 사용할 경우 분실 또는 도난 발생
원격업무에 대한 보호대책이 이뤄지지 않음	비인가자의 원격접근으로 인한 정보 유출

▶ 보안사고 영역에서의 위협과 위험

위협 및 취약점	위험
정보보호 사고대응 관련 지침 없음	사고대응과 관련한 역할과 책임이 정의되지 않아 정보보호 사고에 신속하고 효율적으로 대응하지 못함
정보보호 사고 발생 시 보고 체계가 수립되지 않음	인식 부족으로 정보보호 사고가 보고되지 않아 신속하고 체계적인 대응을 하지 못함
시스템, 네트워크 등 정보시스템 보안취약점 보고 체계가 수립되지 않음	보안취약점 공격으로 정보시스템 또는 서비스에 피해 발생
정보보호 사고대응을 위한 의사결정 조직이 없음	전체적인 환경을 고려한 적절한 대응전략을 결정하지 못함

위협 및 취약점	위험
정보보호 사고대응팀이 없음	정보보호 사고에 대응하기 위한 체계가 수립되어 있지 않아 협조 및 대응이 늦어지며 이로 인해 피해가 확산될 수 있음
재발 방지 대책이 수립되지 않음	유사한 정보보호 사고 재발될 수 있음
정보보호 사고 증거 수집·분석 절차가 없음	잘못된 증거 수집으로 법적 효력 상실

▶ 재해복구(업무연속성) 영역에서의 위협과 위험

위협 및 취약점	위험
업무연속성 관리체계가 수립되지 않고 계획 없음	체계적인 대응 절차가 없어 업무가 중단될 경우 업무 재개 시까지의 시간이나 비용이 사업에 영향을 끼침
재해복구 설비 구현되어 있거나 계획 없음	재해복구 불가
업무연속성 시험이 이루어지지 않음	업무연속성 계획이 수립되어있으나 시험되지 않으면 실제 수행 시 오류 및 미흡한 부분이 발생됨
정보시스템 이중화가 구현되지 않음	재해 시 즉시 업무 대행 불가

▶ 공급자(외부자 계약) 영역에서의 위협과 위험

위협 및 취약점	위험
공급자와 관련된 위험을 식별하지 않고, 이를 관리하기 위한 정책 없음	공급자에 의한 정보유출 상황 파악이 어려움
공급자 계약서에 정보보호 요구사항이 포함되어 있지 않음	공급자가 조직의 정보보호 정책 위반 시 손해배상 책임, 지적재산권 문제, 자료 반환 근거 없음
공급자 계약서에 정보통신기술 서비스에 연관된 정보보호 요구사항이 포함되어 있지 않음	정보통신기술 공급망과 제품 및 서비스에 중대한 영향을 미칠 수 있는 문제 발생
공급자 계약서에 명시한 정보보호 관련 조항을 준수하고 있음을 검토하고 있지 않음	대규모 서비스 장애나 재해 시 공급자가 합의한 서비스 연속성 수준을 유지하지 못함
공급자 서비스 변경 절차가 수립되어 있지 않으며, 이행하고 있지 않음	업무의 중요도와 서비스 변경에 따른 위험평가를 고려하지 않아 서비스 연속성 수준 유지하지 못함

3.1.2 위험관리 프레임워크

- **위험관리(RISK Management) 개요**
  - 위험관리 프레임워크의 목적은 위험관리를 중요한 활동 및 기능에 통합하는 조직을 지원하는 것이다. 위험관리의 효과는 의사 결정을 포함하여 조직의 거버넌스에 대한 통합에 달려 있다. 이를 위해서는 이해 관계자, 특히 최고 경영진의 지원이 필요하다.
    - 위험관리 프레임워크 개발은 조직 전체의 위험관리를 통합, 설계, 구현, 평가 및 개선하는 것을 포함한다.

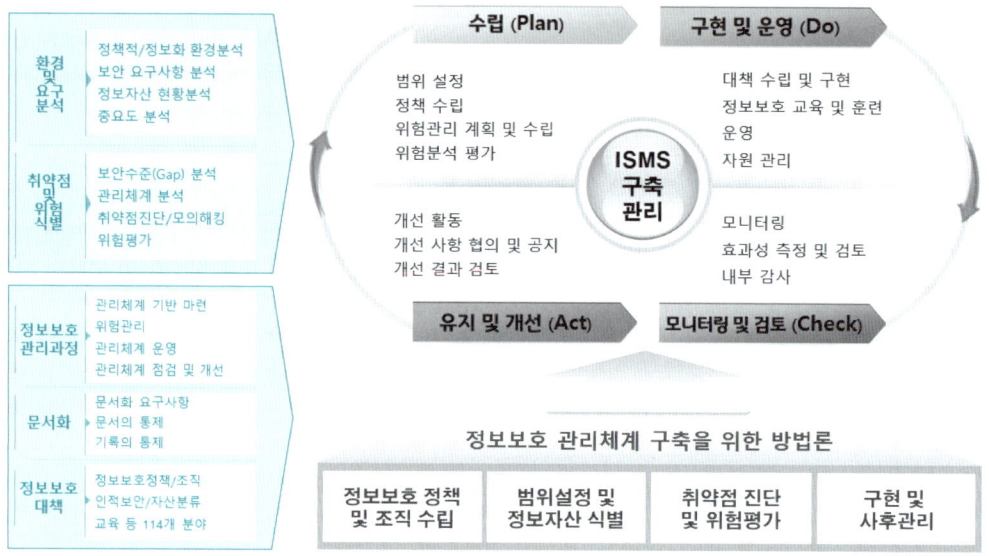

  - 최고 경영진은 모든 조직 활동에 위험관리가 통합되어 있는지 확인하고 다음을 통해 리더십과 책임을 입증하는 것이 필요하다.
    - 프레임워크의 모든 구성 요소를 사용자 측면에서 정의하고 구현
    - 위험관리 접근방법, 계획 또는 행동 과정의 정책 수립
    - 필요한 자원이 위험관리 활동에 할당되도록 보장
    - 조직 내의 적절한 수준에서 권한, 책임 및 책임 추적성 할당

- **위험관리 통합**
  - 위험관리를 통합한다는 것은 조직의 구조 및 상황에 대한 이해에 따라 다르게 나타나며, 정보보호의 목적, 목표 및 복잡성에 따라 조직의 모든 구성원은 위험을 관리할 책임이 있다.
    - 정보보호 거버넌스는 조직의 과정, 내부 및 외부 관계, 그리고 조직의 목적을 달성하는 데 필요한

규칙, 프로세스 및 실행을 이끌어준다. 경영에서의 구조는 지속 가능한 성과와 장기적인 실행 가능성을 달성하기 위해 바람직한 수준에 필요한 전략과 관련 목표로 거버넌스 방향을 전환한다.
- 조직에 위험관리를 통합하는 것은 역동적이고 반복적인 과정이므로 조직의 니즈와 문화에 맞게 조정해야 한다. 위험관리는 조직의 목적, 거버넌스, 리더십과 책무, 전략, 목표 및 운영의 일부이어야 하며, 조직의 목적, 거버넌스, 리더십 및 책무와 별개가 아니어야 한다.

» 위험을 관리하기 위한 프레임워크를 설계하는 경우, 조직은 외부 및 내부의 상황을 조사하고 이해하여야 한다.
- 조직의 외부 상황을 조사하는 것은 다음의 사항을 포함하지만 이에 국한되지는 않는다.
- 최고 경영진은 위험관리를 위한 적절한 자원의 배분을 보장해야 한다
  - 사람, 기술, 경험 및 역량
  - 위험관리를 위해 사용되는 조직의 프로세스, 방법 및 도구
  - 문서화 된 프로세스 및 절차
  - 정보 및 지식 관리 시스템

» 위험관리 프레임워크의 효과성을 평가하기 위해 조직은 목적, 이행 계획, 지표 및 예상되는 행동에 대한 위험관리 프레임워크 성과를 주기적으로 측정하여 조직의 목표 달성을 지원하는 것이 적합한 지 여부 결정한다.
- 조직은 외부 및 내부 변경 사항을 처리하기 위해 위험관리 프레임워크를 지속적으로 모니터링하고 적용해야 한다. 그렇게 함으로써 조직은 그 가치를 향상시킬 수 있다.
- 조직은 위험관리 프레임워크의 적합성, 타당성 및 효과성 및 위험관리 프로세스가 통합되는 방식을 지속적으로 개선하여야 한다.
- 프레임워크에서의 차이(gap)나 개선 기회가 확인되는 경우, 조직은 계획과 과제를 개발하고 구현 책임자에게 업무를 할당하여야 한다. 일단 구현이 되면, 이러한 개선 활동은 위험관리의 향상에 기여해야 한다.

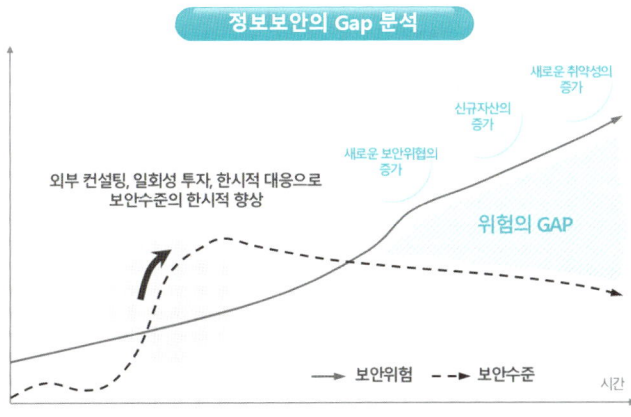

- 위험관리 계획 수립
  - 위험관리 계획은 위험분석, 위험평가, 정보보호 대책선정, 정보보호계획수립에 앞서서 제일 먼저 정보보호에 대한 방향을 설정하고 정리하는 것으로서 전체적인 방향에 따라 각 단계별로 우선순위를 부여하고 준비하는 과정을 의미한다.

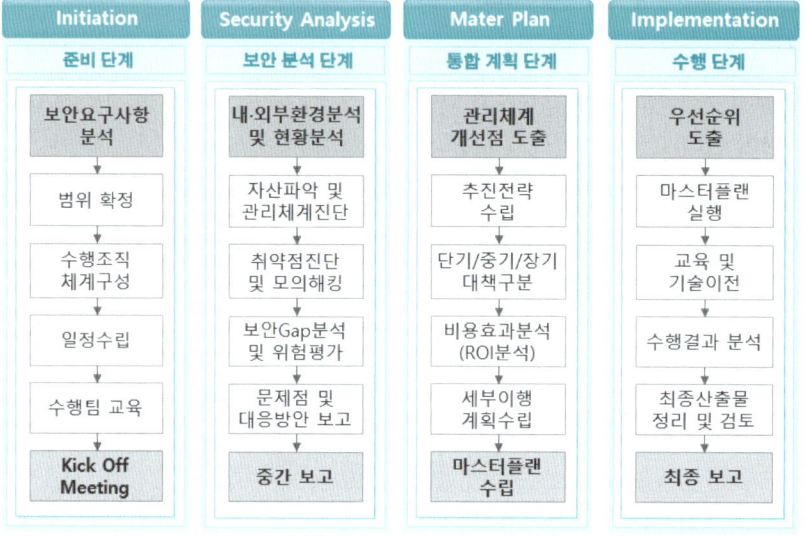

- 위험관리계획수립에는 최고경영자의 정보보호에 대한 의지 및 방향을 설정
- 조직의 정보보호 목적, 범위, 책임을 명시
- 조직이 수행하는 관리적, 기술적, 물리적인 정보보호 활동의 근거를 명확히 함

  - 정보보호 관리체계의 수립 및 유지가 이루어지도록 조직의 전반적인 위험관리라는 관점에서 위험관리 방법론을 수립해야 한다.

위험관리 절차

> 위험관리의 절차는 조직의 현황을 분석하여 위험을 '식별'하고 '측정'하는 "위험분석"의 과정과 분석된 데이터로 부터 위험도를 '산출'하는 "위험평가"의 과정으로 나뉘며 이렇게 평가된 위험을 '조치'하거나 '수용'하는 위험처리의 전과정으로 나눌 수 있다.

- 위험분석 범위 산정하기 : 업무, 위치, 자산, 기술적 특성에 따라 위험분석 범위를 산정
- 위험분석 계획 수립하기 : 기준선 접근법, 전문가 판단법, 상세위험 접근법, 복합적 접근법 등의 위험분석 방법을 선택하여 위험분석 계획을 수립
- 조직의 업무와 연관된 정보, 시스템 등의 자산을 식별 : 각 자산의 기밀성, 무결성, 가용성이 상실되었을 때 조직에 미칠 수 있는 영향을 고려하여 자산별 가치를 평가
- 자산에 대한 위협 및 발생 가능성 정도를 측정 : 식별된 위험에 대해 각 자산별 실사 또는 인터뷰를 통한 취약점 진단을 수행
- 자산, 위협, 취약성을 기준으로 위험도를 산출, 기존의 보호대책 점검 : 산출된 위험도와 기존의 보호대책을 바탕으로 현재 조직이 가지고 있는 잠재적 위험을 평가
- 위험도를 수용 가능한 위험수준(DoA)까지 낮추기 위한 적합한 보호대책 선정
- 경감시켜야 하는 위험에 대한 보호대책을 언제, 누가, 어떻게 이행할 것인지 계획 수립 : 단기, 중기, 장기로 구분되어 마스터 플랜처럼 수립될 수도 있지만, 1년 이내 또는 단기내에 이행이 요구되는 계획은 구체적으로 수립한다.

위험관리 절차

1. 정보보호 현황분석 — 정보자산에 대한 파악 및 현 시점에서의 정보보호 현황 분석
2. 위험평가 — 자산관리의 위험수준을 평가
3. 주요 Risk 도출 — 위험 수준 결과 분석을 통하여 위험수준이 높은 Risk 도출
4. DoA 설정 — 현 시점의 정보보호수준 및 향후의 통제수준을 고려하여 DoA를 설정하고 이에 따른 관리위험 결정
5. 통제 확정 — 관리위험을 제거 또는 감소시키기 위한 통제수준을 설정하고 상세 통제항목을 정의
6. 정책 및 절차 재수립 — 기관 전체로의 통제 적용을 위하여 정책 및 절차, 업무절차 등을 재수립
7. 통제 구현 및 위험감소 — 확정된 통제를 정책·지침·절차에 맞추어 조직 내의 환경에 적용 위험수준을 감소시킴
8. 잔존 위험 수용 — 통제적용 후 남는 잔존위험에 대하여 1차적인 수용 (지속적인 위험관리를 통하여 잔여위험을 줄여나감)

"지속적이고 반복적인" 위험평가 및 통제 적용을 통하여 보유 정보의 위험도를 점진적으로 감소시킴

3.2 OT 보안 위험평가

항목	
3.2.1	위험평가의 개요
3.2.2	위험분석 방법론의 개요

3.2.1 위험평가의 개요

■ 위험 평가(Risk Evaluation)
- 위험평가는 위험분석 결과를 기초로 자산의 취약점과 위협에 따른 정량적인 위험도를 평가하고, 위험을 낮출 수 있는 허용위험수준(DoA)을 기준으로 위험을 처리 및 평가하는 활동을 말한다.
  - 위험평가는 위험 식별, 위험 분석 및 위험 평가의 전반적인 프로세스로 이루어지며, 위험 평가는 이해 관계자의 지식과 견해를 바탕으로 체계적으로, 반복적으로, 협력적으로 수행된다.
  - 위험평가는 위험 분석에서 얻은 위험에 대한 이해를 이용하여 향후 조치에 대한 결정을 내리며, 위험에 대한 인식을 포함한 윤리적, 법적, 재무적 및 기타 고려 사항도 의사결정에 입력 정보로 활용한다.
  - 위험평가는 위험 분석의 결과를 미리 수립된 위험 기준과 비교하여 추가 조치가 필요한 지 여부를 결정한다. 이러한 위험 평가를 통해 다음과 같은 결정이 내려 질 수 있다.
    - 위험 방치, 위험 처리 옵션 고려, 추가 위험 분석 수행, 기존 위험 통제방안 유지, 목표 재조정

- 위험기준 정의는 위험 처리가 필요한 위험과 그렇지 않은 위험을 구분한다. 이러한 위험을 다루는지 여부와 방법에 대한 결정은 위험을 감수하면서 얻는 비용과 이점 및 개선된 통제를 시행함에 따른 비용과 편익에 달려 있으며, 일반적인 접근 방법은 위험을 세 가지 형태로 나눈다.
  - 활동의 이익에 관계없이 위험 수준을 받아 들일 수 없는 것으로 간주하고, 위험을 감소시키기 위해 상당한 비용을 투자하여야 하는 상위 대역
  - 비용 및 편익을 고려한 중간 대역과 잠재적 결과에 대비한 기회
  - 위험 수준이 무시할 정도로 낮거나 위험 수준이 낮아서 위험 처리 대책이 필요하지 않은 경우

- 의사 결정은 보다 폭 넓은 상황과 외부 및 내부 이해 관계자에 대한 실제적으로 인지된 결과를 고려해야 한다.
  - 위험 평가의 결과는 기록되어야 하며, 의사 소통되고 조직의 적절한 수준에서 검증되어야 한다.

■ 위험 식별(Risk Distinguish)
- 위험 식별은 위험을 발견하고, 인식하고, 설명하고 및 기록하기 위한 프로세스이다. 위험 식별의 목적은 위험이 발생할 수 있는 상황이나 시스템 또는 조직의 목표 달성에 영향을 미칠 수 있는 상황을 식별하여 조직이 목표를 달성하도록 관리하기 위한 것이다.

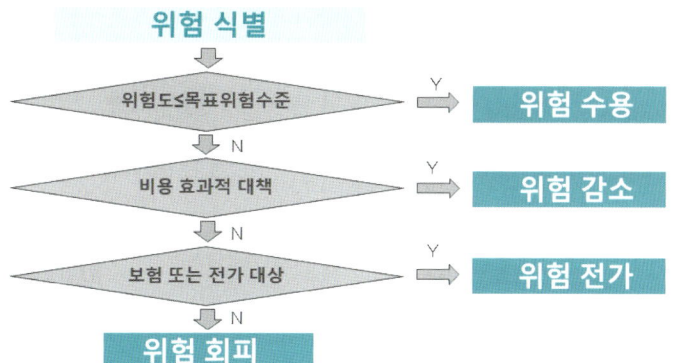

- 조직은 위험의 원천이 통제하에 있는지 여부와 관계없이 위험을 식별해야 한다. 위험은 한 가지 이상의 유형의 결과가 있을 수 있다는 점을 고려해야 하며, 이로 인해 다양한 유형의 결과 또는 무형의 결과가 발생할 수 있다.
- 조직에서 위험을 식별하기 위해 하나 이상의 목표에 영향을 줄 수 있는 불확실성을 식별하기 위한 다양한 기술을 사용할 수 있다. 위험 식별하는 경우, 다음의 요인들을 고려하여야 한다.
    - 유형 및 무형의 위험 원천, 원인과 사건, 위협과 기회, 취약성 및 기능
    - 필요한 자원, 책임 및 기록 유지, 외부 및 내부 상황 변화, 나타나는 위험의 지표
    - 자산과 자원의 본질과 가치, 결과 및 목표에 미치는 영향, 지식의 한계와 정보의 신뢰성
    - 시간 관련 요인, 관련된 사람들의 편견, 가정 및 신념

» 위험을 식별하는 방법은 증거기반 방법(예 : 체크리스트 및 과거 데이터의 검토), 체계적인 프로세스를 따르는 방식으로 접근하여 전문가 팀이 구조화된 일련의 질문을 통해 위험을 식별하는 방법과 HAZOP과 같은 귀납적 추론기법이 있다.
- HAZOP은 Hazard and OPerability의 조합어로 영국 ICI사에서 최초로 개발한 기법으로 화학공장에서의 위험성과 운전성을 정해진 규칙과 설계도면에 의하여 체계적으로 분석, 평가하는 방법이다.
- 다양한 지원 기법을 사용하여 브레인 스토밍 및 델파이 방법론을 포함하여 위험 식별에서 정확성과 완성도를 향상시킬 수 있다.
- 실제 적용되는 기법과 상관없이, 위험을 식별할 때 인간 및 조직적 요소에 대한 올바른 인식이 중요하며, 기대하지 않았던 다양한 요인의 편차가 위험 식별 프로세스에 포함된다.

■ 위험 분석(Risk Analysis)
» 위험 분석은 자산을 보호하고 체계적으로 관리하기 위해서는 중요 정보를 식별하고 어떤 위협에 의해 어느 정도 수준의 위험에 노출되어 있는지를 평가하고, 위험수준을 낮추기 위한 대책을 수립하는 것이 필요하며, 위험에 대한 이해를 발전시키기 위한 것으로 위험평가와 위험처리

가 필요한 것인지 그리고 가장 적절한 처리전략과 방법에 관한 기본적인 정보를 제공한다.

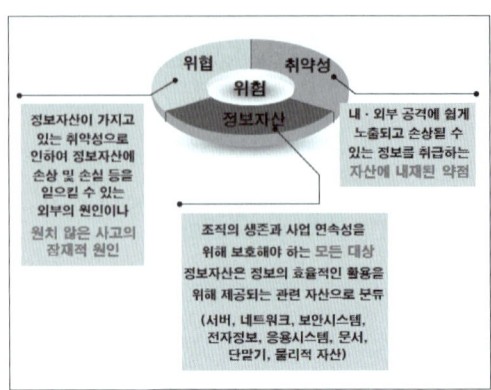 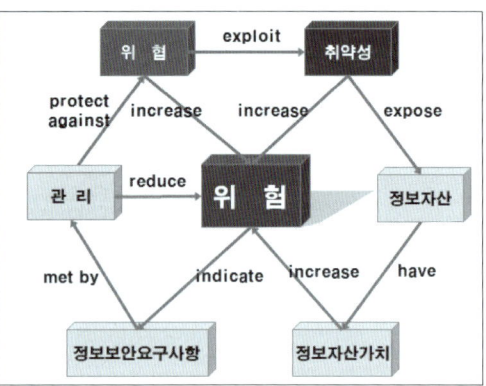

- 위험을 식별하고 발생 가능한 피해를 평가하여 이를 효과적으로 관리할 수 있는 체계를 수립 및 운영할 수 있는 수단이다. 즉, 위험분석은 자산의 가치와 손실을 측정하여 위험의 수준을 결정하는 것으로 위험평가를 통해서 해당 위험을 조직이 수용할 것인지, 적절한 조치를 취하여 감소시킬 것인지를 결정하는 데 매우 중요한 정보를 제공해 준다.
- 위험분석을 통해서 조직에서는 발생 가능한 다양한 위험에 대해 어떻게 대응하고 피해를 최소화해서 신속하게 복귀하느냐를 결정하는 것은 중요한 사안이기 때문에 여러 유형의 위험 분석방법을 통해 보다 효율적인 위험 식별이 필요하다.
- 식별된 위험에 따라 미치는 영향의 결과와 확률을 결정하는 것으로 구성되며, 그 결과와 그 확률이 결합되어 위험 수준을 결정한다.
- 위험의 원인과 출처, 결과 및 결과가 발생할 확률에 대하여 고려하는 것이 필요하며, 결과 및 확률에 영향을 미치는 요소를 식별하여야 하며, 특정 사건은 여러 가지 결과를 가질 수 있으며 여러 목표에 영향을 미칠 수 있으므로 영향을 분석하기 위해서 기존의 위험 관리 및 그 효과를 고려해야 한다.

» 위험 분석에 사용되는 방법은 정성적, 반 정량적 또는 정량적인 방법이 있으며, 신뢰할 수 있는 데이터의 가용성 및 조직의 의사 결정 요구사항에 따라 달라진다.
- 정성적인 방법은 "높음", "중간" 및 "낮음"과 같은 유의 수준으로 결과의 확률 및 위험 수준을 정의하고, 결과와 확률을 결합하여 위험 수준을 정성적인 기준과 비교하여 평가한다.
- 반 정량적인 방법은 결과 및 확률에 대한 수치 등급 척도를 사용하고, 공식을 사용하여 위험 수준을 산출한다.
- 정량적인 방법은 결과 및 그 확률에 대한 실제적인 가치를 추정하고, 상황을 전개할 때 정의 된 특정 단위로 위험 수준의 가치를 산출한다. 분석 대상 시스템이나 활동, 데이터 부족, 인적 요인의 영향 등에 대한 정보가 충분하지 않거나 정량적인 분석 노력이 필요하지 않아 전체 정량 분석이 가능

하지 않을 수 있다. 이러한 상황에서는 각 분야에 대해 잘 알고 있는 전문가의 위험에 대한 상대적 정량적 또는 정성적 순위 비교가 효과적일 수 있다.

» 위험 분석은 개인의 의견, 편견, 위험 인식 및 판단의 차이에 의해 영향을 받을 수 있으며, 이용된 정보의 품질, 가정과 제외 사항, 기술의 한계 및 실행 방법을 통해서도 영향을 고려하고 문서화하여, 실제로 위험 분석에 대한 의사결정 담당자에게 전달하는 것이 필요하다.
- 위험 분석은 위험 평가를 수행하기 위한 입력 요소이며, 위험을 처리하기 위한 전력 수립이 필요한 지와 가장 적절한 위험 처리 전략 및 방법에 대한 정보를 제공한다. 이러한 위험분석 결과는 의사결정을 위한 통찰력을 제공하며, 선택이 이루어지는 옵션에는 다양한 유형 및 위험 수준이 포함될 수 있다.

» 업무흐름도 분석은 관리체계 전 영역에 대한 정보서비스 및 개인정보 처리현황을 분석하고 업무 절차와 흐름을 파악하여 문서화하고, 각 직무별 업무 위험성을 사전에 식별하기 위함이다.
- 업무흐름도를 보면 누가, 어떤 상황에서 어떤 기능을 이용하는가를 알 수 있으며, 시스템별 기능을 정의함으로써 시스템 기능의 종합적으로 판단할 수 있다.
- 업무흐름도 상의 기능과 업무에 필요한 기능을 맵핑해 보면 시스템화 대상 업무의 과부족을 확인할 수 있으며, 테스트 공정의 후반, 종합테스트 등의 공정에 있어서도 테스트 시나리오를 작성하기 위해 이용된다. (비즈니스프로세스 모델링 표기법 등을 활용, TTA 표준)
- 사용자 또는 사용부서가 요구사항 정의 담당자에게 제공하는 기본계획서나 조직도 등을 참조하여 사용자와 사용부서를 정의한 다음 사용자(사용부서) 정의(Swim Lane)를 작성
  - (예시) 판매관리업무를 시스템화하기 위해 조직도를 참조하여 영업부문과 지원 부분을 시스템 사용자로 결정한 예시
  - Swim Lane : 비즈니스 프로세스의 하위 프로세스에 대한 작업 공유 및 책임을 시각적으로 구분하는 프로세스 플로우 다이어그램 또는 플로우 차트

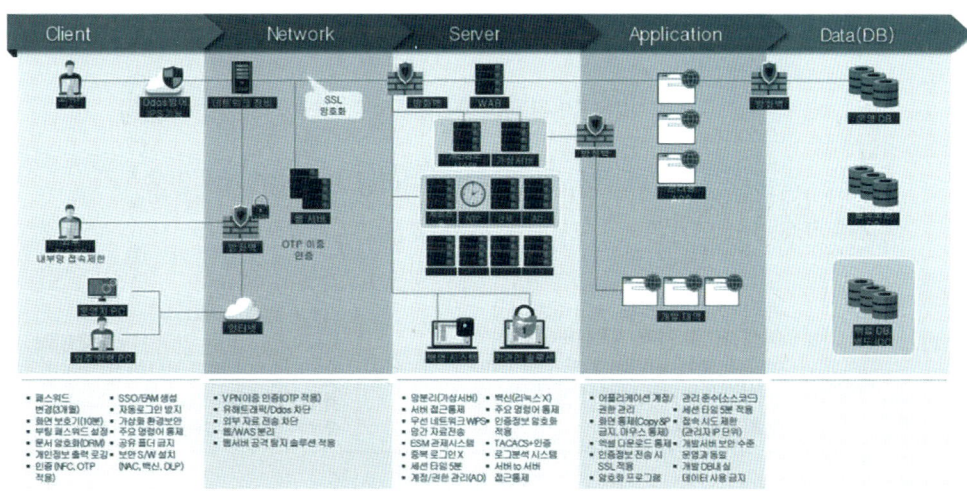

주요직무자 서비스 흐름도 (출처 KISA)

우려사항(Concern) 관리

▶ 조직의 성격에 따라 위협과 취약성을 구분하지 않고 하나로 나타내어 위험도를 도출 할 수 있는데 이를 '우려사항'이라고 정의하고, 우려되는 정도를 나타내는 값을 '우려도(Concern Value)'라고 한다.

- 자산의 중요도가 높을 경우(핵심자산) 기술적인 솔루션 구축이나 관리적인 절차 방법으로 통제가 가능하더라도 '취약점이 높다'라고 평가한다. 만약 자산의 중요도가 낮을 경우 관리적인 절차와 같은 통제가 없는 경우에는 위험이 발생할 가능성인 높은데도 불구하고 '취약점이 낮다'라고 평가할 수 있다.
- 위협과 취약성을 구분하기 어려운 경우가 있고 또한 실제 적용 시 사람들이 '취약성의 정도'를 평가하도록 요구할 때 자산 가치를 고려하여 답을 하는 경향이 있다.
- 자산의 가치가 낮으면 대책이 없음에도 '취약성이 낮다'고 평가를 하거나 자산의 가치가 높으면 대책이 존재함에도 '취약성이 높다'라고 평가하는 경향이 있으며, 위협과 취약성을 통합적으로 평가하여 한번만 정하도록 함으로써 평가와 조정이 용이하도록 할 수 있다.

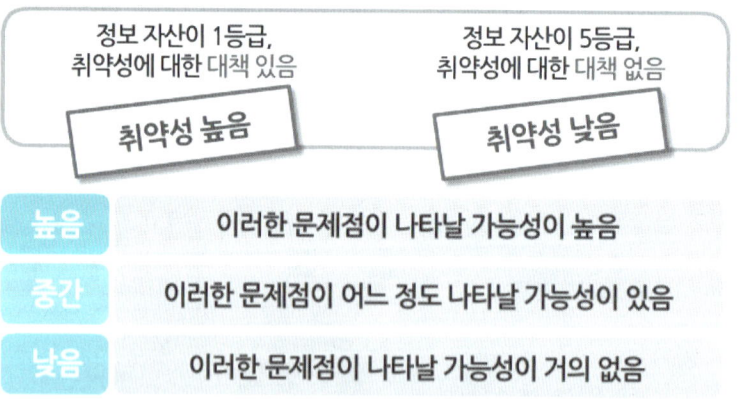

자산	우려사항	취약점 정도	발생 가능성
웹 서버	계정 잠금(패스워드 x회 오류 시) 미설정으로 인해 웹 서버에 대한 인터넷 상의 비밀번호 무작위 대입 공격을 받아 웹 서버의 접근권한을 탈취 당할 우려	상 (3)	높음(3) - 근거 : 웹 서버는 인터넷에 노출되어 있어 서버의 계정 접근이 용이하고, 비밀번호의 무작위 대입 공격을 위한 해킹도구가 공개되어 있음

우려사항의 평가 기준

가능성	설명
높음(3)	년 1회 이상 발생 가능하며, 발생했을 때 해당 대책이 없음
중간(2)	발생 가능성은 있으나 이에 대한 보호대책이 미흡함
낮음(1)	발생 가능성이 거의 없거나 발생시 보호대책이 있음

번호	우려사항 시나리오	자산중요도			CV 평가	위험도			위험도 합계
		C	I	A		C	I	A	
1	자산의 중요도 분류 미준수, 관리 미흡으로 비인가자에게 정보노출 또는 미통제 위험	2	2	3	3	8	8	9	25
2	자리 이석시 비인가자가 접근하여 문서에 대한 상세한 정보를 얻을 위험	2	2	3	2	6	6	6	18
3	위탁사 계약시 보안요구사항을 명시하지 않아 위탁 운영되는 자산이 보호되지 않을 위험	2	2	1	1	4	4	5	13
4	알려진 취약점을 이용 또는 패치 적용 미흡으로 새로운 비인가의 접근이 가능한 위험	3	2	2	1	5	4	4	13
5	화재, 전원, 누수, 화학적 폭발로 인해 장비의 가동중단, 고장이 발생할 위험	2	1	3	2	6	5	7	18
6	로그를 분석하거나 보관하지 않아 침해사고시 책임추적성을 위한 근거 유실위험	3	3	3	1	5	5	5	15
7	네트워크 장비 및 서버의 시각이 일치하지 않아 기록이나 중요업무에 영향을 미치는 위험	2	2	1	3	8	8	8	24

우려사항의 평가 사례

우려 사항	자산	가능성	근거
적절한 보안규정이 부족하여 자산이 제대로 보호되지 않을 수 있다	사무용 데이터	낮음	별도의 보안 필요가 없어 규정이 없다
	설계 데이터	중간	별도의 규정이 없어 무지로 인한 실수가 발생
	문서	낮음	분류 및 관리 규정이 있다

기존 보호대책 분석

> 관리적, 물리적, 기술적 취약성에 대해 기존보호대책이 어떻게 적용되고 있는지를 분석한다.

- 기존 보호대책 및 이미 계획된 대책을 식별하여 보호대책의 수립 시 불필요한 작업 혹은 비용을 줄이고 기존 보호대책 및 이미 계획된 대책이 적합하게 수행되었는지를 식별한다.
- 정보보호 관리문서 분석 : 기존 정보보호정책서 및 관련 보안지침, 보안규정과 정보보호 현황 분석서를 분석하여 현행 시스템에 대한 보호대책현황 분석
- 식별된 위협시나리오에 대한 현행 보호대책 확인 : 현재 어떤 보호대책이 적용되고 있는지 확인하고 이에 대한 관련지침 및 절차를 식별
- 자산에 대한 현행 보호대책 및 이행여부 확인 : 보안수준 평가자료를 참조로 하여 서버 및 네트워크 자산, 응용시스템 등에 대한 현행 보호대책을 확인하고 이에 대한 이행여부 확인

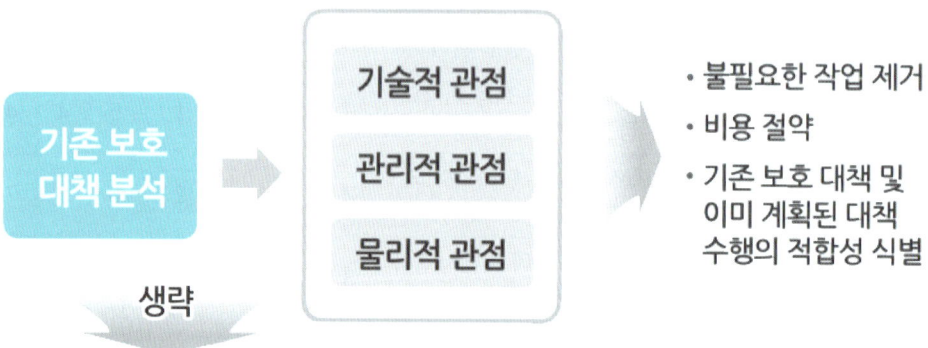

위험도(Risk Value) 산정

» 자산분석, 위협분석, 취약성 분석 결과를 기반으로 주요 자산에 대한 위험 수준을 평가하고 위험을 산정
- 위험 시나리오 작성 및 분석, 자산/위협/취약성 매트릭스 작성
- 기분석 결과를 기반으로 주요 자산 위험수준 결정

» 위험 시나리오(자산-위협-취약성 매핑)는 어떤 한 자산에 취약성이 존재할 경우 특정위협에 의해 위험이 발생 할 수 있고, 이러한 위험에 대응하기 위하여 이에 대한 보호대책을 마련하여야 한다는 일련의 과정을 정의하는 것

위험도 = A (자산평가 Asset) + T (위협 Threat) + V (취약성 Vulnerability)

1. A (Asset) : 자산 평가
- 정보자산의 등급 평가 기준 항목인 C(기밀성), I(무결성), A(가용성)에 의한 평가

2. T (Threat) : 위험 평가
- 위험 수준에 따라 3 단계 구분 : H / M / L
- 각 구분 단계별 점수 : H(9), M(6), L(3)

3. V (Vulnerability) : 취약점 평가
- V (취약점) = CVE 취약점 (발견 된 취약점의 총수 x 취약점 위험도 평균) , CCE 점검(취약한 구성 점검) 연동
  = CVE (취약점 총수 x 취약점 위험도 평균) x (1+ CCE (취약한 구성 점검) 미 준수율)

» 위험도 산정 기준
- 위험도는 자산 중요도와 우려 사항의 가능성에 따라 4단계(매우높음VH – 높음H – 중간M – 낮음L)로 평가할 수 있으며, 위험도는 대응하여야 할 우선순위를 의미한다.
- 위험도 = 자산가치(Asset Value) + 위협의 정도(Threats Value) + 취약성의 정도(Vulnerability value)

위협		L				M				H				VH		
취약성		L	M	H	VH	L	M	H	VH	L	M	H	VH	L	M	H	VH
자산	L	1	2	3	4	2	3	4	5	3	4	5	6	4	5	6	7
	M	2	3	4	5	3	4	5	6	4	5	6	7	5	6	7	8
	H	3	4	5	6	4	5	6	7	5	6	7	8	6	7	8	9
	VH	4	5	6	7	5	6	7	8	6	7	8	9	7	8	9	10

- 단순한 산술적인 합으로 위험도가 산정되어서는 안 되며 자산, 위협, 취약성 상호간의 작용을 평가함. 즉 (자산, 위협, 취약성)의 평가가 (L, M, M)와 (M, L, M)일 경우 위험도는 서로 다를 수 있다는 것이다.
- 위험도에 대한 정의는 명확하게 정의를 하여 위험도가 실제 어느 정도의 위험을 의미하는 것인지 정량적 또는 정성적으로 표현이 되어야 한다.

» 위험평가 시에는 이전에 실시한 자산평가, 위협평가, 취약성 평가자료와 위험도 산정기준 매트릭스, 관리자의 의견을 종합하여 위험을 평가한다.
- 각 자산의 자산가치 판단기준을 명시하여 업무 수행 시 중요하게 요구되는 자산의 기능이 무엇인지를 파악할 수 있도록 한다.
- 자산가치, 위협수준, 취약성수준은 이전 태스크에서 평가한 자료를 사용한다.
- 위험도 산정기준 매트릭스에 의거하여 자산가치, 위협수준, 취약성수준에 따른 위험도를 평가한다.
- 위험도를 평가한 후에는 평가된 위험도와 위험도 산정기준이 부합하는지 확인하고 맞지 않을 경우 위험도 산정기준 매트릭스를 수정하여 정확한 위험도 평가가 이루어질 수 있도록 한다.
- 각 자산에 대한 위험도를 평가하고 평가자산에 대한 위험도가 실제로 어떤 의미를 가지고 있으며 업무수행에 어떤 위험을 초래할 수 있는가에 대한 평가의견을 기재하여 담당자가 쉽게 자산에 대한 위험을 인식할 수 있도록 한다.

자산 중요도			위협의 식별	위협 평가	취약점 식별	취약점 평가	위험 시나리오	위험도 평가		
C	I	A						C	I	A
2	2	2	비인가자에 의한 자산 접근	3	사용자계정의 최근 암호 설정 미흡	3	계정에 동일한 암호를 장기간 사용할수록 공격자가 무작위 공격을 통해 암호를 확인할 수 있음	8	8	8
2	2	2	비인가자에 의한 자산 접근	3	로그온 실패 횟수에 따른 계정 잠금 정책 설정 미흡	3	비인가자에 의한 지속적인 패스워드 유추공격 시도로 인한 시스템 침투 위험	8	8	8
2	2	2	비인가자에 의한 자산 접근	3	마지막 로그온 사용자 이름 표시 안됨	2	비인가자가 서버에 마지막으로 로그온한 사용자의 이름을 확인하여 암호를 추측하거나 무작위 공격을 통해 로그온을 시도할 수 있음	7	7	7
2	2	2	비인가자에 의한 자산 접근	3	로그온 경고 메시지가 설정 않됨	2	경고메시지 설정 미비로 비인가자 접근통제 미흡	7	7	7
2	2	2	비인가된 물리적 침입	1	통제구역에 정책설정의 미흡	3	정기적인 점검 활동이 이루어 지지 장비 이상징후 발생시 신속한 대응이 어려움	6	6	6

3.2.2 위험분석 방법론의 개요

■ 위험분석 모델
- 위험분석(Risk Analysis)은 자산을 보호하고 체계적으로 관리하기 위해서는 중요 정보를 식별하고 어떤 위협에 의해 어느 정도 수준의 위험에 노출되어 있는지를 평가하고, 위험수준을 낮추기 위한 대책을 수립하는 것을 말한다.
  - 위험을 식별하고 발생 가능한 피해를 평가하여 이를 효과적으로 관리할 수 있는 체계를 수립 및 운영할 수 있는 수단이다. 즉, 위험분석은 자산의 가치와 손실을 측정하여 위험의 수준을 결정하는 것으로 위험평가를 통해서 해당 위험을 조직이 수용할 것인지, 적절한 조치를 취하여 감소시킬 것인지를 결정하는 데 매우 중요한 정보를 제공해 준다.

- 위험분석을 통해서 조직에서는 발생 가능한 다양한 위험에 대해 어떻게 대응하고 피해를 최소화해서 신속하게 복귀하느냐를 결정하는 것은 중요한 사안이기 때문에 여러 유형의 위험분석방법을 통해 보다 효율적인 위험 식별이 필요하다.

- 사전 위험분석은 현재 조직의 정보시스템 환경에 적합한 위험분석 수준을 결정하는 것을 고려하는 것이며 무결성, 기밀성, 가용성 관점에서 보호해야 할 자산에 대한 업무 의존도, 사용목적, 시스템의 투자정도를 고려해야 한다.
  - 조직의 규모가 중견조직이상인 경우와 중소조직인 경우에서 따라 투자해야 할 시스템의 규모는 차이가 있다. 예를 들어 매출액 대비 정보시스템의 규모가 작은 조직 경우 보안이라는 요소가 크게 영향을 미치지 않는 경우가 대부분이므로 사전위험분석을 통해 위험분석 수준을 '기본통제'로 결정한다.
  - 기본통제 경우에는 상세위험분석 없이 위험산출을 하는 방식으로서 일반적인 기본통제항목에 질문서를 통해 점수를 합산하여 위험을 산출하도록 하고 있다.

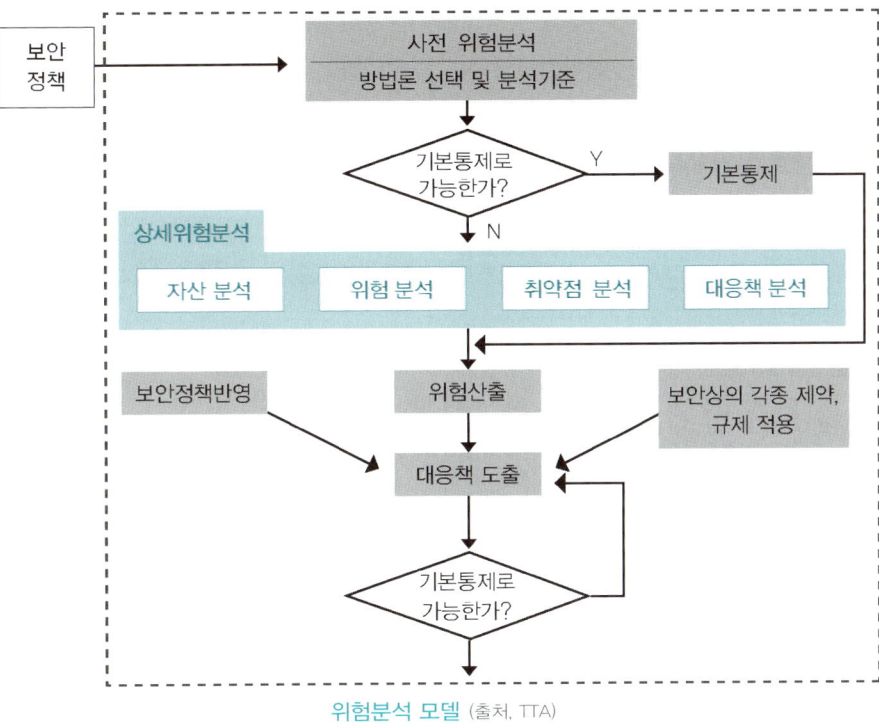

위험분석 모델 (출처, TTA)

■ 위험분석 절차
» 업무, 조직, 위치, 자산 및 기술적 특성에 따라 정보보호관리체계 범위에 근거한 위험분석 범위를 선정한다.

» 효율적인 위험분석 수행을 위하여 계량화 여부에 따른 정량적 혹은 정성적 방법을 선택하거나, 접근방법에 따라 기준선접근법(Baseline Approach), 상세위험 접근법(Detailed Risk Approach), 복합적 접근법(Combined Approach) 등을 선택한다.

» 조직의 업무와 연관된 정보 및 정보시스템을 포함하는 자산을 식별하고, 해당 자산의 기밀성, 무결성, 가용성이 상실되었을 때의 결과가 조직에 미칠 수 있는 영향을 고려하여 가치를 평가한다.
- 위협 분석은 자산에 대한 위협의 식별 및 발생 가능성 정도를 인터뷰 또는 실사를 통하여 측정한다.
- 취약성 분석은 식별된 위협에 대하여 자산이 어느 정도 취약한가를 인터뷰 또는 실사를 통하여 판명한다.
- 우려사항 분석은 정보(Data)와 같이 위협과 취약성의 구분이 어려운 경우는 '우려사항'이라는 용어의 정의로서 이용 가능하다.

- 위험도 산정은 식별된 자산, 위협 및 취약성을 기준으로 위험도를 산출하고 기존의 보호대책을 파악한다. 식별된 자산별 위협, 취약성 및 위험도를 정리하여 위험을 평가한다.
- 보호대책의 산정은 위험도 평가결과를 토대로 해당 위험도를 수용 가능한 위험수준(DoA)까지 낮추기 위한 보호대책을 선정한다.

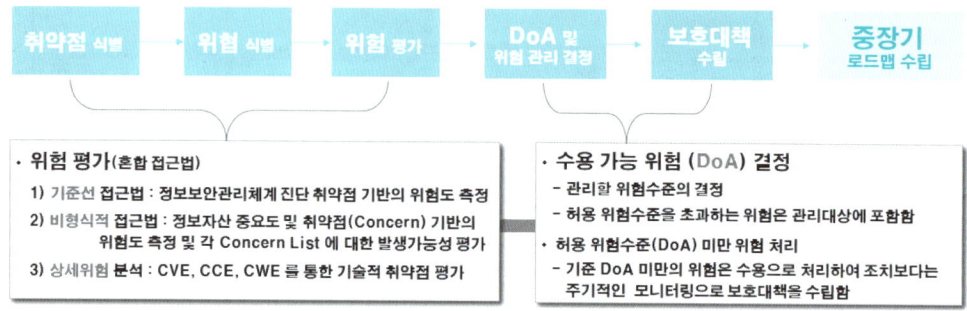

위험분석 방법론

> 위험분석방법은 조직에서 보유하고 있는 자산의 위험을 세부적으로 측정 분석하는 기법으로서 공공기관이나 조직 환경에 따라 다양한 방법으로 도출될 수 있으며 각각의 환경에 적합하게 적절한 방법을 선택하는 것이 매우 중요하다.

- 조직에서는 대부분 정보보호 위험분석 방법론으로 국제표준 ISO/IEC27001, 국내 ISMS를 선호하고 있으며 접근방식에 따른 위험분석 방법으로 관리적 부분은 베이스라인 접근법과 기술적 부분은 상세위험분석 접근법으로 수행하고 있다.

> 위험분석 방법에는 다양한 방법을 사용하여 자산분석, 위협분석, 취약성 분석에 적용할 수 있다. 하지만 실체가 없는 위험을 분석하기에는 기준이 모호하고 어렵기 때문에 보다 자동화된 기법을 활용하여 위험분석에 활용하고 있다.

구분	정량적 분석법	정성적 분석법
정의	손실크기를 화폐단위로 측정이 가능할 때 사용 – 위험발생확률 * 손실크기 = 기대위험	분석자의 경험 및 지식에 기초한 방법 – 손실크기를 화폐가치로 표현하기 어려움
유형	과거자료 접근법, 수학공식 접근법 – 확률분포 추정법	델파이법, 시나리오법, 순위결정법
장점	비용, 가치분석, 예산계획, 자료분석이 쉽다	금액화하기 어려운 정보의 평가가 가능 – 분석의 소요시간이 짧음
단점	분석의 시간, 노력, 비용이 많이 든다	평가결과가 주관적이어서 사용자에 따라 달라질 수 있다.
척도	연간 기대 손실	점수 (5점, 10점 척도)

■ 접근방식에 따른 방법 정의
  » 위험분석 및 평가 대상 조직의 보안요구사항, 가용자원(전문 인력, 기간, 예산 등), 규모 등을 고려하여 적절한 접근방식을 선택한다.
    • 일반적으로 기준선 접근법(Baseline Approach), 전문가 판단법(Informal Approach), 상세위험 접근법(Detailed Risk Approach), 복합적 접근법(Combined Approach) 중 선택적으로 적용한다.

- **(A) 기준선 접근법(Baseline Approach)**
  - 잠재위험에 대한 위험도를 산출하지 않고 표준화된 보안 대책을 적용
  - 별도의 비용이 수반되지 않는 경우에 적용
- **(B) 비형식적 접근법(Informal Approach) – (Concern 이용)**
  - 특정 정보자산에 기업 이외의 전문가 지식 및 경험을 활용하는 방법
- **(C) 상세위험 접근분석 (Detailed Risk Analysis Approach) – (CCE, CVE, CWE 이용)**
  - 정보자산가치, 잠재위험에 대한 평가를 통해 위험의 크기를 산정하고, 필요한 보안 대책을 수립하는 방법
  - 보안 대책의 난이도가 높거나 별도의 비용의 수반되는 경우에 적용

- **(A+B+C) 혼합 접근법(Combined Approach)**
  - 보안 대책의 난이도가 높거나 별도의 비용이 수반되는 영역에 대해서는 상세 위험 분석을 실시하고, 별도의 비용이 수반되지 않는 영역에 대해서는 기준선 접근법을 적용

  » 기준선 접근법
    • 모든 시스템에 대하여 보호의 기본수준을 정하고 이를 달성하기 위하여 일련의 보호대책을 선택한다.
    • 시간과 비용이 많이 들지 않고 모든 조직에서 기본적으로 필요한 보호대책의 선택이 가능하다.
    • 조직의 특성을 고려하지 않았기 때문에, 조직 내에 부서별로 적정 보안수준보다도 높게 혹은 낮게 보안통제를 적용한다.

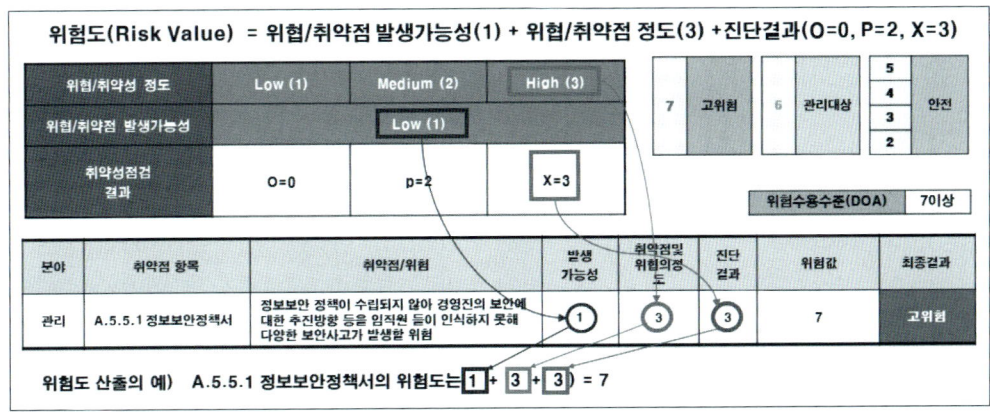

상세위험 접근법

- 자산의 가치를 측정하고 자산에 대한 위협의 정도와 취약성을 분석하여 위험의 정도를 결정한다.
- 조직 내에 적절한 보안수준 마련이 가능하다.
- 전문적인 지식과 시간과 노력이 많이 소요된다.

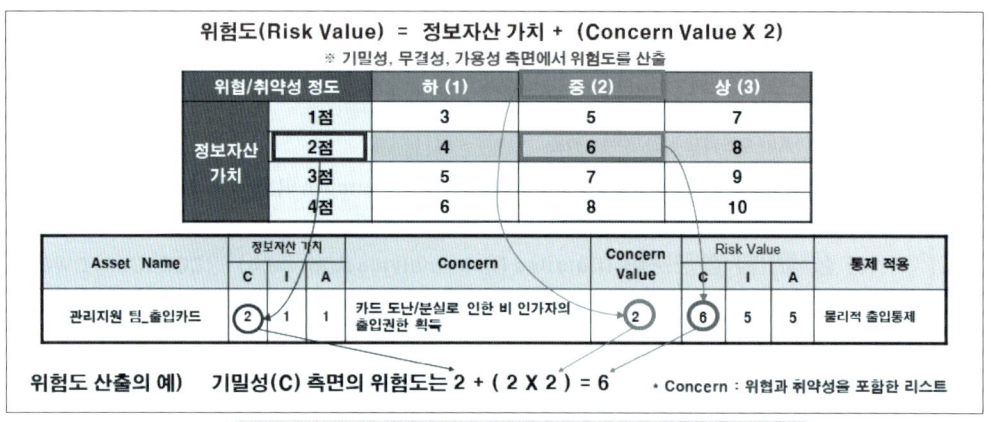

비형식적 접근법 (전문가의 판단)

- 정형화된 방법을 사용하지 않고 전문가의 지식과 경험에 따라서 위험을 분석한다.
- 작은 조직에서 비용이 효과적이다.
- 구조화된 접근 방법이 없기 때문에 위험을 제대로 평가하기 어렵고, 보호대책의 선택 및 소요비용을 합리적으로 도출하기 어려우며, 계속적으로 반복되는 보안관리의 보안감사 및 사후관리가 제한된다.

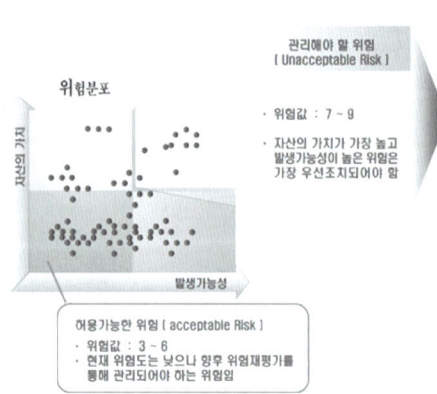

- **복합적 접근법**
  - 조직 활동에 대한 필수적인 그리고 위험이 높은 시스템을 식별하고 이러한 시스템에 대해서는 "상세위험 접근법"을 그렇지 않은 시스템에는 "기준선 접근법" 등을 각각 적용한다.
  - 보안전략을 빠르게 구축할 수 있고, 상대적으로 시간과 노력을 효율적으로 활용이 가능하다.
  - 두 가지 방법의 적용대상을 명확하게 설정하지 못함으로써 자원의 낭비가 발생 할 수 있다.

■ 수용 가능한 위험(DoA)의 산정
  ▶ 수용 가능 위험(Degree of Assurance)이란 위험분석 결과 나타난 위험에 대해 조직이 수용 가능한 위험도의 수준을 결정하는 것을 의미한다.
  - DoA는 조직의 경영진이 참여한 정보보호위원회(경영진회의)에서 결정되어야 한다.

(출처 www.mescenter.org/)

- 위험평가 결과 도출된 위험에 대해 DoA를 기반으로 위험 관리방안(회피, 전가, 감소, 수용) 선택

구분	내용	사례
위험 회피 (Risk Avoidance)	위험이 발생할 수 있는 가능성을 가진 자산을 근본적으로 제거함	물리적인 철수, 네트워크 차단, 서버 등 자산매각
위험 전가 (Risk Transference)	위험에 대한 직접적인 대응 대신 간접적인 대응 방법을 적용하여 비용적인 측면에서 고려됨	보험가입, 위험에 대응력있는 외주업체, SLA
위험 감소 (Risk Reduction)	보호해야 할 자산에 대해 대응책을 적용하여 취약성을 제거 또는 감소시켜 위험을 감소함	서버 또는 네트워크 장비의 보안설정 강화
위험 수용 (Risk Acceptance)	위험이 있음을 인지한 후 위험의 영향이 크지 않다고 판단될 때 해당 위험을 받아들임	재해복구센터 구축 전까지 자연재해로 인한 서비스 장애 위험 수용

▶ 수용 가능한 위험의 산정
  - 우선 발견된 취약점 및 위협요소를 정렬하고, 수용 가능한 위험수준을 결정한 후에 수용 가능한 위험수준의 위험요소를 식별한다.

- 식별된 위험요소에 대한 수용여부를 평가하여, 결과에 따라 수용 가능한 위험수준을 재설정하거나 초과수준에 대한 개선책 수립 후 개선대책의 우선순위를 설정한다.

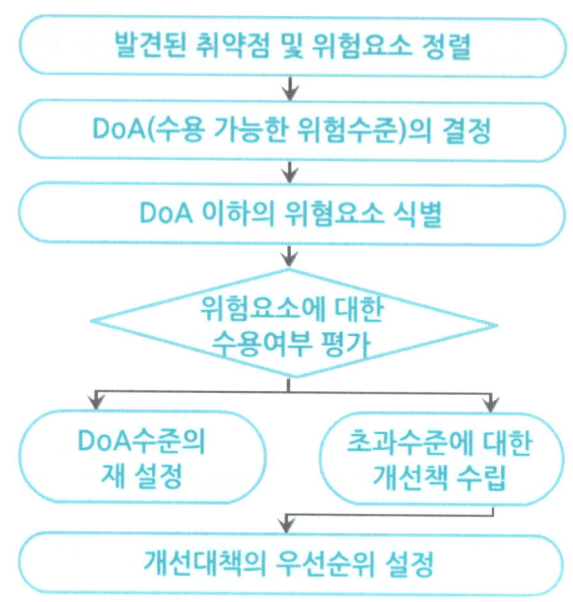

■ 수용 가능한 위험(DoA)의 결정
  » 수용 가능한 위험 보장수준을 결정하고 그에 따라 관리되어야할 위험에 대한 통제 방안을 마련하는 단계
    - 각 자산별 위험분석결과가 도출되면 실무협의회를 통하여 보장수준을 결정하는 절차를 수행한다.
    - 보장수준을 결정하는 좋은 방법은 표준화되어 있는 방법론이 없기 때문에 조직 내 정보보호를 협의하고 의결하는 최고 기구를 통하여 최대한 객관적인 판단을 유도하고 최종 보장수준을 결정하는 것이 좋다.

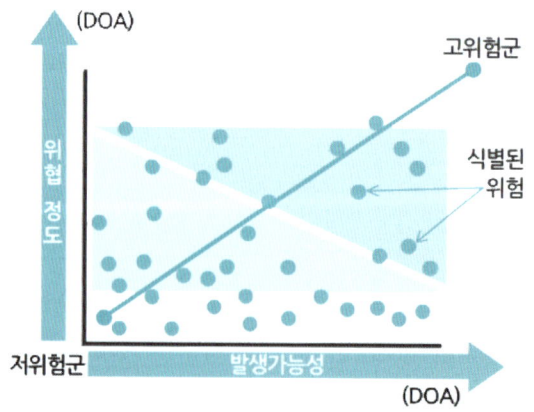

≫ 위험을 수용 가능한 수준으로 낮추기 위해 보안 담당자 및 경영자와 협의를 통하여 조직에 적합한 위험감소 방안 선정해야 한다. 아래의 위험도 산정방식은 기존의 덧셈방식의 위험도 산정 방식이 아닌 곱셈 방식(위험도=자산중요도*위협등급*취약점등급)으로 산출한 예시이다.

• 위험감소를 위해 Best Practice에서 제시하는 통제목적 및 통제를 선택할 수 있다.

위협		하(1)			중(2)			상(3)		
취약성		하(1)	중(2)	상(3)	하(1)	중(2)	상(3)	하(1)	중(2)	상(3)
자산	하(1)	1	2	3	2	4	6	3	6	9
	중(2)	2	4	6	4	8	12	6	12	18
	상(3)	3	6	9	6	12	18	9	18	27

구분	등급	value	평가값 범위
위험도	상	3	18 ~ 27 점
	중	2	9 ~ 17 점
	하	1	1 ~ 8 점

위험도 = 18
자산(3) x 위협(2) x 취약점(3)

정보자산의 수용 가능한 목표 위험수준(DoA)는
위험도 9점 미만으로 설정

≫ 다음은 덧셈방식(위험도=자산중요도+위협등급+취약점등급)으로 산출한 위험도에서 위험도가 7이상인 고위험은 위험감소 전략을 선정하고, 6이하의 위험도는 위험 수용으로 관리하는 예시이다.

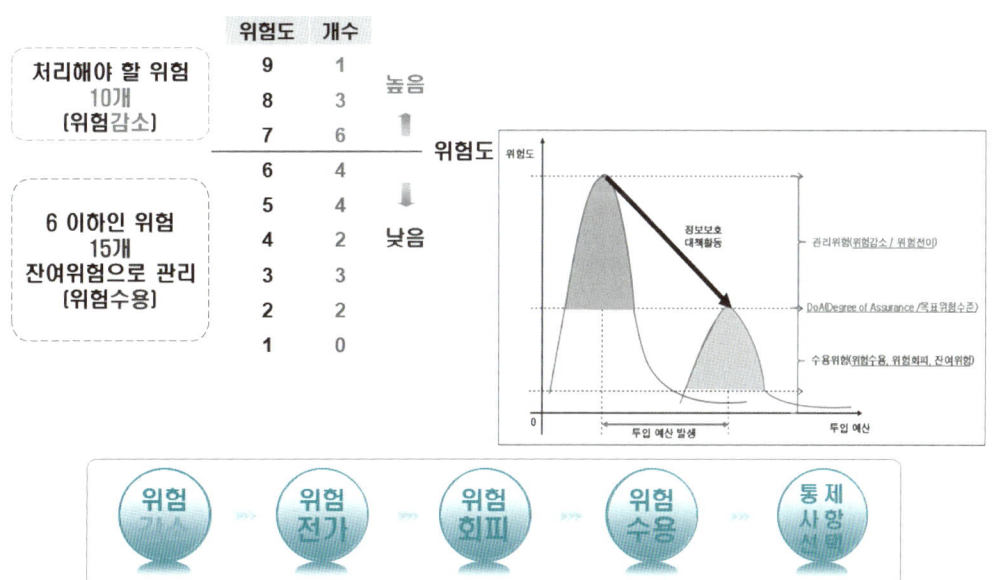

▶ 위험분석을 통하여 도출된 위험들 중에서 '관리해야 할 위험'을 도출하기 위한 기준치를 설정한다.
- 보장수준에 따라 관리되어야 할 위험과 잔여위험에 대한 통제방안을 마련한다.

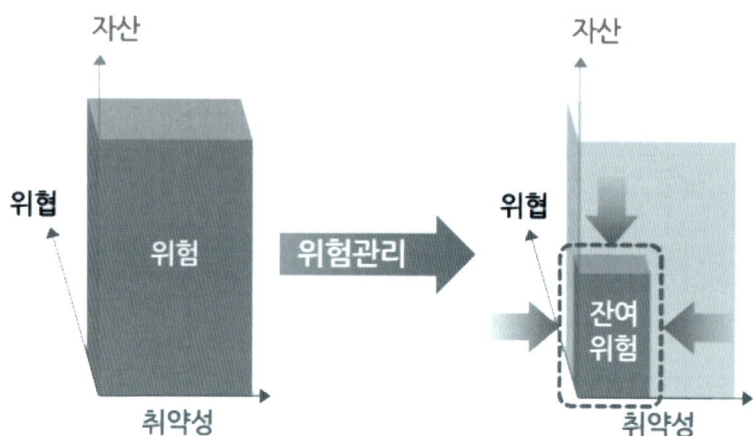

- 예) 기준선 접근법 =7, 비형식적 접근법 = 7, 상세 위험 평가 = 22

구 분	위험 단계	기 준	적용 예시
관리해야 할 위험	최우선 관리	· 위험의 실현 가능성이 높음 · 시간과 비용 및 인력의 투입이 부족 함 · 핵심 위험을 식별하여 집중 관리 필요 · 정보보안 관리체계 도입 시 위험관리 우선 적용 · 고 위험에 대한 위협으로 사고 가능성 높음	· 정보보안 취급업무 분석 등 관리정책 미 수립 · 정보보안관리체계의 위험 식별 및 관리 부재 · 정보보안 노출, 해킹 등 침해사고 분석/대응능력 부재 · 정보보안 예산 확보 및 인력 미 지정 · 정보보안 전담부서의 수립 및 R&R 정의 미비 · 방화벽/IPS 등 기본적인 보안솔루션 미 구축 등 · 정보보안시스템 미비로 정보유출 가능성 높음
허용 가능한 위험	우선 관리	· 최우선 관리 위험 조치 후 위험관리 적용 · 시간과 비용 및 인력의 투입 등이 필요 · 단계적인 위험관리가 가능 · 보안 수준을 높은 수준으로 제고할 때 적용 가능 · 보안사고 가능성이 존재하여 보완 필요	· 정보보안 관리정책은 있으나, 운영능력 미흡 · 위험 식별은 가능하나, 보호대책 수립 및 운영 미흡 · 침해사고 분석 및 모니터링 등 대응능력 미흡 · 정보보안 예산 부족 및 인력 투입 등 투자 미흡 · 정보보안 조직 및 역할 있으나, 형식적 운영 · 방화벽/IPS 등 보안솔루션 있으나, 운영능력 미흡 · 정보보안시스템 부족으로 정보유출 가능성 상존
	일반 관리	· 보안사고 등 위험의 실현 가능성이 희박 · 시간과 비용 및 인력의 투입이 높음 · 수준 높은 위험관리가 가능 · 정보보안 수준 고도화 단계로 보안수준이 높음	· 정보보안 자산분류 및 취급업무분석 수립 및 운영 · 정보보안 관리체계 기준 위험대응 가능 · 침해사고에 대해 능동적이고 실시간 대응능력 보유 · 도입되어 있는 보안솔루션의 효율적/효과적 운영을 위한 시스템 구축 및 운영 · 정보보안 조직 구성 및 R&R 정의 및 운영 · 정보보안 예산 및 인력이 확보되어 있음

3.3 OT 보안 진단

항목	
3.3.1	OT 보안 진단의 개요
3.3.2	OT 보호대책 전략

3.3.1 OT 보안 진단의 개요

■ OT 퍼듀모델

▸ ISA-99에서 1990년대에 개발된 PERA(Purdue Enterprise Reference Architecture)로부터 도입해 채택한 산업제어시스템의 모든 구성 요소간 네트워크를 통한 연결과 그들간의 제어 및 통제를 구조화한 OT 산업 표준 참조 모델인 퍼듀모델(Purdue Model)은 최종 사용자, 비즈니스 네트워크, 제어시스템 네트워크, 보안 경계 간의 관계 설명과 6개 레벨(레벨 0부터 레벨 5까지)로 OT산업 아키텍처를 설명한다.

- 이 모델은 학계 및 ICS 보안 업계에서 ICS 보안 이론 배경과 보안 참조 모델로 널리 사용되고 있으며, 레벨4~5 영역은 엔터프라이즈 IT, 레벨0~3 영역은 OT로 구분된다.
- ICS 3대(제어, 감시, 뷰) 기능은 인더스트리얼 셀 영역인 레벨 0~2에서 주로 구현된다.

구분	네트워크 구역	세부 설명
레벨 5	엔터프라이즈 보안	사이트 전체 네트워크 연결 및 관리 영역
레벨 4	엔터프라이즈 보안	IT 시스템 영역
레벨 3	인더스트리얼	공정 전반 기능 중앙 운영, 모니터링, 리포팅 영역
레벨 2	인더스트리얼(셀)	공정 라인 PLC, HMI, 엔지니어링 컴퓨터 영역
레벨 1	인더스트리얼(셀)	제어 장비(통제용 PLC로 로봇, 액추에이터 가동) 영역
레벨 0	인더스트리얼(셀)	실제 공정 장비(로봇, 센서, 액추에이터 등) 영역

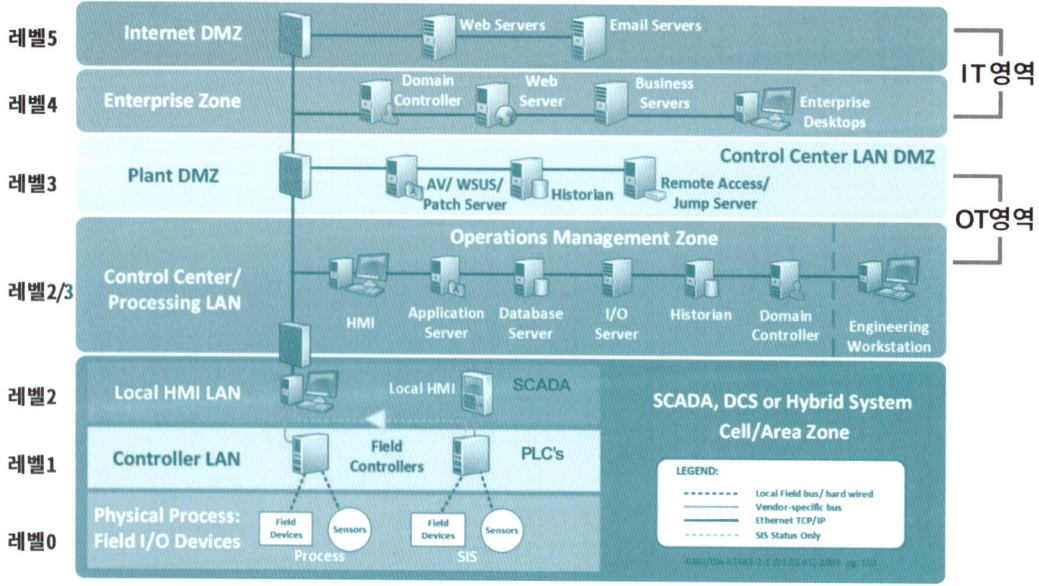

- **엔터프라이즈 보안영역**(레벨5)은 ERP 및 SAP와 같은 비즈니스 시스템이 일반적으로 사용되는 ICS 영역이다. 이 영역에서는 일정관리, 공급망 관리와 같은 작업이 주로 수행되며, 두 가지 레벨로 나눌 수 있다.
  - 엔터프라이즈 네트워크 시스템은 일반적으로 조직의 여러 시설과 공장에 걸쳐 있다. 이 시스템은 개별 공장의 서브시스템 데이터를 받아와 누적된 데이터를 기반으로 전반적인 공장 설비의 생산상태, 재고, 수요를 리포트 하는데 사용된다.
  - 이 영역은 기술적으로는 ICS 영역이라기 보다는 ICS 네트워크와의 연결을 기반으로 비즈니스 결정을 내리는 데 필요한 데이터를 제공하는 영역이라고 할 수 있다.

- **사이트 비즈니스 및 물류**(레벨4) 영역은 시설의 모든 생산 프로세스들을 지원하는 IT 시스템들이 위치해 있다. 이 시스템은 가동 시간, 설비에서 생산된 개체 수와 같은 생산 정보 통계를 리포팅하고, 주문이나 비즈니스 데이터를 가져와서 ICS/OT 시스템에 분배한다.
  - 레벨 4단계 비즈니스 물류시스템은 제조 운영의 비즈니스 관련 활동을 관리한다. (ERP 등)
  - 기본 플랜트 생산 일정, 자재 사용, 배송 및 재고 수준을 설정한다. (기간: 개월, 주, 일, 교대 등)
  - 레벨4에는 일반적으로 데이터베이스 서버, 어플리케이션 서버(웹, 보고서, MES), 파일 서버, 이메일 클라이언트, 감독자 데스크톱 등의 시스템이 위치해 있다.

- **인더스트리얼 비무장 영역**(레벨3) : 엔터프라이즈 영역과 시스템/인더스트리얼 영역 사이에는 IDMZ(Industrial DMZ, 인더스트리얼 비무장 영역)이 위치해 있다.
  - 기존의 IT DMZ와 매우 흡사한 OT지향 IDMZ를 사용하면 안전하게 네트워크에 연결할 수 있다.
  - IDMZ는 NIST 사이버 보안 프레임워크 및 NERC CIP와 같은 보안 표준을 만들려는 노력의 결과로 만들어졌다. 이 영역은 레벨4,5의 IT 시스템과 레벨3 이하의 OT 시스템과의 정보 공유 계층이다.
  - IT와 OT시스템 간의 직접적인 통신을 막고, IDMZ에 브로커 서비스를 통해 통신을 중계하는 분리/검사 계층으로서 역할을 한다. 이로써 하위 계층의 시스템은 공격이나 손상에 직접 노출되지 않을 수 있다.
  - IDMZ의 일부 시스템이 손상될 경우, 이 부분에 대한 서비스를 종료시키는 방법 등의 절충안을 통해 공정은 계속될 수 있다. 일반적으로 (웹)프록시 서버, 데이터베이스 복제 서버, 마이크로소프트 도메인 컨트롤러 등이 이 곳에 위치한다.
  - 인더스트리얼 영역은 실제로 프로세스가 가동되는 매우 중요한 영역이며, 아래와 같은 4가지 레벨로 분류된다. 이 영역은 매뉴팩처링 영역(Manufacturing Zone)으로 불리기도 한다. 레벨0~2 영역은 인더스트리 영역 내에서 Cell/Area 영역으로 구분되며, 앞에서 언급한 SCADA, DCS와 같은 시스템이 부분을 아우른다.

- 사이트 운영(레벨3)은 시설 전체의 제어기능과 모니터링을 담당하는 시스템이 위치해 있다. 운영자는 이 레벨에서 전체 OT시스템을 모니터링하고 관리한다.
  - 레벨 3단계 제조 운영시스템은 생산 작업 흐름을 관리하여 원하는 제품을 생산한다. (MES 일괄처리 관리, MOMS 제조실행/운영관리시스템, 실험실, 유지보수 및 플랜트 성능관리시스템, 데이터 흐름 및 관련 미들웨어, 시간 프레임 교대, 시간, 분, 초 등)
  - 시설을 동작시키는 모든 시스템에 대한 개요를 제공하는 HMI 및 운영장비가 모여 있는 중앙 집중적 제어실의 역할을 한다.
  - 하위 레벨에게 받은 데이터들을 수집하는 시스템들이 위치해 있으며, 레벨4 IT시스템에게 이를 보고하고 쿼리를 보내기도 한다.
  - 일반적으로 데이터베이스, 어플리케이션 서버, 파일서버, 마이크로소프트 도메인 컨트롤러, HMI 서버 엔지니어링 워크스테이션 등이 여기에 위치한다.

- 감독 통제(레벨2) 영역은 레벨3의 영역보다 구체적인 부분을 대상으로 한다.
  - 레벨 2단계 제어 시스템영은 물리적 프로세스를 감독, 모니터링 및 제어한다. (DCS 실시간 제어 및 소프트웨어, HMI 인간기계 인터페이스, SCADA 감독 및 데이터 수집 소프트웨어 등)
  - 시스템의 특정 부분을 HMI 시스템으로 모니터하고 관리한다. 예를 들어, 단일 생산라인을 가동시키거나 중지시킬 때 HMI 터치스크린을 통해 조작하는 것을 생각하면 된다.
  - 주로 HMI, 라인컨트롤 PLC와 같은 감독통제시스템, 엔지니어링 워크스테이션과 같은 시스템들이 위치해 있다.

- 기본 통제(레벨1) 영역은 모든 제어 장비가 모여 있는 곳이다. 즉, 밸브를 열고 액추에이터를 움직이고 모터를 가동시키는 등의 역할을 한다.
  - 레벨 1단계 지능형 장치영역으로 물리적 프로세스를 감지하고 조작한다. (센서, 분석기, 액추에이터 및 관련 계측 등)
  - PLC, 가변 주파수 드라이브(VFD), 전용 비례 적분 파생(PID) 컨트롤러 등이 위치한다.
  - 레벨2의 PLC는 감독의 역할을 주로 수행하는 것과 반해, 이 영역의 PLC는 제어의 역할을 수행한다.

- 프로세스(레벨0) 영역은 실제로 프로세스를 수행하는 장비들이 위치하는 영역이다.
  - 센서, 액추에이터, 펌프, 밸브 등이 위치, 장비들은 중단없이 원활히 동작이 이루어져야 한다.
  - 이 영역의 단일 장비에서 문제가 발생하면 전체 시설에 문제가 발생할 수 있기 때문이다.
  - 퍼듀 모델의 레벨3 이하에서 사용되는 프로토콜은 Profibus, DeivceNet, ModBus, CAN, CIP 등 수 많은 종류들이 있다. 이러한 프로토콜은 OT 영역을 벗어나지 않으며, IDMZ(레벨3.5)에서 이러한

프로토콜을 차단한다.
- 문제는 이러한 프로토콜들이 설계될 당시, 높은 성능과 안정성, 호환성 만을 최우선시한 나머지 보안이 고려되지 않았다는 점이다.
- 통신 암호화나 무결성 검사를 지원하지 않아 OT 보안의 중요성이 더욱 주목받고 있다.

■ OT 취약점 진단
》 ICT 영역의 기능이 OT산업으로 융합되는 것은 IT의 보안 취약점도 함께 OT영역으로 전이되는 것을 의미하며, 이전에는 고려하지 않았던 다각도의 보안 요소들이 화두로 떠오르며 OT영역의 보안에 대한 인식이 커지고 있다.
- OT 취약성 분석은 해커 등 침입자가 자신이 알고 있는 지식을 가지고 관리자가 운영하는 ICS/OT 시스템에 침입할 수 있는 허점이 있는지 분석하는 과정이다.

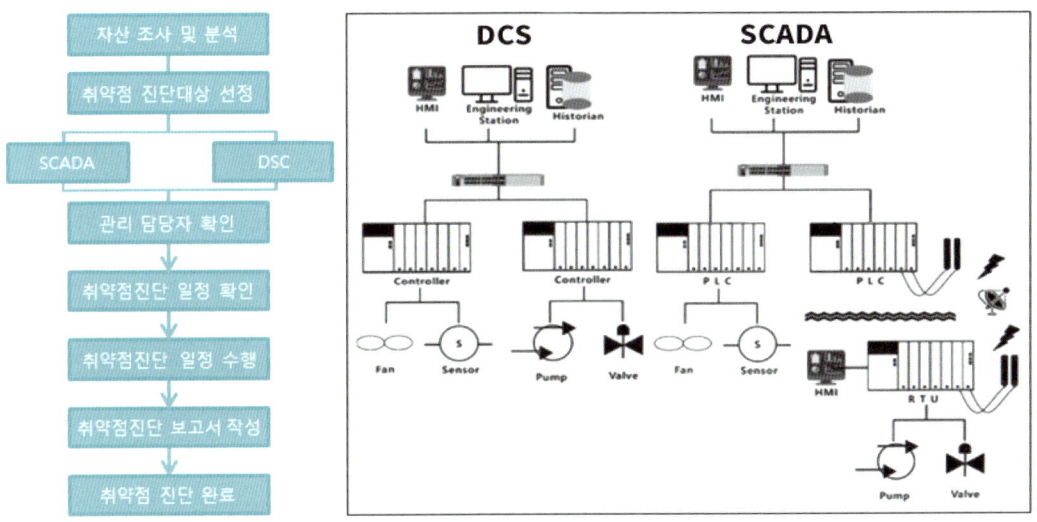

[ICS/OT 취약점 점검]   [ICS/OT 시스템 구성도]

》 취약점 진단은 정보보호관리체계 보안 통제에 근거하여 관리적 관점의 취약점과 산업제어시스템, 서버, 네트워크, PC 보안 등 기술적 관점의 취약점, 공장설비, 출입통제 등 물리적 관점의 취약점을 문서 검토, 체크리스트, 면담 등을 통해 점검하여야 한다.

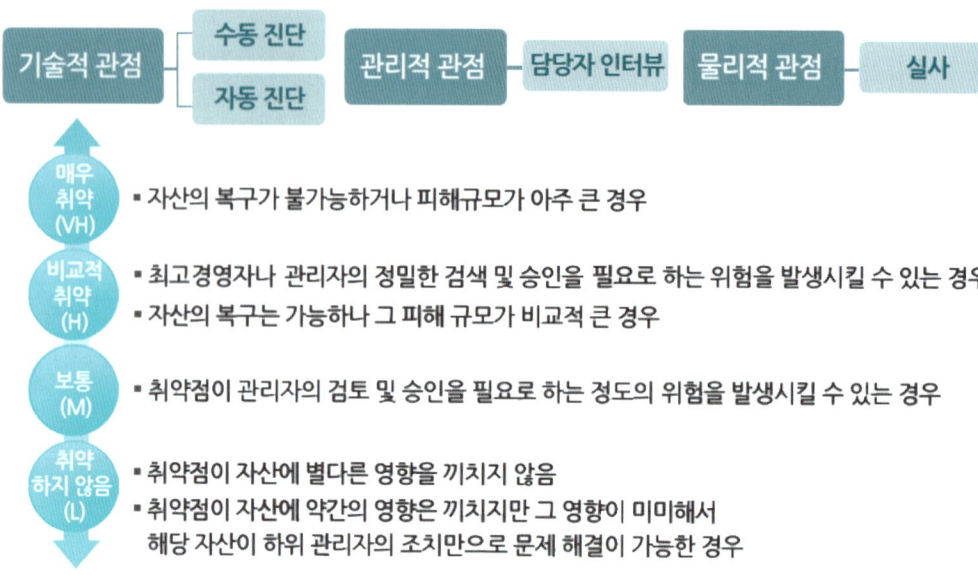

■ 취약점 진단 방법론
   » 취약점 점검은 조직의 관리적, 제도적 취약점과 H/W자산의 취약점 점검을 모두 실시하는데 이는 취약점을 통해 위험요소들을 도출해내기 위해서이다.
   • 조직의 정보보호 현황을 분석하고 정보보호 수준을 측정하는 준비단계를 거친 후 각 자산에 대한 영역별 취약성 분석(각 자산별 점검 관점)과 접근 경로별 취약점 분석을 실시하게 된다.
   • 취약점 진단을 수행할 대상의 선정 방법은 전수 조사와 샘플링 방식이 있으며, 전수조사는 모든 자산을 대상으로 선정하는 것이고, 샘플링은 자산의 규모가 매우 클 경우 비슷한 성격을 가진 자산을 한 개의 그룹으로 묶어서 그룹 내 몇 개의 대상만 선정하여 진단을 수행한다.

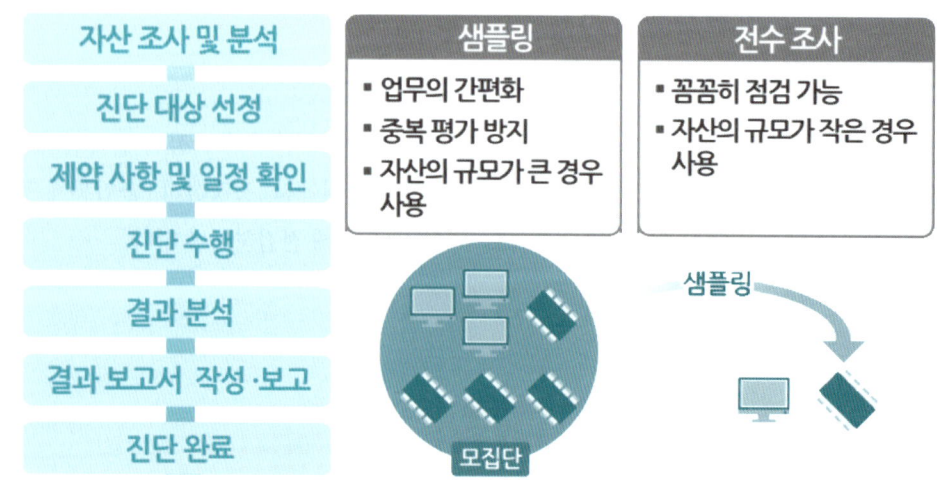

3.3 OT 보안 진단

- 물리적/환경적/관리적 취약점 현황 분석

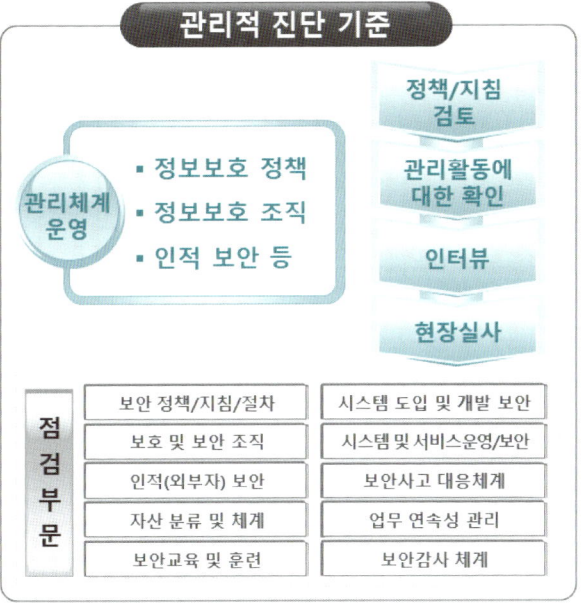

- 기술적 취약점 점검 항목

▶ 취약점 점검

- 기술적 취약점 진단 결과에 따른 위험도 결정 및 조치 방법(예)

<table>
<tr><th colspan="2">자산</th><th colspan="2">위협</th><th colspan="2">취약점</th><th colspan="2">기존보호대책</th><th rowspan="2">위험도</th><th rowspan="2">DoA / 위험 결정</th></tr>
<tr><th>자산명</th><th>평가 (자산 중요도)</th><th>위협식별</th><th>평가</th><th>취약점식별</th><th>평가</th><th>기존보호대책</th><th>평가</th></tr>
<tr><td rowspan="6">서버1</td><td rowspan="6">3(H)</td><td rowspan="2">소프트웨어 장애</td><td rowspan="2">2(M)</td><td>시스템버전 업그레이드 미흡</td><td>2</td><td>월1회 정기 PM 주요 패치 수행</td><td>2</td><td>5</td><td>잔여</td></tr>
<tr><td>소프트웨어 버그</td><td>2</td><td>보안검증 시행</td><td>1</td><td>6</td><td></td></tr>
<tr><td rowspan="2">비인가된자의 불법접근</td><td rowspan="2">3(H)</td><td>주기적인 취약점 진단 수행 미흡</td><td>2</td><td>기반시설 컨설팅 취약점 진단</td><td>1</td><td>7</td><td rowspan="3">보완 조치</td></tr>
<tr><td>시스템환경설정 취약</td><td>2</td><td>N/A</td><td>0</td><td>8</td></tr>
<tr><td rowspan="2">인가된 사용자에 의한 실수</td><td rowspan="2">1(L)</td><td>보안담당자 역할과 책임의 문서화부재</td><td>2</td><td>N/A</td><td>0</td><td>6</td></tr>
<tr><td>보안가이드의 목록화 및 최신화 미흡</td><td>1</td><td>다양한 운영 매뉴얼 및 가이드</td><td>1</td><td>4</td><td></td></tr>
</table>

■ 공통관리 취약점 점검

분류	검토 기준	세부내용
조직의 구성, 운영	정보보호조직 구성의 적절성	− 정보보호책임자, 정보보호관리자, 정보보호담당자로 구성
	정보보호책임자의 지정여부 및 업무권한	− 주요시설 및 주요 자산의 보안운영 실무를 담당자 지정
계획 등의 수립 및 관리	정보보호 규정 및 계획의 수립/이행 여부 확인	− 정보보호의 목적, 범위, 책임 등을 포함한 규정 및 계획이 수립 − 정보보호 규정은 국가나 관련 산업에서 정하는 정보보호의 법률이나 규제사항의 만족
	계획 등의 수립 및 관리	− 정보보호 규정 등을 근거로 예산, 일정 등을 포함한 당해 연도의 정보보호실행계획(마스트플랜)을 수립
	계획 등의 수립 및 관리	− 정보보호 규정 및 정보보호실행계획을 구체적으로 수행하기 위한 활동의 세부적인 방법 및 절차를 구체화시킨 실무지침들 마련 − 실무지침들은 관리적, 기술적, 물리적 보호조치에 합당한 내용 포함
	계획 등의 수립 및 관리	− 각 정보보호 실무지침들은 수시, 주기적으로 검토되어 변경

분류	검토 기준	세부내용
인력보안	내부인력/외부인력/외주용역 보안	– 직원의 전보 또는 퇴직 시 해당자의 계정 등에 대한 접근권한 제거 – 민감한 정보를 취급하는 직원들에 대한 비밀유지서약 징구 – 계약직 및 임시직원 채용 시 신원, 업무능력, 교육의 정도, 경력 등에 대한 적격심사
	인력보안	– 외부인력, 위탁운영 시 보안서약서 작성
	인력보안	– 정보보호 조직의 역할 및 업무와 관련하여 정의된 문서화
	인력보안	– 모든 직원을 대상으로 보안 인식교육 계획 및 훈련 실시 – 각 직무별로 별도 교육계획 및 훈련 실시
	인력보안	– 직원에게 개인정보보호 정책 및 규정 등을 제공하여 인지
문서보안	기술자료 보안관리	– 정보통신 현황(네트워크 구성도), 중요 시설정보 보유 등 자료의 보안대책 기준 마련
	문서보안	– 비밀 및 대외비로 분류된 보안자료 보관/피기 등 보안관리 기준 마련
자산 관리	모든 자산을 파악하고 중요성 판단 여부	– 설비, 제어시스템, 서버, 네트워크, 보안장비, 정보 등 모든 자산을 파악하고 자산 중요도(등급) 결정
	자산 관리	– 자산 중요도(등급)에 따라 분류하는 기준이 마련되어 있고, 그 기준에 따라 분류하여 목록화하여 현황 관리
보안점검	정보보호 조치의 자체 보안점검 여부	– 보안점검에 대한 계획을 수립하여 점검을 정기적 수행
	보안점검	– 보안점검 결과에 따른 지적사항이 이행되도록 사후관리 시행
침해사고 대응	침해사고 대응계획의 수립	– 보안사고 대응계획이 수립 – 보안사고를 모니터링하고 대응할 수 있도록 중앙 집중적인 대응체계가 구축 (보안관제센터) – 보안사고 대응방법 및 절차에 관한 적절한 교육계획이 존재하고, 이에 따라 정기적으로 교육 실시
	침해사고 대응	– 보안사고의 징후 또는 보안사고 발생을 인지한 경우, 정의된 보안사고 보고 절차에 의해 신속하게 보고 – 보안사고 보고에 관해 관제기관의 법률이나 규정 등이 존재하는 경우, 보고되어야 할 내부의 보안사고나 관제기관 등에 적절히 보고 – 보안사고 분석을 통해 얻어진 정보를 활용하여 유사사고가 반복되지 않도록 하는 재발방지 대책 수립

3.3.2 OT 보호대책 전략

■ 보호대책의 선정
» 정보보호 대책선정은 자산 중 허용위험수준(DoA)을 제외한 목표 위험 수준보다 높을 경우에 대해서 현재 수행하고 있는 각종 대응책과 각 자산에 필요한 개선대책을 모두 파악하는 단계를 말하며 이를 '위험조치계획'이라고 의미한다.

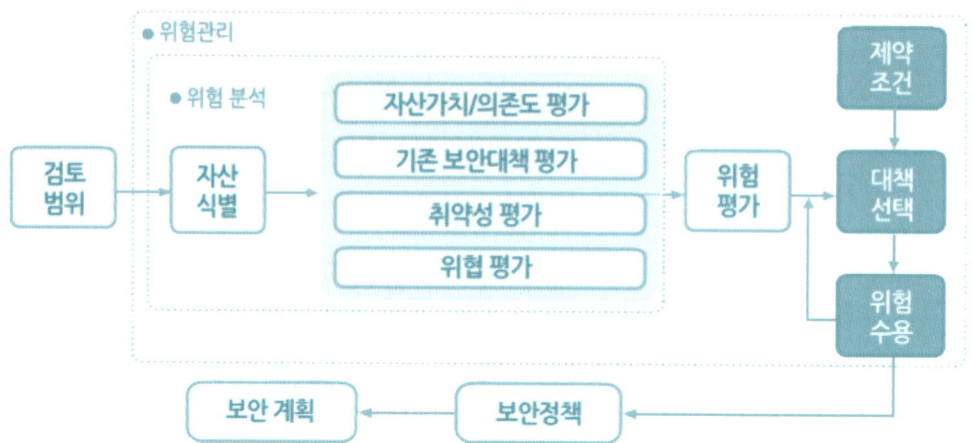

- 정보보호 대책선정은 ISMS 인증기준에서 요구되는 통제항목 기준에 대하여 적절하게 준수 되었는지 파악하는 것이며, 파악 이후 준수가 되지 않는 경우에는 구체적인 대책을 정하고, 즉시조치/단기/중기/장기로 언제부터 수행할 지를 선택해야 한다.
- 위험분석 결과를 바탕으로 가상의 시나리오를 적용하고, 그 결과를 관찰하여 가장 적합한 보호대책을 도출한다.
- 단기적용 대책, 중.장기 적용대책을 구분하여 보호대책을 수립하고 중장기 적용대책은 정보보호 계획서 혹은 보안 마스터플랜 등을 통하여 계획을 수립한다.

» 보호대책 선정 시 고려사항

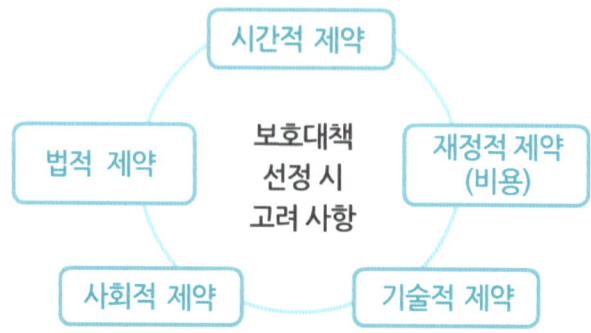

- 시간적 제약 : 관리를 위하여 허용하는 기간 내에 이루어질 수 있도록 수립하고, 주요자산이 위험에 노출되도록 남겨 둘 수 있는 허용기간 내에 수립해야 한다.
- 재정적 제약(비용) : 예산을 고려하되 보호대책을 수립, 구현, 유지하는 비용이 보호되는 자산의 가치보다 높으면 안 된다.
- 기술적 제약 : 프로그램 및 H/W의 호환성, 기술구현 용이성과 같은 기술적인 문제를 고려해야 한다.
- 사회적 제약 : 조직의 목표, 업무특성 등 조직의 사회적 환경을 고려해야 한다. (직원들의 이해 필요)
- 법적 제약 : 관련 법규를 반영해야 한다.

▶ 기대효과 분석
- 대응책들의 수행여부를 비용적인 측면에서 고려하여 판단 할 수 있다.
- 예산의 제약 등을 고려하여 제한된 비용으로 최적의 효과를 얻을 수 있도록 경영진의 의사결정을 지원한다.
- 위험요소를 제거하거나 최소화 할 수 있는 대처방안을 마련한다.
- 위험요소 해결을 위해 유사사례에 대한 벤치마킹 등을 수행한다.
- 담당자(정보보호 담당자, 보안 담당자 등)가 취약 사항을 시정하기 위해 취해야 할 조치사항과 책임사항을 마련한다.
- 위험요소 점검 및 개선을 위한 총괄 계획표를 마련한다.

■ 정보보호 마스트플랜(Master Plan) 수립
▶ 정보보호 계획 수립은 선정된 대책 목록과 위협 및 취약성 평가 단계에서 도출된 세부수행과제에 대해서 각각의 예산, 구현 일정, 프로젝트의 세부 업무내용 등을 포함된 종합적인 계획을 수립하는 단계를 의미한다.
- 정보보호계획 수립과정에서는 정보보안을 총괄하고 있는 책임자나 실무자가 참여해야 하며 인력 및 예산, 일정의 실행 가능성 등을 검토하여 구체적으로 작성되어야 한다. 이를 통해 경영층이 계획에 인력 등 비용을 수반할 수 있도록 검토를 수행해야 한다.
- 조직의 정보보호전략을 효과적으로 지원하기 위한 전략 및 비전을 정의하고 비즈니스 및 정보기술에 대한 현황과 요구사항을 분석하여 과제도출 및 로드맵(Road-map)을 수립하여야 한다.
- 정보보호 계획 수립을 '정보보호 계획서' 또는 '정보보호 마스터플랜'이라고 정의한다.

운영전략 수립 → 추진과제 도출 → 우선순위 도출 → 이행방안 수립

수립 절차	정의
1. 정보보호 현황분석	– 정보보호 환경 및 조직 문화의 이해 – 관리적, 물리적, 기술적 보안 환경분석 – 준거성 등 대외보안 요구사항 분석
2. 취약점진단 및 위험평가	– 국내외 정보보호관리체계 통제항목 진단 – 취약점 진단(관리적, 물리적, 기술적) – 위험분석 및 위험평가 시행
3. 세부수행과제 도출	– 개선방안으로부터 세부수행과제 도출
4. 정보보호 로드맵 수립	– 마스트플랜 과제 추진 우선순위 분석 – 과제의 중요도와 실현가능성 기준 – 우선순위 도출
5. 이행계획 수립	– 상세 이행계획 분석 – 단계별 예산 수립

▶ 정보보호로드맵은 세부이행과제의 중요도와 실현가능성을 기준으로 우선 순위를 선정하는데 평가 기준을 상(3), 중(2), 하(1)로 하고 평가 시 실무담당자의 개선과제에 대한 우선 순위 등 현업의 요구사항을 고려하여 수립해야 한다.

- 이행과제 우선순위 기준을 설명하는 것으로 이행과제에 대한 우선순위 평가방법은 과제의 중요성, 실현 가능성의 평가항목과 개선과제의 선후관계를 고려하여 최종 우선순위를 선정하는 작업이라 할 수 있다.

수행과제	1단계 20xx년	2단계 20xx년	3단계		
			20xx년	20xx년	20xx년
정보보호 관리체계 수집		정보보호 관리체계 관련 규정, 지침, 절차, 방침의 수립 및 준수			
		정보보호 조직 강화 (체계정비)	정보보호 전담 인력 보강 및 운영		
		정보보호 교육강화(취급자/분야별 책임자/담당자 교육 년 1회, 수탁자 교육 년 2회)			
정보보호 유출방지 강화	웹쉘방지 솔루션 도입	접속기록 관리시스템 도입	접속기록 관리시스템 운영 및 모니터링		
		웹쉘방지 솔루션 운영 및 모니터링			
			통합로그관리시스템 도입	통합로그관리시스템 운영 및 모니터링	
				통합계정관리시스템 도입	시스템운영 및 모니터링
침해사고 대응체계수립	대응체계 수립	침해사고 대응절차 교육 및 모의훈련(년 1회)			
취약점 진단 체계구축	취약점 진단 및 모의해킹 수행	취약점 진단 및 모의해킹 수행	취약점 진단 및 모의해킹 수행	취약점 진단 및 모의해킹 수행	취약점 진단 및 모의해킹 수행
	Secure OS 도입	Secure OS 운영 및 모니터링			

즉시조치필요사항

정보보호로드맵 수립 예시

- 이행과제 우선순위를 기준으로 정보보호 실무자는 년간 실천과제를 작성하게 되는데 이행과제 우선순위 기준으로 단기(6개월이내), 중기(1년 이내), 장기(1년 이상), 중장기(3~5개년) 과제로 로드맵을 수립한다.

구분	평가항목	평가 내용	평가기준 상	중	하
중요성	전략적 중요도	비전과 향후 사업을 고려할 때 과제이행 필요 정도	3	2	1
	시급성	현업의 요구 및 정책을 고려할 때 개선이 시급한 정도 (위험도 및 예산소요 정도를 반영하여 고려)	3	2	1
	개선효과	업무 개선효과 영향의 정도	3	2	1
실현 가능성	제도적 용이성	변화관리 난이도를 고려할 때 과제 실현을 위한 제도의 준비 정도	3	2	1
	가능성	기술적 수준과 역량을 고려할 때 과제이행의 난이도와 완전 구현 가능 정도	3	2	1

이행과제별 우선순위 기준

- 이행계획 수립은 정보보호 로드맵을 기준으로 각 이행과제에 대한 예산을 수립하는 과정을 말한다. 예산수립을 구체적으로 작성한다고 해도 실제 예산을 집행하는 당해년도에서는 수행하게 될 물가, 비용 등이 변동될 수 있으므로 최초 이행계획 수립시에는 인원 및 서버 대수 등 기준을 선정하여 작성한다.
  - 예를 들어, 통합로그관리시스템을 도입하고자 한다면 각 서버가 1일 수집하는 로그량을 점검하여 산정하고 솔루션 구축에 따른 라이센스를 도입할 때는 조직의 규모가 350명일 경우 약 400명을 기준으로 선정하여 라이센스 도입을 추진할 수 있다.
  - 예산이 적용되는 시점에서는 실제 구축하고자 하는 비용이 재 산정되기 때문에 최초 예산수립 과정에서는 가이드만 권고하는 것이 효율적인 방법이다.

정보보호 대책 명세서 작성 방법

- 정보보호대책 명세서는 ISMS의 통제항목에 대해 현재 운영현황을 구체적으로 명시하고 각 분야별 통제사항 중 선택하지 않은 통제사항이 있다면 그 이유 또한 명확하게 기술한다.
  - 정보보호 대책 명세서의 목적은 통제항목을 통해 전반적인 정보보호대책 현황을 파악하는데 필요하고 장기적으로 타 조직과의 협정 등에 사용될 수 있다.
  - 정보보호 대책 명세서에는 다음과 같은 사항을 포함해야 한다.

- 선정된 정보보호대책의 명세
- 구현 확인 근거
- 선정되지 않은 정보보호대책 목록
- 선정되지 않은 근거

• 국내 ISMS-P 인증기준 정보보호대책명세서 예시
- 통제항목 중에서 선택된 통제 00개, 선택하지 않은 통제 00개

번호	통제사항	통제내용	선정 여부	운영내용 (미선택 시 사유)	관련문서
1.1.5	정책 수립	정보보호 및 개인정보보호 정책 및 시행 문서를 수립·작성하며, 이때 조직의 정보보호와 개인정보보호 방침 및 방향을 명확하게 제시하여야 한다.	Y	정보보호 및 개인정보보호 정책 수립 등 조직의 정책, 지침서가 갖추어져 있음	정보보호 정책서
...	...	...	...	...	
2.8.4	시험 데이터 보안	시스템 시험 과정에서 운영데이터의 유출을 예방하기 위하여 시험 데이터의 생성과 이용 및 관리, 파기, 기술적 보호조치에 관한 절차를 수립·이행해야 한다.	N/A	시험 데이터를 사용하는 개발 업무가 없음	시험 데이터 사용 사례 등
...	...	...	...	...	
2.12.1	재해 재난 대비 안전조치	자연재해, 통신·전력 장애, 해킹 등 조직의 핵심 서비스 및 시스템운영 연속성을 위협할 수 있는 재해 유형을 식별하고, 유형별 예상 피해규모 및 영향을 분석하여야 한다. 또한 복구 목표시간, 복구 목표시점을 정의하고 복구 전략 및 대책, 복구조직, 비상연락체계, 복구 절차 등 재해 복구체계를 구축하여야 한다.	Y	업무연속성 계획 및 체계를 수립하고 있으며, RTO / RPO를 정의하고 있음	재해 복구 대책서 등

OT 침해사고 관리

4.1. OT 중요정보 유출방지 전략
    4.1.1 OT 중요정보 관리 통제
    4.1.2 OT 보안 위험관리
    4.1.3 OT 환경의 랜섬웨어 방어 전략

4.2. OT 침해대응 및 재해복구 체계
    4.2.1 침해사고 유형 및 대책
    4.2.2 재해복구 체계

4.3. OT 보안감사 전략
    4.3.1 OT 보안감사 절차
    4.3.2 OT 보안감사 수행

PART 4

4.1 OT 중요정보 유출방지

항목	
4.1.1	OT 중요정보 관리 통제
4.1.2	OT 보안 위험관리
4.1.3	OT 환경의 랜섬웨어 방어 전략

4.1.1 OT 보안 정책수립

■ OT 중요정보 관리 개요
- OT 중요정보에 대한 구체적인 정의나 범위는 제조 산업별 특성(산업 분야, 주요 생산품 등)에 따라 다르게 정의될 수 있다.

용어	정의
영업비밀	– 공공연히 알려져 있지 아니하고 독립된 경제적 가치를 가지는 것으로서, 합리적인 노력에 의하여 비밀로 유지된 생산방법, 판매방법, 그 밖에 영업활동에 유용한 기술상 또는 경영상의 정보
산업기술	– 제품 또는 용역의 개발·생산·보급 및 사용에 필요한 제반 방법 내지 기술상 정보
국가 핵심기술	– 국내외 시장에서 차지하는 기술적·경제적 가치가 높거나 관련 산업의 성장잠재력이 높아 해외로 유출될 경우 – 국가의 안전보장 및 국민경제 발전에 중대한 악영향이 우려되는 산업기술

- OT 산업용 데이터의 관리
  - 최근 4차 산업혁명의 확산과 코로나19 사태로 비대면 경제의 활성화에 따라 산업 전반에 걸친 데이터, 네트워크, AI 등 디지털 기술을 적용하여 기존 비즈니스를 변화시키거나 새로운 비즈니스를 창출하는 디지털 전환(Digital Transformation)이 진행되고 있다.
  - 지금까지 빅데이터의 활용은 개인정보 데이터를 중심으로 금융·마케팅 등 서비스 산업에서 주로 활용되어 왔으나, 최근에는 제품의 개발·생산·유통·소비 등 밸류체인 전반에 걸쳐 생성되는 산업용 데이터의 중요성과 소비자 데이터에 AI기술을 접목하여 제품 추천, 예측 배송 등 맞춤형 유통 서비스를 실시하거나, AI딥러닝을 통해 목표 성능을 만족하는 성분 조합을 계산하여 신소재를 개발하는 등 신제품·신서비스를 창출하는 것에 대한 산업 디지털 전환이 늘어나고 있다.
  - 산업용 데이터의 활용이 조직의 성장을 위해 중요하다는 인식에도 불구하고 산업용 데이터의 다양한 형태와 방대한 범위, 전문 인력의 부재 등으로 인해 국내 조직의 디지털 기술 도입은 저조한 실정이다.
  - 산업용 데이터의 수집·활용 및 디지털 전환에 대한 정책적 지원의 필요성이 제기되어 왔으며, 정부는 지난 2020년 6월 한국판뉴딜 정책 발표와 8월 '디지털 기반 산업 혁신성장 전략'을 통해 산업 데이터 확보 지원, 데이터·AI 활용 산업 밸류체인 고도화, 산업 디지털 혁신 인프라 구축 등의 계획을 관계부처 합동으로 발표하였음.

■ OT 중요정보 관련 법률
- 스마트공장에 IoT 센서 등을 설치하는 경우 등 공장 소유 업체와 데이터 수집 업체가 상이한

경우에 데이터 소유권에 대하여 다툼이 발생하는 사례가 나타나고 있어, 산업용 데이터의 권리관계에 대한 법률적 규범이 필요한 시점이다.
- 산업용 데이터의 권리 관계에 관한 법률 근거
  - 산업데이터에 포함되어 있는 개인정보는 「개인정보보호법」 적용
  - 결제 및 신용정보는 「신용정보의 이용 및 보호에 관한 법률」 적용
  - 특정 산업용 데이터가 특허로 등록된 경우 「특허법」 적용
  - 타인의 산업용 데이터 무단 활용시 「부정경쟁방지 및 영업비밀의 보호에 관한 법률」 적용
  - 공공데이터의 활용시 「공공데이터의 제공 및 이용 활성화에 관한 법률」 적용

» 관계 법령에서는 조직의 '중요정보'를 특정하지 않고 경쟁력 확보와 이윤추구를 위해 필요한 기술-경영 정보 등 넓은 범위로 정의하고 있다.
- 조직의 특성에 따라서 중요정보라고 정의한 내용(정보의 종류 및 범위 등)의 식별과 이에 대한 세부적 보안규칙 설정, 관리체계 수립 등 OT의 특성을 충분히 고려하여 기준을 정의해야 한다.
- 특히, 조직은 산업용 데이터의 보호를 위하여 그 사용·수익권의 귀속 관계, 관련 권리의 침해 금지, 이해관계자 간 이익 분배 계약의 체결 등을 규정(정책/지침/절차)에 명시하여 관리해야한다.

■ OT 중요정보 보안위협 유형
» ICT 기술이 접목된 OT에서 발생 가능한 중요정보 유출 시나리오별로 보안위협이 존재한다.
- OT 구현의 핵심은 제품의 전 생산과정을 ICT 기술과 접목시켜 진화된 형태의 공장을 구축하는 것이지만, ICT 기술과의 접목으로 인해 기존 공장 환경에서는 발생하지 않았던 새로운 보안위협이 발생할 수 있게 되었다.
- 기존에 수동으로 제어하던 공장 내 시스템의 경우 업무 담당자의 악의적 정보유출 외에는 별다른 보안위협이 존재하지 않지만, ICT기술을 접목하여 무선 기기를 이용해 공장 내 시스템을 원격제어나 모니터링을 하는 경우, 무선통신의 보안 취약점을 악용한 중요정보 유출 위협이 새로이 발생하게 된다.
- OT 중요정보 유형 예시

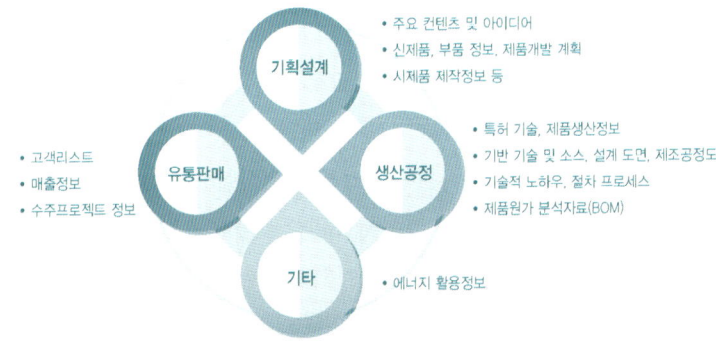

(출처: KISA-스마트공장 중요정보 유출방지 가이드)

- OT 중요정보 생명주기별 중요정보 유출 위협 시나리오

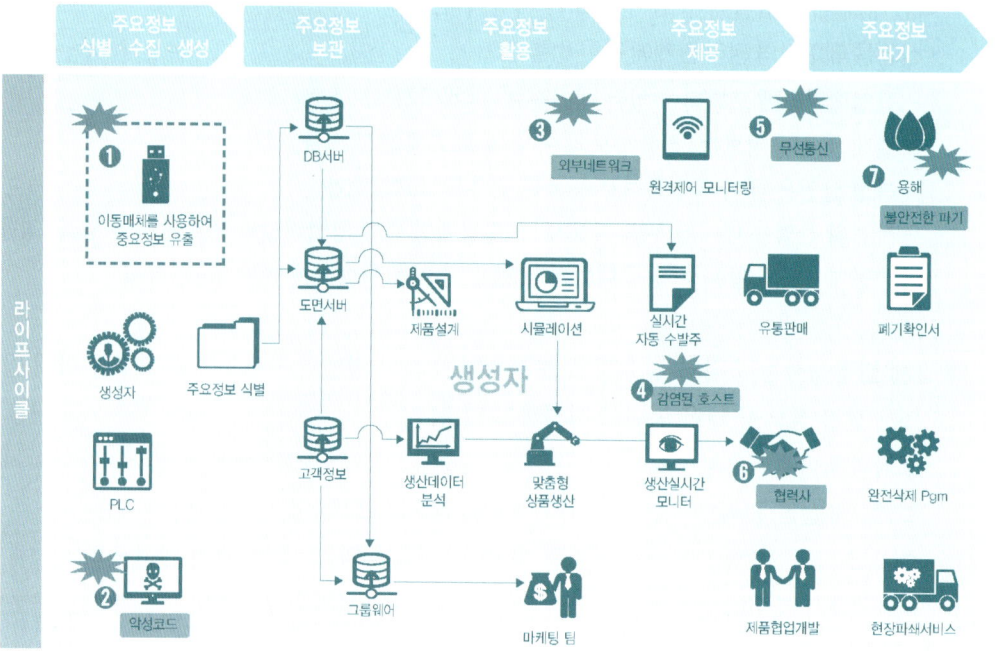

(출처: KISA-스마트공장 중요정보 유출방지 가이드)

■ 중요정보의 유출방지 통제
▶ 중요정보 유출을 막기 위해서는 정보 생성단계부터 적절한 통제를 수행하는 것이 중요하다.
- 중요정보의 생성 장소에는 시제품 정보, 제품 연구결과물, 설계도면 등 조직의 핵심 정보가 많이 있는 만큼 정보 생성자, 생성환경, 생성장소 등에 대한 통제 정책을 구체화하여 적용해야 한다.

▶ 중요정보 생성자에 대한 통제가 필요하다.
- 중요정보 유출사고는 대부분 내부직원 및 협력사직원 등 내부사용자에 의해 발생하는 것이 대부분이기에 잠재적 위협 요소와 관련해서도 '내부직원에 의한 중요정보 유출'을 주요 위협 요소이다.
- 중요정보가 정보 생성자를 통해 유출되는 것을 막기 위해서는 보안서약서 징구나 보안교육 등을 통한 직원의 윤리의식 제고뿐만 아니라 기술적으로 중요정보 접근을 통제하는 방안이 필요하다.
- 중요정보 생성자에 대한 기술적 통제방법으로는 개인 PC에 어떠한 중요정보도 저장하지 않고 제품 설계도면 작성 등의 업무 수행이 가능한 '데스크탑 가상화(VDI : Virtual Desktop Infrastructure)', 중요정보에 대해 사용자 권한과 보안정책을 설정해 보안성을 높이고 전자문서 유통에 대한 사후 감사를 지원하는 '디지털 저작권 관리(DRM : Digital Rights Management)', 직원의 고의나 실수로 인한 중요정보의 외부 유출을 방지하는 '데이터 유출 방지(DLP : Data Loss Prevention)' 솔루션 도입 등을 들 수 있다.

- 주요 정보유출 방지 솔루션

솔루션	내용
데스크탑 가상화 (VDI)	– 중앙에서 가상화로 동작하는 서버의 자원을 활용해 사용자별로 가상의 데스크탑 환경과 데이터 저장 공간을 제공하는 솔루션. 개인PC에는 데이터가 저장되지 않기 때문에 개인 PC가 악성 프로그램에 감염되더라도 정보유출 위협으로부터 안전하며 중요정보가 중앙 서버에서 저장·관리되므로 데이터 관리 및 정보유출의 실시간 모니터링이 가능
디지털 저작권 관리 (DRM)	– 내부정보 유출 방지 솔루션의 한 종류로 디지털 문서의 암호화를 통한 불법복제 방지, 문서의 열람·편집·저장·출력 등 사용자별 권한 통제, 중요정보의 인쇄 권한 및 출력 횟수 통제 등의 다양한 중요정보 유출 방지 기능 제공
데이터 유출 방지 (DLP)	– DRM 및 PC보안 제품과 다르게 중요정보 생성자 및 접근권한이 있는 직원도 보안대상 에 포함시켜 내부정보 흐름을 통제하여 중요정보의 불법 유출을 차단·방지할 수 있는 솔루션. 정보 유출 방지·감시, 인쇄 모니터링, 워터마크, 네트워크 통신포트 제어, 특정 사이트 접속 차단 등의 다양한 보안 기능을 제공

▶ 중요정보 생성 환경에 대한 통제가 필요하다.
- USB 등 이동형 저장매체는 크기가 작으면서도 충분히 많은 양의 데이터를 손쉽게 옮길 수 있어 중요정보를 불법적으로 저장하여 외부로 반출하기에 용이하므로, 중요정보 생성에 사용되는 PC는 이동형 저장매체 사용을 원천 차단해야 하며, 필요 시 보안기능이 포함된 저장매체를 정해진 통제 절차에 따라 사용해야 한다.
- 이동형 저장매체에 대한 통제 방안 예
  - 이동형 저장매체의 반·출입 시 사전승인을 위한 절차를 수립하고 이를 효율적으로 관리하기 위한 관리대장과 폐기 절차도 세부적으로 마련한다.
  - 이동형 저장매체를 도입하기 이전에 사전 보안성 검토 절차를 마련한다.
  - 도입이 허가된 이동형 저장매체의 사용을 통제·관리하기 위한 규정과 지침을 마련하고 정보보호 관리자의 감독 하에 이행한다.
  - 도입이 허가된 이동형 저장매체의 수량 및 보관 상태를 주기적으로 점검하고, 반출·입을 통제한다.
  - 사용자 인증, 데이터 암호화 등의 보안기능이 제공되는 보안 USB를 사용한다.
- 보안 USB의 보안기능 고려사항

고려사항	내용
스마트기기의 통제	– 중요정보가 생성되는 환경에서는 개인용 스마트기기 사용을 제한해야 한다. 다만, 업무 상 불가피하게 필요한 경우 모바일기기 관리(MDM : Mobile Device Management) 솔루션을 비롯하여, 바이러스 및 악성코드 탐지·차단 등의 보안 솔루션이 설치된 스마트기기를 사용해야 한다.
허용하지 않는 네트워크 차단	– 인터넷을 통한 중요정보 유출 및 악성코드 감염을 예방하기 위해서는 업무상 불필요한 인터넷 사이트를 차단해야할 뿐만 아니라 웹메일, P2P, 메신저, 웹하드, FTP, TELNET, 공유폴더 등 정보 유출의 수단으로 사용될 수 있는 네트워크 서비스를 모두 차단해야 한다. – 정보 생성자의 PC에 무선네트워크 장치(USB타입 동글 등) 등도 차단해야 한다.

■ 중요정보 접근통제

▶ 중요정보 생성장소에 대한 접근통제
- 중요정보가 생성되는 장소에 대한 물리적 통제방안을 마련하여 적용해야 한다. 비인가자의 출입을 통제할 수 있도록 업무형태, 환경 요소 등을 고려하여 다양한 출입통제 시스템을 구축·운영해야 한다.

▶ 수행업무에 따른 출입가능 구역의 설정 및 통제
- 일반 사무실과 달리 제품 설계도 등 조직의 핵심 정보를 생성하는 연구개발(R&D) 센터, 중요정보 저장 시스템 등 조직의 각종 정보시스템이 운영되는 전산실 등은 높은 등급의 보안구역으로 지정하여 내부 직원이라도 자유롭게 출입할 수 없도록 엄격한 출입통제 정책을 마련하여 적용해야 한다. 다음과 같이 보안등급에 따라 '공용구역', '접견구역', '제한구역', '통제구역'으로 구분할 수 있으며, 중요정보 생성장소는 통제구역으로 지정하여 관리해야 한다

▶ 중요정보 생성 장소에 대한 접근통제
- 중요정보가 생성되는 장소에 대한 물리적 통제방안을 마련하여 적용해야 한다. 비인가자의 출입을 통제할 수 있도록 업무형태, 환경 요소 등을 고려하여 다양한 출입통제 시스템을 구축·운영해야 한다.
- 수행업무에 따른 출입가능 구역의 설정 및 통제 일반 사무실과 달리 제품 설계도 등 조직의 핵심 정보를 생성하는 연구개발(R&D) 센터, 중요정보 저장 시스템 등 조직의 각종 정보시스템이 운영되는 전산실 등은 높은 등급의 보안구역으로 지정하여 내부 직원이라도 자유롭게 출입할 수 없도록 엄격한 출입통제 정책을 마련하여 적용해야 한다. 다음과 같이 보안등급에 따라 '공용구역', '접견구역', '제한구역', '통제구역'으로 구분할 수 있으며, 중요정보 생성장소는 통제구역으로 지정하여 관리해야 한다.
- 보안등급에 따른 장소 구분 예

구분	내용
공용구역	– 보안상 차별화된 통제가 필요하지 않은 지역으로 임직원이나 외부인 등 모든 사람에게 공개된 구역
접견구역	– 임직원이나 출입이 허가된 정기 방문자나 임시 방문자에 한하여 출입이 가능한 구역
제한구역	– 보안상 비인가자의 접근을 방지하기 위하여 사전에 보안책임자로부터 허가를 받은 자만이 출입 가능한 구역
통제구역	– 중요정보의 생성 등 보안상 극히 중요한 장소로써 업무관련자 및 사전에 보안총괄책임자로부터 허가를 받은 자만이 출입 가능하고, 허가 받은 외부방문객 출입 시에도 직원의 동행이 반드시 필요한 구역

🔸 **중요정보 생성장소 출입기록의 보관**
• 중요정보 생성장소 등 통제구역에 대한 출입기록은 출입자의 신원과 방문 목적, 방문 일시 등을 포함해야하며, 이 기록은 출입관리대장으로 관리되어야 한다.
  - 통제구역 출입관리대장 이외에도 CCTV 녹화기록, 개폐장치의 로그기록 등이 보조 기록으로 활용될 수 있으며, 해당 기록은 일정기간 보관되어야 한다.

🔸 **통제구역의 출입자 관리**
• 중요정보 생성장소 등 통제구역에서 시행하는 규제수단은 법적 허용한도 내에서 세밀하고 철저하게 수행되어야 한다. 특히, 협력사 등 외부인 방문 시 외부인임을 식별 할 수 있도록 임시 방문증을 착용하게 하고, 담당자가 반드시 동행하여야 하며, 방문객의 출입이력을 꼼꼼히 관리대장에 기록하여야 한다.

🔸 **중요정보 접근 시 권한 기반의 체계적 통제 방안을 적용**
• 중요정보 열람, 활용 등을 위한 접근 시 비인가자는 접근할 수 없도록 중요정보 접근통제 정책을 마련해야 한다.
  - 중요정보 접근 시 접근자의 권한을 확인하여 내부 임직원이더라도 업무와 관련된 자만 접근이 가능하도록 통제할 수 있는 기술적 장치를 마련해야 한다.
  - 중요정보의 조회, 열람 및 복사 등 중요정보에 발생하는 이벤트에 대해서는 모두 전산화하여 이력을 관리해야 하며, 중요정보에 대한 모니터링을 통해 유출사고를 방지해야 한다.
• 중요정보 접근자의 권한을 확인하여 통제할 수 있는 기술적 장치 마련
  - 제품 설계도, 특허정보 등 중요정보 열람·활용 등을 위한 접근 시 비인가자가 접근할 수 없도록 중요정보 접근통제 정책을 마련하여 적용해야 한다.
• 중요정보 접근에 통제 고려사항
  - 접근 통제 영역 및 범위, 규칙, 방법 등을 모두 포함하는 총괄적인 접근 통제 정책 수립
  - 공식적인 사용자 등록 및 해지 절차 수립
  - 중요정보에 접근하는 사용자의 계정 생성 및 변경 시, 접근 통제 정책에 따라 업무상 필요한 최소한의 권한만을 부여
  - 중요정보는 안전한 암호 알고리즘을 사용하여 암호화하여 저장
  - 서버/DB접근제어 솔루션을 활용하여 중요정보에 대한 접근이력 및 변경내역을 수집·관리
  - 사용자 계정 등록/삭제(비활성화) 및 접근권한 등록/변경/삭제 권한이 특정 사람에게 집중되지 않도록 권한을 분산
  - 관리자 및 특수 권한은 최소한의 인원에게만 책임자 승인 절차를 거쳐 권한을 부여하고, 관리자 및 특수 권한을 식별하여 별도 목록으로 관리
  - 외부자에게 부여하는 계정은 한시적으로 부여하고 사용이 끝난 후에는 즉시 삭제 또는 정지 조치

- 중요정보에 대한 접근을 관리하기 위해 사용자의 계정 이용 현황(장기간 미사용 등) 및 인사 변동사항(퇴직 및 휴직, 직무변경, 부서변경) 등을 고려하여 접근권한 부여의 적정성 여부를 정기적으로 점검
- 중요정보에 대한 접근은 사용자 인증, 로그인 횟수 제한 등 안전한 사용자 인증 절차에 의해 통제되어야 하며, 필요 시 강화된 인증방식을 적용
  ※ 다수 로그인 실패 시 잠금 정책 구현과 2 factor 인증 방식 권장
- 사용자를 유일하게 구분할 수 있는 식별자를 할당하고 추측 가능한 식별자의 사용은 제한하며, 동일한 식별자를 공유하여 사용하는 경우 그 사유와 타당성을 검토하여 책임자의 승인 하에 사용
- 외부 위협요인 등을 고려하여 패스워드 복잡도 가중, 초기 패스워드 변경, 패스워드 변경주기 설정 강화 등을 포함한 패스워드 관리 절차를 수립·이행
- 패스워드 관리 책임을 사용자에게 주지시켜야 하며, 특히 관리자 패스워드는 별도 보호대책을 수립하여 관리

■ 중요정보 이력관리
▶ 중요정보 접근 및 활용에 대한 이력 관리 및 모니터링 방안
- 중요정보 접근 및 활용에 대한 이력 관리 방안
  - 중요정보에 대한 접근 및 활용 내역은 전산화하여 관리해야 하며, 해당 내역은 일정기간 보관하도록 한다.
- 중요정보에 대한 이력 관리 항목 (예 중요정보 항목)
  - 열람 및 활용 구분
  - 접근자 소속 부서 및 성명, 접근일시, 접근기간
  - 로그인 성공 / 실패에 대한 로그, 활용내역
  - 아이디 등 계정정보
  - 기타 중요정보 유출사고 발생 시 감사에 관한 정보
  - 모든 중요정보는 분리된 안전한 네트워크에 저장·관리할 수 있도록 하고, 네트워크를 통해 접근하는 모든 데이터에 대해 접근이력을 관리할 수 있는 체계를 구축해야 한다.
  - 중요정보 관련 모든 이력을 기록해야 하며 기록 내용은 일정기간 별도 저장매체에 백업 보관해야 한다.
  - 백업DB는 위변조 및 삭제가 불가능한 WORM(Write Once Read Many) 저장매체에 저장해야 한다.

▶ 중요정보 접근 이력 모니터링
- 조직의 모든 중요정보에 대한 비인가자 접근 및 인가자의 중요정보 접근·활용 시 관련 이력에 대한 로그를 기록하여 정기적으로 모니터링 해야 한다.

- 조직의 핵심 중요정보의 경우 비정상적인 접근을 탐지·차단할 수 있는 지능화된 관제시스템을 도입·운영해야 정보 유출 사고를 방지할 수 있다.
- 중요정보에 대한 모니터링을 위한 체계 구축·운영 시 다음 사항을 참고할 수 있다.
- 중요정보 모니터링 체계 구축·운영 고려사항
    - 중요정보의 종류, 관리 현황, 사용 현황 등을 가시적으로 파악할 수 있는 모니터링 시스템(대시보드) 구축
    - 중요정보를 활용하는 어플리케이션 및 직원에 대한 정보를 실시간 파악하고 이상 징후 발생 시 알람, SMS, 이메일 등으로 관리자에게 통보하는 기능 포함
    - 중요정보의 비정상 접근 및 유출 징후를 모니터링 할 수 있는 빅데이터를 활용한 실시간 모니터링 시스템(real-time monitoring) 구축
    - 지능형 정보유출 시도에 대비하기 위해 비정상적인 접속이나 활동 등을 정확하게 인지하여 다양한 정보유출 시도 패턴과 새로운 유출 시도 형태를 즉각적이고 신속하게 탐지해내는 지능형 모니터링 체계 구축
    - 비정상 행위 탐지를 위해 기존 규칙기반 이상 징후 탐지기술 외에 추가적으로 행위 프로파일링 기반의 이상 징후 탐지분석 기술 도입

중요정보 보관 통제

> 중요정보 보관 정책을 마련하고 통제하여야 한다.

- OT의 중요정보 유출 방지를 위해서는 중요정보에 대한 보관 정책을 마련하여 접근, 열람, 변조 등을 통제해야 한다. 또한 정책에 따라 일정 등급 이상의 문서는 필히 암호화 하여 보관 하도록 하여 중요정보 유출시 피해를 최소화 하여야 한다.
- 중요정보 보관정책 고려사항
    - 업무기능 별(생산, R&D, 재무, 회계 등), 등급 별(비밀, 대외비, 일반 등) 중요정보의 분류 체계를 수립
    - 문서의 보관 위치 지정 (ex. 전자 문서 시스템에 보관하거나 출력물의 경우 상단 또는 좌측을 철하여 캐비닛에 보관)
    - 문서의 보존 기간 명시 및 보존 기간 변경 시 책임자 승인을 득하도록 명시
    - 완결된 문서는 시건장치가 되는 문서보관함(ex. 파일, 캐비닛)에 보관
    - 보존 문서는 문서 보존실에 보존, 보존 문서 관리부서의 책임 하에 관리·운영
    - 문서 보존실은 출입 통제 구역으로 지정, 출입에 대한 승인 절차 마련
    - 이중 도어 설치 및 필요 시 경비원 확인 하에 한 명씩 출입 허용
    - 보존 문서 관리 대장 비치 및 운영
- 중요정보는 암호화하여 보관한다.
    - OT의 제품 도면, 청사진, 공정 제어용 설정 값, 생산자 정보 및 고객 정보, 내부 보고서, 전략 문건 등 유출시 피해가 클 것으로 예상되는 중요정보의 경우 높은 보안등급을 부여하고 보관 시 암호화 하여야 한다.

- 중요정보 암호화 고려사항
  - 저장된 중요정보를 평문으로 읽을 수 없도록 해시 값으로 변환하여 암호화
  - 안전한 암호 알고리즘을 사용해야 하며, 암호화 키는 안전하게 보호될 수 있도록 암호화 키 관리에 대한 절차를 규정하고 문서화
  - 중요정보 암호화에 사용되는 암호화 키에 대한 접근은 최소한의 관리자와 장소로 제한
  - 중요정보 암호화 키에 대한 보호를 위해 키 자체를 암호화 하여 관리할 수 있는데, 이때 사용되는 마스터 키의 경우, 암호화 키와는 별도로 접근 통제를 받는 저장소에서 안전하게 관리
  - 사용 기간이 만료된 암호화 키에 대해서는 변경을 의무화
  - 암호화 키의 유출 등이 의심되는 경우, 해당 키를 폐기 또는 교체(변경)
  - 평문 형태의 암호화 키를 하드웨어 장치에 저장하거나 OT와 연계된 다른 기관에 배포할 시에는 비밀분산(Secret Sharing) 기법 등 적용 가능
  - 암호화 키 정보를 수학적 연산을 통해 여러 개의 정보로 분할하고, 이 중 일부 정보의 결합만으로도 원본 암호화 키를 재구성할 수 있도록 함으로써 원본 키의 노출 없이도 암호화 가능하도록 하는 기법
  - 암호화 키에 대한 관리자를 지정하고 관리 책무를 부여
  - 암호화 키는 한국인터넷진흥원, 미국 국립표준기술연구소(NIST) 등에서 권장하는 안전한 알고리즘을 사용 권고
  - 화면이나 프린트 용지 등에 일부 자리만 출력하여 전체 내용을 확인하지 않아도 업무 처리가 가능한 경우, 문자 자르기(Truncation) 등을 적용
- NIST, 암호 알고리즘 유형별 금지·허용 대조표

알고리즘 유형	사용 목적	금지	허용
비대칭키 암호화	키 교환, 기밀성, 인증	RSA-1024	RSA-2048
대칭키 암호화	기밀성	RC4, DES, 2TDEA	3TDEA, AES, SEED, ARIA
일방향 암호화 해시	무결성	MD5, SHA-1	SHA-2, SHA-3
메시지 인증 코드	무결성, 인증	HMAC-MD5, HMAC-SHA1	HMAC-SHA-2

출처 : NIST SP800-57(Recommendation for Key Management)

- 중요정보 암호화 적용 방안

종류	내용
DB 암호화	– DB에 데이터 저장 시 암호화를 하고, 엄격한 암호 키 관리를 통해 데이터를 보호하는 방법이다. 암호화된 데이터가 해킹으로 인해 유출되거나 권한 없는 자가 DB를 열람하더라도 키 없이는 복호화할 수 없어 내용 파악을 할 수 없도록 하는 것이 DB 암호화의 목적이다. 따라서, 암호 키 접근을 강화하고, 소수의 인가자에 의한 접근만 허용하도록 하는 것이 DB 암호화에서 매우 중요하다.
디스크 암호화 방안	– 디스크의 저장 장치의 논리 볼륨을 통째로 암호화하여 타인의 접근을 원천적으로 차단하는 보안 기술이다. 이를 이용하면 외장 디스크인 USB 메모리나 외장 하드 디스크는 물론 운영 체제가 설치된 하드 디스크의 시스템 볼륨까지도 암호화할 수 있다. 디스크 암호화에 적용된 논리적 접근 통제는 로컬 사용자 계정 로그인과는 별도로 적용되어야 한다.
파일 암호화 방안	– 파일에 암호화를 적용시키는 것으로, 파일 이동 시에도 계속해서 해당 파일을 보호하고 적절한 권한이 있는 사용자만 내용을 복호화 하여 확인할 수 있다.

- 송수신 메시지 암호화 및 암호키 관리 방안

방식	내용
메시지 암호화	– 중요파일 등의 정보가 네트워크를 경유하여 다른 서버나 기관의 저장소로 안전하게 전달되어야 하는 경우 기밀성을 강화하기 위해 중요정보를 선별하여 암호화하는 것이 메시지 암호화이다. – 정보를 송수신할 서버와 클라이언트는 상호 인증을 수행하여 송수신 대상이 맞음을 검증해야 한다. 이 과정 중 메시지를 암호화 하는 데 사용될 암호화 키도 안전하게 교환된다.
HSM (Hardware Security Module)	– OT의 중요정보를 저장해야 할 경우 암호화에 사용된 키를 안전하게 보호하기 위한 방법으로 하드웨어 보호를 적용하여 격리하는 방법이다. – 암호화 키를 HSM(Hardware Security Module)에 저장하고 복호화 연산 수행 시 HSM 내에서 수행하는 것인데, 이를 통해 저장된 중요정보는 비 인가된 내부자 또는 해커가 해독할 수 없다.

중요정보 출력통제

» 중요정보 출력 시 접근인력 기록 및 통제방안을 마련하여야 한다.
  - 중요정보를 복사, 인쇄, 스캔하거나, FAX 등을 사용 할 경우 이력 저장 및 모니터링을 할 수 있어야 한다.
    – 디지털 카드 인증 등을 통해 인증 받은 사람만 이용 가능하도록 하여 열람과 출력 등을 통제하고 출력한 내역은 서버에 기록을 남기도록 한다.
    – 스마트공장 내에 내부 문서 관리시스템과 연동하여 높은 등급의 중요정보는 부서장의 사전 승인을 받은 이후에 출력이 가능하도록 절차를 수립하여야 한다.

- 중요정보 유출 방지를 위한 보안기법 예

보안기법	내용
워터마킹 기술	– 출력·복사물에 해당 기관의 명칭 및 로고, 일련번호, 출력기기 고유번호, 출력자 성명, 출력 시간 등을 표시하여 원본 출처 및 정보를 추적 할 수 있도록 한다.
보안 용지	– 특수 센서가 내장된 보안용지로써, 출력 및 외부 유출 시 센서에 의해서 감지되어 경보가 울린다.
보안 게이트	– 보안용지의 특정 센서에 반응하는 게이트로써 승인되지 않은 보안용지의 무단 반출 시 경보가 발생하거나, 출입 게이트 개폐 통제를 통해서 외부로 나갈 수 없게 만드는 시스템
보안 프린터	– 프린터, 복사, 팩스와 같이 종이로 출력되는 모든 인쇄물에 대해서 일반 용지와 보안용지를 구분한다. – 일반용지 사용 시 출력물 내용이 보이지 않거나, 상급관리자에게 자동으로 알림이 가게 되고, 서버에 출력 명령 IP 및 시간, 내용에 대한 사항들이 기록되어, 출력 후에도 추적 관리가 가능하다.

- 중요정보 유출 방지를 위한 보안기법 예

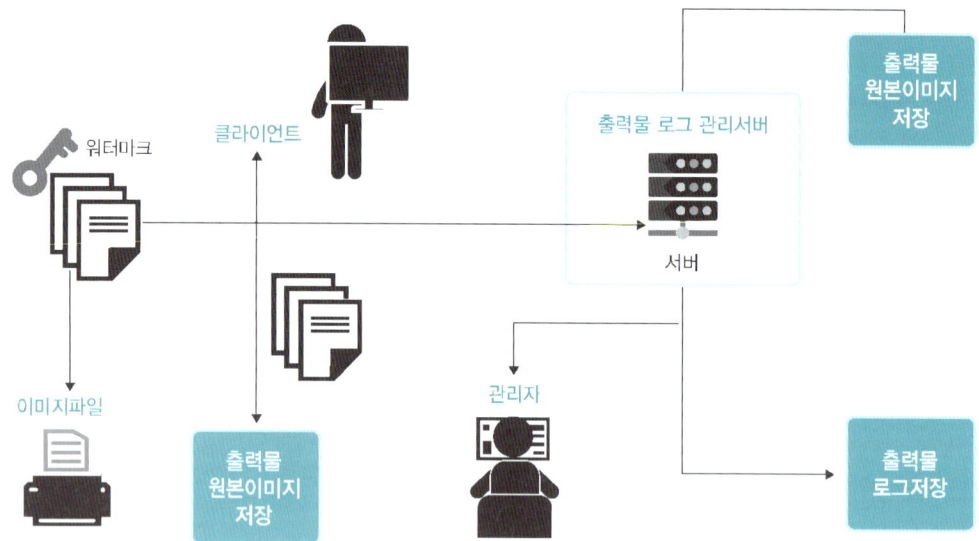

(출처: KISA-스마트공장 중요정보 유출방지 가이드)

중요정보 네트워크 분리

» 중요정보 활용 시 악성코드 감염 및 전파 방지를 위한 대책을 마련하고 네트워크 분리, 망분리, 보안관제시스템 등을 구축한다.

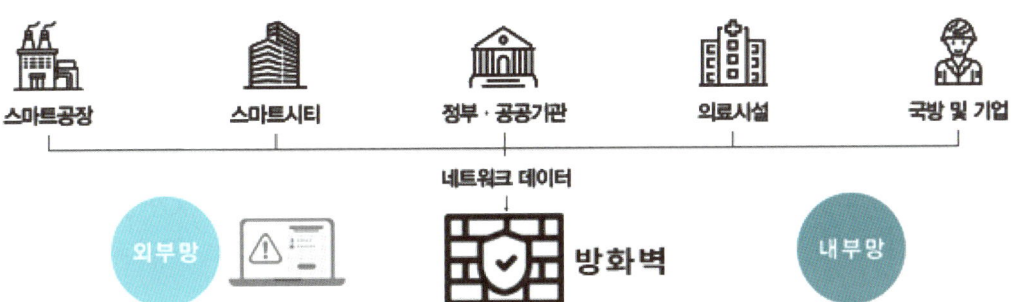

- 대부분의 스마트공장에서는 공장 라인의 운영을 위한 공장네트워크와 일반 사무업무 처리를 위한 사무용 네트워크로 구성하고 있으나, 두 종류의 네트워크가 분리 및 차단되지 않고 사용하고 있다면 사무용네트워크를 통해 감염된 악성코드가 공장네트워크에 영향을 주어 제품 생산이 지연되거나 중단될 수 있다.
- OT의 업무네트워크나 ICS 네트워크의 악성코드 감염에 따른 중요정보 유출 및 제어망 감염을 방지하기 위해서는 네트워크 분리, 안티바이러스 시스템 운영, 시스템 패치 등의 대책이 필요하다.
  - 악성코드가 유입되더라도 조기에 이를 탐지하여 격리·처리할 수 있는 관제 체계를 구축할 필요가 있다.
- OT의 적절한 네트워크 분리 방안
  - 중소형 공장의 경우 중요정보가 유통되는 연구개발 부서의 네트워크와 일반 업무네트워크, 공장 제어를 위한 ICS 네트워크 간에 명확히 분리되지 않은 경우가 많이 있다.
  - 망 분리가 안 되어 있을 경우 업무 네트워크에 유입된 악성코드가 ICS네트워크나 중요정보가 유통되는 네트워크로 전파될 수 있어 공장 가동에 심각한 장애를 일으킬 수 있을 뿐만 아니라 조직의 중요정보 등이 쉽게 유출될 수 있다.
- 네트워크 분리 시 고려사항 (방화벽과 라우터의 구성 기준을 수립 및 실행)
  - OT 내의 정보 흐름을 보여주는 최신 네트워크 다이어그램 문서화
  - 인터넷 연결과 DMZ(demilitarized zone), 내부 네트워크 영역 사이의 방화벽 요건 확인
  - 네트워크 구성 요소를 관리하기 위한 그룹, 해당 역할 및 책임에 관한 설명 확인
  - 사용이 허가된 모든 서비스, 프로토콜, 포트를 문서화하고 특히 안전하지 않은 프로토콜이 사용되는 경우 사용이 허가된 사유를 포함
  - 방화벽 및 라우터 정책을 최소 반기 단위로 검토하여 부적절한 정책은 삭제
  - 인바운드, 아웃바운드 트래픽에서 정보 접근에 필요한 트래픽을 식별하고, 불필요한 트래픽 접근을 제한
  - 방화벽, 라우터의 구성을 검토하여 차단(Deny) 또는 허용(Permit) 설정 후에 전체차단(Deny All)을 사용하여 다른 모든 인바운드 및 아웃바운드 트래픽 차단
  - 모든 무선 네트워크와 OT 망 사이에 경계 방화벽을 설치하여 승인된 무선 트래픽만 허용
  - 변조된 소스 IP 주소를 감지하여 네트워크에 침입하지 못하도록 위조 방지기술 적용

- OT 내부 망에서 인터넷으로 인증되지 않은 아웃바운드 트래픽은 비 허용
- 사설 IP(Private IP) 주소와 라우팅 정보를 허가되지 않은 제3자에게 공개하지 않음
- 직원이 소유하는 모든 모바일 장치의 네트워크 접근 통제
- 안전하지 않은 서비스, 프로토콜, 포트에 대하여 사용 허가 시 문서화된 이력으로 관리
- 방산조직 또는 방산협력조직의 경우, IT보안인증사무국에서 부여하는 CC인증이 적용된 보안솔루션을 사용 (단, 인증기간을 확인하여 만료된 제품의 경우 재인증 또는 솔루션 교체 요망)

■ 중요정보 악성코드 통제
» 중요정보 안티바이러스 소프트웨어를 이용한 악성코드 유입 방지 방안
  • 네크워크 망 분리, 방화벽 및 침입방지시스템(IPS) 등 네트워크 보안 장비만으로는 악성코드의 내부 유입을 완벽히 차단하기 어려운 것이 현실이다.
    - OT 내부 네트워크로 유입되는 악성코드를 차단 및 탐지할 수 있도록 내부 네트워크에 연결되는 모든 서버 및 업무용 PC 등에 안티바이러스 소프트웨어를 설치해야 한다.
  • 조직 내 안티바이러스 소프트웨어 운영 방식 (조직에서 지정한 안티바이러스 소프트웨어의 설치)
    - 바이러스 탐지규칙(시그니처 파일)의 정기적인 업데이트 및 최신 상태 유지
    - 안티바이러스 소프트웨어는 실시간 감시 체계로 운영하고 정기적으로 정밀 검사를 진행
    - 안티바이러스 소프트웨어 미설치 단말의 네트워크 접속 차단
    - 악성코드로부터 시스템을 보호하기 위한 보안 정책 및 운영 절차를 문서화
  • 안전한 정보시스템 패치 방안
    - 시스템에 취약성이 존재할 경우 악성코드 공격 시 영향을 받을 확률이 매우 높아진다.
    - 공장 제어시스템이 주기적으로 보안업데이트를 진행하지 못하는 이유는 제어장비가 1년 365일 24시간 쉼 없이 가동되는 경우가 많아 패치 할 시간이 없는 경우이거나 패치로 인한 오작동이나 시스템다운 등을 우려하여 패치를 하지 못하고 경우도 있다.
    - 공장 내 장비들이 대부분 오래 전 도입된 것들로 Window XP, Windows Server 2003 등 공식적인 유지보수 지원이 종료된 운영체제를 사용하는 시스템이 많은 것으로 조사되어 패치 관리의 중요성이 더욱 커지고 있다.
    - 많은 제어 장비를 효율적이고 일괄적으로 패치하고 관리하기 위해서는 OT 내부 네트워크 상에 패치관리시스템 (PMS: Patch Management System)을 구축하여 운영할 필요가 있으며, PMS는 외부네트워크와 분리된 환경에서 다량의 장비를 일괄적으로 패치하기 때문에 서비스 단절을 최소화할 수 있다.
    - 패치 적용 계획을 세워 패치 전에 해당 시스템의 안전성 테스트 등을 미리 거치면, 문제가 발생할 시 패치 적용 이전 상태로 되돌릴 수 있는 '롤-백(roll-back)' 등을 통해 안전하게 패치를 통제·관리 할 수 있다.
  • 안전한 보안패치를 위한 고려 사항
    - 보안 취약성을 확인하고 새로 발견된 보안 취약성에 위험 순위(예: High, Medium, Low)를 할당

- 공급자가 제공하는 보안 패치를 설치하며, 심각한(Critical) 패치는 일정 우선으로 적용
- 보안 패치 변경 시, 시스템에 미치는 영향을 문서화
- 권한을 가진 직원의 문서화된 승인
- 패치 적용 시의 보안 기능 테스트
- 패치 적용 중 문제 발생 시 복원 절차 수립
- 패치관리시스템(PMS)에 의한 자동화된 패치 설치로 조직 전체 시스템에 일관된 보안 패치 적용
- PC 별 패치 상태 파악 및 패치 미설치 시 네트워크 차단하여 설치 유도
- 최근 브라우저와 플래시 플러그인 등의 신규 취약점이 다수 발견되고 있어 취약한 버전을 사용하는지 확인하여 적절한 보안 패치 적용
- 특정 취약한 브라우저 버전을 강제화하는 정책이 있을 경우 기술적 영향을 검토하여 정책 변경

- 악성코드가 유입될 수 있는 경로 분석 및 대응
  - 악성코드가 유입될 수 있는 경로로는 사내 메일을 이용한 피싱(phishing), 특정 대상(개인, 조직, 기관 등)을 목표로 한 스피어 피싱(spear phishing), 웹하드, 클라우드 서비스, 업무 비관련 사이트, 이동매체, 무선 인증 설정의 취약성을 악용한 비인가 접근, 랜섬웨어 감염 등이 있으며, 많은 유형이 계속해서 생겨나고 있는 만큼 악성코드가 유입될 수 있는 다양한 경로를 충분히 분석하여 대응해야 한다.
  - 스피어 피싱 : 불특정 다수가 아닌 특정 기관이나 조직의 내부직원을 대상으로 집중적으로 공격하는 행위

- 악성코드 유입 방지 방안
  - 외부 이메일 서비스의 사용 금지
  - 이메일 보안 솔루션 도입(예: PGP, S/MIME, IMAPS, SPF)을 통한 상호 송수신 자간 인증, 메일 내용 암호화 및 무결성검사
  - 이메일 첨부 파일 악성코드 검사
  - 서버 및 PC의 USB포트 읽기/쓰기 차단
  - 웹 하드 사용 금지
  - 사내 파일 서버에 개인용 음악, 영화, 출처가 불분명한 프로그램 등 컨텐츠 배포 금지
  - 클라우드 서비스 접속 금지
  - 비업무(유해)사이트의 접속 차단
  - 업무용으로 허가된 휴대형 접근 매체가 아닐 경우 사용 금지
  - 허가되지 않은 무선 액세스 장비의 반입 및 사용 금지
  - 정품 소프트웨어의 사용
  - 네트워크를 세분화하여 악성코드 (랜섬웨어 등)의 확산을 모니터링
  - 악성코드 유포 주소(IP)를 관문 방화벽에서 접속 차단
  - 중요 데이터는 정기적으로 오프라인 백업 권고

- 빅데이터 기반 네트워크 모니터링 시스템 구축·운영
- 최근 빈번하게 나타나고 있는 문제로 APT(Advanced Persistent Threat) 공격이 있는데, 악성코드가 내부 관리자 PC에 설치되어 장기간에 걸쳐 조직 내부 특권적 지위 및 권한을 가진 PC를 해킹하는 것이다.
  - 해킹을 통해 중요정보에 접근할 수 있고, 임계치를 초과하지 않는 한도 내에서 장기간에 걸쳐 방대한 정보를 계속해서 유출할 가능성도 있다.
  - 내부자는 오랜 기간에 걸쳐 이루어지는 이러한 해킹에 대해 감지조차 하지 못한다는 점에서 위험성을 더욱 크게 느낄 수 있다.
  - APT공격을 예방·탐지할 필요가 있는 OT 환경에서는 빅데이터 기반의 정보유출 탐지 기술의 도입도 적극 검토해야 한다.

4.1.2 OT 보안 위험관리

■ 스마트공장의 보안 위협관리
- 스마트공장은 IT영역과 OT영역이 융합되어 효율을 높인 시설인 만큼 기존의 IT 보안 위협과 해당 보안 위협에 의해 야기된 OT영역 보안 위협, 그리고 외부 인터넷망과 직접 연결됨으로 발생되는 OT영역에 대한 다양한 해킹사고가 발생하고 있다.
  - 보안 솔루션이 적용되기 어려운 산업용 설비가 외부 인터넷망에 직접 연결되어 바이러스에 감염되거나, 설비관리자가 악의적인 목적으로 펌웨어 업그레이드 또는 단순 점검을 위한 방문 시 USB를 활용하여 악성코드를 심는 방법 등을 통한 공격이 가능하다.
    - 해킹을 통해 스마트공장 내 생산 공정 정보, 원료 배합 정보 등의 기밀정보 유출이 발생할 수 있으며, 악의적인 생산 중단을 통한 매출 손실, 작업자 인명피해 사고를 유발할 수 있다.
  - 스마트공장의 보안 우선 순위를 데이터 유출, 위변조보다 설비 시스템의 가용성과 작업자의 안전이 최우선으로 하고 있기 때문에 설비 제조사별 전용 OS와 다른 통신 프로토콜이 결합되어 있는 복잡한 환경에 노출될 수밖에 없다.
    - IT 보안 위협과 같이 노출될 수밖에 없는 환경으로 많은 취약성을 일으킬 수 있다.

- 스마트공장에서 발생할 수 있는 보안 위협에 따라 각 영역별 발생시킬 수 있는 보안 위협 사항은 다음과 같다.

4.1 OT 중요정보 유출방지 전략

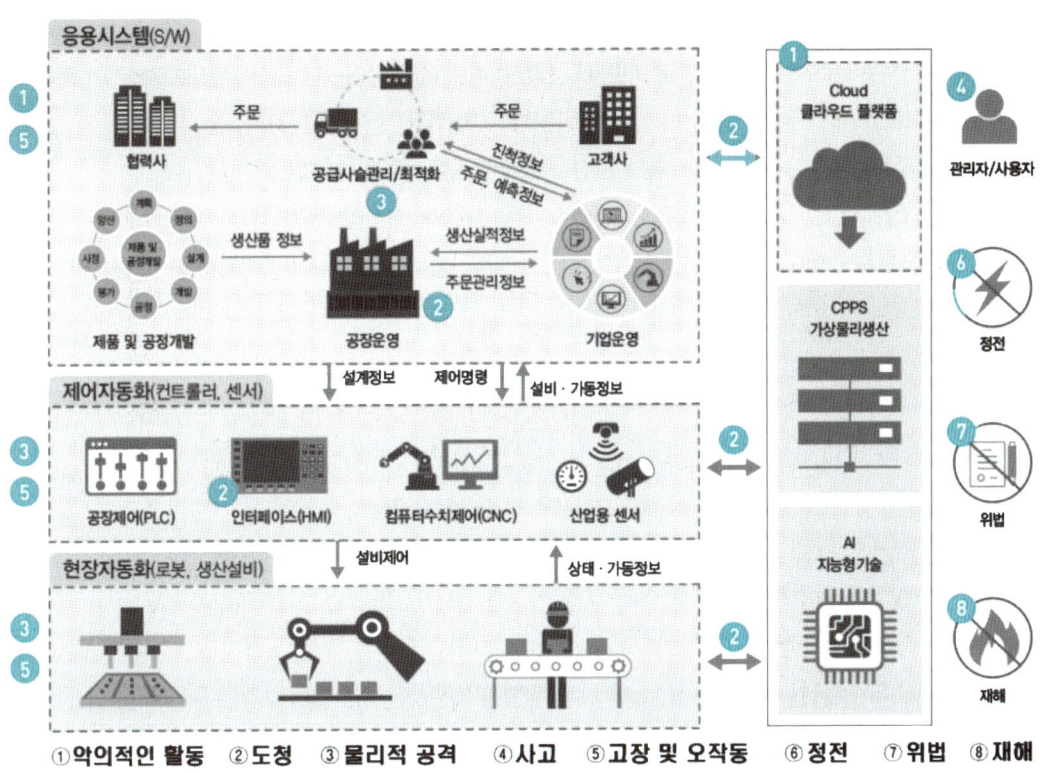

스마트공장 보안 위협 사항 (출처 : KISA)

① 악의적인 활동	• 서비스 거부 : IoT 시스템을 목표로 대량의 데이터 전송으로 야기되는 요청을 통해 시스템을 사용할 수 없도록 만드는 위협 • 멀웨어 : 악의적 소프트웨어 침투를 통해 무단 조치를 수행토록 하여 OT 시스템, 운영 프로세스 및 관련 데이터에 손상을 줄 수 있는 위협 • 하드웨어 및 소프트웨어 조작 : 공격자에 의해 OT 시스템 내의 장치 소프트웨어 또는 응용 프로그램이 무단 조작되는 위협 • 정보의 조작 : 공격자에 의해 데이터가 위조 또는 수정되는 위협 • 표적 공격 : 특정 조직 또는 특정 사람을 대상으로 한 고도로 개인화된 공격 위협 • 개인정보 악용 : 기기 또는 클라우드에 저장된 개인의 민감한 정보를 공격자가 사용하는 위협 • 브루트 포스 : 정확한 키나 암호를 추측하기 위해 수많은 시도를 하여 조직의 자원에 대한 접근권한을 얻는 위협
② 도청	• 중간자 공격 : 통신으로 주고받는 정보가 공격자에 의해 유출 또는 노출되는 위협 • IoT 통신 프로토콜 하이재킹 : 공격자가 두 네트워크 구성요소 사이의 기존 통신 세션을 제어하는 위협 • 네트워크 정보 노출 : 네트워크를 수동적으로 검색하는 공격자에게 내부 네트워크 정보가 노출되는 위협
③ 물리적 공격	• 직간접적인 시설 파괴 : OT 환경에 물리적으로 접근할 수 있는 공격자에 의해 기기에 물리적 손상이 발생될 수 있는 위협

④ 사고	• 의도하지 않은 데이터 또는 구성 변경 : 불충분한 교육을 받은 직원에 의해 수행된 OT 시스템에 의해 의도하지 않은 데이터나 구성이 변경되어 운영 프로세스가 중단되는 위협 • 장치 및 시스템의 오용 : 불충분한 교육을 받은 직원이 의도하지 않게 장치를 오용하여 운영 프로세스를 중단시키거나 기기에 물리적 손상을 입히는 위협 • 제3자에 의한 손실 : 제3자에 의해 야기된 OT 자산 손상 위협
⑤ 고장/ 오작동	• 센서, 액추에이터의 고장 또는 오작동 : 장치의 매뉴얼과 지시사항을 지키지 않아 발생할 수 있는 IoT 종단 장치의 고장 또는 오작동 위협 • 제어 시스템의 고장 또는 오작동 : 장치의 매뉴얼과 지시사항을 지키지 않아 발생할 수 있는 제어 시스템의 고장 또는 오작동의 위협 • 소프트웨어 취약점 악용 : 공격자가 IoT 종단 장치 펌웨어 또는 소프트웨어 취약성(업데이트 부족, 취약한 암호 등)을 악용하는 위협 • 서비스 제동 업체의 실수 또는 중단 : 제3자 서비스에 의존하는데 서비스의 장애나 오작동이 발생할 경우 프로세스가 중단되는 위협
⑥ 정전	• 통신 네트워크 중단 : 케이블, 무선, 모바일 네트워크 등의 문제로 통신 링크의 사용 불가능한 위협 • 전원 공급 중단 : 전원 공급 장치의 고장 또는 오작동으로 전원 공급이 중단되는 위협 • 지원 서비스 손실 : 생산 또는 물류를 지원하는 시스템의 오류 또는 오작동 위협
⑦ 위법	• 개인정보보호 위반 : 개인 데이터 처리와 관련된 법적 문제 및 재정적 손실의 위협 • 계약 사항 미이행 : 구성요소 제조업체 및 소프트웨어 제공자가 필요한 보안 조치를 보장하는 것을 불이행하여 계약상 요건을 위반하는 위협
⑧ 재해	• 자연 재해 : 홍수, 낙뢰, 강풍, 비, 강설 등의 자연재해의 위협 • 환경 재해 : 화재, 오염, 먼지, 부식, 폭발과 같은 사고 및 부정적인 조건의 위협

■ 스마트공장의 보안아키텍처 활용 방안 (출처: KISA, 스마트공장 보안 모델)

1단계	2단계	3단계	4단계
보안 대상선별	보안 위협도출	보안 요구사항 매핑	보안 아키텍처 적용

» 1단계, 운용 중인 자산 중 스마트공장 아키텍처의 제어설비 및 제어네트워크에 해당하는 자산을 보안 대상으로 선별한다.

방식	운용 자산	보안 대상
0계층	환경 측정 센서	센서
	체혈관 자동화 제조 장비	생산 장비

방식	운용 자산	보안 대상
1계층	제조 제어 PLC	PLC
	산업용스위치	–
	무선AP	Wi-Fi
2계층	제조 관리 HMI	HMI
	스위치	–
3계층	생산관리시스템	MES
4~5계층	경영정보시스템/메일서버	ERP/서버
	업무PC	업무PC
	백본	

▶ 2단계, 선별된 자산을 기준으로부터 발생 가능한 보안위협을 도출한다.

대상	보안위협 벡터	보안위협
센서	물리적인 접근, 포트, 지원설비를 통한 위협	공장 내 물리적 접근을 통한 장치 훼손
	공정 제어 네트워크를 통한 위협	펌웨어 취약점을 통한 정상 운전 설정값 변조
		과도한 상태 확인 요청을 통한 서비스 거부 공격으로 오동작 및 중단
생산 장비	물리적인 접근, 포트, 지원설비를 통한 위협	물리적 인터페이스에 접속하여 펌웨어 변조
		USB 등 외부 공개된 포트를 통한 랜섬웨어 감염
	공정 제어 네트워크를 통한 위협	공정 네트워크 도청을 통해 레시피, 제어장치 계정/비밀번호 등 공정 중요정보 유출
	인력 및 노후설비에 의한 위협	이벤트 알람 미설정으로 인한 장비 파손 및 운전 중단
		사용자 실수로 인한 가동정지 명령으로 오동작 및 중단
PLC	물리적인 접근, 포트, 지원설비를 통한 위협	공장 내 물리적 접근을 통한 전원 등 지원설비 훼손으로 PLC 오동작 및 중단
		공정 네트워크 영역에 물리적으로 침입 후 프로토콜 취약점을 이용한 재전송 공격을 통한 정상 운전 설정값 변조
		비인가자가 물리적 접근을 통한 공정 중요 정보 유출

대상	보안위협 벡터	보안위협
PLC	공정 제어 네트워크를 통한 위협	버퍼 오버플로우 공격을 통한 공정 운전 데이터 변조
		대량의 제어 명령 전송을 통해 PLC 오동작 및 중단
	공급망을 통한 위협	유지보수 채널을 이용한 재전송 공격으로 정상 운전 설정값 변조
HMI	물리적인 접근, 포트, 지원설비를 통한 위협	비인가자가 불법적으로 접근하여 공정 임의 조작 오동작 및 중단
	공장 업무영역을 통한 위협	업무망에서 전파되어 랜섬웨어 감염
	공급망을 통한 위협	유지보수를 위한 USB를 삽입하여 트로이 목마 등 악성코드에 감염
		유지보수를 위한 USB를 삽입하여 스턱스넷 등 악성코드에 감염되어 PLC 등 제어시스템 오동작 및 중단
	외부 인터넷을 통한 위협	외부 인터넷을 통한 트로이목마 등 악성코드 감염
MES	산업제어시스템을 통한 위협	미라이봇넷 등 악성코드가 업무망에서 전파되어 오동작 및 중단
	공급망을 통한 위협	외부 공개된 서비스 및 포트를 통한 랜섬웨어 감염
		원격접속으로 OS 및 소프트웨어 취약점을 이용한 서비스 거부 공격으로 오동작 및 중단
ERP/ 서버	외부 인터넷을 통한 위협	업무PC에 침투하여 서버 OS 및 소프트웨어 취약점을 이용한 서비스 거부 공격
		외부 홈페이지와 연계된 내부서버 장애
업무용 PC	공장 업무영역을 통한 위협	비인가 이동식 저장매체를 통해 웜에 감염되어 업무 네트워크 장애
		무선 업무망에 침투하여 업무PC 침투 후 정보 탈취
	외부 인터넷을 통한 위협	이메일 및 외부 인터넷을 통한 스파이웨어 감염
Wi-Fi	공정 제어 네트워크를 통한 위협	공개된 SSID에 무차별 대입, 사전대입 공격 등으로 무선 네트워크 침입
		암호화 키를 획득하여 네트워크 패킷 도청으로 Wi-Fi 비밀번호 탈취

▶ 3단계, 보안 대상별로 도출된 보안위협에 대응하는 보안요구사항을 매핑한다.

대상	보안위협 벡터	보안위협	보안요구사항	보안기술	보안솔루션
센서	물리적인 접근, 포트, 지원 설비를 통한 위협	공장 내 물리적 접근을 통한 장치 훼손	ⓐ 물리적 비인가자 공장 출입 통제 ⓑ 물리적 장비 접근 제한	ⓐ 비인가자 출입통제 ⓑ 물리적 장치 보호	ⓐ 출입통제시스템 ⓑ 시건 장치
	공정 제어 네트워크를 통한 위협	펌웨어 취약점을 통한 정상운전 설정값 변조	ⓐ 벤더사 권고사항 및 최신 보안 패치 적용	ⓐ 보안 패치 및 업데이트 적용	ⓐ –
		과도한 상태 확인 요청을 통한 서비스 거부 공격으로 오동작 및 중단	ⓐ 벤더사 권고사항 및 최신 보안 패치 적용	ⓐ 보안 패치 및 업데이트 적용	ⓐ –
생산 장비	물리적인 접근, 포트, 지원설비를 통한 위협	물리적 인터페이스에 접속하여 펌웨어 변조	ⓐ 포트락 등 불필요 인터페이스 접근통제 ⓑ 물리적 장치 접근통제	ⓐ 물리적 인터페이스 사용 제한 ⓑ 물리적 장치 보호	ⓐ 포트락 ⓑ 시건 장치
		USB 등 외부 공개된 포트를 통한 랜섬웨어 감염	ⓐ 포트락 등 불필요 인터페이스 접근통제 ⓑ 물리적 장치 접근통제 ⓒ 악성코드 탐지	ⓐ 물리적 인터페이스 사용 제한 ⓑ 물리적 장치 보호 ⓒ 악성코드 탐지 및 차단	ⓐ 포트락 ⓑ 시건 장치 ⓒ 백신
	공정 제어 네트워크를 통한 위협	공정 네트워크 도청을 통해 레시피, 제어장치 계정/ 비밀번호 등 공정 중요 정보 유출	ⓐ 공정 네트워크 암호화	ⓐ 장치간 통신 암호화	ⓐ 암호화 모듈
	인력 및 노후설비에 의한 위협	이벤트 알람 미설정으로 인한 장비 파손 및 운전 중단	ⓐ 장치 및 운전 상태 모니터링 및 알람	ⓐ 실시간 모니터링 및 알람	ⓐ 모니터링 시스템
		사용자 실수로 인한 가동정지 명령으로 오동작 및 중단	ⓐ 가동 정지 등 중요 명령 인터페이스 보호	ⓐ 물리적 장치 보호	ⓐ 시건 장치
PLC	물리적인 접근, 포트, 지원설비를 통한 위협	공장 내 물리적 접근을 통한 전원 등 지원설비 훼손으로 PLC 오동작 및 중단	ⓐ 비인가자 공장 출입통제 ⓑ PLC 물리적 접근통제 ⓒ PLC 배터리 및 전원 이중화	ⓐ 비인가자 출입통제 ⓑ 물리적 장치 접근제한 ⓒ 백업 배터리 관리 및 전원 설비 이중화	ⓐ 출입통제시스템 ⓑ 시건 장치 ⓒ 비상 전원
		공정 네트워크 영역에 물리적으로 침입 후 프로토콜 취약점을 이용한 재전송 공격을 통한 정상 운전 설정값 변조	ⓐ 비인가자 공장 출입통제 ⓑ PLC 운전 중 메모리 쓰기 제한	ⓐ 비인가자 출입통제 ⓑ PLC 운전 중 메모리 쓰기 제한 설정	ⓐ 출입통제시스템 ⓑ –
		비인가자가 물리적 접근을 통한 공정 중요 정보 유출	ⓐ 비인가자 공장 출입통제 ⓑ PLC 물리적 인터페이스 보호	ⓐ 비인가자 출입통제 ⓑ 물리적 장치 접근제한 ⓒ 불필요한 인터페이스 사용 제한	ⓐ 출입 통제 시스템 ⓑ 시건 장치 ⓒ 포트락

구분	위협	시나리오	대응방안		보안솔루션
PLC	공정 제어 네트워크를 통한 위협	버퍼 오버플로우 공격을 통한 공정 운전 데이터 변조	ⓐ 공장 네트워크 비인가 단말 접근통제 ⓑ PLC 공개된 취약점에 대한 패치 및 업데이트 수행	ⓐ IP/MAC 기반 네트워크 접근통제 ⓑ 보안 패치 및 업데이트 적용	ⓐ 보안 스위치 ⓑ –
		대량의 제어 명령 전송을 통해 PLC 오동작 및 중단	ⓐ 공장 네트워크 비인가 단말 접근통제 ⓑ 공정 네트워크 유해 트래픽 탐지	ⓐ IP/MAC 기반 네트워크 접근통제 ⓑ 네트워크 유해 트래픽 탐지	ⓐ 보안 스위치 ⓑ 산업용
	공급망을 통한 위협	유지보수 채널을 이용한 재전송 공격으로 정상 운전 설정값 변조	ⓐ 공장 네트워크 원격 접속 통제 ⓑ PLC에 사전 등록된 장치 및 IP에서만 접근할 수 있도록 접근통제	ⓐ 원격 접속 시 안전한 보안 경로 사용 및 접근 통제 ⓑ IP 및 기기 접근통제	ⓐ VPN ⓑ –
HMI	물리적인 접근, 포트, 지원설비를 통한 위협	비인가자가 불법적으로 접근하여 공정 임의 조작 오동작 및 중단	ⓐ 비인가자 공장 출입 통제 ⓑ HMI 사용자 식별 인증 ⓒ HMI 사용자 권한 관리	ⓐ 비인가자 출입통제 ⓑ 사용자 식별 인증 ⓒ 사용자 권한 관리	ⓐ 출입통제시스템 ⓑ – ⓒ –
	공장 업무 영역을 통한 위협	업무망에서 전파되어 랜섬웨어 감염	ⓐ 공장 네트워크 망분리 ⓑ HMI 접근 단말 제한 ⓒ 중요 정보 백업	ⓐ 업무망과 공장망 분리 ⓑ IP 및 기기 접근통제 설정 ⓒ 문서 관리 및 파일 암호화	ⓐ 산업용 방화벽 ⓑ – ⓒ 문서/백업 관리
		유지보수를 위한 USB를 삽입하여 트로이 목마 등 악성코드에 감염	ⓐ 비인가 이동식 저장매체 제한 ⓑ 악성코드 탐지	ⓐ 이동식 저장매체 사용 통제 ⓑ 악성코드 탐지 및 차단	ⓐ 매체제어 솔루션 ⓑ 백신
	공급망을 통한 위협	유지보수를 위한 USB를 삽입하여 스넉스넷 등 악성코드에 감염되어 PLC 등 제어시스템 오동작 및 중단	ⓐ 비인가 이동식 저장매체 제한 ⓑ 악성코드 탐지	ⓐ 이동식 저장매체 사용 통제 ⓑ 악성코드 탐지 및 차단	ⓐ 매체제어 솔루션 ⓑ 백신
	외부 인터넷을 통한 위협	외부 인터넷을 통한 트로이목마 등 악성코드 감염	ⓐ 외부 인터넷 접점제거 ⓑ 비인가 소프트웨어 사용 제한 ⓒ 악성코드 탐지	ⓐ 네트워크 망분리 ⓑ 소프트웨어 사용 제한 ⓒ 악성코드 탐지 및 차단	ⓐ 방화벽 ⓑ 매체제어 솔루션 ⓒ 백신
MES	산업제어시스템을 통한 위협	미라이봇넷 등 악성코드가 업무망에서 전파되어 오동작 및 중단	ⓐ 네트워크 망분리 ⓑ 일방향 통신 네트워크 구성 ⓒ 악성코드 탐지	ⓐ 네트워크 망분리 적용 ⓑ 데이터 일방향 전송 방식 적용	ⓐ 방화벽 ⓑ 일방향 전송 장비
	공급망을 통한 위협	외부 공개된 서비스 및 포트를 통한 랜섬웨어 감염	ⓐ 외부 인터넷 접점제거 ⓑ 비인가 소프트웨어 설치 제한 ⓒ 악성코드 탐지 ⓓ 벤더사 권고사항 및 최신 보안 패치 적용 ⓔ 공정 중요 정보 백업	ⓐ 외부 인터넷 사용제한 ⓑ 소프트웨어 사용 제한 ⓒ 악성코드 탐지 및 차단 ⓓ 보안 패치 및 업데이트 적용 ⓔ 문서 관리 및 파일 암호화	ⓐ 방화벽 ⓑ 매체제어 솔루션 ⓒ 백신 ⓓ 문서/백업 관리

구분	위협	공격 시나리오	관리적 보안	기술적 보안	솔루션
MES	공급망을 통한 위협	원격접속으로 OS 및 소프트웨어 취약점을 이용한 서비스 거부 공격으로 오동작 및 중단	ⓐ 공장 네트워크 원격접속 통제 ⓑ MES/Historian 접근가능 단말 제한 ⓒ 벤더사 권고사항 및 최신 보안 패치 적용	ⓐ 원격 접속 시 안전한 보안 경로 사용 및 접근 통제 ⓑ IP 및 기기 접근통제 ⓒ 보안 패치 및 업데이트 적용	ⓐ VPN ⓑ – ⓒ 패치관리 솔루션
ERP/ 서버	외부 인터넷을 통한 위협	업무PC에 침투하여 서버 OS 및 소프트웨어 취약점을 이용한 서비스 거부 공격	ⓐ 서버 접근 단말 제한 ⓑ 벤더사 권고사항 및 최신 보안 패치 적용 ⓒ 서버보안 설정	ⓐ IP 및 기기 접근 통제 설정 ⓑ 보안 패치 및 업데이트 적용 ⓒ 서버보안 설정 적용	ⓐ – ⓑ 패치관리 솔루션 ⓒ –
		외부 홈페이지와 연계된 내부 서버 장애	ⓐ 웹 어플리케이션 보안 ⓑ 외부 공개된 어플리케이션 및 홈페이지 시큐어코딩 ⓒ 서버보안 설정	ⓐ 웹 공격 탐지 및 차단 ⓑ 시큐어코딩 적용 ⓒ 서버보안 설정 적용	ⓐ 웹 방화벽 ⓑ 소스코드 진단 ⓒ –
업무 PC	공장 업무 영역을 통한 위협	비인가 이동식 저장매체를 통해 웜에 감염되어 업무 네트워크 장애	ⓐ 비인가 이동식 저장매체 제한 ⓑ 악성코드 탐지	ⓐ 이동식 저장 매체 사용 통제 ⓑ 악성코드 탐지 및 차단	ⓐ 매체제어 솔루션 ⓑ 문서/백업 관리
		무선 업무망에 침투하여 업무PC 침투 후 정보 탈취	ⓐ 공장 무선 네트워크 접근 가능 단말 제한 ⓑ 벤더사 권고사항 및 최신 보안패치 적용 ⓒ 중요 정보 암호화	ⓐ IP/MAC 기반 네트워크 접근 통제 ⓑ 보안 패치 및 업데이트 적용 ⓒ 문서관리 및 파일 암호화	ⓐ 네트워크 접근 통제 ⓑ 패치관리 솔루션 ⓒ 문서/백업 관리
	외부 인터넷을 통한 위협	이메일 및 외부 인터넷을 통한 스파이웨어 감염	ⓐ 메일 보안 ⓑ 중요 정보 암호화 ⓒ 악성코드 탐지	ⓐ 악성코드 포함된 메일 탐지 및 차단 ⓑ 문서관리 및 파일 암호화 ⓒ 악성코드 탐지 및 차단	ⓐ 메일 보안 ⓑ 문서/백업 관리 ⓒ 백신
Wi-Fi	공정 제어 네트워크를 통한 위협	공개된 SSID에 무차별 대입, 사전대입 공격 등으로 무선 네트워크 침입	ⓐ 무선 네트워크 접근 보안	ⓐ SSID 숨김 및 비밀번호 복잡도 강화 등 보안 설정	ⓐ 보안 AP
		암호화 키를 획득하여 네트워크 패킷 도청으로 Wi-Fi 비밀번호 탈취	ⓐ 무선 네트워크 통신 암호화	ⓐ WPA2 암호화 등 보안 설정	ⓐ 보안 AP

▶ 4단계, 보안요구사항 매핑을 통해 자산별 보안위협에 대응하는 보안기술과 계층구조별 보안아키텍처에 적용한다.

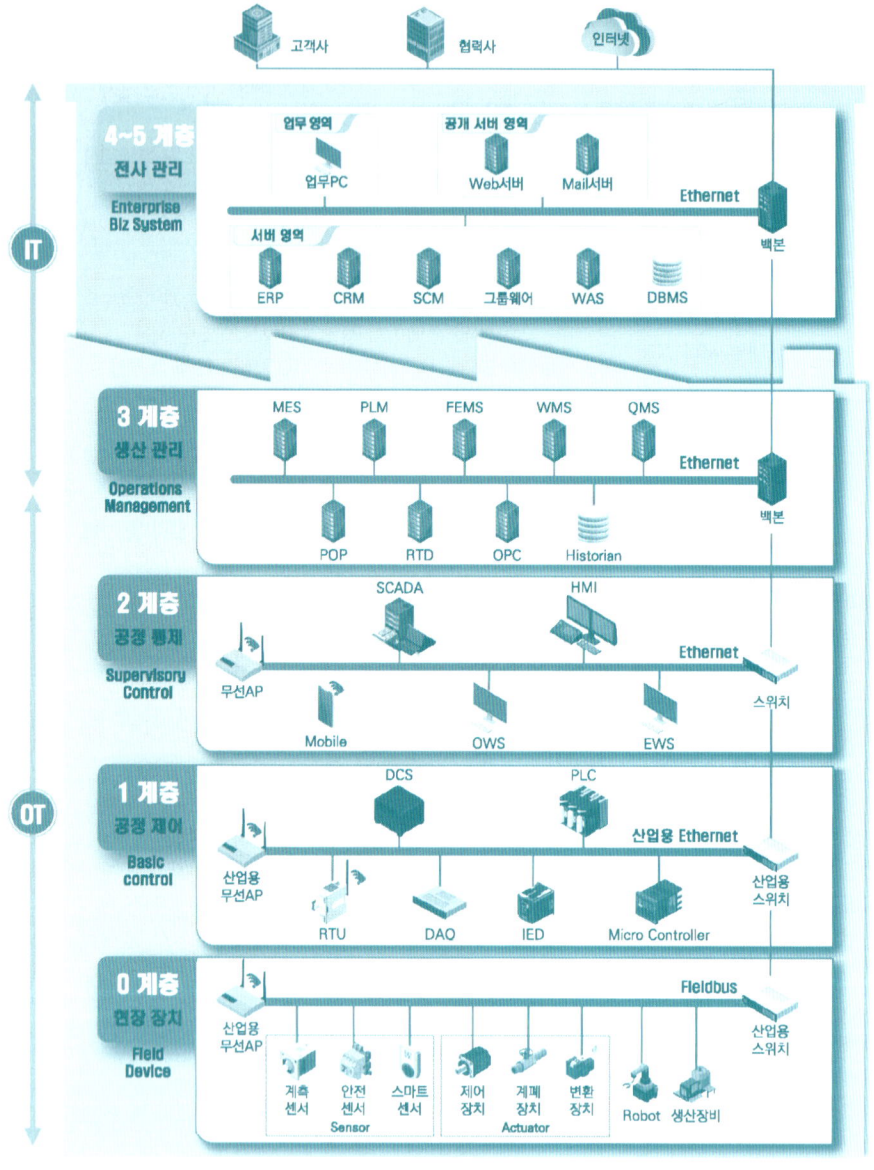

4.1.3 OT 환경의 랜섬웨어 방어 전략

■ OT 환경의 랜섬웨어 공격
> 랜섬웨어(Ransomware)는 '몸값(Ransom)'과 '소프트웨어(Software)'의 합성어로 시스템을 잠그거나 데이터를 암호화해서 사용하지 못하도록 한 뒤 금전을 요구하는 악성 프로그램으로 ICS 제어시스템 대상으로 공격이 늘어나고 있다.
> - 정보보호의 기본 3요소인 기밀성, 무결성, 가용성 중 IT보안은 기밀성을 가장 중요하게 생각하는 반면, 생산 활동에 직결되는 산업제어시스템은 조직의 이윤에 직접 영향을 미치기 때문에 가용성을 먼저 생각할 수밖에 없다. 해커들이 이 같은 점을 파악하고 상대적으로 OT보안이 소홀한 산업제어시스템을 대상으로 랜섬웨어 공격이 늘어나고 있다.

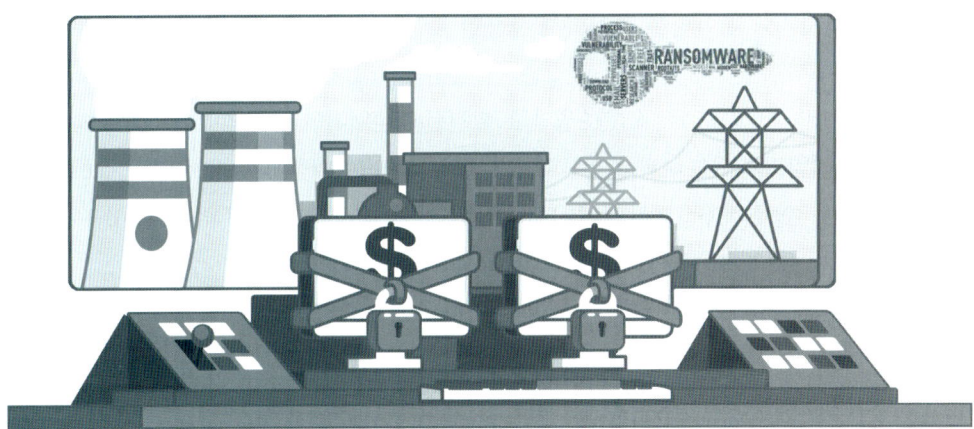

(출처: KISA, 보호나라)

- 신뢰할 수 없는 사이트 : 단순한 홈페이지 방문만으로도 감염될 수 있으며, 드라이브 바이 다운로드(Drive-by-Download) 기법을 통해 유포된다. 이를 방지하기 위해서 사용하는 PC의 운영체제 및 각종 SW의 보안 패치를 항상 최신으로 업데이트하는 것이 중요하다. 또한 음란물, 무료 게임 사이트 등은 보안 관리가 미흡한 사이트로 이용 자제를 권고한다.
- 스팸메일 및 스피어피싱 : 출처가 불분명한 이메일 수신시 첨부파일 또는 메일에 URL 링크를 통해 악성코드를 유포하는 사례가 있으므로 첨부파일 실행 또는 URL 링크 클릭에 주의가 필요하다. 사용자들이 메일을 열어보도록 유도하기 위해 '연말정산 안내', '송년회 안내', '영수증 첨부' 등과 같이 일상생활과 밀접한 내용으로 위장하고 있어 출처가 명확한 첨부파일도 바로 실행하기보다는 일단 PC에 저장 후 백신으로 검사하고 열어보는 것을 권고한다.
- 파일공유 사이트 : 토렌트(Torrent), 웹하드 등 P2P 사이트를 통해 동영상 등의 파일을 다운로드 받

고 이를 실행할 경우, 악성코드에 감염되는 사례가 있어 이에 대한 주의가 필요하다.
- 사회관계망서비스(SNS) : 페이스북, 링크드인 등 사회관계망서비스(SNS)에 올라온 단축URL 및 사진을 이용하여 랜섬웨어를 유포하는 사례가 있습니다. 특히 SNS 계정 해킹을 통해 신뢰할 수 있는 사용자로 위장해 랜섬웨어를 유포할 수 있기 때문에 이에 대한 주의가 필요하다.
- 네트워크망 : 네트워크를 통해 최신 보안패치가 적용되지 않은 PC를 스캔하여 악성코드를 감염·확산시킨다. 이를 방지하기 위해서는 사용하는 PC의 운영체제와 SW의 최신 보안 패치를 적용하여 항상 최신의 보안 상태를 유지해야 한다.

랜섬웨어 주요 공격 유형

» 랜섬웨어 감염경로는 신뢰할 수 없는 사이트, 스팸메일 및 스피어피싱, 파일공유 사이트, 사회관계망서비스(SNS), 네트워크망 등 다양한 경로를 통하여 유포되며, 감염시 OT 시스템을 중단시키나 데이터를 암호화해 사용할 수 없도록 하고 이를 인질로 금전(비트코인)을 요구한다.

- 크립토락커(CryptoLocker) : '13년 9월 최초 발견된 랜섬웨어의 한 종류로 웹사이트 방문 시 취약점을 통해 감염되거나, E-Mail 내 첨부파일을 통해 감염되며, 확장자를 encrypted, ccc로 변경시킴
  - 파일을 암호화한 모든 폴더 내에 복호화 안내파일 2종류를 생성(DECRYPT_INSTRUCTIONS.* / HOW_TO_RESTORE_FILES.*)
  - 윈도우즈 볼륨 쉐도우(Windows Volume Shadow)를 삭제하여 윈도우 시스템 복구가 불가능하게 만듦
- 테슬라크립트(TeslaCrypt) : '15년 국내에 많이 유포된 랜섬웨어로 취약한 웹페이지 접속 및 이메일 내 첨부파일로 유포되며, 확장자를 ecc, micr등으로 변경시킴, '16년 5월경 마스터키가 배포되어 종료됨
  - 드라이브 명에 상관없이 고정식 드라이브(DRIVE_FIXED)만을 감염 대상으로 지정하며, 이동식 드라이브나 네트워크 드라이브는 감염 대상에서 제외
  - 악성코드 감염 시 (Howto_Restore_FILES.*)와 같은 복호화 안내문구를 바탕화면에 생성
- 록키(Locky) : '16년 3월 이후 이메일을 통해 수신인을 속이기 위해 Invoice, Refund 등의 제목 사용하여 유포, 자바 스크립트(java script) 파일이 들어있는 압축파일들을 첨부하고 이를 실행 시에 랜섬웨어를 다운로드 및 감염시킴
  - 록키 랜섬웨어에 감염되면, 파일들이 암호화되고, 확장자가 .locky로 변하며, 바탕화면과 텍스트 파일로 복구 관련 메시지 출력
  - 최근의 록키 랜섬웨어는 연결 IP 정보를 동적으로 복호화하고, 특정 파라미터를 전달하여 실행하는 경우만 동작
- 크립트XXX(CryptXXX) : 지난 2016년 5월, 해외 백신사의 복호화 툴 공개 이후에 취약한 암호화 방식을 보완한 크립트XXX 3.0 버전이 유포

- 초기에는 앵글러 익스플로잇 키트(Angler Exploit Kit)를 이용하였으나, 최근에는 뉴트리노 익스플로잇 키트(NeutrinExploit Kit)를 사용
- 크립트XXX에 감염되면 파일 확장자가 .crypt 등으로 변하고, 바탕화면 복구안내 메시지 변경
- 실행파일(EXE)이 아닌 동적 링크 라이브러리(DLL)형태로 유포
- 정상 rundll32.exe를 svchost.exe 이름으로 복사 후 악성 DLL을 로드하여 동작

• 케르베르(CERBER) : CERBER는 말하는 랜섬웨어로 유명

- 감염 시에 "Attention! Attention! Attention!? Your documents, photos, databases and other important files have been encrypted" 음성 메시지 출력
- 웹사이트 방문 시 취약점을 통해 감염되며, 파일을 암호화 하고 확장자를 .cerber로 변경
- 악성코드 내에 저장되어있는 IP 주소와 서브넷 마스크 값을 사용하여 UDP 패킷을 전송, 네트워크가 연결되지 않더라도 파일은 암호화
- 윈도우즈 볼륨 쉐도우(Windows Volume Shadow)를 삭제하여 윈도우 시스템 복구가 불가능하게 만듦

• 워너크라이(WannaCry) : '17년 5월 스페인, 영국, 러시아 등을 시작으로 전 세계에서 피해가 보고된 악성코드로 다양한 문서파일(doc, ppt, hwp 등) 외 다수의 파일을 암호화 시킴

- MS WINDOWS 운영체제의 SMB(Sever Message Block, MS17-010)을 이용하여 악성코드를 감염시킨 후, 해당 PC 또는 서버에서 접속 가능한 IP를 스캔하여 네트워크로 전파
- 감염되면 파일들을 암호화한 바탕화면을 변경하고, 확장자를 .WNCRY 또는 .WNCRYT로 변경
- 워너크립터는 변종이 지속적으로 발견되고 있으며, 미진단 변종이 존재할 수 있으므로 MS Windows 최신 보안 패치를 반드시 적용해야 함

• LockerGoga와 Ekans의 공통점은 ICS를 표적으로 삼아 맞춤형 공격을 한다는 것이다. 이 두 개의 랜섬웨어에서 제너럴 일렉트릭(General Electric)사의 데이터 히스토리 관리시스템인 프로피시(Proficy) 프로세스가 동일하게 확인되었다. 특히, 이들 악성코드는 공격 전에 OT 관련 소프트웨어 프로세스를 종료하고, ICS에서 사용하는 파일을 암호화하여 공격 성공률을 높였다. Ekans는 1,000개 이상의 OT 프로세스 Kill List를 보유하고 있으며, 동종 랜섬웨어인 MegaCortex 및 Maze에서도 유사한 OT 프로세스 리스트가 관찰되었다.

• 메이즈(MAZE) 랜섬웨어는 파일을 암호화하기 전에 밖으로 빼돌려 협박의 수위를 높이는 전략을 처음으로 구사한 랜섬웨어이며, 감염자가 돈을 내지 않으면 빼돌린 민감한 정보를 대중에 공개하였다.

• 소디노키비(Sodinokibi) 랜섬웨어의 경우 결재용 포스기기(PoS)를 검색하고 카드정보를 수집한다.

■ OT 주요 랜섬웨어 사고사례

» 랜섬웨어 공격으로 인한 ICS 사고 사례

- 2017년부터 전 세계적으로 대유행한 WannaCry 랜섬웨어의 경우, 소수의 PC 감염에서 시작하여 이후 무차별적인 확산을 한다면, LockerGoga는 시스템에 먼저 침투한 이후 내부 정보를 활용하여 배포하는 방식으로 변했다. 기존 랜섬웨어는 외부 원격 서비스(Remote Service)를 이용하거나, 원격 파일 복사(Remote File Copy) 기능을 통해 전파(Propagation) 되었지만, 최근 랜섬웨어는 기본 자격 증명(Default Credentials) 또는 유효 계정(Valid Accounts)을 탈취하여 전파 권한을 획득하는 방식으로 바뀐 것이다. NorCert의 조사 결과를 보면 LockerGoga는 일반적인 악성코드와 다르게 네트워크 통신을 하지 않아, 전통적인 C2, DNS를 이용하는 수법도 사용하지 않았고, 침투에 성공한 후 내부 Windows Active Directory의 정보를 활용하여 확산하였다.

- 2018년 8월 세계 최대 반도체 위탁생산(파운드리) 조직인 대만의 TSMC가 워너크라이(WannaCry) 랜섬웨어에 감염돼 하루 동안 일부 공장 생산라인이 중단됐고, 이로 인한 하루 손실액이 3억 대만 달러(한화 약 110억원), 제품 출하 지연과 비용 증가 등을 고려했을 때 총 2,800억원의 손해를 입은 것으로 알려졌다. 관련업계에 따르면 직원이 새 설비에 소프트웨어를 설치하는 과정에서 사용한 USB가 랜섬웨어를 옮긴 것으로 알려졌다.

- 2019년 3월에는 세계 최대 알루미늄 생산자인 노르웨이의 노르스크 하이드로(Norsk Hydro)가 록커고가(LockerGoga) 랜섬웨어에 걸려 금속 압출 공정 다수가 중단됐다. 노르스크 하이드로는 이로 인해 약 4,100만달러(한화 약 477억원)의 손실을 입은 것으로 알려졌다. 아울러 노르스크 하이드로가 알루미늄을 제때 생산하지 못하면서 전 세계 알루미늄 가격이 1.2% 이상 오르기도 했다. 이밖에도 미국의 화학조직 헥시온(Hexion)과 모멘티브(Momentive) 역시 랜섬웨어에 감염돼 생산에 차질을 빚는 등 공장 등 생산시설을 대상으로 한 사이버 공격은 꾸준하게 계속됐다.

- 2020년 5월 대만정부가 국영으로 운영하는 대만중유(CPC)에서 랜섬웨어 공격으로 약 7천대 시스템 가동이 중단되어 주유소 업무가 마비되었다. 이와 함께 대만 반도체 조직인 파워테크 테크놀로지(PTI)도 공격을 받아 반도체 생산 시스템 가동이 중단되었다.

- 2020년에는 일본의 자동차업체 혼다(Honda)의 공장이 사이버 공격으로 멈춰섰다. 지난 6월, 사이버 공격을 받은 사내 네트워크 시스템이 장애를 일으킨 것으로 미국과 인도, 브라질, 터키 등 전 세계 공장 여러 곳의 생산라인 관리시스템이 마비되었고, 일본 공장에서는 완성차 출하가 중단되었다. VirusTotal의 연구원은 에칸스(Ekans) 랜섬웨어 악성코드 샘플에서 혼다의 내부 네트워크로 추정되는 도메인 주소 'mds.honda.com'을 발견했다. Ekans는 소스코드에 포함된 DNS와 IP 주소가 서로 일치하는 경우에만 데이터 암호화를 하도록 구성되어 있어, Ekans가 특정 조직과 조직을 대상으로 공격한다는 것을 보여준다. Kaspersky ICS CERT 데이터에 따르면 Ekans의 공격 대상에는 혼다 이외에도 전력조직인 Enel Group, 독일의 자동차부품 조직, 의료장비 조직 등이 포함되어 있었다. 또한, 일본, 중국, 유럽의 다른 시스템에서도 Ekans 유사 샘플이 발견되었으며, 혼다 외 다른

완성차 제조업체와 부품제조 조직도 공격받았을 것으로 추측했다.
- 2020년 9월에는 독일 뒤셀도르프대 병원 서버 30대가 랜섬웨어 공격으로 인해 마비됐으며, 주요 병원 IT 서비스 운용이 불가능하게 됐다. 이 과정에서 병원은 한 여성 응급환자를 받지 못해 인근 도시 병원으로 이송했으나 결국 사망했으며, 사이버 공격으로 인해 실제 생명을 잃은 사례가 나왔다.
- 2020년 11월 이랜드그룹의 사내 네트워크 시스템이 랜섬웨어 공격을 받아서 NC백화점과 뉴코아 아울렛 매장 48곳 가운데 23곳이 포스(POS) 단말기 영향을 받아 영업을 중단했다. 해커조직 클롭은 유출했다고 주장한 200만건 카드정보 가운데 절반인 100만건을 '다크웹'에 공개하겠다며 4천만달러(450억원)에 해당하는 비트코인을 요구했다. 사이버 공격으로 인해 온라인 서비스가 정지되는 상황을 넘어, 오프라인 매장까지 영업을 멈추게하는 사례가 나온 것이다.
- 2020년의 랜섬웨어는 코로나-19 대유행에 따른 위장형 공격과 원격근무 시스템을 노린 이메일, 원격접속(RDP)등에 대한 공격이 유행하였으며, 공격자는 더 많은 금전적 이득을 위하여 랜섬웨어의 변화를 시도하거나 공격 양상이 바뀌고 있다. 랜섬웨어의 주요 변화는 표적형 공격의 대상이 서비스 및 제조, 의료 등 다양한 산업 분야로 공격이 확대되고 있으며, 산업제어시스템을 표적으로 하는 신종 스네이크(Snake) 랜섬웨어가 발견되는 등 랜섬웨어 공격 대상은 모든 산업 전반으로 확대되고 있다.

구분	회사	이슈 / 공격	피해 규모(KRW)
2019	노르스크 하이드로	LockerGoga 랜섬웨어	800억원
	듀크 에너지	컴플라이언스 미 준수	150억원
2018	사우디 페트로 캐미칼	Triton 멀웨어	알려지지 않음
	영국 NHS	WannaCry 랜섬웨어	1400억원
2017	머크	NotPetya 랜섬웨어	1조 300억
	페덱스 (TNT 익스프레스)	NotPetya 랜섬웨어	4700억원
	머스크	NotPetya 랜섬웨어	3500억원
	몬델레즈	NotPetya 랜섬웨어	2200억원
2016	우크레네르고	Industroyer/Crashoverride ICS 멀웨어	대규모 정전 (산정 불가)
2012	사우디 아람코	Shamoon 멀웨어	1조 1800억원

» ICS 공장 시스템이 랜섬웨어에 감염되면 데이터 가시성에 문제가 발생하여 제조 공정의 가용성 훼손으로 이어져, 결국 생산 차질과 금전적 손해로 이어진다. 랜섬웨어 감염을 통한 침

해 사고가 발생한 조직들이 의도적으로 보도(신고)하지 않는 이상 피해 사실이 외부에 알려지기 어렵다.
- 랜섬웨어 조직들은 피해를 입은 일부 조직들이 대외신뢰도 하락을 이유로 사실을 숨기려는 점을 악용하고 있으며, 공격을 통해 획득한 데이터를 다크웹(DarkWeb) 같은 블랙 마켓에 유통하겠다는 2차 협박 수단으로 활용하고 있다.
- 랜섬 디도스(RDDoS)는 DDoS공격을 빌미로 몸값을 요구하는 형태로 특정 서비스 혹은 전체적인 네트워크를 디도스 공격으로 중단시키겠다고 협박하며 대가를 요구한다. 공격자는 보통 조직 대표 이메일 혹은 네트워크나 보안 담당자 이메일로 디도스 공격을 감행할 것이라고 연락하고 대응하지 않으면 실제로 소규모의 DDoS공격을 진행하기도 한다.

OS별 랜섬웨어 사고사례

윈도우 서버 대상 비트라커(BitLocker) 랜섬웨어 사고 사례
- 윈도우 서버에 침투하여 관리자 권한을 획득한 후 랜섬웨어 파일을 직접 실행하여 중요 문서나 이미지 등의 특정 파일에 대한 암호화 후 복구를 대가로 금전을 요구한다.
- 최근 공격자들은 백신 및 랜섬웨어 대응솔루션을 우회하기 위해 랜섬웨어 파일을 직접 실행하는 대신 운영체제에 기본적으로 내장된 디스크 암호화 기능인 비트라커(BitLocker)를 이용해 디스크를 암호화한 후 복구를 대가로 금전을 요구하는 사례가 증가하고 있다.
- 윈도우 서버를 운영하는 조직 및 기관은 취약점 보완, 모니터링 등을 통해 피해를 입지 않도록 미리 예방하는 것이 중요하다.

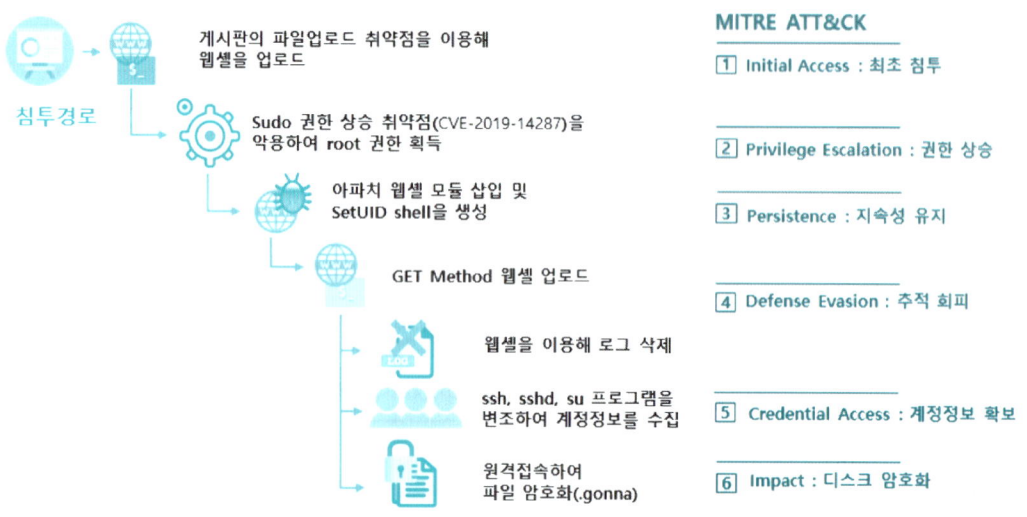

▶ 리눅스 대상 고너크라이(GonnaCry) 랜섬웨어 사고 사례
- 리눅스 서버 OS 취약점을 이용해 루트권한까지 탈취해 특정 파일을 암호화하는 공격이다.
- 공격자는 리눅스 센트OS 5.x 기반(Kernel 2.6.18) 웹서버(아파치 · PHP · 마이SQL 등)에서 다수의 홈페이지를 서비스 하고 있는 시스템이 피해 당했으며, 공격자는 홈페이지 게시판 중 파일 업로드 취약점을 악용해 업로드 된 웹셸을 이용해 작년 10월 공개된 관리자 권한으로 상승할 수 있는 취약점인 Sudo 명령어 취약점(CVE-2019-14287)을 악용해 관리자 권한을 획득했으며, 거점 서버를 지속적으로 사용하고 관리자의 추적을 피하기 위해 웹셸기능을 하는 악성모듈을 웹서버의 설정파일로 등록하여, 웹서버에서 서비스하는 모든 페이지에서 웹셸과 동일한 기능의 명령어를 수행하였다.
- 어떤 사용자라도 관리자 권한으로 실행할 수 있는 SetUID bit가 설정된 악성파일을 생성해 악용했으며, 내부 침투를 위한 거점으로 활용해 공격을 지속하도록 했다. 그리고 웹셸 탐지를 회피하는 여러 기능을 사용하여, 서버 내 로그를 삭제해 공격 흔적을 은닉하고 추적을 따돌렸다.

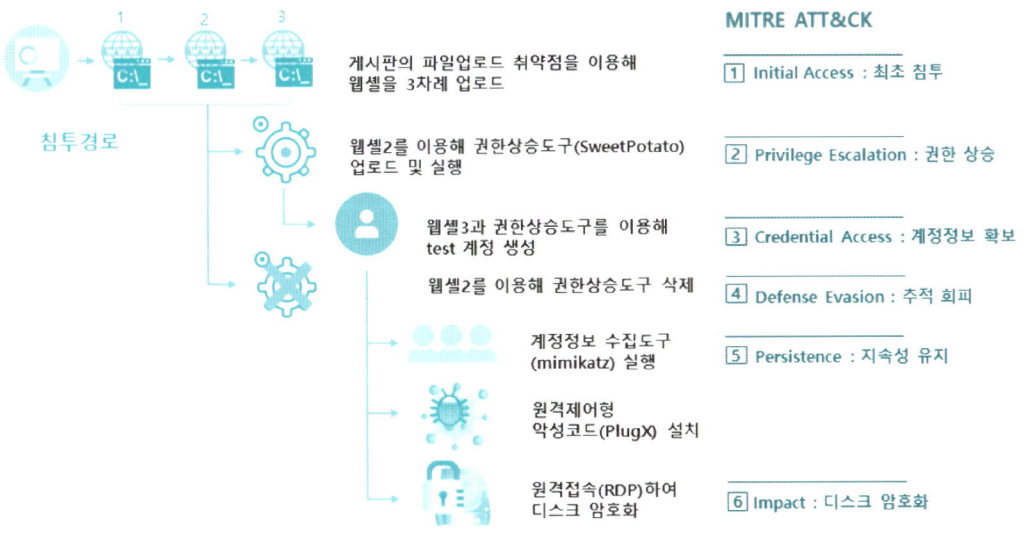

■ ICS 랜섬웨어 대응방안

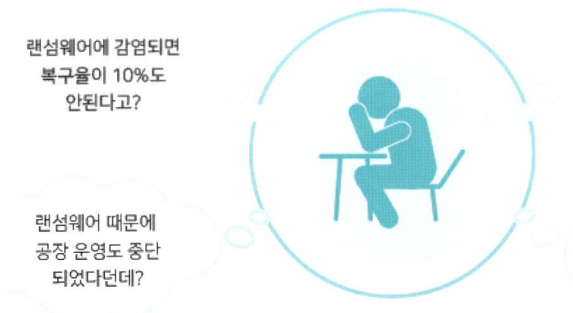

▶ 랜섬웨어는 기본적으로 데이터를 인질로 보상을 요구하기 때문에, 접근제어나 이메일 필터링 등 기술적 조치가 필요하며, 주기적인 백업 시스템을 구축해야 한다.
- 재해복구시스템을 별도로 구축하여 사고로부터 얼마나 빨리 시스템을 정상화 할 수 있는가를 나타내는 시스템 복원력(Resilience)을 높일 수 있는 전략을 수립해야 한다.
- 스마트폰, IoT 기기, USB 등 스마트폰 테더링으로 폐쇄망에서도 외부와 연결이 늘어나고 있어서 엔드포인트 보안이 필요하다. 개개인의 보안 인식강화와 더불어 조직 차원의 철저한 연결 관리가 필요하다.
- OT는 시스템의 고(高)가용성, 즉 중단되지 않고 지속해서 운영되는 것이 매우 중요하므로 시스템을 일시 중단시켜야 하는 업데이트나 보안 패치를 적용하기 어려운 경우가 많으며, 도입된 장비의 생명주기가 길어 한 번 설치된 장비는 별다른 수정 없이 수십 년간 운영되기도 한다.
- 보안성보다 생산성이 중시되는 특성 때문에 기존 시스템에 영향을 덜 주면서도 보안을 강화할 수 있는 특화된 OT보안 기술의 도입을 검토해야 한다.
- 인터넷과 이메일 첨부파일을 통해 DB서버를 직접 공격하거나 서버 관리자PC를 경유하여 공격하는 지능화된 랜섬웨어를 3단계 다계층 방어(행위기반 사전 차단, 무중단 DB보안백업, 실시간 중앙관제)로 DB서버를 보호하는 기능이 있는 솔루션 도입을 검토한다.

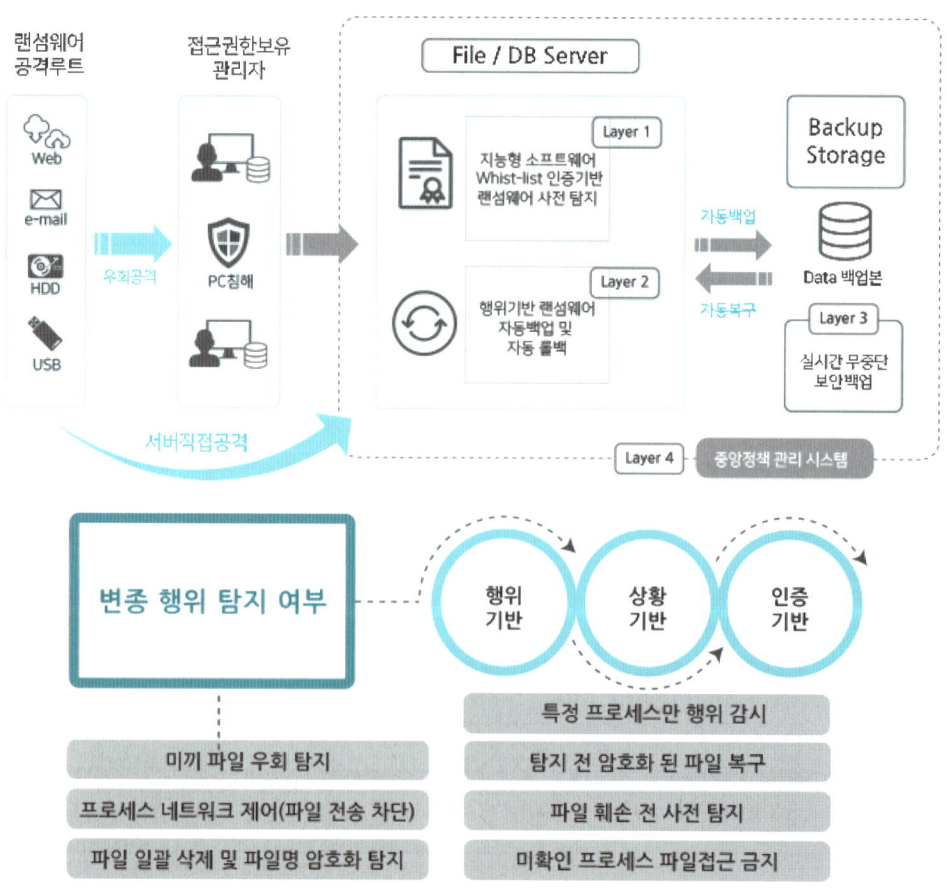

- Malwarehunterteam에서 제공하는 사이트에서 감염된 랜섬웨어의 종류를 식별하여 해결 방법을 찾아 보아야 한다. (https://id-ransomware.malwarehunterteam.com/)

▶ 랜섬웨어는 지난 몇 년 동안 IT & OT 기업들이 직면한 가장 파괴적인 사이버 리스크로 공격자들은 기업들이 기꺼이 몸값을 지불할 의사가 있음을 알고 있으므로 요구하는 몸값이 수천만 원에서 수십억 원, 심지어 수백억 원으로 증가하고 있으며, 악성코드 위협 공격은 멈출 기미를 보이지 않는다.
- 지난 2021년 2월 13일부터 기아자동차 미국판매법인(KMA)이 랜섬웨어 공격을 받아 기아차의 커넥티드카 서비스인 '유보(UVO)' 관련 애플리케이션 등이 마비시켰으며, 공격자는 시가 232억원 상당인 404.5833비트코인을 보내라고 요구했으며 일정 기간이 지나면 600비트코인을 내야 한다고도 덧붙였다.
- CEO, CIO, CISO 등 임원부터 외부 고문, 보험업체에 이르기까지 이런 몸값 지불의 관리 필요성이 증가함에 따라, 랜섬웨어 협상 및 암호화폐 결제를 전문으로 하는 컨설턴트나 업체가 생겨났으며, 시장이 만들어졌다.

▶ 랜섬웨어 대응 절차
- 법 집행기관(KISA, 검찰, 경찰, 국정원 등) 통지하기
- 기업 임원진과 내부 경영진 회의 진행
- 포렌식 전문가 등 기술적 대응방안 마련하기 (침해사고 조사 협조)
- 필요시 외부전문가 그룹에게 자문요청
- 변호사, 포렌식, 위기 커뮤니케이션, 몸값 지불 결정 등 필요한 모든 것을 승인
- 사이버 리스크 보험사에 피해사실 통보
  - 보험업체와의 논의는 보험증서의 내용에 따라 사고대응전문업체의 목록, 사고대응을 지원하는 전문가그룹을 선택함에 있어서도 의견을 제시할 수 있기 때문에 일찍 논의를 시작해야 한다.

▶ 랜섬웨어 공격시 사이버보험 대응사례 (예시)
- 사고경위 : 자동차 부품회사 A사의 직원이 실수로 이메일의 링크를 잘못 눌러 악성 소프트웨어가 다운로드 되었고, 이어서 서버의 모든 정보가 암호화 되었으며, 직원의 컴퓨터 화면에는 복원을 원한다면 48시간 내에 비트코인으로 1억원을 보내라는 메시지가 떴다.
- 대응절차 : A사는 보험사 B사에 사이버보험을 가입한 상태였으므로 곧바로 B사 사고 대응팀에 지원을 요청하였다.
  - 상세 조치사항 : IT포렌식 조사로 대가 지불의 유효성을 평가, 법률적 컨설팅, 협박비용 지불, 손상데이터 복구 등

개인정보 손해배상책임 보장제도 (사이버 리스크 의무보험 가입)

- 정보통신망 이용촉진 및 정보보호 등에 관한 법률 개정 ('19.6.13. 시행)
  - 정보통신서비스 제공자의 가입 의무화(인터넷포털, 통신사, 게임업체 등 약 2만개 업체)

정보통신망법 제32조의 3
① 정보통신서비스 제공자 등은 제32조 및 제32조의 2에 따른 손해배상책임의 이행을 위하여 보험 또는 공제에 가입하거나 준비금을 적립하는 등 필요한 조치를 하여야 한다.
② 제1항에 따른 가입 대상 사업자의 범위, 기준 등 필요한 사항은 대통령령으로 정한다.

정보통신망법 제76조
② 다음 각 호의 어느 하나에 해당하는 자에게는 2천만원 이하의 과태료를 부과한다.
4의2. 제32조의3 제1항을 위반하여 보험 또는 공제 가입, 준비금 적립 등 필요한 조치를 하지 아니하거나 제46조제2항을 위반하여 보험에 가입하지 아니한 자

적용 대상 사업자
- 정보통신서비스 제공자
- 전기통신사업자
- 정보통신서비스 제공자로부터 개인정보를 제공받은 자
- 방송법에 따른 방송사업자
- 정보통신망법 제25조제1항에 따른 개인정보 처리위탁을 받는 자
- '정보통신서비스 제공자'와 그로부터 제24조의2제1항에 따라 '이용자의 개인정보를 제공받은 자'

- 데이터 3법 개정으로 「개인정보 보호법」 제39조의9 특례규정에 반영 ('20.8.5. 시행)

의무보험 가입대상

- 정보통신서비스 제공자 및 그로부터 개인정보를 제공받는 자 (이하 '정보통신서비스 제공자등')
  - 관계없이 인터넷·모바일 상에 영리목적으로 웹사이트·앱·블로그 등을 운영하며 이용자(고객)정보를 보유한 사업자 등이 해당됨
- 전년도(법인의 경우 전 사업연도)의 매출액이 5천만 원 이상
  - 보험 또는 공제에 가입하거나 준비금을 적립해야 할 연도의 전년도(법인의 경우 전 사업연도)의 매출액이 5천만원 이상이어야 함
  - 매출액은 법 제39조의9제1항에 따라 보험 또는 공제에 가입하거나 준비금을 적립해야 할 연도의 전년도(법인의 경우 전 사업연도) 매출액을 말함
  - 매출액의 범위는 정보통신서비스 부문에 한정되지 않으며, 법인(기업)의 총 매출액을 의미함
  - 전년도(법인의 경우 전 사업연도) 매출액은 손익계산서 상 매출액을 기준으로 함. 다만, 전년도 재무제표가 확정되지 않은 경우, 부가가치세과세표준증명서 상 수입금액 또는 세무조정계산서의 손익계산서 상 매출액을 기준으로 하는 것도 가능
- 개인정보가 저장·관리되고 있는 이용자수가 일일평균 1천명 이상
  - 보험 또는 공제에 가입하거나 준비금을 적립해야 할 연도의 전년도 말 기준 직전 3개월 간 그 개인정보가 저장·관리되고 있는 이용자 수가 일일평균 1천명 이상인 경우
  - 개인정보가 저장·관리되고 있는 이용자 수
    ※ '이용자수'는 사업자가 개인정보를 "저장·보관"하는 이용자수를 기준으로 산정함
    ※ 일일 방문자수를 의미하지 않으며, 페이지뷰(PV:page view), 순방문자수(UV:unique visitor)와는 무관함

▶ 일일평균 1천명 이상
  - 이용자수 일일평균 = 10월, 11월, 12월 전체 일일 이용자수의 총합÷92(일)
• 면제 대상
  - 개인정보가 저장·관리되고 있는 이용자 수가 일일평균 1천명 미만인 경우 적용대상에서 제외됨
    ※ 보유하고 있는 이용자 개인정보의 양이 적은 사업자의 경우, 개인정보 유출 등 사고 발생 시 피해 및 배상액 규모 등이 상대적으로 크지 않아, 손해배상책임의 이행을 보장하는 조치를 의무화할 필요성이 낮은 점을 고려함
  - 매출액이 5천만원 미만인 경우 적용대상에서 제외됨
    ※ 신생기업 등과 같이 매출액이 거의 없거나 미미한 경우에는 사실상 규제 준수가 어려운 점을 고려함

사이버 보험 가입률 제고를 위한 노력 (출처 : PrivacyGlobalEdge 2020 최용민, 한화손해보험)

4.2 OT 침해대응 및 재해복구 체계

항목	
4.2.1	OT 침해사고 유형 및 대책
4.2.2	재해복구 체계

4.2.1 OT 침해사고 유형 및 대책

■ 침해사고 유형 및 대응
» 국내 법률에서 침해사고 정의로는 해킹, 컴퓨터바이러스, 논리폭탄, 메일폭탄, 서비스거부 또는 고출력 전자기파 등의 방법 정보통신망의 정상적인 보호·인증 절차를 우회하여 정보통신망에 접근할 수 있도록 하는 프로그램이나 기술적 장치 등을 정보통신망 또는 이와 관련된 정보시스템에 설치하는 방법에 의하여 정보통신망 또는 이와 관련된 정보시스템을 공격하는 행위로 인하여 발생한 사태를 말한다. (「정보통신망법」 제2조 제1항 제7호)

- 최근 침해사고의 특징
  - 대규모 : 동시에 다수의 서버 공격
  - 분산화 : 다수의 시스템에서 목표 시스템을 공격
  - 대중화 : 해킹 관련 정보의 손쉬운 획득
  - 범죄적 성향 : 금전적 이익, 산업정보 침탈, 정치적 목적

침해사고 유형	세부 내용
서비스 중단	- 자산에 대한 물리적인 손상이 발생하여 서비스가 중단되는 경우 - 서비스거부공격(DoS), 바이러스 등으로 인한 자산의 일부 또는 전체의 서비스가 중단되는 경우
고객정보 또는 기밀정보 유출	- 자산에 접근 가능한 내부자 또는 외부자에 의한 대량 정보의 유출 - 중요 장비 또는 저장매체의 도난으로 인한 정보의 유출 - 도청, 감청 또는 네트워크 스니핑(Sniffing)에 의한 정보의 유출
서비스 거래의 변조 또는 수정	- 정보에 접근 가능한 내부자 또는 외부자에 의한 의도적 조작의 경우 - 유출된 기밀을 활용하여 허위거래 또는 거래 조작행위 등을 발생 - 고객정보, 영업정보, 산업기밀 등을 보유한 시스템이 해킹 당한 경우
제공하는 서비스나 정보	- 홈페이지에 대한 해킹으로 인한 경우 - 조직에서 제공하는 서비스에 대한 해킹으로 인한 경우

» 발전, 통신, 교통 등 국가 주요 기반시설과 반도체, 제철, 정유·화학, 스마트팩토리와 스마트시티 등 주요 산업현장에서 설비를 제어하는 산업제어시스템(ICS)의 OT 침해사고가 늘어나고 있다.

- OT 위협으로 침해사고 발생한 첫 사례인 이란 핵시설 스턱스넷 공격은 핵발전소 특정 기기의 특정 프로토콜에만 영향을 미치도록 설계됐으며, 산업제어시설(ICS) 관제시스템에서는 정상 상태로 보이도록 모니터링을 조작하여 이상유무를 발견하지 못하였으며, 이 사건으로 원심분리기 1000여개를 교체해야 했다.

» ICS 해킹에 의한 침해가 발생할 경우 시설 파괴, 생산 중단 등 매우 큰 문제가 발생할 수 있기 때문에 스마트팩토리를 운영중인 조직들은 경각심을 가지고 침해사고 대응체계를 갖추어야 한다.
- 과거 제조공장 설비들은 외부와 단절된 폐쇄망으로 운영되어 왔으나, 스마트팩토리는 산업설비의 핵심 서버와 수만~수백만 개 산업사물인터넷(IIoT) 센서를 5G 네트워크 하나로 연결하고 이렇게 수집된 데이터를 인공지능(AI)으로 분석해 자동으로 제어하는 구조로 되어있어서 외부 공격으로부터 '지켜야 할 문'이 늘어나서 한 번의 침해사고로 사업장 전체가 마비되는 사례가 늘어나고 있다.

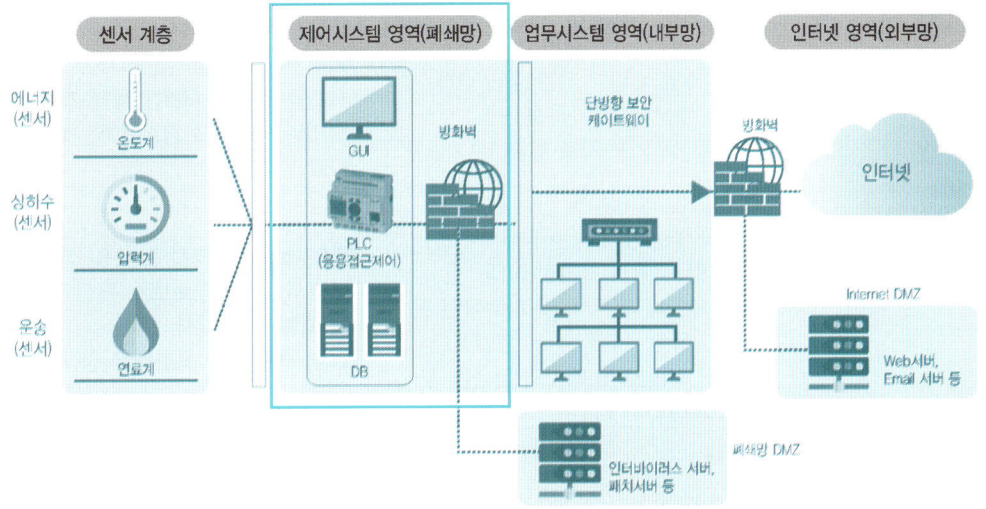

스마트팩토리 네트워크 구성도 (출처 : KISA 스마트공장 사이버보안 가이드)

침해사고 대책수립

» OT 침해사고 대응 전략 수립과 대응팀(CERT) 조직 구성, 대응팀 조직화, 역할 및 책임 규정을 마련하고, 세부적인 조사/분석/대응 절차를 수립하여야 한다.

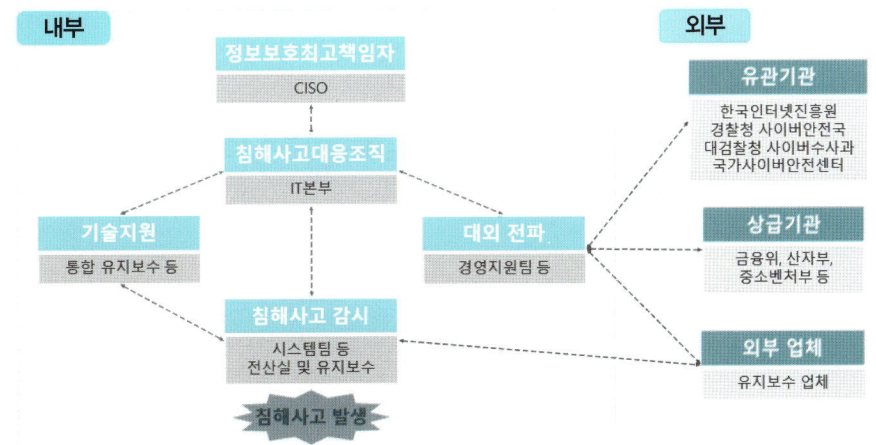

- 침해사고 분석 및 복구를 위한 정보 수집, 예방을 위한 보안 조치, 대응 프로세스 등 침해사고 대응 절차를 수립한다.
- 침해사고 위험등급과 등급별 대응조치 방안을 마련한다.

위험등급	피해 상황	주요 조치 사항
1등급	- 제어시스템의 작동 중단 및 복구 불가로 서비스 중단 - 전원 공급 단절 - 내외부자에 의해 고객정보 및 개인정보 대량 유출 - 내외부자에 의해 기밀 자료 유출	- 침해사고 대응팀(CERT) 가동 - 외부망 접속 차단 - 침입 경로, 취약점 파악 및 분석 - 유출 경로 조사 후 DB 보안 강화 - 기밀자료 유출경로 조사 후 기밀자료 유출방지 보안 강화 (교육 등)
2등급	- 제어시스템의 일부 작동 중단 상태 - 서비스 부분 및 일시적 중단 - 내외부자에 의한 자료 유출	- 외부기관과의 상시 연락체계 가동 - 시스템 및 보안시스템 보안 조치 강화 - 대외비 자료 유출경로 조사 후 대외비 자료 유출방지 보안 강화
3등급	- 제어시스템의 일시적 장애 상태이지만 물리적 손상이 없는 경우 - 일부 네트워크의 불안정 상태 - 외부 또는 내부로부터의 지속적인 취약점 수집 행위(Scanning), 불법적 접근 시도, 비정상적 패킷의 전송량 증가 등이 발견된 경우	- 주요시스템 취약점 점검 및 상시 감시 - 보안시스템의 정보보호 규정 점검 및 유해 패턴 경로 감시 - 외부 지원 기관 공조체제 점검

▶ OT 시스템 및 서비스에 따라 보안대책을 선별하여 적용하여야 한다.
- 침해사고 대응 관련 직원들에게 주기적으로 침해사고 대응 훈련 및 교육을 계획·실시한다.
- 안정적인 OT 운영을 위해 시스템 정보 처리, 네트워크 트래픽, 통신 및 데이터 스토리지 자원 현황을 모니터링하는 시스템 이상 징후 탐지체계를 구축해야 한다.
- 시스템 도입 시 제조사는 시스템에 대한 취약점 시험 확인서를 제출해야 하며, 알려진 취약점이 존재하지 않도록 취약점 분석·평가를 실시하여야 한다.

▶ 취약점 분석론과 평가 방법론을 수립하여야 한다.

- 침해사고 유형별 판단기준 (예시)

침해사고 유형	심각	경계	주의	관심
웜, 바이러스, 백도어, DoS/DDoS	○	○	○	○
스파이웨어		○	○	○
불법 접근 시도	−	−	○	○
Scanning 공격	−	−	○	○
해킹 흔적	−	○	○	○
해킹 경유	−	○	○	−
응용시스템 손상	○	○	○	−

- 사이버위기 경보 단계는 '정상→관심→주의→경계→심각'으로 구분한다.

심각 (Red)	− 서비스망의 장기간 중단 및 전체 서비스 일시중단 − 전체 시스템으로 해킹/바이러스 침해사고 확산
경계 (Orange)	− 서비스망 장애 발생에 따른 전체 서비스 일시중단 − 주 서비스 시스템에 해킹/바이러스 침해사고 발생
주의 (Yellow)	− 서비스망 장애 발생에 따른 일부 서비스 일시중단 − 시스템 일부 해킹/바이러스 침해사고 발생
관심 (Blue)	− 일부 시스템 장애 발생 − 해킹/바이러스 침해 징후 발견

- 취약점 분석·평가 방안은 다음과 같은 내용을 수행할 수 있다.
  − 취약점 점검 대상, 점검 주기, 점검 담당자 및 책임자 지정
  − 주기적으로 취약점 점검을 실시하고 결과보고서 작성
  − 취약점 결과보고서에는 점검 일시, 대상, 방법, 내용 및 결과, 발견 사항, 조치 사항을 포함
  − 자산 중요도에 따라 모의해킹 수행
  − 발견된 취약점 별로 대응방안 및 조치 결과를 OT 책임자에게 보고
  − 불가피하게 취약점 조치가 불가능한 경우 사유를 명확하게 파악하여 책임자에게 보고

▶ 위험관리 전략 및 위험평가 결과를 기반으로 감사 대상을 지정하고 감사 대상과 관련하여 발생하는 행동에 대한 감사 로그를 생성해야 한다.
  - 생성된 감사기록을 지정된 사용자가 검토하는 기능을 제공해야 한다.
  - 권한을 초과하거나 불필요한 감사기록은 제공하지 않아야 한다.

- 신뢰할 수 있는 타임스탬프를 사용해서 보안 관련 사건 이벤트를 정확하게 기록해야 한다.
- 정보시스템은 감사기록 생성을 위한 신뢰할 수 있는 타임스탬프를 제공해야 한다.
- 공인된 시간 소스와 동기화를 지원해야 하며 하루에 1초 이내의 정확성을 가져야 한다.
  - 외부 NTP 서버와 연결이 어려운 경우, 운영체제 시간을 기반으로 적용할 수 있으며 RTC는 일정시간으로 사용을 제한하고 주기적으로 업데이트를 수행해야 한다.
- 생성된 감사기록은 무단변경, 삭제, 권한을 초과한 열람 등으로부터 보호되어야 하며, 무결성 훼손을 탐지할 수 있는 수단(암호알고리즘 등)을 사용해야 한다.
- 시스템이 생성하는 로그를 수집, 분석 및 보고를 통합된 방식으로 처리하는 기술이 도입·운영 되어야 한다.
- 로그 용량 포화 시 적절한 방법으로 저장 실패에 대응해야 한다.
  - 감사 실패 대응 방법 : 오래된 로그 덮어 쓰기 등
- 감사로그에는 사건 유형, 발생일시(표준시), 발생 위치, 결과, 수행자 신원 등 항목들이 포함될 수 있다.
- 감사로그에는 패스워드, 암호키, 민감한 정보 항목 등이 제외되어야 한다.

침해사고 이행방안 수립

» 침해사고 유출 시나리오에 맞는 가상훈련계획을 사전에 수립하여야 하며, 가상훈련은 상시 교육의 일환으로 실제 침해사고 유출 시나리오에 맞는 훈련을 실시한다.
  - 모의 해킹과 동일하게 화이트박스, 블랙박스와 같이 정보 유출 인지 유무에 따라 나뉘어 수행하도록 한다.
  - 화이트박스 훈련은 고위험군 또는 훈련 대상자에게 가상훈련에 대한 시나리오를 미리 말해주고 실제로 하나하나 내부 유출의 가능성을 막는 방식으로 진행한다.
    - 가상훈련 진행 후 보안 담당자와 훈련 대상자의 피드백을 공유함으로써 정책 적용·발전에 도움을 주도록 한다.
  - 블랙박스 훈련은 단순 기술적인 정보 유출의 위협뿐만 아니라, 사회 공학적인 기법을 섞어 실제 외부 유혹에 대해 어떻게 대처하는지, 기술적으로 보안을 잘 수행하고 있는지 등을 훈련하는 방식으로 진행한다.
    - 해당 테스트는 실제 정보 유출 시나리오와 거의 동일하게 사전 공지 없이 진행되므로, 훈련의 결과가 나쁠 경우 직원 평가에 감점 요인으로 책정하여, 항시 직원들이 정보유출에 대한 경각심을 가질 수 있도록 한다.

» 중요 자산 접근 이력 모니터링
  - 기업의 모든 중요 자산에 대한 비인가자 접근 및 인가자의 중요 자산 접근·활용 시 관련 이력에 대한 로그를 기록하여 정기적으로 모니터링 해야 한다.

- 기업의 핵심 중요 자산의 경우 비정상적인 접근을 탐지·차단할 수 있는 지능화된 관제시스템을 도입·운영해야 보안 사고를 방지할 수 있다. 중요 자산에 대한 모니터링을 위한 체계 구축·운영 시 다음 사항을 참고할 수 있다.

» 정기적인 취약점 점검 및 모의해킹 수행
- 중요 시스템이 취약점에 노출되어 있는지 확인하기 위해 매년 1회 이상 또는 시스템의 신규·변경이 발생한 경우 취약점 점검과 모의해킹을 수행해야 한다.
  - 이를 통해 발견된 취약점은 위험도 평가를 통해 우선순위에 따라 보완 조치해야 한다. 취약점 점검 및 모의해킹은 아래 〈취약점 점검 및 모의해킹 수행 방안〉을 참고할 수 있다.
- 취약점 점검 및 모의해킹 수행 방안
  - 취약점 점검 정책과 절차에는 취약점 점검 대상 (서버, 네트워크 장비 등), 점검 주기, 점검 담당자 및 책임자 지정, 취약점 점검 절차 및 방법이 포함된다.
  - 시스템 중요도에 따라 주기적으로 취약점 점검을 실시하고 결과보고서를 작성한다.
  - 취약점 점검 시, 라우터, 스위치 등 네트워크 장비 구성 및 설정 취약점, 서버 OS의 보안 설정 취약점, 방화벽 등 정보보호시스템 취약점, 어플리케이션 취약점, 웹 취약점, 모바일 앱 취약점, IoT 기기 및 근거리 무선 네트워크 취약점을 대상으로 한다.
  - 취약점 점검 결과 보고서에는 이력관리가 될 수 있도록 점검 일시, 점검 대상, 점검 방법, 점검 내용 및 결과, 발견 사항, 조치 사항을 포함한다.
  - 회사의 규모 및 보유하고 있는 자산의 중요도에 따라 모의해킹 수행 여부를 결정한다.
  - 취약점 점검 결과에서 발견된 취약점별로 대응방안 및 조치 결과를 문서화하여 조치 결과서를 작성하고, OT 책임자에게 보고한다.
  - 불가피하게 조치할 수 없는 취약점의 경우 사유를 명확하게 파악하여 책임자에게 보고하고, 대응 방안을 모색한다.

» 정보시스템에 대한 정기적인 보안감사 수행
- OT 내 정보시스템 및 네트워크 등에 대한 보안감사를 정기적으로 수행하여 보안 정책 및 지침에 맞게 자산이 관리(활용, 보관, 파기 등)·감독·보호되는지 확인해야 한다.
  - 이를 준수하지 않거나 관리가 미흡한 부분이 발견되었을 경우, 즉시 개선하여 보안 사고를 사전에 차단해야 한다. 보안감사는 감사인의 능력에 따라 감사 수준이 달라지지 않아야 하므로 체크리스트 등을 활용할 수 있으며, "감사준비→감사착수→감사수행→결과보고→ 후속조치" 절차에 따라 수행된다.

» 피해 시스템 분석 후 침해사고 분석보고서를 작성하여 침해사고 대응 활동을 수행할 수 있도록 한다.
- 침해사고 분석보고서 작성은 가장 어렵고도 중요한 단계이며, 보고서를 읽게 되는 상급자 또는 소

송 관련자들은 IT에 대한 기본지식이 부족한 경우가 많기 때문에, 누구나 알기 쉬운 형태로 작성되어야 한다.
- 침해사고 분석보고서는 데이터 획득, 보관, 분석 등의 과정을 6하 원칙에 따라 명백하고 객관적으로 서술해야 하며, 침해사고 유형 및 심각도, 발생 일시, 대상 시스템 호스트명 및 IP, 내용, 발생원인, 조치시간, 조치 내용, 재발 방지를 위한 대책 등 세부 사항을 정확하게 기술한다.

4.2.2 재해복구 체계

■ 재해복구 체계 구축

» OT 시스템의 재해 발생을 미연에 방지하기 위한 철저한 사전대비에도 불구하고 불가항력적인 비상사태 발생시 시스템의 사용불능 상태를 대비하여 재해 대비 정보시스템 복구계획을 수립함으로써 재해 등의 비상사태 발생시, 신속한 사고대응과 복구, 조직의 재정적 손실 최소화, 지속적인 서비스의 제공을 위한 계획을 수립하여 관리하는 체계를 갖추어야 한다.
- 재해복구 관련용의 정의

용어	설명
재해	자연적 요인(지진, 홍수, 태풍, 낙뢰 등) 및 인위적 요인(전쟁, 테러, 파업, 해킹, 방화 등) 혹은 기타 요인(대규모 장애 등)으로 인하여 IT & OT 인프라가 정상적인 기능을 발휘할 수 없을 정도로 손상된 상황
재해복구	자연재해나 인위적인 재해가 일어나면 서비스에 대하여 중요한 기술 인프라를 복구하거나 지속할 목적으로 준비하기 위한 과정, 정책, 절차
모의훈련	재해복구계획의 당해년도에 해당하는 상세훈련으로 실제 재해가 발생했다는 가정하여 시나리오 기반으로 복구 작업을 진행하는 가상의 훈련
재해위원회	주시스템 재해상황에 대한 보고를 통해 재해선포를 결정하며, 재해상황 및 복구작업, 복구 후 운영작업에 대한 전반적인 사항 보고를 받고 대내외 정책 결정을 수행

» 업무영향분석(BIA) 체계는 재해 발생으로 업무 중단 발생 시, 이로 인한 영향을 분석하여 복구우선순위를 정의하고 업무를 재개하기 위한 최소 필요자원을 도출하기 위한 재해복구를 위한 업무 분석이다.
- 업무영향분석 관련용의 정의
    - 업무프로세스 : 각 부서에서 일정한 목표를 달성하기 위한 업무 현황 흐름으로 단위 업무의 집합

- 재해복구계획(DRP: Disaster Recovery Planning) : IT & OT 기술서비스 기반에 대하여 재해가 발생하는 경우를 대비하여, 이의 빠른 복구를 통해 업무에 대한 영향을 최소화하기 위한 제반 계획
- 복구목표시간(RTO: Recovery Time Objective) : 재해로 인하여 서비스가 중단되었을 때, 서비스를 복구하는데까지 걸리는 최대 허용시간
- 복구목표시점(RPO: Recovery Point Objective) : 재해로 인하여 중단된 서비스를 복구하였을 때, 유실을 감내할 수 있는 데이터의 손실 허용시점
- 장애 : 서버실의 시스템이 불가항력으로 발생하는 자체 오작동 때문에 작동 불능상태 또는 서비스 중단으로 일부 또는 전체를 사용할 수 없는 상황

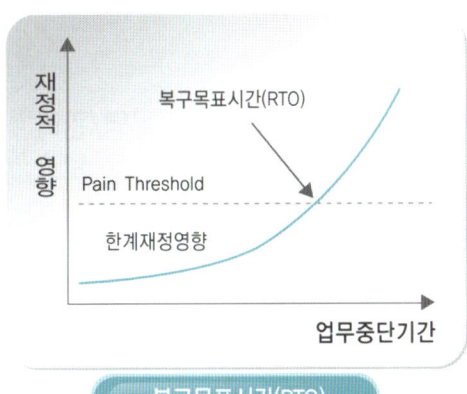
복구목표시간(RTO)

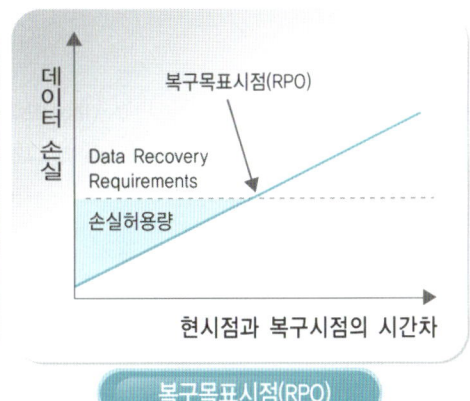
복구목표시점(RPO)

(출처 : 정보시스템 재해복구 지침, 한국전산원 2005년)

» 업무영향분석(BIA) 대상 대상 업무를 식별하여 선정하고 평가한다.
- 업무 및 시스템 운영 유형을 분석하여 내/외부 연계 업무시스템 (아주 중요한 로그 데이터 경우에는 예외)
- 자체적으로 정형/비정형 데이터를 생성하지 않는 업무/서비스 시스템
- 내부 운영관리 및 모니터링 시스템
- 외부 타 기관에서 데이터를 관리하고 임시/한시적 서비스를 위한 데이터 관리 시스템
- 한시적으로 운영되는 업무/서비스 시스템
- 서비스 중단에 따른 서비스 및 데이터 중요도가 아주 미미한 시스템
- 정책적인 비대상 업무(예산, 업무 부담 등)를 분류하고 재해시 및 장애시 파급영향의 유형 및 규모
- 데이터 중요도와 소실 시 생성 가능성

■ 재해복구시스템 구축
» 효과적인 재해복구시스템 구축을 위한 기본 방향을 제시하기 위해 현존하는 재해복구모델을 분석하고 각 모델에 따른 기술 선정 원칙을 다양한 관점으로 분석하므로 최적의 재해복구

모델 및 기술의 적용 방안을 제시하는것이 재해복구시스템이다.
- 안정적이고 효과적인 재해복구시스템 운영의 핵심 목표는 예기치 못한 재난 및 각종 전산사고 발생 시 신속한 업무서비스 전환을 통해 업무 연속성을 확보함으로써 기업의 법적, 금적적인 직접 손실뿐만 아니라 이에 파생되는 이미지 및 신뢰도 저하에 따른 기업가치 하락, 유관업체의 손실 등 간접 손실의 최소화에 있다.

» 재해 발생 시 정보시스템이 안정적이고 빠르게 복구되도록 중요업무 및 데이터의 원격지 재해 복구기술을 통해 재해복구시스템을 구축한다.

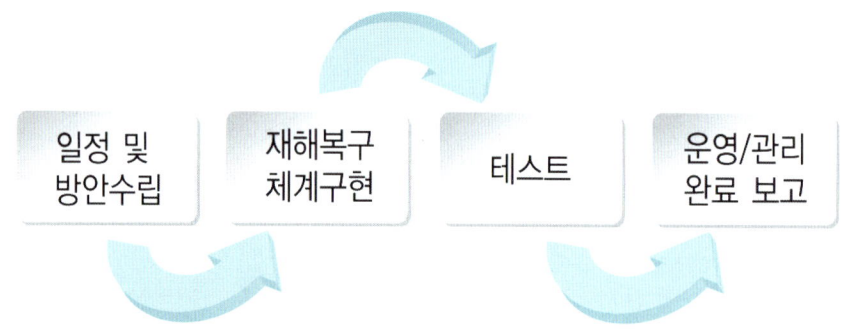

- 재해발생 시 완벽한 데이터 보호 및 신속한 서비스 복구를 통해 서비스지속성, 신뢰성 확보 및 중단없는 핵심 업무를 수행하도록 정보시스템 기반 확립을 확립한다.
- 재해복구 기술 모델을 정의한다.

» 재해복구 수준별 모델 재해복구시스템은 복구수준별 유형에 따라 일반적으로 미러사이트, 핫사이트, 웜사이트, 콜드사이트로 구분된다.
- 미러사이트(Mirror Site)는 주센터와 동일한 수준의 정보기술자원을 원격지에 구축하여 두고 주센터와 재해복구센터로 모두 액티브 상태로(Active-Active) 실시간에 동시 서비스를 하는 방식이다(즉, 이론적인 RPO가 0임).
- 핫사이트(Hot Site)는 주센터와 동일한 수준의 정보기술자원을 대기상태(Standby)로 원격지 사이트에 보유하면서(Active-Standby), 동기적(Synchronous) 또는 비동기적(Asynchronous) 방식의 실시간 미러링(Mirroring)을 통하여 데이터를 최신의 상태(Up-to-date)로 유지하고 있다.(즉, RPO≒0을 지향함)
- 웜사이트(Warm Site)는 핫사이트와 유사하나, 재해복구센터에 주센터와 동일한 수준의 정보기술자원을 보유하는 대신, 중요성이 높은 정보기술자원만 부분적으로 재해복구센터에 보유하는 방식이다.
- 콜드사이트(Cold Site)는 데이터만 원격지에 보관하고, 이의 서비스를 위한 정보자원은 확보하지 않

거나 장소 등 최소한으로만 확보하고 있다가, 재해시에 데이터를 근간으로 하여 필요한 정보자원을 조달하여 정보시스템의 복구를 개시하는 방식이다.

» 재해복구시스템을 설계하고 구축하기 위해서는 재해복구시스템 운영 형태 및 방법을 결정한 후 현 업무와 시스템 환경을 면밀히 분석하여 최적의 복제기술을 등 기술적 고려사항을 선정하여야 한다.
- 재해복구비용 목표복구시간(RTO), 목표복구시점(RPO) 등을 감안하여 적용 및 구현 가능한 기술을 나열하고 그중 최적안을 선정한다. 우선 복제방식으로서 H/W적 복제방식과 S/W적 복제방식 중 어느 방식을 선택하는 것이 좋을지 검토 후 그에 알맞은 기술을 조사하여 툴을 결정 한다.
- H/W적 복제방식을 선택하였을 경우에도 데이터 전송방식을 동기식으로 할 것인지 비동기식으로 할 것인지를 결정하여야 한다. 미러사이트 및 핫사이트 방식의 재해복구 시스템을 구축하는 경우 데이터의 실시간 미러링을 위해 동기적 또는 비동기적 방식의 데이터 복제를 수행하게 된다.
- 재해복구 기술 분류 현존하는 다양한 재해복구기술에 대한 일반적인 구분은 H/W, S/W, 복제방법, 복제 네트워크 별 등 다양한 형태의 구분으로 나누어진다.

» 재해복구시스템 구축 시 재해복구의 수준 즉, 얼마만큼 빨리 완벽하게 복구하는지, 기존의 운영 시스템에 영향을 주지 않고 재해복구시스템을 구축하는지, 어느 정도의 예산으로 재해복구시스템을 구축하는지가 주요한 관점으로 데이터 복제 방식은 여러 요소들을 고려하여 결정하여야 한다.
- 데이터 복제 방식과 전송 방식을 알맞게 혼합하여 현 시스템과 재해복구 수준에 최적화된 재해복구시스템을 구축하는 것이 중요하다.
- Sync 방식이나 Async 방식 등의 데이터 복제방식 중 어느 방식을 사용하더라도, 재해복구시스템은 지속적으로 주센터의 운영시스템 데이터를 복제하게 된다.
- 주센터 운영시스템에서의 실수나 오류로 인한 잘못된 데이터의 추가 및 변경도 재해복구센터에 동일하게 복제되므로, 주센터의 논리적 데이터 오류에 의한 장애시 원격지에서도 동일한 장애가 발생하게 된다.
- 재해복구시스템만 구축되면 모든 장애와 재해를 막을 수 있다는 생각은 잘못된 것이다.

» 재해복구시스템 네트워크 종류
- 데이터 복제 네트워크는 주센터와 재해복구센터 사이의 거리, Sync/Async 등의 복제 방식 등에 의해서 결정된다.
- 재해복구 서비스 네트워크는 재해 발생 시 주센터에서 수행하던 서비스를 일정거리 이상의 재해복구센터에서 동일 혹은 일정 수준으로 수행할 수 있도록 하기 위한 온라인 서비스용 네트워크 재

해복구시스템 형태 및 기술로서, 주센터의 네트워크 구성에 따라 재해복구센터의 네트워크 구성을 설계하여야 한다.
- 예) 주센터가 여러 개의 지역 서비스 센터와의 전용선 연결을 가지고 있었다면, 재해복구센터에도 재해 시 이들 지역 서비스 센터와 서비스 재개를 위한 네트워크 연결이 빠른 시간 내에 획득될 수 있어야 한다.
- 재해시 빠른 네트워크 확보를 위해서는, 평상시 재해복구용 원격지 사이트에서 운영 서비스가 이루어지고 있지 않더라도 재해복구용 네트워크에 네트워크 경로(route)를 사전 설정해두고 일정한 여유 용량을 확보하는 등 별도의 대책이 있어야 한다.

▶ 재해복구시스템 소산백업(2단계 백업) 기술
- 테이프 복제는 백업 테이프로 백업하는 것으로 비용이 가장 적게 드는 재해복구 시스템으로 주요 데이터를 주기적으로 테이프로 백업해 원격 지역에 있는 백업 센터로 운반해 소산하는 방법.
- 테이프 클론은 다수의 백업 장치, 복잡한 백업 정책에 의한 물리적 소산 운영의 어려움 및 소산에 요구 되어지는 운송 방법의 비용이 고가인 상황에 기 구축된 고속의 복제 네트워크가 존재 시에 Tape clone 방식의 소산이 고려되어 진다.
- 스냅샷 이용 방식은 오프-호스트 (Off-Host) 혹은 비파괴(Non-disruptive) 백업이라고도 불리며, 스냅샷 기법을 이용하여 소산 데이터의 레코드를 전용 서버에 마운트 시키고 특정 시점의 데이터 레코드 버퍼 또는 캐시에 있는 데이터가 디스크에 제대로 write되기 위해서 어플리케이션은 스냅샷을 만들기 전에 반드시 중지되어야 한다.
- 클론 이용 방식 오프-호스트 방식에서 스냅샷 대신 클론을 이용 스토리지에 소스 데이터와 같은 양의 저장 공간을 요구 하며 특정 시점의 실 데이터를 스토리지 내에서 물리적으로 복제한 후 에 복제된 클론을 소산하는 방식으로 백업 데이터의 무결성 보장하고 어플리케이션 서버의 짧은 다운타임을 보장하나 추가적인 디스크 공간 요구된다.
- 서버리스 소산 (Third - party copy)은 소산 혹은 백업 작업 중에 서버는 능동적으로 관여하지 않으며 데이터의 이동은 Third-Party Device에 의해 관리되고 데이터는 파일 단위가 아닌 블록 단위로 이동, 데이터의 이동 과정에 서버가 전혀 관여하지 않는 것은 아니지만, 주 디스크와 테이프간의 데이터 이동에 있어서 주된 역할은 Third-Party Device가 담당한다.

▶ 재해 상황 시 업무가 받게 되는 영향, 업무를 지원하는 각 IT 서비스와 관련 IT 자원이 받는 영향을 평가하고 그에 따라 재해복구에 대한 요구사항 및 복구우선순위를 정의하여야 한다.

4.2 OT 침해대응 및 재해복구 체계

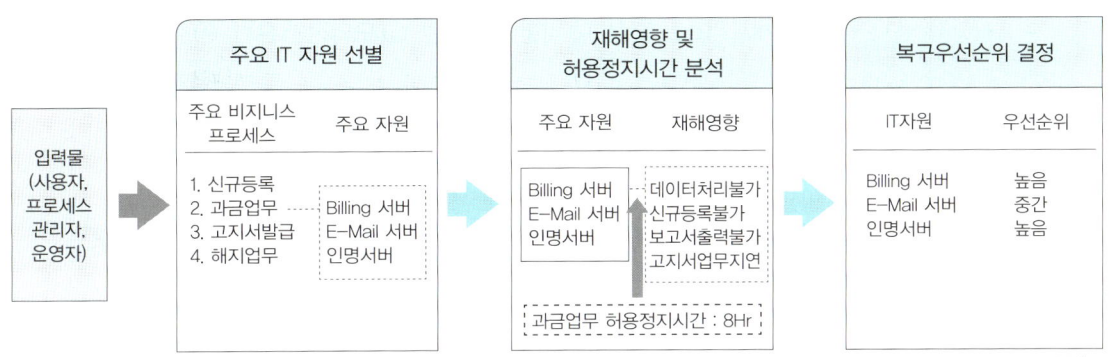

(출처 : 한국전산원, 정보시스템 재해복구 지침)

IT 자원 선별 및 허용정지시간과 복구우선순위 부여(예시)

IT자원 업무	'가'시스템	'나'시스템	'다'시스템	'라'시스템	'마'시스템	업무별 RTO	업무별 RPO
A1	◎				◎	1시간	실시간
A2			◎		◎	4시간	30분
B1					◎	1일	1일
B2	◎					3시간	30분
B3		◎				8시간	1시간
C1		◎			◎	3일	1일
C2	◎				◎	3일	1일
C3			◎			1일	1일
D1			◎			2일	1일
D2				◎		6시간	1시간
D3				◎	◎	1일	1일
IT자원별 RTO	1시간	8시간	4시간	6시간	1시간		
IT자원별 PRO	실시간	1시간	30분	1시간	실시간		

(출처 : 한국전산원, 정보시스템 재해복구지침)

주요 업무 프로세스와 IT 자원의 연관관계 분석(예시)

■ 재해복구훈련 계획 및 이행
▶ 재해복구 계획에 수립된 내역에 따라 재해발생 시 신속한 복구를 위한 모의훈련 계획을 매년 년초에 수립하고 예산을 확보하여야 하며, 실행을 통하여 개선이 필요한 사항을 도출한다.
 • 조직환경에 따른 재해복구 전략 및 대책을 정기적으로 수립하여 운영하여야 하며, 환경 변화를 반영하여 복구 전략과 시험을 실시하여야 한다

① 체크리스트 훈련 ② 역할수행 훈련 ③ 모의전환 훈련 ④ 실전환 훈련

순서	훈련방법	수행 내용	주관부서	훈련유형별 해당여부 ①	②	③	④
1	사전준비	- 업무영향도 파악 - 일정 및 방법 협의 - 관련 상세 작업계획 작성 및 승인 - 재해복구시스템 점검 및 미진사항 조치	관련 실무 담당자	✓	✓	✓	✓
2	재해선언	- 재해선포 및 통보 (주센터, 재해복구센터)	비상대책반			✓	✓
3	재해복구 시스템가동	- 재해복구시스템 가동작업 실시 : DB, Server, APP, N/W 포함	시스템, 네트워크, 업무담당			✓	✓
4	업무테스트	- 자체테스트 실시, 정상유무 판단	업무담당			✓	✓
5	재해복구 시스템 실 업무전환	- 모의전환 훈련시에는 실 업무 전환 안함	시스템, 네트워크, 업무담당				✓
6	정상여부 모니터링	- 재해복구센터 업무 수행여부 모니터링	시스템, 네트워크, 업무담당			✓	✓
7	재해복구시스템 중단	- 재해복구시스템 가동중지	시스템, 네트워크, 업무담당			✓	✓
8	업무복귀	- 주센터 복귀작업 실시	시스템, 네트워크, 업무담당				✓
9	결과정리	- 일정, 절차, 훈련결과 정리 - 미진사항 확인 및 조치	관련 실무 담당자	✓	✓	✓	✓

(출처 : 한국전산원)

재해복구훈련 절차 및 수행내용

■ 재해복구훈련 개선계획
» 모의훈련 단계 수행을 통하여 도출된 개선사항들의 적용을 위한 개선계획을 수립하고, 이행을 통하여 재해 시 신속한 복구가 이루어지도록 경영진은 예산을 지원하여야 한다.
• 재해복구훈련 결과에 따른 개선활동 흐름도

순서	수행 내역	Input	Output	담당자
개선 계획 수립	- 모의훈련 단계에서 식별된 개선사항에 대하여 개선 계획을 수립한다. - 개선계획이 관리대상 IT인프라 자원, 시스템 및 절차 등과 관련하여 변경이 발생하는 경우는 변경관리 절차를 통해 수행한다. - 개선계획에는 목적, 일정, 개선항목, 개선항목별 담당자, 우선순위, 항목별 세부 개선내역, 기대효과 등을 포함한다.	식별된 개선사항	개선 계획서	재해복구 관리자

순서	수행 내역	Input	Output	담당자
개선 활동 수행	- 개선계획서에 따라 모의훈련 시나리오 변경, 재해복구 대상 및 우선순위 변경, 구성항목 변경정보 업데이트, 조직변경에 따른 담당자 현행화 등 수행한 개선활동에 대하여 결과보고서 작성, 수행담당자가 다수인 경우 재해복구 등 개선활동을 수행한다. - 담당자는 결과를 취합하여 검토요청을 수행	개선 계획서	개선활동 수행결과 보고서	재해복구 담당자
결과 검토	- 검토 요청한 개선활동 수행결과 보고서의 이행내역을 점검 및 검토한다. - 이행결과가 미흡하거나, 누락된 부분이 있는 경우 개선사항에 대한 해당 담당자가 개선활동을 재 수행하도록 하고 결과보고서를 재 작성토록 지시한다. - 수정 보완된 개선활동 수행결과보고서의 경우 관련자에게 공유하고 종료한다.	개선활동 수행결과 보고서	개선활동 수행결과 보고서	재해복구 관리자, 재해대책 위원회

4.3 OT 보안감사 전략

항목	
4.3.1	OT 보안감사의 개요
4.3.2	OT 보안감사 결과보고 및 개선

4.3.1 OT 보안감사의 개요

■ 보안감사의 정의
- 보안감사는 OT 보안과 관련된 통제절차의 기록과 행동을 독립적으로 조사, 관찰하고 관련 증거를 수집하여 분석함으로써 주요 정보자산의 기밀성, 무결성 및 가용성을 확인하고자 하는 일련의 정보 보안관리 활동을 말한다.
  - 보안감사는 조직에서 이뤄지는 보안활동이 적절히 이뤄지고 있는지 확인하는 적극적인 내부통제 점검 활동으로 각 조직의 업무와 정해진 정책 그리고 수행되고 있는 보안 활동 범위와 수준에 맞게 실행되어야 한다.

- 보안감사의 목적
  - OT 보안의 안전성 및 건전성 여부가 조직 전체 업무의 안전성 및 건전성에 많은 영향을 미치고 있으므로, 조직은 반드시 OT 보안 부문에 대한 내부통제 규정을 적절히 수립하고 독립적인 위치에 있는 감사조직에서 이러한 내부통제 제도의 준수 여부를 주기적으로 점검하는 것이 매우 중요하다.

■ 보안감사의 분류
- 보안감사는 감사 주체에 따라 내부감사와 외부감사로, 감사시기에 따라 정기 보안감사와 수시 보안점검으로 나눌 수 있다.

분류기준	세부분류	상세내용
보안감사 주체	내부 보안감사	• 보안부서 또는 감사부서에 의해 수행
	외부 보안감사	• 회계법인, 감리법인, 지식정보보안 컨설팅전문업체 등 • 개인정보 영향평가기관, 정보보호 전문서비스 기업 등 • 방송통신위원회, 행정안전부 등 정부기관 • 인터넷진흥원, 금융보안원 등 정보보호 관리체계 인증기관 또는 침해사고대응기관
보안감사 시기	정기 보안감사	• 연간 감사계획에 따라 보안영역 전반에 대하여 정기적으로 실시하는 보안감사 • 매월 또는 분기, 반기 등 일정한 기간마다 시행되는 보안감사
	수시 보안감사	• 보안사고 발생 또는 보안관제 결과 사고발생의 개연성이 있다고 판단될 경우 실시하는 특별 보안감사 • 감사 대상의 평상시 보안 상태를 불시에 점검하는 보안감사

보안감사의 분류

- 내부 보안감사는 기업 조직 및 각 팀의 업무 정의에 따라 보안부서 또는 감사부서에서 수행되며, 외부 보안감사는 회사의 업종 및 해당 법규 등 규제에 따라 달라지며, 감사 주체도 다르다.

- 감사시기에 따른 분류로는 정기 보안감사와 수시 보안감사로 나눌 수 있으며, 정기 보안감사는 연간 계획에 의해 진행되며 보안 영역 전반을 대상으로 하는 감사와 매월, 분기 또는 반기 등 회사의 정책에 따라 수행되는 감사로 나눌 수 있다. 매월, 분기 또는 반기 등 시행되는 정기 보안감사는 전체 보안영역이 아닌 일부 보안영역에 한정적으로 진행된다.

» 수시 보안감사는 보안사고 발생 직후 또는 보안사고 징후가 있을 경우 전체 또는 일부분에 대해 시행되는 보안감사로, 예를 들어 한 대의 웹 서버의 쓰기 권한 허용으로 인해 홈페이지 변조사고가 발생하였을 경우, 신속한 조치 후 전체 웹 서버의 쓰기 권한을 점검하는 활동이나, 일부 서버가 꼭 적용해야 할 패치를 적용하지 않았음을 발견한 직후 모든 서버에 대해 패치 적용여부를 점검하는 활동 등이 있다.
- 감사대상에 대한 일상적인 보안활동을 점검하기 위해 수시로 시행되는 보안 점검을 수행할 수 있는데 이 역시 수시 보안감사의 한 예다. 예를 들어 임직원이 PC 보안 상태를 확인하기 위해 퇴근한 직후 끄지 않은 컴퓨터를 점검하는 활동이나, 임직원 PC의 패스워드 정책 및 바이러스 백신 정책 적용 등을 점검하는 활동도 수시 보안감사이다.

» 정기 보안감사는 보안감사 전 영역에 걸쳐 년 1회 이상 실시하는 감사와 매월, 분기별 또는 반기별로 일정 영역에 따라 진행하는 감사가 있다. 예를 들어, 장애 발생 시 신속한 조치를 위해 VPN을 통해 시스템, 네트워크 장비 또는 데이터베이스에 직접 접속할 수 있다면 VPN 접속에 대한 보안감사는 매월 수행되어야 하며, 그 결과는 정보보호최고책임자(CISO)에게 보고되어야 한다. 보안감사 전 영역에 걸쳐 수행되는 정기 보안감사는 매년 작성되는 '연간 보안감사 계획'에 포함되어야 한다.

구분	관련 부서 역할					설명
	감사 대상 부서	감사 주관부서	CISO	CEO	인사위원회	
감사 계획		보안 감사 계획 수립				목적, 범위, 일정 및 기간 등을 포함하는 감사 계획 수립
			보안 감사 계획 승인			감사 계획의 적절성을 검토하여 승인
감사 실시		보안 감사 계획 승인				보안 감사 계획을 사전 통보하고, 필요한 문서, 기록 등 자료 요청
	자료 제출					요청된 자료를 서면 제출
		자료 검토				요청한 자료를 검토
		인터뷰 요청				인터뷰 및 실사를 통해 확인이 필요한 사항에 대해 협조 요청
	인터뷰 응대	인터뷰 및 실사				인터뷰 및 실사 수행

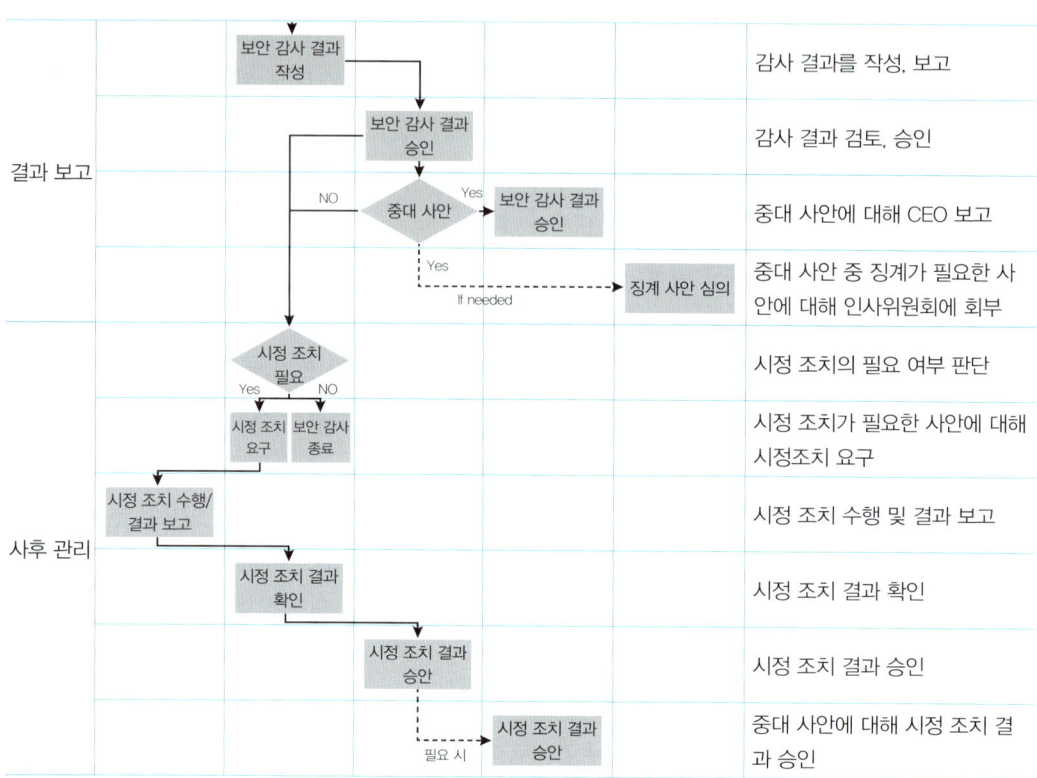

정기 보안감사 수행 프로세스

보안감사 정책 수립

» OT 보안 관련 부서는 회사의 비즈니스에 대한 보안 위협 및 위험(Risk)을 감소시키기 위해 감사 정책을 수립하여 관련 부서에 공지하고 이를 추진하여야 한다. 불필요한 보안감사는 업무 프로세스에 부담을 줄 수 있으며, 인원 및 시간 등 업무 자원의 낭비를 초래하고 임직원 간에 불필요한 오해를 야기할 수 있으므로 보안감사 기준에 대한 정책수립이 우선되어야 한다.

» 보안감사 정책을 수립하기 위해서는 비즈니스에 대한 위험과 위협을 분석하여 이에 맞는 보안감사 정책을 수립하여야 하며 보안감사 정책수립 시 결정하여야 하는 사항은 아래와 같다.
  - 감사대상 보안 영역
  - 감사대상 목적 (감소시키고자 하는 보안 위험)
  - 감사범위 및 중점감사항목
  - 감사일정 및 기간
  - 감사대상 부서
  - 참여 감사자 명단

- 감사기법 및 감사기준
- 기타 필요사항 등

보안감사 정책 수립 절차

■ 연간 보안감사 계획 수립
» 조직의 보안감사담당자는 보안감사를 실시하기 위해 보안감사 실시 범위와 시기 및 방법 등을 명시한 연간 보안감사 계획을 작성하고 정보보호최고책임자에게 결재를 받아야 한다.

» 보안감사의 영역은 보안감사 정책 설정 시 결정되며, 일반적으로 아래와 같은 영역으로 구분할 수 있다.

» 보안감사 영역은 각 조직이 필수적으로 따라야 하는 영역은 아니며, 각 영역 중 각 조직의 업무상 필요에 따라 대상영역을 설정하면 된다. 다만 보안감사를 기술적인 취약점 위주보다는 보안 프로세스를 점검하는 방향으로 하는 것이 바람직하다.

보안감사 영역	점검 항목 대분류	
관리적 보안	• 정보보호 정책 • 정보보호 조직 및 인력 • 내부통제 • 정보보호 교육 및 훈련	• 자산관리 • 업무연속성 관리 • 사고관리 • 정보시스템 도입 개발 유지보수
물리적 보안	• 전산설비 보안	• 전산센터 보안
기술적 보안	• 인터넷 전자금융 보안 • 모바일 전자금융 보안 • 접근통제 • 전산자료 보안 • 서버 보안	• 데이터베이스 보안 • 웹 서비스 보안 • 단말기 보안 • 네트워크 보안 • 정보보호시스템 보안

보안감사 영역구분(예시)

■ 내부 보안감사 계획서 수립
» 보안감사 수행 계획서에 담겨야 하는 항목 중심으로 목차를 구성한다.

- **내부 보안감사 목적**
  - 정보의 기밀성, 무결성, 가용성이 확보될 수 있도록 정보 보안 규정에 따른 정보보호의 적합성을 검토하여 보안 침해가 발생하지 않도록 미흡한 부분을 찾고 개선하게 하는 내용을 기술한다.

- **감사 일정**
  - 피감사 대상의 자산 규모와 감사 투입 인력 자원을 고려하여 감사 일정을 수립하되 1회 감사 수행은 통상적으로 5일을 넘지 않도록 일정을 잡는 것이 일반적이다.

- **감사 수행 조직**
  - 보안 규정에 따라 보안 책임자는 보안감사를 수행할 수 있는 인력을 구성하고, 책임과 권한을 부여한다. 필요 시 외부 전문가를 활용할 수 있다.

- **감사 범위**
  - 관리적·기술적·물리적 보안 영역별로 점검 대상 자산을 식별하여, 감사 여부를 명확히 하고 감사 대상 자산별 수검 대상자를 확인한다.

- **감사 방법**
  - 점검 항목 기반의 샘플링 점검
  - 예비 조사 결과 미흡한 사항의 확인을 위한 추가 자료 요청 및 확인
  - 관련 이해 관계자와의 인터뷰
  - 관련 자료, 기록, 증적 등 확인
  - 시스템 화면 육안 검사 등

- **보안감사 점검 항목**
  - 컴플라이언스 보안 점검 항목
    - 상세 내용은 '내부 보안 점검 항목에 대한 이해' 참조
  - 관리적 보안 점검 항목
    - 상세 내용은 '내부 보안 점검 항목에 대한 이해' 참조
  - 기술적 보안 점검 항목
    - 상세 내용은 '내부 보안 점검 항목에 대한 이해' 참조
  - 물리적 보안 점검 항목
    - 상세 내용은 '내부 보안 점검 항목에 대한 이해' 참조

- **내부 보안감사 결과의 처리**

- 내부 보안감사 결과 미흡한 내용을 피감사 부서에서 확인한 후 시정 조치 계획서를 제출한다.

■ 내부 보안 점검 항목에 대한 이해
» 내부 보안 점검 항목은 경우에 따라 항목별로 더 세분화할 필요가 있을 수 있으므로 감사 대상 및 감사 목적에 따라 적절히 취사선택하여야 한다. 개인 정보보호 관련 항목은 다른 학습 모듈에서 다루고 있으므로 내부 보안감사 점검 항목에서는 제외한다.

■ 보안감사 중점점검 항목 도출 기법
» 중점점검 항목 도출을 위해서는 보안감사 범위를 먼저 명확히 인식하고, 과거 보안감사 자료 검토, 최근 신규 도입 정보 자산 현황 파악, 담당자 교체, 예비 조사 결과, 관련 상위 법령 개정 예고내역 등을 고려하여 취약점이 생길 수 있는 분야를 파악하는 것이 중요하다.

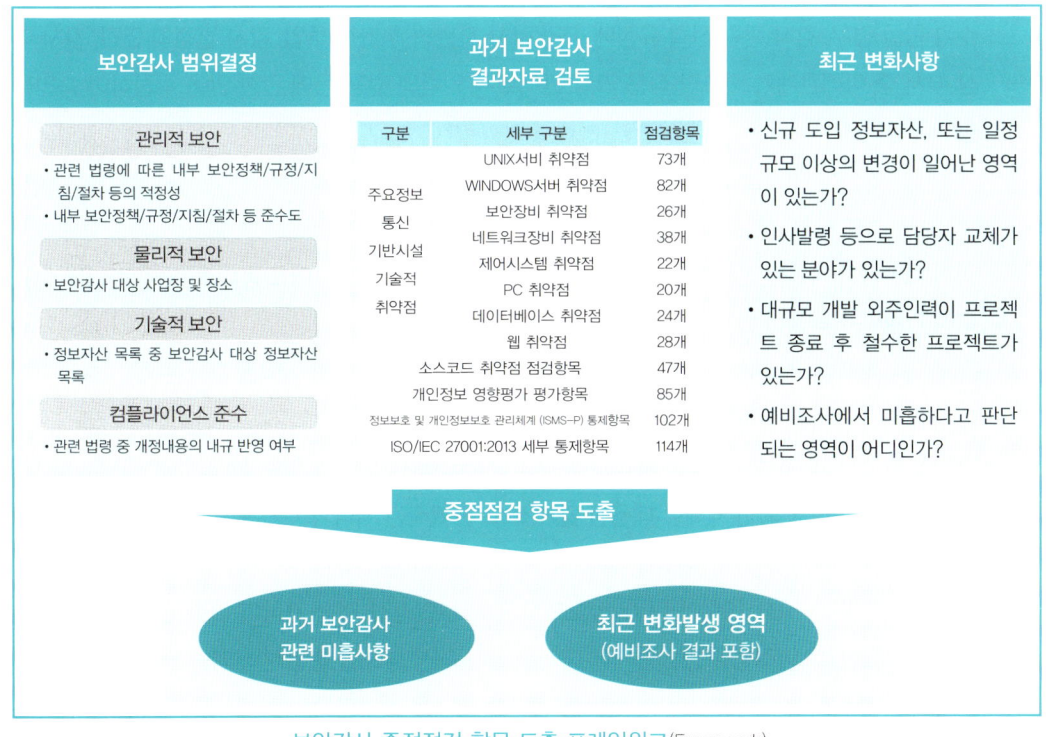

보안감사 중점점검 항목 도출 프레임워크(Framework)

» 취약점이 생길 수 있는 분야를 파악하고 난 다음에는 본 감사 수행 계획서에서 작성된 점검 항목을 검토하면서 다른 분야 대비보다 세밀하게 볼 점검 항목을 표시해 둔다.
- 본 감사 수행 계획서 상의 점검 항목을 활용하여 대상인 분야, 애매한 분야, 대상이 아닌 분야를 표

시하고, 대상인 분야 중에서도 특히 중점적으로 볼 분야를 표시하여 본 감사 시 더 집중적으로 보아야 할 것을 미리 정해 두는 것이 중요하다.
- 본 감사 수행 중에 이러한 중점 점검 분야 및 범위는 조정될 수 있음을 염두에 두어야 한다.

■ 보안감사 계획에 따른 착안 사항과 중점점검 항목을 최종적으로 작성한다.
  ▶ 보안감사 범위 결정
  - 보안감사 계획에 따라 본 감사 수행 범위가 어디까지인지를 명확하게 인식한다. 일반적으로 관리적 보안인 경우는 대부분 감사 범위에 포함되며, 물리적 보안인 경우 보안감사를 해야 되는 작업장은 감사 수행 인력 및 일정, 작업장의 크기 및 숫자에 따라 적정 규모를 산정하고 협의하여야 한다.
  - 물리적 보안감사 대상이 너무 적어 보안감사의 목적을 달성하기 힘들다고 판단되는 경우는 감사 대상 부서에 적극적인 협조를 요청하고 그 규모를 늘려야 한다.
  - 그 반대로 물리적 보안감사 대상이 너무 규모가 크거나 숫자가 많거나 원격지에 위치하여 일정 준수가 힘들 경우, 감사 관련 전결 규정에 따라 감사 자원의 추가적 투입, 감사 일정의 연장, 감사 대상 부서 중 이해관계가 비교적 적은 기획·관리부서 인력의 활용 등에 관한 안을 수립하여 승인을 받아야 한다.

  ▶ 과거 보안감사 자료 검토
  - 과거 보안감사 자료는 전반적인 감사 절차와 점검 항목을 이해하는 데 도움이 될 뿐만 아니라 실제 어떠한 보안 취약점이 있었는지를 이해하는 데 매우 유용하다.
  - 감사 대상 부서에게 과거 보안감사 관련 자료를 요청하고 적극적인 협력을 구하는 것이 효과적이고 효율적인 감사를 수행하는 데 필요하다.
  - 고려할 사항은 과거 보안감사의 목적과 배경에 대한 충분한 이해가 없는 상태에서 보고서에 기록된 상황만 인식하게 되면 세세한 내용만 알게 되고 전체적인 맥락과 구조는 놓치기 쉬우므로 유의하여야 한다.
  - 점검을 위한 점검 사항 도출이 될 수 있으므로 과거 보안감사 지적 사항이 어떻게 조치되고 있는지, 조치 과정상의 어려움은 없었는지에 대하여 감사 대상 부서를 충분히 배려한 접근이 필요하며, 만약 조치를 못하고 있다면 조치를 못하는 이유와 원인을 파악하고 이러한 미조치가 보안 취약점상에서 어떠한 결과를 초래할 수 있을지 전문가적인 주의를 기울여야 한다.

  ▶ 최근 변화사항
  - 보안감사 수행일을 기준으로 1년 이내에 새로 도입된 정보 자산이 있거나 애플리케이션이 일정 규모 이상 수정 보완된 경우가 있다면 유의하여야 한다.
  - 대부분 이러한 변화는 월간/주간 업무 보고 등에서 쉽게 파악할 수 있다.

- 새로 도입된 자산이 있는 경우 관련 점검 절차가 고도화되어 있다면 괜찮겠지만 그렇지 않은 경우 납기 일정에 몰려 보안 관련 조치가 미흡하게 이루어질 가능성이 있기 때문에 유의하여야 한다.
- 애플리케이션이 일정 규모 이상 수정 보완되어 있는 경우, 이 또한 관련 개발 방법론과 절차서가 고도화되어 있다면 별 이슈가 없겠지만 그렇지 않은 경우 시큐어 코딩, 웹 취약점, 개인 정보보호 등과 관련된 기준과 가이드라인 준수 미흡으로 인하여 보안 취약점이 있을 수 있다.
- 예비 조사에서 미흡하다고 의심되는 영역도 최근 변화 사항과 관련이 있는지 충분히 분석하여야 한다.

》중점점검 항목 도출
- 중점점검 항목은 따로 도출하기보다는 감사 계획서상의 점검 항목을 기준으로 상중하 형태 또는 가중치 형태로 각 점검 항목별로 표기하는 것이 향후 감사 업무를 진행 시 종합적 관리와 가중치를 고려한 감사 진척도를 산정할 때 편리하다.

보안감사 수행 절차
》보안감사 수행 프로세스는 감사 준비, 감사 착수, 감사 수행, 결과 보고, 후속 조치 등 5단계로 이루어 진다.

1. 발견사항 정리	2. 결과평가	3. 이해관계자 보고	4. 후속조치
감사 준비, 착수, 수행 과정에서 발견된 오류나 특이사항 등을 정리	발견 사항에 대해 객관성있게 작성되었는지를 평가하여 성과와 미비점 등을 정리	발견 사항과 평가 결과를 취합하여 감사의 모든 이해관계자에게 보고	감사결과를 반영하여 중요정보 관리체계 보완

》보안감사 준비
- 보안감사 준비 단계는 조직에서 보안감사를 위한 환경을 마련하고 있는지 확인하는 단계로, 보안감사 및 점검 활동에 대한 규정·지침의 유무와 해당 규정·지침의 적합성을 검토하고, 보안감사를 위한 사전준비사항이 마련될 수 있도록 하는 단계이다.
  - 조직을 대상으로 한 보안감사 수행이 가능한지, 즉 조직의 제반 환경이 보안감사 수행을 불가능하도록 하는 요소가 없는지를 확인하는 과정이라고 할 수 있다.

》보안감사 사전 준비사항
- 성공적인 보안감사가 이루어질 수 있게 조직에서는 사전에 보안감사를 위한 환경을 마련해야 한다.

- 보안감사의 정당성을 확보하기 위한 규정을 제정하고, 조직의 구성원이 보안감사가 필요하다고 인식할 수 있는 환경을 만들어야 한다. 보안감사가 적절히 이루어질 수 있도록 아래〈보안감사 사전 준비사항〉같은 항목을 사전에 준비해야 한다.

▶ 보안감사 준비도 점검
- 보안감사 준비도란 "조사비용은 최소로 하고 디지털 증거의 활용 가능성을 최대로 하기 위한 조직의 준비 능력"으로, 사고 발생 시 사고의 원인과 과정을 빠르고 정확하게 추적하기 위한 준비부터 단계별 대응 방법까지 모두 포괄

▶ 보안감사 준비문서
- 감사팀은 보안감사를 수행하는 중에 직면하는 여러 상황에 맞춰 적법한 감사를 수행하기 위하여 여러가지 동의서 및 필요 서류들을 준비해야 한다. 아래〈보안감사 준비 과정에서 필요한 문서〉는 보안감사 준비 과정에서 필요한 문서들의 예이다.
- 보안감사 근거문서
    - 보안감사 시 전산자산 및 개인 업무 데이터에 대한 회사의 열람이 가능함을 증명하기 위한 근거문서
- 보안감사 체크리스트
    - 보안감사 목적에 맞게 사전 점검 사항을 체크리스트 형태로 목록화 필요
- 비밀보호서약서
    - 감사팀이 감사 중 획득하는 개인정보 또는 비밀에 대해 비밀을 유지할 것을 동의하는 서약서로 감사 수행 전 감사팀 전원에게 서명을 받아두어야 함.

4.3.2 OT 보안감사 결과보고 및 개선

■ 이해 관계자 입장을 고려한 감사 보고서 작성 기법
- 보안감사 결과 보고는 이해 관계자 입장을 고려하여 객관적인 사실을 기반으로 알기 쉽게 작성하여야 한다. 감사 보고서는 감사 수행 계획서의 점검 항목을 기반으로 통과, 미흡 여부를 판단하고 이에 대한 다양하고 객관적인 증빙을 갖춘 형태로 작성되어야 한다.

- 감사 지적 사항에 대해서는 지적 사항이 나오게 된 원인을 분석하고 세부 내용을 파악하여 실제 보안 취약점 개선을 위한 유사 사례·선진 사례 분석 등의 전문가적 주의 의무를 다한 의견을 제시함으로써 감사 대상 부서 실무자로부터 신뢰를 확보할 수 있게 최선을 다해야 한다.
  - 보안 취약점 관련 개선 의견이 적절하게 도출되면 피감사인의 서면 동의과정이 한결 효율적으로 이루어질 수 있으며, 이러한 과정을 통하여 한층 더 깊이 있는 감사 결과를 보고서로 작성하여야 한다.
  - '보안감사 결과보고서'에는 감사대상과 범위, 목적을 명확하게 기술하여야 하며, 부적합일 경우 '세부 지적사항(부적합 사항)'을 첨부하여야 한다.

■ 신뢰와 개선 가능성을 기반으로 한 시정 조치 관련 의사소통 방법
- 의사소통은 이메일, 휴대폰, 그리고 대면 회의 등 다각적인 도구를 활용하는 것이 좋다.
  - 이메일인 경우 비교적 양이 많은 문서나 정보의 전달 시 유용하다.
  - 휴대폰인 경우 짧은 시간 내에 인터뷰 일정을 협의하거나 적은 정보량을 시의 적절하게 전달하고자 하는 경우 적합한 의사소통 수단이다.

- 대면 회의는 서로에 대한 신뢰를 쌓아 갈 수 있는 핵심적인 의사소통 통로로서 일정을 고려하여 효율적이고 효과적인 신뢰 구축의 수단으로 활용하여야 한다.
  - 다양한 의사소통 수단을 활용하여 감사 대상 부서의 실무자들과 상호 신뢰할 수 있고, 효율적 의사소통을 통하여 감사 목적을 용이하게 달성하게 하는 것이다.

■ 보안감사 수행 결과를 제3자도 쉽게 이해할 수 있게 명료한 사실과 근거를 기반으로 감사결과 보고서를 작성한다.
- 보안감사 수행 결과를 작성할 때는 이해 관계자 및 제3자도 이해하기 쉽게 사실(Fact) 기반으로 정리할 수 있어야 한다.
  - 점검 항목에 따른 감사 수행 결과 작성
    - 감사 지적 사항은 사전에 계획되고 협의된 점검 항목 중심으로 정리하여야 한다.

- 종합적인 결론 중심의 서술
  - 종합적인 상호 비교 분석 등을 통하여 감사 지적 사항이 유의미한 메시지를 전달할 수 있도록 보안감사 수행 결과를 작성하여야 한다.
- 근거가 명확한 이유 중심의 서술
  - 감사 점검 항목에 따라 지적 사항이 무엇이고, 지적 사항의 이유는 관련 법령, 내부 보안 정책 등의 세부적 조항과 비교하였을 때 이런 점에서 미흡하기 때문이라는 형태로 결론과 이유 중심으로 서술하는 것이 좋다.
- 실현 가능성을 고려한 조치 필요 사항 제시
  - 보안 지적 사항 해결을 위한 조치 사항은 실행 이전에 영향도 분석을 거친 후 실행하여야 한다. 보안 취약점 해결을 위하여 일부 셋팅 값을 바꾸었을 때, 시스템 운영에 문제가 생기거나 서비스 불편 사항으로 예상하지 못한 문제가 생기는 것까지 영향도 분석을 수행한 후 보완 취약점 해결을 위한 실행을 수행하여야 한다.

■ 감사결과보고서에 대한 의견을 수렴하고, 시정 조치 계획서 수립 및 송부를 요청한다.
  » 감사결과보고서 작성 후에는 감사 대상 부서의 실무자 등으로부터 검토 의견을 받는 것이 좋다. 합리적이고 상식적인 검토 의견 여부를 판단하고 반영할 부분이 있는 경우 충분한 협의를 통하여 감사 보고서를 수정할 수 있다.
    - 감사 보고서에 대하여 관련 이해 관계자 간 협의가 되었으면 감사에서 지적된 항목별로 시정 조치 계획을 부탁하고 결과서 송부를 요청한다.

  » 보안감사 결과는 보안감사에서 수집한 증빙을 활용하여 어떠한 메시지를 전달할 것인지에 대한 고민의 결과가 담겨져야 한다.
    - 보안감사 결과에 대하여 피감사 부서와의 상호 협의한 결과, 양보할 것과 양보 불가한 것에 대하여 피감사 부서 및 전혀 관계가 없는 제3자가 보았을 때도 상식선에서 이해가 쉽게 될 수 있을 정도로 쉬운 용어와 논리로 작성할 수 있어야 한다.

  » 감사결과 지적사항에 대해서는 조치한 후 피감사 부서장은 '보안감사 시정조치 보고서'를 작성하여 보안감사팀장에게 제출하며, 보안감사팀장은 이를 확인하여 결과를 정보보호최고책임자에게 보고한다.

  » '보안감사 시정조치 보고서'에는 보안감사 지적사항과 향후 조치 계획 또는 조치 결과 등이 함께 기술되도록 한다.
    - 보안감사의 일부를 외부전문가를 활용하여 시행한 경우 외부전문가에 의해 시행된 범위를 명시하고, 보안감사의 전부를 외부전문가를 활용하여 시행한 경우에는 외부 전문가의 보안감사 사후

조치 보고서로 대치할 수 있다.
- 보안감사 결과를 토대로 하여 보안상의 문제점을 개선하고 보안정책 등에 반영하여야 한다.

보안감사 시정조치 보고서

작성일자 : 20   년   월   일

감사구분	☐ 정 기 감 사		☐ 수 시 감 사	
부서명		감사일자		
작성자		작성일자		

지적사항

1.

2.

3.

시정조치계획 및 조치 결과

1.

2.

3.

시정조치 완료 일자 :

첨 부

결재	
직 위	서 명
부서보안담당자	
정보보안담당자	
정보보호최고책임자	

보안감사 시정조치 보고서(예시)

- 시정 조치 결과의 적정성 판단 기법
    - 시정 조치 결과의 적정성은 감사 수행과 동일하게 관련 증적의 적합성을 판단하는 것으로 서 감사의 점검 항목 양식을 활용한다.

〈관리적 취약점 점검 체크리스트〉

시정 조치 점검 항목	점검 결과(Y/N)	점검 방법	점검 내용 (관련 증빙 포함)
조직이 수행하는 모든 정보 보호 활동의 근거가 될 수 있는 최상위 수준의 정보 보호 정책이 있는가?	Y	공식 결재 문서 부재	XX년 XX월 XX일 정보 보호 정책이 결재를 통하여 구비됨
정보 보호 정책은 조직이 제공하고 있는 사업 등에 관련된 정보 보호 관련 법적 요구 사항을 반영하고 있는가?	Y	관련 법: A, B 조문 확인	www.law.go.kr에서 A,B 최근 법령이 정보 보호 정책에 반영

〈UNIX 서버 취약점 점검 체크리스트〉

점검 항목	점검 결과(Y/N)	점검 방법	점검 내용 (관련 증빙 포함)
시스템 HW, SW 변경 사항을 관리하는가?	Y	변경 이력 확인	항상 관리 결과와 월간 업무상의 변경 이력이 일치함

시정 조치 확인(예시)

- 감사 수행 결과에 대한 학습 교훈 도출 방법
    - 감사 수행 결과에 대하여 아래와 같은 학습 교육(Lessons & Learned)을 도출할 수 있다.
        - 감사 목적의 달성 관련 시사점
        - 감사의 효율적 수행을 위한 시사점
        - 감사 관련 활동의 가치 제고 관련 시사점(감사대상 부서 실무자와의 신뢰 형성 등)

- 송부 받은 시정 조치 내용을 분석하고 적정성을 판단한다.
    - 시정 조치는 감사 수행과 동일한 양식을 활용하여 내용을 분석하고 적정성을 판단한다.

〈관리적 취약점 점검 체크리스트〉

점검 항목	점검 결과(Y/N)	점검 방법	점검 내용 (관련 증빙 포함)
조직이 수행하는 모든 정보 보호 활동의 근거가 될 수 있는 최상위 수준의 정보 보호 정책이 있는가?	Y	공식 결재 문서 확인	XX년 XX월 XX일 정보 보호 정책 전자 결재 문서 확인

| 정보 보호 정책은 조직이 제공하고 있는 사업 등에 관련된 정보 보호 관련 법적 요구 사항을 반영하고 있는가? | Y | 관련 법: A, B, | www.law.go.kr에서 A, B, C 최근 법령 내용이 정보 보호 정책에 반영되어 있음을 확인 |

〈물리적 취약점 점검 체크리스트〉

점검 항목	점검 결과(Y/N)	점검 방법	점검 내용 (관련 증빙 포함)
물리적 중요도에 따라 제한 구역, 통제 구역 등으로 분류하는 보호대책이 있는가?	Y	공식 결재 문서 확인	XX년 XX월 XX일 정보 보호 정책 제X조

〈UNIX 서버 취약점 점검 체크리스트〉

점검 항목	점검 결과(Y/N)	점검 방법	점검 내용 (관련 증빙 포함)
시스템 HW, SW 변경 사항을 관리 하는가?	Y	공식 결재 문서 확인	XX년 XX월 XX일 변경 요청 확인서

시정 조치 내용 분석 및 적정성 판단(예시)

■ 사실 기반의 시정 조치 내용 확인을 위한 현장 점검 계획을 수립한다.
　» 문서로만 시정 조치를 확인하는 것이 아니라 실제 현장에서 테스트 등을 통하여 시정 조치 내용을 확인하는 계획을 수립한다. 현장에서의 테스트 수행은 감사 대상 부서와 테스트 환경 구축, 테스트 데이터 준비 등에 대하여 충분히 협의한 후에 현장 점검을 수행하여야 한다.

■ 시정 조치 결과 확인 및 감사 수행 관련 학습 교훈(Lessons & Learned)을 감사 책임자에게 보고하고 이해 관계자와 공유한다.
　» 감사 수행 관련 학습 교훈은 향후 감사 수행을 위하여 개선되어야 할 점 혹은 이번 감사에서 장점으로 내세울 수 있을 만한 것을 찾아내어 향후 다른 감사에도 활용할 수 있도록 정리하는 것이 좋다. 또한 정리된 학습 교훈은 감사 기능의 상승효과 제고 관점에서 정기적으로 세미나 또는 워크숍을 개최하여 공유할 것을 권고한다.

　» 보안감사에 대한 학습 교훈은 감사 지적 사항을 얼마나 잘 도출하였느냐 보다는 감사 도구 등을 활용하였을 경우 효율적 업무 추진 정도, 역지사지(易地思之) 입장에서 감사 지적 사항에 대한 실행 가능한 대안을 제시하였느냐 등 자기반성적 관점에서 정리하는 것을 권장한다.

OT 보안인증 전략

5.1. ISO 국제표준 개요
   5.1.1 ISO 국제표준의 이해
   5.1.2 세계 주요국의 OT보안 현황

5.2. ISO 정보보안 인증 개요
   5.2.1 ISO/IEC 27000 Series
   5.2.2 ISO/IEC 27001의 이해
   5.2.3 ISO/IEC 27002의 이해
   5.2.4 ISO/IEC 27017의 이해
   5.2.5 ISO/IEC 27018의 이해

5.3. OT보안 국제인증 개요
   5.3.1 ISO/IEC 27019의 이해
   5.3.2 IEC 62443 OT보안의 이해

5.4. OT보안 국제인증 취득 전략
   5.4.1 국제표준 인증심사 개요
   5.4.2 국제표준 인증 취득 프로세스

PART 5

5.1 ISO 국제표준 개요

항목
5.1.1　　ISO 국제표준의 이해
5.1.2　　세계 주요국의 OT보안 현황

5.1.1 ISO 국제표준의 이해

■ 국제표준화기구 개요

- ISO 국제표준화기구(International Organization for Standardization)는 1947년도에 설립된 비정부 조직(NGO, Non-Governmental Organization)으로 전 세계 165여 개국의 국가표준기관의 연합체이다.
  - 상품 및 서비스의 국제간 교류를 원활하게 하고, 지식, 과학, 기술 및 경제활동분야의 협력발전이라는 관점에서 표준화 및 관련 활동을 증진시키기 위해 설립되었다.

- IEC 국제전기기술위원회는 전기 및 전자의 기술분야에 있어서 표준화에 관한 국제협력을 목적으로 1904년 미국의 세인트루이스에서 개최된 국제전기대회에서 결의하여 1906년에 창설되었으며, 174개의 전문위원회(TC)와 분과위원회(SC)와 538개의 작업그룹(WG)이 있다.
  - IEC의 표준화 작업은 ISO와 공동으로 제정한 ISO/IEC Directive에 따라 이루어지므로 ISO의 표준화 작업 절차와 유사합니다. 다만 질의단계 문서를 ISO에서는 DIS라 부르는 반면 IEC는 CDV라 부르는 점이 다르며, 기타 특이 사항은 Directive의 IEC 부속서에 설명되어 있다.

- ITU 국제전기통신연합는 전기 통신의 개선과 효율적인 사용을 위한 국제 협력 증진, 전기 통신 인프라, 기술, 서비스 등의 보급 및 이용 촉진과 회원국간 조화로운 전기통신 수단 사용 보장을 목적으로 하는 정부간 국제 기구로, 정보통신기술 관련 문제를 책임지는 유엔 전문

기구이며 유엔 개발 그룹에 속해 있다.
- 국제 표준화 개발을 위하여 Question(연구과제), Working Group, Working Party, Study Group(연구반), Rapporteur(보고자), Editor(개발책임자), Contributor(기고자) 등 대략 7단계를 거쳐서 국제표준을 채택하고 있다.

» 우리나라는 1999년 이후로는 국가기술표준원(KATS : Korean Agency for Technology and Standards)이 정회원으로 활동 중이다.

■ 국제인정기구포럼 개요
» IAF 국제인정기구협력체(International Accreditation Forum)는 1991년 미국, 호주, 일본 및 중국 인정기관들의 주도로 시작하여, 1993년 7월에 정식 기구로 설립되었으며, 1998년 미국 델러웨어주 소재 민간 국제법인으로 새롭게 출범하였다.

IAF-MLA 서명 (2019.5기준)
66개국 73개 인정기구

IAF-MLA 한국 가입
- KAB(한국인정지원센터) : QMS (**1999**), EMS(2004), FSMS(2015), Person(2018)
- KAS(한국제품인정기구) : Product(2007)

- IAF는 경영시스템, 제품, 요원 및 기타 적합성평가분야의 ISO/IEC Standards 및 Guides에 대한 적용지침을 개발, 제정하여 인증요구사항에 대한 공통된 해석을 마련하고, 각 국 인정기관간 정보 및 인적 교류, 개도국 인정기관에 대한 기술지원 제공 등을 통한 협력 증진을 도모한다.
- IAF는 적합성평가분야 인정기관간 상호인정협정(MLA)의 체결을 통해 경영시스템인증, 제품인증, 요원인증 등의 분야에서 발생할 수 있는 무역상의 기술장벽을 해소하고, "certified once-accepted everywhere" 의 실현으로 세계 무역의 촉진에 기여하는데 있다.+

» 회원 자격은 정회원과 준회원으로 각 기관별로 하나의 투표권을 갖지만, 준회원이 행사하는 총 투표수는 인정기관 회원에 의한 투표수의 3/7을 초과할 수 없다.
- IAF에는 2019년 9월 현재 67개국 73개 MLA 회원기구와 5개 지역기구, 22개 협력 회원 및 특별 이해연계 그룹회원이 있다.
- 한국은 1991년 국가기술표준원(전 공업진흥청)이 대표기관으로 가입하여 활동해오다, 1995년 9월 한국인정원(KAB)을 설립하여 인정업무를 이관함에 따라 1996년 6월에 정회원으로 가입하였다.

국제표준 제정 및 개정

- ISO 조직내에는 기술위원회(TC Technical Committee), 분과위원회(ISC Sub-Committee), 작업반(WG:Working Group)이 있으며, ISO의 기술적 업무나 규격 제정 및 개정 작업 프로그램을 입안하고 이를 실행하며 국제규격을 작성한다.

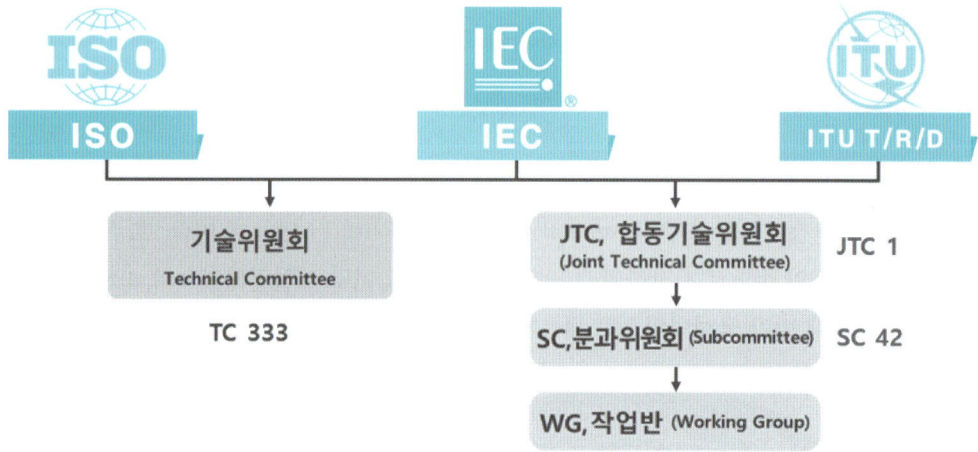

- ISO 표준제정 절차는 6단계(ISO/IEC 기술작업지침서 준수)로 구성되며, 신규 표준제안은 ISO 국가회원 기관, TC/SC 간사기관, 연계기관, 기술관리이사회 또는 자문그룹, ISO 사무총장에 의해 이루어질 수 있고, 작업안은 해당 기술위원회의 정회원들에게 회부되어 투표를 거치게 된다.

■ 국제표준 인증의 개념

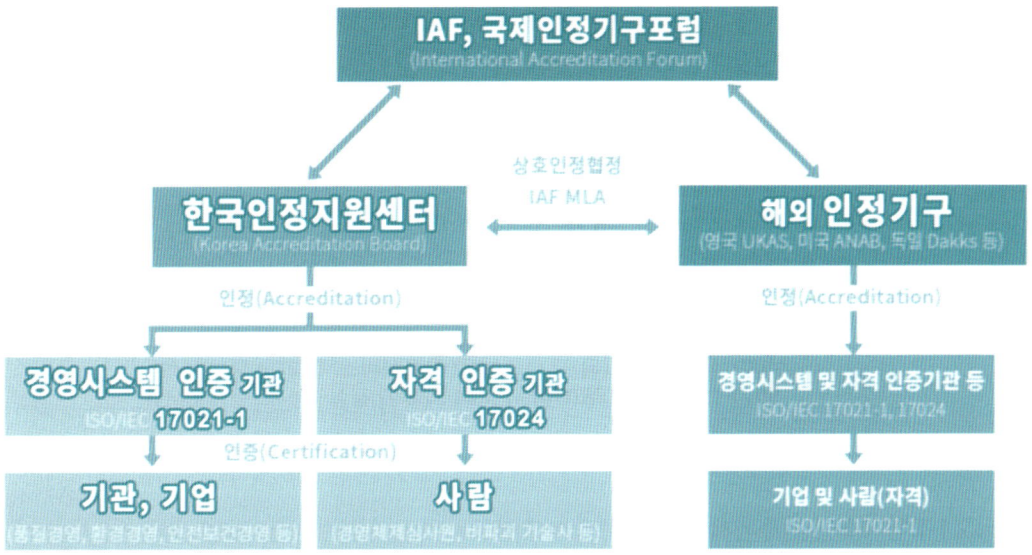

- 인정(Accereditation)이란 특정 적합성평가표준에 따라 제공하는 적합성평가 기관이 국제적으로 요구되는 적격성을 갖추고 있는지를 공평하게 활동을 수행하고 있음을 확인하는 것
  - 적합성평가(conformity assessment) : 제품(서비스 포함), 프로세스, 시스템, 사람 또는 기관과 관련된 규정된 요구사항이 충족됨을 실증하는 것
    - 중요한 적합성 평가로는 '시험', '의학', '교정', '검사', '제품 인증', '시스템 인증', '자격 인증', '의료기기 인증', '온실가스 검증' 등을 들 수 있음
  - ISO/IEC 17000 (인정기관) : 특정 적합성평가(규정된 요구사항) 업무를 수행하는 데 적격하다는 사실을 제 3자에 의한 공식적 증명 발행으로 실증하는 것
  - ISO/IEC 17024 (인증기관) : 인적 자원에 대한 기술분야 자격을 부여하는 자격인증기관(연수기관)

- 인증(Certification)이란 제품, 프로세스, 시스템 또는 사람과 관련된 제 3자에 의한 증명서 발행
  - 적합성평가 활동의 모든 이해당사자들인 규제 당국, 제조자, 소비자들의 이해의 균형을 위해 중요, 제조자 및 산업계의 기업들은 제3자 인증시스템을 이용하여 개별 기업에 대한 심사를 독립적인 평가방법으로 제3자 인증기관(인증원)을 활용하여 인증서를 발급한다. (1자 내부심사, 2자 공급자 심사)

경영시스템 인증 주요 규격

- ISO 9001 품질경영시스템 (QMS)
  ISO 14001 환경경영시스템 (EMS)
  ISO 45001 안전보건시스템 (OHS)
- ISO 27001 정보보호경영시스템 (ISMS)
  ISO 20000 IT서비스 경영시스템 (ISMS)
  ISO 22000 식품안전경영시스템 (FSMS)
- ISO 22301 비즈니스연속성 (BCMS)

14001 녹색경영시스템(GMS)　37001 반부패 경영시스템 (ABMS)
50001 에너지(EnMS)　　　　91000 항공우주(AQMS)
39001 도로교통(RTS)　　　　10002 교육서비스 경영시스템 (EOMS)
9001 산림경영시스템(FM)　　13485 의료기기품질 경영시스템 (MDMS)

ISO 경영시스템 인증체계 주요 프로세스 흐름도

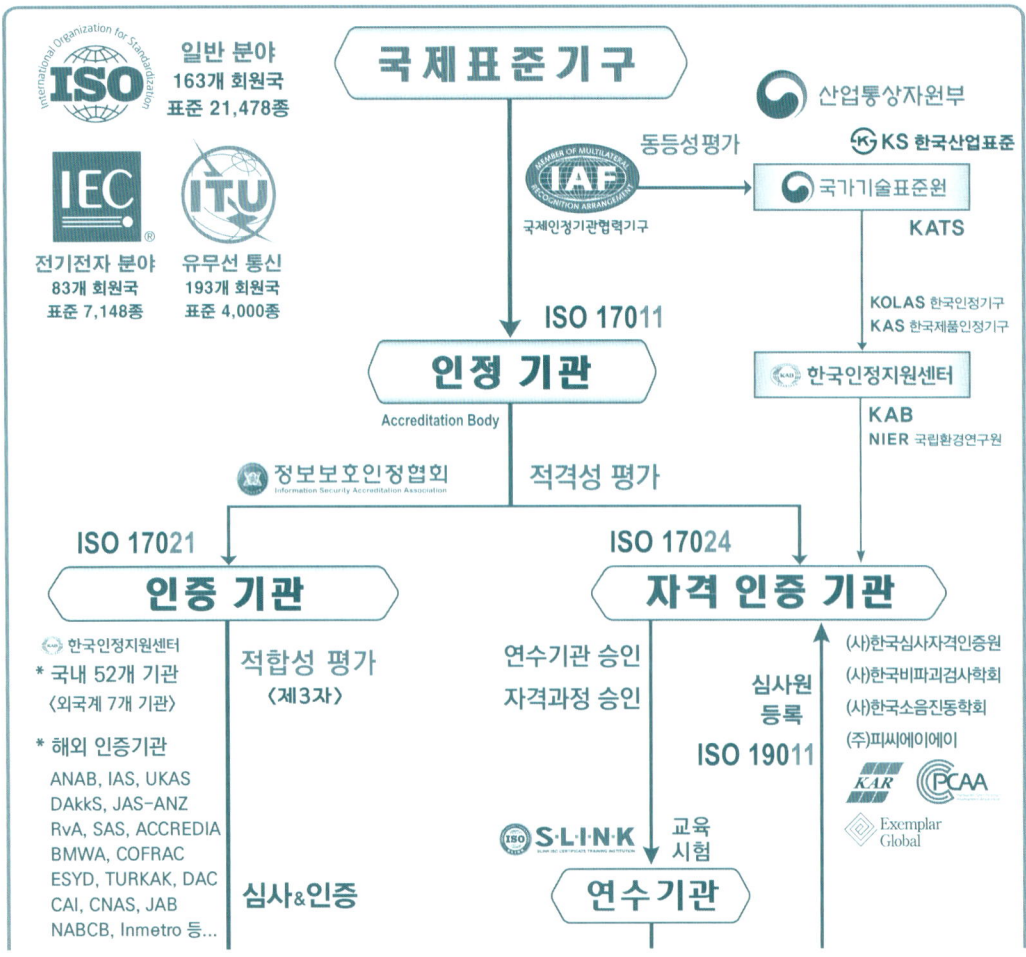

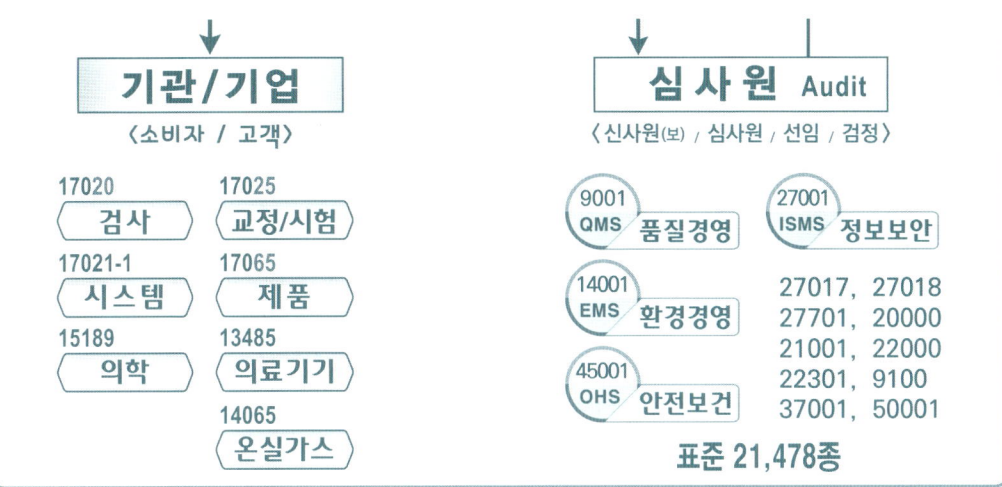

(출처 : ISO 정보보호연수원, www.security-iso.com)

■ 표준화의 개념

▶ WTO 협정(상품분야의 WTO/TBT, 서비스분야의 GATS 협정)은 각 회원국이 국가표준 및 기술기준 채택 시 원칙적으로 국제표준을 준용토록 하고 있다.
  • 4차 산업혁명 도래에 따라 5G, IoT, 인공지능, ICT 융합 등 新부가가치 창출이 가능한 분야의 글로벌 표준 주도권 경쟁에 따라 표준화 추진 3대 요소(사람, 기술, 전략) 확보와 시장 선점을 위한 국제표준 전쟁이 가속화되고 있다.

(출처 : TTA, ICT 표준화전략맵 2021)

▶ 표준화의 효과
- 비용 절감 : 제조업체 등 사업자는 단위 생산·거래 비용을 줄일 수 있으며, 대량생산을 통해 규모의 경제 실현과 기술의 중복투자 방지, 기술이전 촉진 등 연구개발 비용 절감
- 무역활성화 : WTO/TBT 협정에 따라 국가 간 무역은 국제표준을 따라야 하며, 이를 통해 기술 무역장벽 제거 및 국제 교역 활성화 촉진
- 시장 선점 및 시장진출 도구 : 국내 핵심 기술의 표준화를 통해 세계 시장 우위 확보 및 관련 장비 국산화 가능
- 소비자의 편의성 제고 : 신기술·제품의 품질·성능평가 기준을 마련하여, 안전하고 편리한 제품·서비스 이용 가능, 서로 다른 제조사 제품 이용의 불편함 해소
  - 교통카드 전국 호환, 안전한 모바일뱅킹, 편리한 휴대폰 충전(5핀, 무선충전) 등
- 제품 및 서비스 개선 : 품질보장 및 관리, 생산관리 등 제품과 서비스의 성능 측정 기준으로 활용
- 공공안전, 보호 및 ICT 접근성 향상 : 국가의 안보와 안전, 사회적 약자(노약자, 장애인 등)의 ICT 이용 편의를 위한 표준을 제정하여 국민의 삶의 질 향상을 도모

[표준화의 민간부문 효과]

[표준화의 공공부문 효과]

5.1.2 세계 주요국의 OT보안 현황

■ 주요국가 ICS 사이버보안 현황

» 미국 ISA의 표준기구인 ASCI(Automation Standards Compliance Institute) 산하에 ISCI(ISA Security Compliance Institute Society Interest Group)를 구성하고, ICS 환경에 적합하도록 보안요구사항 및 위험분석에 따른 보안대책을 특성화한 ISA-62443을 국제표준으로 등록하였다.

- 미국 NIST에서는 ICS의 사이버보안을 위한 규제지침 표준안들을 개발하여 제공하고 있으며, 대표적인 문서는 NIST Special Publication 800-82로서, SCADA시스템, DCS 및 PLC와 같은 제어시스템 구성을 포함하여 ICS를 보호하는 방법에 대한 지침을 제공한다

- 공급 업체 지원 응용 프로그램 및 운영 체제를 사용하고 관련 보안 취약점을 적시에 패치 이러한 전략을 이행하기 위한 세부자료로 미국 ICS-CERT의 "Seven steps to effectively defend industrial control systems", DOE의 "21 steps to improve cyber security of SCADA networks", NIST의 "Guide to industrial control system(ICS) security(PDF)"를 추가 자료를 제공한다.

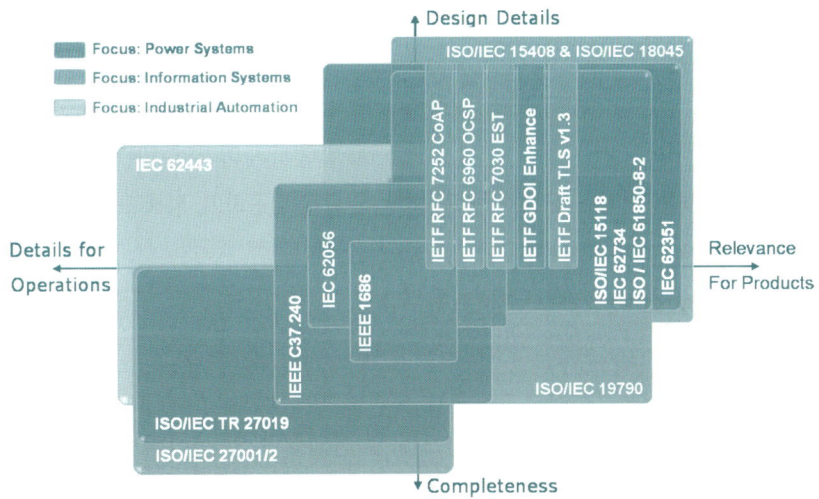

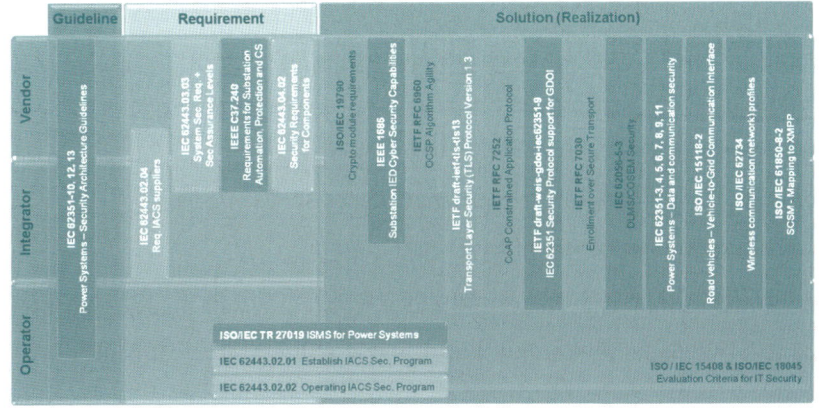

▶ 유럽연합 사이버보안기구 ENISA(European Union for Cybersecurity)는 그리스 아테네와 헤라클리온에 위치하고 있으며, 유럽연합의 사이버보안을 유지하고자 2004년 설립된 기관이다.
- ENISA는 유럽 사이버보안 정책을 수립하고 EU 회원국이 2개 이상 영향을 받는 경우 국경을 넘는 대규모 사이버 사고에 대응할 수 있도록 지원하고 있다.
- ENISA는 네트워크 및 정보 보안과 관련된 문제에 관한 유럽연합의 정책 및 법률 의 개발 및 구현을 지원하며, 회원국과 유럽연합 기구 및 기관이 자발적으로 취약성 공개 정책을 수립하고 구현할 수 있도록 지원하고 있다.
- 2019년부터 사이버보안법(규정 2019/881)이 시행된 이후 ENISA는 제품, 프로세스 및 서비스의 전달을 지원하는 "유럽 사이버보안 인증 체계"를 준비하고 있다

▶ 영국 국가기반보호센터(Centre for the Protection of National Infrastructure:CPNI)에서 정의한 국가 인프라는 국가가 기능하고 일상생활에 의존하는 데 필요한 시설, 시스템, 사이트, 정보, 사람, 네트워크 및 프로세스이다.
- 잠재적인 위험(예: 원자력 및 화학 시설)으로 인해 보호가 필요한 일부 기능, 시설 및 조직도 포함된다. 13개의 국가 인프라 부문으로 화학, 국방, 응급 서비스, 에너지, 금융, 식품, 정부, 건강, 우주, 운송 및 물을 정의하였다.
- 위협 요소로 사이버, 스파이활동, 테러, 대량 살상무기, 조직범죄 등으로 분류하여 대응하고 있다. 국립사이버보안센터(National Cyber Security Centre: NCSC)에서 사이버위협에 대응하고 있다.
- NCSC는 다양한 제품, 서비스 및 조직을 포괄하는 인증을 제공하고, 정책 표준을 충족시키는 공인 지원 제품(Certified Assisted Products: CAPS), 인증된 컨설턴트들(CyberSecurity Professionals: CCP)의 사이버보안 컨설팅, 공인 교육, 공인 학위, 침투 테스트, 상용제품 보증, CC 인증, 보증된 서비스(Cyber security Assured Services: CAS)를 제공하고 있다

▶ 일본은 경제·사회를 지탱하는 중요한 인프라 및 산업 기반의 사이버 공격에 대한 방어력을 근본적으로 강화하기 위해 2017년 4월 1일 IPA(Information-technology PromotionAgency) 예하에 산업사이버보안센터(Industrial Cyber Security Center of Excellence:ICSCoE)를 출범시켰다.
- 산업사이버보안센터는 모의 발전소를 활용하여 사이버 공격과 방어를 수행하는 해킹방어대회를 통해 인력을 양성하고, 최신 사이버 공격 정보의 조사·분석 등을 통해 사회 인프라·산업 기반의 사이버보안 위험에 대응하는 인재·조직·시스템 기술을 만들고 있다.
- 일본의 사회 인프라 산업 기반과 관련한 제어시스템의 안전성·신뢰성에 대한 리스크 평가를 실시하고, 모든 공격 가능성을 확인하고 필요한 대책을 수립하고 있다.
- ICSCoE에서는 제어시스템을 위한 사이버보안 교육과 사회 인프라 및 산업 기반의 사이버보안 인재 육성 등에 대한 보고서를 제공하고 있으며, 다음과 같이 지침과 도구를 제공하고 있다.

▶ 호주는 호주신호정보국(Australian Signals Directorate: ASD) 예하에 ACSC(Australian Cyber Security Center)를 2014년 설립하여 타 국가, 학계 및 전문가와 협력하여 사이버보안 위협에 대한 솔루션을 연구 개발하고 있다. 현재 사이버보안 문제에 관해 약 200여 개의 파트너와 협력하여 국가적 생태계를 구축하고 있으며, 사이버 범죄와 싸우기 위해법 집행기관과 협력하고 있다.
- ACSC에서는 마시는 물, 전기 및 운송 수단을 통제하는 산업제어시스템에 대한 사이버위협을 완화하여 필수 서비스가 모든 사람에게 지속적으로 제공되도록 다음과 같은 전략을 수립하였다.

▶ 한국의 경우 한국전자통신연구원의 부설연구소인 국가보안기술연구소에서 한국정보통신기술협회에 "ICS 보안 요구사항"이라는 표준으로 2017년 등록하였으며, 이 표준에서는 3계층, 즉 운영 계층, 제어 계층, 현장장치 계층으로 구성하고 ICS의 보안요구사항을 정의하였다.
- ICS는 기존의 IT시스템과 달리 가용성의 중요도가 매우 높기 때문에 ICS 보안개념과 보안참조모델을 정의하고 ICS의 보안 요구사항을 현장장치 계층, 제어 계층, 운영 계층별로 분류하여 정리하였다.
- 보안 기능에 대한 분류의 명칭은 동일하지만 세부 보안 요구사항은 각 계층별로 상이하며, 세부 보안 요구사항을 계층별로 정의하여 상황에 적절하게 활용할 수 있도록 기술하였다. 이러한 요구사항은 기술적으로 도입하는데 시간이 필요하며 그에 따른 추가적인 전략이 필요하다.

■ OT보안 국제표준 연구반 활동 현황
▶ ISO/TC 184 개요 : 1983년 설립, 자동화 시스템 분야와 제품 및 관련 서비스의 설계, 소싱, 제조, 생산, 납품, 지원, 유지, 및 폐기를 위한 통합 관련 표준화
- 3개 분과위원회(SC1, SC4, SC5), 1개 자문 그룹(AG), 2개 Ad-hoc그룹(AHG), 3개 작업반(WG, TF), 1개 공동작업반(JWG)으로 구성, 프랑스표준협회(AFNOR)에서 간사기관을 맡고 있음.
  - SC1 : 물리적 장치 통합을 위한 데이터 모델링, 제조시스템 간 인터페이스, 사이버 참조 모델 관련 표준 등 물리적 장치제어 개발
  - SC4 : 일반제조업, 조선해양, 플랜트, 원자력플랜트 등에 대한 산업데이터 표준 개발
  - SC5 : 제조관리 정보시스템, 생산현장 제어시스템 및 기기의 정보 통합과 관련된 표준의 격차 및 중복을 식별하고 기업시스템과 자동화 응용을 위한 상호운용성, 통합, 아키텍처 작업을 담당
- 참여 : P멤버 21개국 (ASEAN 0개국), O멤버 23개국 (ASEAN 인도네시아, 싱가포르 2개국)
- 관련 분과위원회(SC 1, SC 4, SC 5)에서의 아세안 회원국의 참여는 없음
- 표준현황 : 제정완료 846종, 개발중 172종 (TC 184)

- IEC/TC 65 개요 : 1968년 설립, 스마트 팩토리 구성요소들 간의 상호운용성을 보장하기 위한 기술 표준 제정을 담당
  - SC 65C는 산업용 통신 표준기술을 담당하고 있으며, 주로 산업공정 측정 및 제어를 위한 디지털 데이터 통신에 대한 표준을 개발
  - IEC SyC SM은 2017년 10월 SMB의 승인을 받아 SyC Smart Manufacturing(스마트제조 시스템위원회)로 전환(신설)되었으며, IEC 및 기타 관련 컨소시엄의 스마트 제조 분야 활동을 조화, 발전시키기 위한 조정 및 제언의 역할을 수행하고 직접 표준 개발을 하지는 않음
  - 참여 : P멤버 27개국 (ASEAN 태국 1개국), O멤버 21개국 (ASEAN 인도네시아, 싱가포르 2개국)
  - 표준현황 : 제정완료 33종, 개발중 15종 (TC 65)

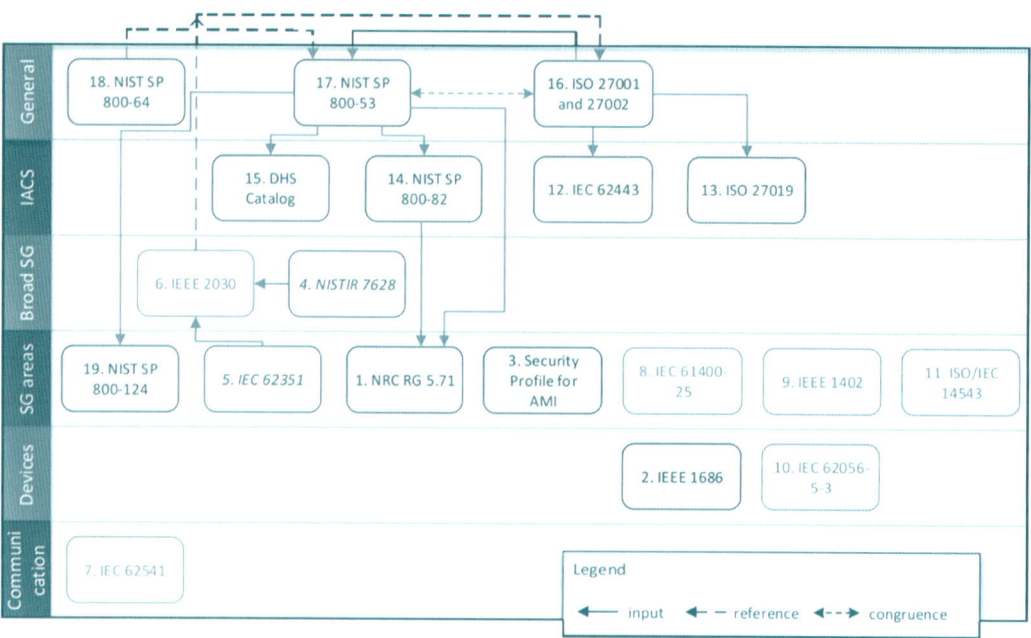

- ISO 27000 Series의 연구반 작업 현황
  - 국제표준화위원회/전기위원회 합동위원회 1의 정보보호기술연구 작업반 (ISO/IEC JTC 1/SC 27/WG 5)에서는 정보보호 관련 주요 표준화 이슈와 대응 방안을 제시하고 있으며 여러 국제 표준을 개발하고 있다.

» ISO/IEC 27019는 IACS에 직접 적용할 수 있는 보안제어를 위해 추가 지침을 워킹그룹에서 논의 중에 있다.

SC27/WG5 연구반 국제표준 현황 (출처 : 순천향대학교 염흥렬 교수)

5.2 ISO 정보보안 인증 개요

항목	
5.2.1	ISO/IEC 27000 Series
5.2.2	ISO/IEC 27001 개요
5.2.3	ISO/IEC 27002:2013 실행 규약
5.2.4	ISO/IEC 27017
5.2.5	ISO/IEC 27018

5.2.1 ISO/IEC 27000 Series

■ ISO/IEC 27000의 개요
» ISO/IEC 27000 시리즈는 현재 증가하고 있는 ISO/IEC 정보보안경영시스템(ISMS) 표준 계열의 일부이며, 정보기술-보안기법-정보보안경영시스템-개요 및 상용구(Information technology — Security techniques — Information security management systems — Overview and vocabulary)라는 제목의 국제표준이다.
- 이 표준은 국제 표준화 기구와 국제전기기술위원회의 JTC1(first Joint Technical Committee)의 소위원회 27(SC27)이 개발하였다.

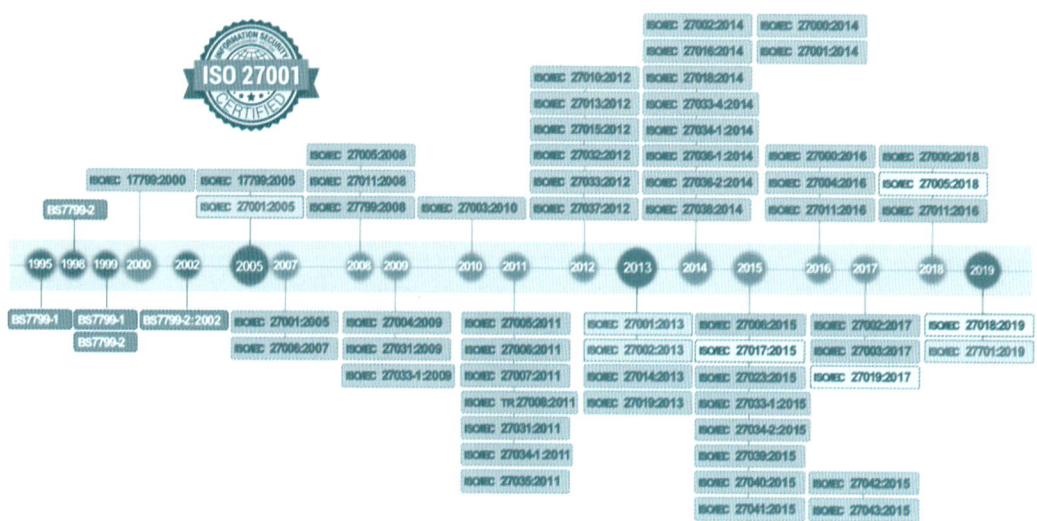

(출처 : ISO 정보보호연수원, www.security-iso.com)

» ISO 27000 History of Family
- 27000 : 정보보안경영시스템 - 개요 및 어휘
- 27001 : 정보기술-보안기술-정보보안경영시스템-요구 사항. 표준의 2013 릴리스는 다른 ISO 표준이 다른 종류의 관리시스템을 지정하는 것과 동일한 형식화되고 구조화되고 간결한 방식으로 지정
- 27002 : 정보보안 제어 실행 규약-기본적으로 ISMS를 통해 관리할 수 있는 상세한 카탈로그
- 27003 : 정보보안경영시스템 구현 지침
- 27004 : 정보보안 경영-모니터링, 측정, 분석 및 평가
- 27005 : 정보보안 위험 관리

- 27006 : 정보보안경영시스템의 감사 및 인증을 제공하는 기관에 대한 요구 사항
- 27007 : 정보보안경영시스템 감사 지침 (경영시스템 심사에 중점)
- TR 27008 : ISMS 통제에 대한 감사자를 위한 지침 (정보보안 통제 감사에 중점을 두고 있음)
- 27009 : ISO27K 표준에 대한 부문 / 산업별 변형 또는 구현 지침을 개발하는 위원회의 내부 문서
- 27010 : 부문 간 및 조직 간 커뮤니케이션을위한 정보 보안 관리
- 27011 : 27002에 기반한 통신 조직을 위한 정보보안 관리 지침
- 27013 : 27001 및 20000-1의 통합 구현에 대한 지침 (ITIL에서 파생 됨)
- 27014 : 정보보안거버넌스. [12] Mahncke 호주 전자 건강의 맥락에서 이 표준 평가
- TR 27015 : 금융 서비스를 위한 정보보안 관리 지침-철회 됨
- TR 27016 : 정보보안 경제성
- 27017 : 클라우드 서비스에 대한 ISO / IEC 27002를 기반으로 하는 정보보안 제어 실행 규범
- 27018 : PII 프로세서 역할을하는 퍼블릭 클라우드에서 개인식별정보(PII) 보호를위한 실행 강령
- 27019 : 에너지 산업의 공정 제어를 위한 정보 보안
- 27031 : 비즈니스 연속성을 위한 정보통신 기술 준비 지침
- 27032 : 사이버 보안 지침
- 27033 : IT 네트워크 보안 지침
  - 27033-1 : 네트워크 보안 1부 : 개요 및 개념
  - 27033-2 : 네트워크 보안 2부 : 네트워크 보안의 설계 및 구현을위한 지침
  - 27033-3 : 네트워크 보안 3부 : 참조 네트워킹 시나리오-위협, 설계 기술 및 제어 문제
  - 27033-4 : 네트워크 보안 4부 : 보안 게이트웨이를 사용하여 네트워크 간의 통신 보안
  - 27033-5 : 네트워크 보안 5부 : VPN (가상 사설망)을 사용하여 네트워크를 통한 통신 보안
  - 27033-6 : 네트워크 보안 6부 : 무선 IP 네트워크 액세스 보안
- 27034-1 : 애플리케이션 보안 1부 : 애플리케이션 보안 지침
  - 27034-2 : 애플리케이션 보안 2부 : 조직 규범 프레임 워크
  - 27034-3 : 애플리케이션 보안 3부 : 애플리케이션 보안 관리 프로세스
  - 27034-6 : 애플리케이션 보안-파트 6부 : 사례 연구
- 27035-1 : 정보보안 사고관리 1부 : 사고 관리 원칙
  - 27035-2 : 정보보안 사고관리 2부 : 사고대응 계획 및 준비 지침
- IEC 27036-1 : 공급업체 관계를 위한 정보보안 1부 : 개요 및 개념
  - 27036-2 : 공급업체 관계를 위한 정보보안 2부 : 요구 사항
  - 27036-3 : 공급업체 관계를 위한 정보보안 3부 : 정보 및 통신기술 공급망 보안을 위한 지침
  - 27036-4 : 공급업체 관계를 위한 정보보안 4부 : 클라우드 서비스 보안 지침
- 27037 : 디지털 증거의 식별, 수집, 획득 및 보존에 대한 지침
- 27038 : 디지털 문서의 디지털 수정 규격

- 27039 : 침입 방지
- 27040 : 스토리지 보안
- 27041 : 조사 보증
- 27042 : 디지털 증거 분석
- 27043 : 사고 조사
- 27050-1 : 전자적 증거수집 1부 : 개요 및 개념
  - 27050-2 : 전자적 증거수집 2부 : 전자 발견의 거버넌스 및 관리를 위한 지침
- 27701 : 정보기술-보안기술-정보보안경영시스템-개인정보관리시스템(PIMS)
- 27799 : ISO / IEC 27002를 사용한 건강 정보보안 관리-ISO/IEC 27002를 사용하여 개인 건강정보를 보호하는 방법에 대해 의료산업 조직을 안내

ISO/IEC 27000 주요 구성요소

- **ISO/IEC 27000** (Overview & Vocabulary) : ISMS 수립 및 인증에 관한 원칙과 용어를 규정하는 표준

- **ISO/IEC 27001** (ISMS requirements Standard) : ISMS의 계획, 운영, 지원, 평가 및 개선을 위한 요구사항
  - ISMS Requirements에 대한 심사 및 인증, 문서화 수립 실행에 대한 요구사항 규정

- **ISO/IEC 27002** (Code of practice for ISMS) : ISMS의 운영 및 유지하기 위해 공통적으로 적용할 수 있는 실무적인 지침 및 일반 원칙 규정 (18개 Domain 총 114개 통제항목으로 구성)

- **ISO/IEC 27003** (ISMS Implementation Guide) : 보안범위 및 자산 정의, 정책 시행, 모니터링과 검토, 지속적인 개선 등 ISMS 구현을 위한 프로젝트 수행 시 참고할만한 구체적인 구현 권고사항을 규정

- **ISO/IEC 27004** (ISMS Measurement) : ISMS에 구현된 정보보안 통제의 유효성을 측정하기 위한 프로그램과 프로세스를 규정한 규정

- **ISO/IEC 27005** (ISMS Risk Management) : 위험관리 과정을 환경설정, 위험평가, 위험처리, 위험수용, 위험소통, 위험 모니터링 및 검토 등 6개의 프로세스로 구분하고, 각 프로세스 활동을 input, action, implementation guidance, output으로 구분하여 기술 규정

- ISO/IEC 27006 (Disaster Recovery Services) : ISMS 모니터링/측정/분석 및 평가, 정보보안, 경영시스템, 심사 원칙과 심사 할 시스템에 대한 기술 지식 규정

■ ISO/IEC 27001 특정 분야별 추가 인증규격
    - ISO/IEC 27017 (Cloud Services) : 클라우드 서비스 정보보안 통제 가이드라인 행동 지침

    - ISO/IEC 27018 (public clouds acting as PII processors) : 공공 클라우드 환경에서 개인식별정보(PII)를 보호하기 위한 통제 가이드라인

    - ISO/IEC 27019 (energy utility industry) : 에너지 유틸리티 산업 부문별 특정 지침

    - ISO/IEC 27701 (Privacy Information Management System) : 개인정보경영시스템 수립, 구현, 유지 및 지속적으로 개선하기 위해 추가 요구사항

    - 27017, 27018, 27019, 27701 등 산업분야별 추가적인 규격인증 취득을 위해서는 사전에 ISO/IEC 27001 인증을 먼저 취득해야 한다.

ISO/IEC 27001 정보보안 경영시스템 (ISMS)
- 27017 클라우드 서비스 정보보안 인증
- 27018 공공 클라우드 환경에서 개인식별정보 인증
- 27019 에너지 유틸리티 산업을 위한 정보보안 인증
- 27701 개인식별정보 경영시스템 (PIMS)

5.2.2 ISO/IEC 27001 개요

■ ISO 27001의 정의
- 국제표준 정보보안경영시스템(Information Security Management System)은 1995년 영국 표준으로 BS 7799(British Standard 7799)이 처음 제정된 것으로 1999년 개정을 거쳐 국제표준화기구(ISO)에 의해 2005년 국제 표준으로도 제정되었다.
  - 영국표준협회(BSI) 주관으로 1993년부터 산업계의 보안관련 표준을 수렴하여 1998년까지 제정한 정보보호관리체계 인증규격
  - 1999년 10월 ISO 국제표준으로 제안되어 ISO/IEC 17799로 국제표준 제정
  - 2005년 ISO/IEC 27001은 정보보호경영시스템(ISMS)의 구축 및 운영에 필요한 요구사항을 명시한 국제표준 제정
  - 2007년 ISO/IEC 27002은 정보보호 통제에 대한 실무 지침을 제공하는 표준(정보보안관리지침)

- 인터넷 확산으로 인한 새로운 보안위협의 증가에 따라 정보보안에 관한 종합적이고, 체계적인 정보보호 관리 및 인증의 필요성 대두
  - 미래의 시큐리티 라운드(Security Round)에 대비하여 기업의 대응역량 배양 필요성 대두
  - 조직의 정보보안 대응 능력 전반을 심사하여 고객/이용자에게 올바른 정보를 제공할 수 있는 적합성 평가의 필요성 대두
  - 정보보안에 있어 최고의 경영혁신을 달성하고 경제적 목표를 계속 유지하기 위해 조직에 효과적인 정보보안 시스템을 제공하기 위한 표준 인증

■ ISO 27001의 개념도 (프로세스에 적용된 PDCA 모델)
- PDCA(Plan-Do-Check-Act)사이클은 모든 프로세스와 정보보안경영시스템 전체에 적용될 수 있다. 그림은 4절에서 10절까지가 PDCA사이클과 관련하여 어떻게 그룹을 이룰 수 있는지를 보여준다.

항목	설명
Plan	조직 전체의 정책과 목적에 부합하도록 정보 보안를 개선하거나 위기를 관리하기 위한 ISMS 정책, 목적, 프로세스, 절차 수립
Do	ISMS 정책, 컨트롤, 프로세스, 절차의 구현 및 운영
Check	ISMS 정책, 목표, 실용적 경험에 대한 평가 및 측정, 경영진 리뷰를 위해 측정 결과를 보고

■ ISO 27001 통제항목

» 1. 적용 범위, 2. 인용 표준, 3. 용어의 정의

» 4. 조직 환경
- 4.1 조직과 상황에 대한 이해 : 조직은 조직의 목적에 적합하고 ISMS이 의도하는 결과를 달성하고자 하는 능력에 영향을 주게 되는 내부 및 외부 이슈들을 결정하여야 한다. (ISO 31000, Risk Management)
- 4.2 이해당사자의 요구와 기대에 대한 이해 : 조직은 ISMS과 관련된 조직의 이해당사자의 요구사항을 결정
- 4.3 정보보호경영시스템의 범위 결정 : 조직은 ISMS의 범위를 설정하기 위하여 경계선과 적용가능성을 결정
- 4.4 정보보호경영시스템 : 조직은 ISMS을 수립, 구현, 유지, 지속적 개선하여야 한다.

5. 리더십
- 5.1 리더십과 의지 : 최고경영진은 ISMS에 대한 리더쉽과 의지를 보여주어야 한다
- 5.2 정책 : 최고 경영진은 정보보호 정책을 수립하여야 한다.
- 5.3 조직의 역할, 책임, 권한 : 최고경영진은 정보보호와 관련된 역할에 따른 책임과 권한이 조직 내에 할당되고 의사소통되었는지 확인하여야 한다.

6. 계획
- 6.1 위험과 기회에 따른 조치
- 6.1.1 일반사항 : 조직은 ISMS을 계획할 때 4.1 절에서 명시한 이슈와 4.2절에서 명시한 요구사항을 고려하여야 하며, 다음과 같은 사항을 다루는 데 필요한 위험과 기회를 파악하여야 한다.
  - 조직은 위험 및 기회를 다루기 위한 조치, ISMS 프로세스에 통합하여 구현, 효과성에 대한 평가등 계획을 수립하여야 한다.
- 6.1.2 정보보호 위험평가 : 조직은 위험기준의 수립 및 유지, 위험평가의 수행을 위한 기준, 반복적인 위험평가의 결과가 일관성 있고 유효하며 비교할 수 있도록 보장, 위험의 식별, 위험의 분석, 산정, 우선순위를 결정 등 위험평가 프로세스를 정의하고 적용하여야 한다
  - 조직은 위험평가 프로세스(절차)에 관한 문서정보를 유지하여야 한다.
- 6.1.3 정보보호 위험처리 : 조직은 위험처리 프로세스를 정의하고 적용하여야 한다.
- 6.2 정보보호 목표 및 달성 계획 : 조직의 정보보호 목표는 정책과의 일관성 유지, 실현 가능한 수준에서 측정 가능성, 적용 가능한 요구사항과 위험평가 및 위험처리 결과의 감안, 의사소통, 갱신 등 적절한 기능과 수준으로 정보보호 목표를 수립하고 문서화하여 유지하여야 한다.

7. 지원
- 7.1 자원 : 조직은 ISMS의 수립, 구현, 유지, 지속적 개선에 필요한 자원을 파악하고 제공하여야 한다.
- 7.2 적격성 : 조직의 통제하에서 정보보호 성과에 영향을 미치는 작업을 수행하는 인력이 필요한 역량을 갖추고 있는지 파악, 적절한 교육이나 훈련 또는 경험의 측면에서 역량을 갖춘 인력인지 확인, 필요한 역량을 습득할 수 있도록 조치하고, 조치한 바에 대한 효과성을 평가, 적격성의 증거로 적합한 문서정보를 유지 등을 수행하여야 한다.
- 7.3 인식 : 조직의 통제하에 작업을 수행하는 인력은 정책, 성과의 개선에 따른 이점을 포함한 ISMS의 효과성에 대한 자신의 기여, ISMS의 요구사항을 준수하지 않은 경우에 미치는 영향을 인식하고 있어야 한다.
- 7.4 의사소통 : 조직은 ISMS에 관련하여 의사소통 내용, 시점, 대상, 주체, 효과적인 의사소통 프로세스을 포함한 내부 및 외부와의 의사소통의 필요성 등을 파악하여야 한다.
- 7.5 문서정보
  - 7.5.1 일반사항 : 조직의 ISMS은 표준에서 요구하는 문서정보, 정보보호경영시스템의 효과

성을 위해 조직에서 필요하다고 판단한 문서정보
- 7.5.2 생성 및 갱신 : 문서정보를 생성하고 갱신할 때 식별 및 서술(예: 제목, 일자, 작성자, 참조번호), 양식(예: 언어, 소프트웨어 버전, 도식) 및 매체(예: 종이, 전자문서), 적절성과 타당성에 대한 검토 및 승인 등이 적합하도록 보장하여야 한다.
- 7.5.3 문서정보의 통제 : 문서정보는 필요한 장소와 시점에 적절하게 사용 가능, 적합한 보호의 수행(기밀성 훼손, 부적절한 사용, 무결성 손상으로부터 보호), 문서정보의 통제를 위한 활동(배포, 접근, 검색, 사용, 저장/보존, 변경통제, 유지/폐기)등을 보장하도록 통제하여야 한다.

8. 운영
- 8.1 운영 계획 및 통제 : 조직은 요구사항을 만족시키고 6.1 절에서 파악한 활동을 구현하는데 필요한 프로세스를 계획, 구현, 통제하여야 한다. 조직은 6.2에서 파악한 정보보호 목표를 달성하기 위한 계획을 구현하고, 프로세스가 계획대로 수행되었음을 확신하는 데 필요한 문서정보를 유지하여야 한다.
- 8.2 정보보호 위험평가 : 조직은 계획된 주기에 따라 또는 중대한 변화가 예상되거나 발생한 경우에 6.1.2 a)에서 수립한 기준을 감안하여 정보보호 위험평가를 수행하고 결과를 문서정보로 유지하여야 한다.
- 8.3 정보보호 위험처리 : 조직은 정보보호 위험처리 계획을 구현하고 결과를 문서정보로 유지하여야 한다.

9. 성과 평가
- 9.1 모니터링, 측정, 분석, 평가 : 조직은 ISMS의 정보보호 성과와 효과성을 평가하고, 프로세스와 통제를 포함한 측정 및 모니터링 대상, 유효한 결과를 보장하기 위한 모니터링/측정/분석/평가 방법/측정 수행 시점/측정 주체/측정 결과에 대한 분석과 평가 시점/결과에 대한 분석과 평가 주체, 모니터링 및 측정 결과 등에 대한 증적으로 적절한 문서정보를 유지하여야 한다.
- 9.2 내부감사 : 조직은 ISMS에 요구사항을 확인할 수 있는 정보를 제공하도록 계획된 주기에 따라 내부감사를 수행하여야 한다.
- 9.3 경영진 검토 : 최고경영진은 조직의 ISMS에 대한 적절성, 타당성, 효과성을 보장하기 위하여 계획된 주기로 검토를 수행해야 한다.

10. 개선
- 10.1 부적합 및 시정조치 : 부적합(nonconformity)이 발생하면 조직은 통제 및 시정을 위한 조치, 결과의 처리, 부적합의 검토, 부적합의 원인 파악, 유사 부적합의 존재 또는 잠재적 부적합의 발생 가능성 파악 등 필요한 조치의 구현과 시정 조치의 효과성 검토를 수행하여야 한다.
- 10.2 지속적 개선 : 조직은 ISMS의 적정성, 정확성, 효과성을 지속적으로 개선하여야 한다.

5.2.3 ISO/IEC 27002:2013 실행 규약

■ ISO 27002 통제항목
» 통제 목적과 통제는 ISO/IEC 27002:2013[1]의 5절부터 18절에 해당하는 내용을 그대로 가져와 열거한 것이며, 6.1.3절의 상황에서 사용될 수 있다.
· 114개 항목들의 수행검토를 위한 안내와 최초심사 및 후속심사를 수행하는 동안의 심사증거 수집의 방법론과 세부 운영방안을 안내한다.

보안통제 구분	통제영역	통제항목 수	세부 통제	합계
관리적 보안	정보보호 정책	1	2	49
	정보보호 조직	2	7	
	인적자원자원 보안	3	6	
	자산 관리	3	10	
	공급자 관계	2	5	
	정보보호 사고 관리	1	7	
	업무연속성 관리의 정보보호 측면	2	4	
	준거성	2	8	
물리적 보안	물리적, 환경적 보안	2	15	15
기술적 보안	접근통제	4	14	50
	암호화	1	2	
	운영 보안	7	14	
	통신 보안	2	7	
	시스템 도입, 개발과 유지보수	3	13	
합 계		14	35	114

▶ 적용성보고서(SoA)에 따라 ISMS 클라이언트에 의해 필수적으로 결정된 통제항목의 실행은 최초심사의 2단계 현장심사시 검토되어야 하며, 사후관리 또는 갱신심사 시에도 검토되어야 한다. [9.3.1.2.2 g)참조]
- 인증기관에서 수집한 심사증거는 통제항목이 효과적인지에 대한 결론을 이끌어낼 수 있을 정도로 충분하여야 한다.
- 통제를 실행하기 위한 방법은 클라이언트의 절차 또는 정책으로 규정되어야 한다.

▶ 우수한 품질의 심사증거는 심사원의 관찰(예: 잠겨져 있어야 할 문이 잠겨져 있는지, 기밀 준수 서약서에 서약을 했는지, 자산등록이 존재하는지, 포함된 자산이 유지되는지, 수립된 시스템이 적절한지 등)로부터 수립된다.
- 증거는 심사원에 의한 통제항목에 대한 직접적인 시험(또는 재성과) 결과가 될 수 있다.
  - 통제항목에 의해 금지된 임무수행을 시도, 악성코드 예방을 위한 소프트웨어가 설치되고 기계가 최신화되며, 승인된 접근권한(권한 검토 후) 등이 있다.
- 증거는 프로세스 및 통제항목에 대해 조직의 관리 하에 업무를 수행하는 개인과의 인터뷰를 통해 수집되며, 실제로 정확한지의 여부를 위해 수집된다.

▶ 통제항목별 심사검토 사용방법과 지침을 마련하여야 한다.
- 조직의 통제 : 성과는 통제항목, 인터뷰, 관찰 및 물리적 검사의 성과기록에 대한 검토를 통해 수집될 수 있다.
- 기술적 통제 : 성과의 증거는 시스템검사(아래 표 참고) 또는 특정 심사/보고 기법의 사용을 통해 수집될 수 있다.
- 시스템검사 : 정보시스템에 대한 직접적인 검토(수립된 시스템에 대한 검토 또는 형상 검토)를 의미한다. 심사원의 질문은 시스템 제어 장치 또는 시험기법 평가에 의해 응답될 수 있다. 만일 클라이언트가 컴퓨터를 기반으로 한 도구를 사용하고 있다면 심사원에게 이러한 사항을 알려야 하며, 이것은 클라이언트(또는 그들의 하청업체)에 의해 실행된 평가결과를 지원하는데 사용될 수 있다.
  - 가능 : 시스템검사 통제실행을 위한 평가가 적절하나 통상적으로 ISMS심사에 필요한 것은 아님
  - 권고 : 시스템검사가 통상적으로 ISMS심사에 필요함.
- 육안검사 : 통제항목의 효과성 평가 시 통상적으로 해당 위치에서의 육안검사가 필요함을 의미한다. 즉 관련문서에 대한 검토나 인터뷰만으로는 충분치 않음을 의미한다.
  - 심사원은 통제가 실행되는 장소에서 검증해야 할 필요가 있다.
- 심사검토지침 : 심사원을 위한 추가 지침으로 통제 평가를 위한 중점 분야를 제공한다

통제항목	조직적 통제	기술적 통제	시스템 검사	육안 검사	심사검토 지침
A.5.1 정보보호를 위한 경영 방침	○				
A.6.1 내부 조직	○				
A.6.2 모바일 기기와 원격근무	○	○	가능		적용 가능한 방침의 이행을 점검
A.7.1 고용 전	○				적용 가능한 방침의 이행을 점검
A.7.2 고용 중	○				직원의 정보보안 인식에 대한 질문
A.7.3 고용 종료 및 직무	○				
A.8.1 자산에 대한 책임	○				자산 식별
A.8.2 정보 등급화	○				적용 가능한 방침의 이행을 점검
A.8.3 매체 취급	○	○	가능	○	처분 프로세스
A.9.1 접근통제 업무 요구사항	○				적용 가능한 방침의 이행을 점검
A.9.2 사용자 접근 관리	○	○	가능		모든 시스템 접근권한에 대한 조직의 관리하에 업무를 수행하는 개인&계약자를 샘플링
A.9.3 사용자 책임	○			○	등록된 사용자의 지침/정책 검증
A.9.4 시스템 및 어플리케이션 접근통제	○	○	가능		
A.10.1 암호 통제	○	○	가능		적용 가능한 방침의 이행을 점검
A.11.1 보안 구역	○	○	가능	○	접근 기록의 보관소
A.11.2 장비	○	○	가능	○	적용 가능한 방침의 이행을 점검
A.12.1 운영 절차 및 책임	○		가능		
A.12.2 악성코드 방지	○	○	권고		악성코드 통제 소프트웨어의 설치 및 완전성
A.12.3 백업	○	○	권고		검토 정책, 복구 테스트
A.12.4 로그기록 및 모니터링	○	○	가능		로그 이벤트의 리스크 기반 선택
A.12.5 운영 소프트웨어 통제	○	○	가능		
A.12.6 기술적 취약점 관리	○	○	권고		리스크 기반 패치관리 및 운영시스템, DB, 어플리케이션 강화
A.12.7 정보시스템 감사 고려사항	○	○			
A.13.1 네트워크 보안 관리	○	○	가능		SLA, 네트워크 서비스의 정보보안 제공 (네트워크 라우팅 및 연결 조정, 네트워크 장치 설정)
A.13.2 정보 전송	○	○	가능		샘플링된 메시지 확인방침 및 절차 확인
A.14.1 정보시스템 보안 요구사항	○	○	권고		어플리케이션 서비스의 리스크 기반 디자인
A.14.2 개발 및 지원 프로세스 보안	○	○	가능		적용 가능한 방침의 이행을 점검
A.14.3 시험 데이터	○	○		○	
A.15.1 공급자 관계 정보보호	○				적용 가능한 방침의 이행을 점검
A.15.2 공급자 서비스 전달 관리	○				일부 계약 조건에 대해 시험
A.16.1 정보보호 사고 관리 및 개선	○				
A.17.1 정보보호 연속성	○				경영자 검토 회의록
A.17.2 이중화	○	○	가능		
A.18.1 법적 및 계약 요구사항 준수	○	○	권고		적용 가능한 방침의 이행을 점검
A.18.2 정보보호 검토	○	○			보고서 참조

27002 통제항목별 심사검토 방법론

ISO 27002 114개 세부 통제항목
1. 범위, 2. 인용 표준, 3. 용어와 정의, 4. 개요

A.5 정보보호 정책
A.5.1 정보보호를 위한 경영 방침
Objective : 업무 요구사항과 관련 법률 및 규제에 따라 정보보호를 수행하도록 경영 방침과 지원을 제공

A.5.1.1	정보보호를 위한 정책	정보보호를 위한 정책의 집합을 정의하고 경영진의 승인을 거쳐 직원 및 외부관계자에게 공표하며 소통해야 한다
A.5.1.2	정보보호 정책의 검토	정보보호 정책은 계획된 주기에 따라 또는 중대한 변경이 발생했을 때 지속적인 적합성, 적절성, 효과성을 보장하기 위해 검토해야 한다.

A.6 정보보호 조직
A.6.1 내부 조직
Objective : 조직안에 정보보호의 구현과 운영을 실시하고 통제하도록 관리 프레임워크 수립

A.6.1.1	정보보호 역할 및 책임	모든 정보보호 책임을 정의하고 할당해야 한다.
A.6.1.2	직무 분리	조직의 자산에 승인되지 의도하지 않은 수정 또는 오용이 발생할 가능성을 줄이기 위해 상충하는 직무와 책임영역을 분리해야 한다
A.6.1.3	관련 그룹과의 연계	관련 그룹에 대한 연계를 유지해야 한다.
A.6.1.4	전문가 그룹과의 연계	특별 관심 그룹 또는 전문가 보안 포럼 및 직능 단체와 적절한 연계를 유지해야 한다.
A.6.1.5	프로젝트 관리에서의 정보보호	프로젝트 형태에 상관없이 프로젝트 관리 안에서 정보보호를 다루어야 한다.

A.6.2 모바일 기기와 원격근무
Objective : 원격근무와 모바일 기기의 사용에 따른 보안 보장

A.6.2.1	모바일 기기 정책	모바일 기기의 사용으로 인해 유발되는 위험을 관리하기 위해 정책 및 이를 지원하는 보안 대책을 정의해야 한다.
A.6.2.2	원격 근무	원격 근무지에서 접근, 처리 저장하는 정보를 보호하기 위하여 정책을 수립하고 이를 지원하는 보안 대책을 구현하여야 한다.

A.7 인적자원 보안
A.7.1 고용 전
Objective : 직원 및 계약직이 책임을 이해하고 주어진 역할에 적합한 자임을 보장

A.7.1.1	적격심사	고용할 모든 후보자에 대한 배경 검증은 관련 법률, 규정, 윤리를 준수해야 하며, 업무 요구사항과 접근할 정보의 등급 및 예상되는 위험에 따라 적절하게 수행해야 한다.
A.7.1.2	고용 계약조건	직원 및 계약직의 계약서에는 정보보호에 대한 개인과 조직의 책임을 명시해야 한다.

A.7.2 고용 중
Objective : 직원과 계약직이 자신의 정보보호 책임을 인식하고 충실하게 이행하도록 보장

A.7.2.1	경영진 책임	경영진은 모든 직원 및 계약직이 조직이 수립한 정책과 절차에 따라 정보보호를 수행하도록 요구해야 한다.
A.7.2.2	정보보호 인식, 교육, 훈련	조직의 모든 직원과 관련 계약직은 자신의 직무 기능에 연관된 조직의 정책과 절차에 대해 적절한 인식교육 및 훈련과 정기적인 갱신교육을 받아야 한다.
A.7.2.3	징계 처분	정보보호를 위반한 직원에 대한 조치를 취하도록 공식적인 징계 프로세스를 수립하여 배포해야 한다.

A.7.3 고용 종료 및 직무
Objective : 직무 변경 또는 고용 종료 프로세스를 통해 조직의 이익을 보호

A.7.3.1	고용 책임의 종료 또는 변경	고용이 종료되거나 직무가 변경된 후에도 효력이 유지되어야 하는 정보보호의 책임과 의무를 정의하고 직원 또는 계약직에게 통지하여 시행하도록 하여야 한다.

A.8 자산관리
A.8.1 자산에 대한 책임
Objective : 조직의 자산을 식별하고 적절한 보호책임을 정의

A.8.1.1	자산 목록	정보 및 정보처리 시설과 연관된 자산을 식별하고 자산에 대한 목록을 작성하여 유지해야 한다.
A.8.1.2	자산 소유권	목록으로 유지되는 자산은 소유자가 존재해야 한다.
A.8.1.3	자산 이용	정보 및 정보처리 시설에 연관된 자산의 적절한 사용을 위한 규칙을 식별하고 문서화 및 구현해야 한다.
A.8.1.4	자산 반환	모든 직원과 외부 사용자는 고용이나 계약 또는 협약의 종료에 따라 자신이 소유한 조직의 자산을 모두 반환해야 한다.

A.8.2 정보 등급화
Objective : 조직에서의 중요성에 따라 정보에 적절한 보호 수준을 부여하도록 보장

A.8.2.1	정보 등급화	정보는 비인가 유출 또는 수정에 대한 법적 요구사항, 가치, 중요도, 민감도의 측면에서 등급화해야 한다.
A.8.2.2	정보 표식	조직에서 채택한 정보 등급화 체계에 따라 정보 표식을 위한 적절한 절차를 개발하고 구현해야 한다.
A.8.2.3	자산 취급	조직에서 채택한 정보 등급화 체계에 따라 자산 취급 절차를 개발하고 구현해야 한다.

A.8.3 매체 취급
Objective : 매체에 저장된 정보의 비인가 유출, 수정, 삭제, 파손을 방지

A.8.3.1	이동식 매체 관리	조직에서 채택한 정보 등급화 체계에 따라 이동식 매체의 관리를 위한 절차를 구현해야 한다.

A.8.3.2	매체 폐기	더 이상 필요하지 않은 매체는 공식적인 절차를 통해 안전하게 폐기해야 한다.
A.8.3.3	물리적 매체 이송	정보를 포함한 매체는 운반 도중에 비인가 접근, 오용, 훼손으로부터 보호되어야 한다.

A.9 접근통제
A.9.1 접근통제 업무 요구사항
Objective : 정보 및 정보처리 시설에 대한 접근을 제한

A.9.1.1	접근통제 정책	업무 및 정보보호 요구사항을 기반으로 한 접근통제 정책을 수립하고 문서화 및 검토해야 한다.
A.9.1.2	네트워크 및 네트워크 서비스 접근통제	사용자는 특별히 인가된 네트워크 및 네트워크 서비스에만 접근이 허용되야만 한다.

A.9.2 사용자 접근 관리
Objective : 시스템과 서비스에 인가된 사용자 접근을 보장하고 비인가된 접근을 금지

A.9.2.1	사용자 등록 및 해지	접근 권한의 할당이 가능하도록 공식적인 사용자 해지 프로세스를 구현애야 한다.
A.9.2.2	사용자 접근 권한 설정	모든 사용자 유형에 대한 접근 권한을 모든 시스템과 서비스에 할당하거나 폐지하기 위해 공식적인 사용자 접근 권한설정 프로세스를 구현해야 한다.
A.9.2.3	특수 접근 권한 관리	특수 접근권한에 대한 할당과 사용을 제한하고 통제해야 한다.
A.9.2.4	사용자 비밀 인증정보 관리	비밀 인증정보의 할당은 공식적인 관리 프로세스를 거쳐 통제해야 한다.
A.9.2.5	사용자 접근권한 검토	자산 소유자는 정기적으로 사용자 접근권한을 검토해야 한다.
A.9.2.6	접근권한 제거 또는 조정	정보 및 정보처리 시설에 대한 모든 직원과 외부 사용자의 접근권한은 고용, 계약, 협약의 종료에 따라 제거하거나 변경된 상황에 따라 조종해야 한다.

A.9.3 사용자 책임
Objective : 사용자가 자신의 인증정보를 보호할 책임을 부과

A.9.3.1	기밀 인증정보 사용	사용자에게 비밀 인증정보의 사용 시 조직의 실무를 따르도록 요구해야 한다.

A.9.4 시스템 및 어플리케이션 접근통제
Objective : 시스템과 어플리케이션에 대한 비인가 접근을 방지

A.9.4.1	정보 접근제한	접근통제 정책에 따라 정보와 응용 시스템 기능에 대한 접근을 제한 해야 한다.

A.9.4.2	안전한 로그인 절차	접근통제 정책에서 요구하는 경우에 시스템과 어플리케이션에 대한 접근은 안전한 로그인 절차에 따라 통제해야 한다.
A.9.4.3	패스워드 관리 시스템	패스워드 관리 시스템은 대화식으로 양질의 패스워드를 보장해야 한다.
A.9.4.4	특수 유틸리티 프로그램 사용	시스템과 어플리케이션의 통제를 초월할 수 있는 유틸리티 프로그램은 제한적으로 사용하고 철저히 통제해야 한다.
A.9.4.5	프로그램 소스코드 접근통제	프로그램 소스 코드에 대한 접근은 제한해야 한다.

A.10 암호화
A.10.1 암호 통제
Objective : 정보에 대한 기밀성, 인증, 무결성을 보호하도록 암호화의 적절하고 효과적인 사용을 보장

A.10.1.1	암호 통제 사용 정책	정보의 보호를 위한 암호 통제의 사용 정책을 개발하고 구현해야 한다.
A.10.1.2	키 관리	전체 생명주기에 걸쳐 암호키의 사용, 보호, 수명에 대한 정책을 개발하고 구현해야 한다.

A.11 물리적 및 환경적 보안
A.11.1 보안 구역
Objective : 조직의 정보 및 정보처리 시설에 대한 비인가된 물리적 접근, 파손, 간섭을 방지

A.11.1.1	물리적 보안 경계	기밀 또는 중요 정보와 정보처리 시설을 포함한 구역을 보호하기 위해 보안 경계를 정의하고 이용해야 한다.
A.11.1.2	물리적 출입 통제	보안 구역은 인가된 접근이 허용됨을 보장하기 위해 적절한 출입 통제로 보호해야 한다.
A.11.1.3	사무 공간 및 시설 보안	사무공간 및 시설에 대한 물리적 보안을 설계하고 적용해야 한다.
A.11.1.4	외부 및 환경 위협에 대비한 보호	자연 재해, 악의적인 공격, 또는 사고에 대비한 물리적 보호를 설계하고 적용해야 한다.
A.11.1.5	보안 구역 내 작업	보안 구역 내에서의 작업을 위한 절차를 설계하고 적용해야 한다.
A.11.1.6	배송 및 하역 구역	배송 및 하역 구역과 같이 비인가자가 구내로 들어올 수 있는 접근 장소는 통제해야 하며, 비인가 접근을 피하기 위해 정보처리 시설에서 가능한 고립시켜야 한다.

A.11.2 장비
Objective : 자산의 분실, 손상, 도난, 훼손 및 조직의 운영 중단을 방지

A.11.2.1	장비 배치 및 보호	장비는 환경적 위협과 유해요소, 비인가 접근의 가능성을 감소시킬 수 있도록 배치하고 보호해야 한다.

A.11.2.2	지원 설비	지원설비의 장애로 인한 전력중단이나 기타 저해요인으로부터 장비를 보호해야 한다.
A.11.2.3	배선 보안	데이터를 전송하거나 정보서비스를 지원하는 전력 및 통신 배선을 도청, 간섭, 파손으로부터 보호해야 한다.
A.11.2.4	장비 유지보수	장비는 지속적인 가용성과 무결성을 보장하도록 정확하게 유지해야 한다.
A.11.2.5	자산 반출	장비, 정보, 소프트웨어는 사전 승인 없이 외부로 반출되지 않도록 해야 한다.
A.11.2.6	구외 장비 및 자산 보안	조직 외부에서의 작업으로 인한 다양한 위험을 고려하여 구외(off-site) 자산에 보안을 적용해야 한다.
A.11.2.7	장비 안전 폐기 및 재사용	저장 매체를 포함하고 있는 모든 장비는 폐기 또는 재사용하기 전에 기밀 데이터와 라이센스 소프트웨어를 삭제하거나 안전한 덮어쓰기 처리를 보장하기 위해 검증해야 한다.
A.11.2.8	방치된 사용자 장비	사용자는 방치된 장비에 대한 적절한 보호를 보장해야 한다.
A.11.2.9	책상정리 및 화면정리 정책	서류와 이동식 저장 매체를 대상으로 한 책상정리 정책 및 정보처리 시설에 대한 화면정리 정책을 적용해야 한다.

A.12 운영 보안

A.12.1 운영 절차 및 책임
Objective : 정보처리 시설의 정확하고 안전한 운영을 보장

A.12.1.1	운영 절차 문서화	운영 절차를 문서화하고 필요한 모든 사용자가 이용할 수 있도록 해야 한다.
A.12.1.2	변경 관리	정보보호에 영향을 주는 조직, 업무 프로세스, 정보처리 시설, 시스템의 변경을 통제해야 한다.
A.12.1.3	용량 관리	필요한 시스템 성능을 보장하기 위해 자원의 사용을 모니터링 및 조절하고 향후 용량 요구사항을 예측해야 한다.
A.12.1.4	개발, 시험, 운영, 환경 분리	운영 환경에 대한 비인가 접근 또는 변경의 위험을 감소시키기 위해 개발 및 시험과 운영 환경은 분리해야 한다.

A.12.2 악성코드 방지
Objective : 정보 및 정보처리 시설이 악성코드로부터 보호됨을 보장

A.12.2.1	악성코드 통제	악성코드로부터 보호하기 위하여 탐지, 예방, 복구 통제를 구현하고 적절한 사용자 인식 교육을 연계해야 한다.

A.12.3 백업
Objective : 데이터의 손실 방지

A.12.3.1	정보 백업	합의된 백업 정책에 따라 주기적으로 정보, 소프트웨어, 시스템 이미지에 대한 백업 복사본을 생성하고 시험해야 한다.

A.12.4 로그기록 및 모니터링
Objective : 이벤트를 기록하고 증거를 생성

A.12.4.1	이벤트 로그기록	사용자 활동, 예외, 고장, 정보보호 이벤트를 기록하는 이벤트 로그를 생성하고 보존하며 주기적으로 검토해야 한다.
A.12.4.2	로그 정보 보호	로그기록 설비와 로그 정보를 변조 및 비인가 접근으로부터 보호해야 한다.
A.12.4.3	관리자 및 운영자 로그	시스템 관리자와 시스템 운영자의 활동을 기록하고 로그를 보호하여 주기적으로 검토해야 한다.
A.12.4.4	시각 동기화	조직 또는 보안 영역 내에서 모든 관련 정보처리 시스템의 시각은 동일한 출처의 참조 시간으로 동기화해야 한다.

A.12.5 운영 소프트웨어 통제
Objective : 운영 시스템의 무결성을 보장

A.12.5.1	운영 시스템 소프트웨어 설치	운영 시스템 상의 소프트웨어 설치를 통제하기 위한 절차를 구현해야 한다.

A.12.6 기술적 취약점 관리
Objective : 기술적 취약점의 악용을 방지

A.12.6.1	기술적 취약점 관리	사용 중인 정보시스템의 기술 취약점 정보를 적시에 수집하고, 해당 취약점에 대한 조직의 노출 정도를 평가하여 관련 위험을 해결할 수 있는 적절한 조치를 취해야 한다.
A.12.6.2	소프트웨어 설치 제한	사용자의 소프트웨어 설치를 제한하는 규정을 수립하고 구현해야 한다.

A.12.7 정보시스템 감사 고려사항
Objective : 운영 시스템에 대한 감사활동 영향 최소화

A.12.7.1	정보시스템 감사 통제	운영 시스템의 검증에 필요한 감사 요구사항과 활동은 업무 프로세스의 중단을 최소화하도록 신중하게 계획하고 합의를 거쳐야 한다.

A.13 통신 보안
A.13.1 네트워크 보안 관리
Objective : 네트워크 상의 정보와 이를 지원하는 정보처리 시스템의 보호를 보장

A.13.1.1	네트워크 통제	시스템과 어플리케이션에서 처리되는 정보를 보호하기 위해 네트워크를 관리하고 통제해야 한다.
A.13.1.2	네트워크 서비스 보안	내부 또는 외부에서 제공하는 모든 네트워크 서비스의 보안 메커니즘, 서비스 수준, 관리 요구사항을 식별하고 네트워크 서비스 협약에 포함시켜야 한다.
A.13.1.3	네트워크 분리	정보 서비스, 사용자, 정보시스템을 그룹화하여 네트워크 상에서 분리해야 한다.

A.13.2 정보 전송
Objective : 조직 내부에서 또는 외부자에게 전송되는 정보의 보안을 유지

A.13.2.1	정보 전송 정책 및 절차	모든 유형의 통신 시설을 거치는 정보의 전송을 보호하기 위해 공식적인 전송 정책, 절차, 통제를 마련해야 한다.
A.13.2.2	정보 전송 협약	조직과 외부자간의 업무정보를 안전하게 전송하기 위한 협약을 체결해야 한다.
A.13.2.3	전자 메시지 교환	전자적인 메시지 교환에 포함된 정보는 적절하게 보호해야 한다.
A.13.2.4	기밀 유지 협약	정보보호에 대한 조직의 요구를 반영한 기밀유지협약 및 비밀유지서약 요구사항을 식별하고 주기적으로 검토 및 문서화해야 한다.

A.14 시스템 도입, 개발, 유지 보수
A.14.1 정보시스템 보안 요구사항
Objective : 공중망을 통해 서비스를 제공하는 정보시스템에 대한 요구사항을 포함하여 정보시스템의 전체 생명주기에 걸쳐 정보보호가 필수적인 부분임을 보장

A.14.1.1	정보보호 요구사항 분석 및 명세	정보보호 관련 요구사항을 신규 정보시스템의 요구사항이나 기존 정보시스템의 개선사항에 포함시켜야 한다.
A.14.1.2	공중망 응용 서비스 보안	공중망을 통해 전달되는 응용 서비스의 정보는 부정행위, 계약 분쟁, 비인가 유출 및 수정으로부터 보호해야 한다.
A.14.1.3	응용. 서비스 거래 보호	응용 서비스 거래의 정보는 불완전 전송, 경로 이탈, 비인가 메시지 변경, 비인가 노출, 비인가 메시지 중복, 재사용을 방지하도록 보호해야 한다.

A.14.2 개발 및 지원 프로세스 보안
Objective : 정보시스템 개발 생명주기 내에 정보보호를 설계하고 구현함을 보장

A.14.2.1	개발 보안 정책	조직 내에서 소프트웨어와 시스템의 개발을 위한 규칙을 수립하고 적용해야 한다.
A.14.2.2	시스템 변경 통제 절차	공식적인 변경 통제 절차를 사용하여 개발 생명주기 내에서 시스템의 변경을 통제해야 한다.
A.14.2.3	운영 플랫폼 변경 후 어플리케이션 기술적 검토	운영 플랫폼이 변경되면 조직의 운영이나 보안에 부정적인 영향을 미치지 않음을 보장하기 위해 업무에 중요한 어플리케이션을 검토하고 시험해야 한다.
A.14.2.4	소프트웨어 패키지 변경 제한	소프트웨어 패키지에 대한 변경은 반드시 필요한 경우에만 제한적으로 허용하고 모든 변경을 엄격하게 통제해야 한다.
A.14.2.5	시스템 보안 공학 원칙	시스템 보안 공학을 위한 원칙을 수립하여 문서화하고 유지하며 모든 정보시스템의 구현에 적용해야 한다.

A.14.2.6	개발 환경 보안	조직은 시스템의 전체 개발 생명주기를 포괄하는 시스템 개발 및 통합을 위해 안전한 개발 환경을 수립하고 적절히 보호해야 한다.
A.14.2.7	외주 개발	조직은 외주 시스템 개발 활동을 감독하고 모니터링 해야 한다.
A.14.2.8	시스템 보안 시험	개발 기간 동안에 보안 기능의 시험을 수행해야 한다.
A.14.2.9	시스템 인수 시험	신규 정보시스템, 업그레이드, 신규 버전에 대한 인수 시험 프로그램과 관련 기준을 수립해야 한다.

A.14.3 시험 데이터
Objective : 시험에 사용되는 데이터의 보호를 보장

A.14.3.1	시험 데이터 보호	시험데이터를 신중하게 선택해 보호하고 통제해야 한다.

A.15 공급자 관계
A.15.1 공급자 관계 정보보호
Objective : 공급자가 접근할 수 있는 조직 자산에 대한 보호를 보장

A.15.1.1	공급자 관계 정보보호 정책	조직 자산에 대한 공급자 접근과 연관된 위험을 감소시키기 위한 정보보호 요구사항은 공급자와 합의를 거쳐 문서화해야 한다.
A.15.1.2	공급자 협약 내 보안 명시	모든 관련 정보보호 요구사항을 수립하여 조직 정보에 대한 접근, 처리, 저장, 통신을 수행하거나 IT기반 구성요소를 제공하는 공급자와 합의해야 한다.
A.15.1.3	정보통신기술 공급망	공급자와 관련된 협약에는 정보통신기술 서비스와 제품 공급망에 연관된 정보보호 위험을 다루는 요구사항을 포함해야 한다.

A.15.2 공급자 서비스 전달 관리
Objective : 공급자 협약에 따라 합의된 수준의 정보보호와 서비스 전달을 유지

A.15.2.1	공급자 서비스 모니터링 및 검토	조직은 공급자의 서비스 전달을 주기적으로 모니터링하고 검토 및 감사를 수행해야 한다.
A.15.2.2	공급자 서비스 변경 관리	기존 정보보호 정책, 절차, 통제의 유지관리와 개선을 포함 공급자의 서비스 제공에 대한 변경은 업무정보, 시스템, 프로세스의 중요성과 위험의 재평가를 감안하여 관리해야 한다.

A.16 정보보호 사고 관리
A.16.1 정보보호 사고 관리 및 개선
Objective : 보안 이벤트와 약점에 대한 의사소통을 포함하여 정보보호 사고의 일관되고 효과적인 접근을 보장

A.16.1.1	책임 및 절차	정보보호 사고에 대한 신속하고 효과적이며 순차적인 대응을 보장하기 위해 관리책임과 절차를 수립해야 한다.

A.16.1.2	정보보호 이벤트 보고	적절한 관리채널을 통해 가능한 신속하게 정보보호 이벤트를 보고해야 한다.
A.16.1.3	정보보호 약점 보고	조직의 정보시스템과 서비스를 사용하는 직원 및 계약자는 시스템 또는 서비스에서 정보보호 약점을 발견하거나 의심되는 경우에 주의깊게 살펴서 보고해야 한다.
A.16.1.4	정보보호 이벤트 평가 및 의사결정	정보보호 이벤트를 평가하고 정보보호 사고로 분류할지 여부를 결정해야 한다.
A.16.1.5	정보보호 사고 대응	정보보호 사고는 문서화된 절차에 따라 대응해야 한다.
A.16.1.6	정보보호 사고로부터의 학습	정보보호 사고를 분석하고 해결하는 과정에서 습득한 지식은 추후 사고의 가능성 또는 영향을 줄이는데 사용해야 한다.
A.16.1.7	증거 수집	조직은 증거로 활용할 수 있는 정보를 식별, 수집, 획득, 보존하기 위한 절차를 정의하고 적용해야 한다.

A.17 업무연속성 관리의 정보보호 측면
A.17.1 정보보호 연속성
Objective : 조직의 업무연속성 관리체계 내에 정보보호 연속성을 포함

A.17.1.1	정보보호 연속성 계획	조직은 위기 또는 재난과 같이 어려운 상황에서 정보보호와 정보보호 관리의 연속성에 대한 요구사항을 결정해야 한다.
A.17.1.2	정보보호 연속성 구현	조직은 어려운 상황에서 정보보호에 필요한 수준의 연속성을 보장하기 위해 프로세스, 절차, 통제를 수립하고 문서화하여 구현 및 유지해야 한다.
A.17.1.3	정보보호 연속성 검증, 검토, 평가	조직이 수립하고 구현한 정보보호 연속성 통제가 어려운 상황에 적절하고 효과적임을 보장하기 위해 주기적으로 검증해야 한다.

A.17.2 이중화
Objective : 정보처리 시설의 가용성을 보장

A.17.2.1	정보처리 시설 가용성	정보처리 시설은 가용성 요구사항을 만족하는데 충분하도록 이중화하여 구현해야 한다.

A.18 준거성
A.18.1 법적 및 계약 요구사항 준수
Objective : 정보보호에 관련된 법률, 법령, 규정, 계약 의무와 보안 요구사항의 위반을 방지

A.18.1.1	적용 법규 및 계약 요구사항 식별	정보시스템과 조직에 관련한 모든 법령, 규제, 계약 요구사항과 조직의 요구사항 만족을 위한 접근방법을 명시적으로 식별하고 문서화하며 최신으로 유지해야 한다.
A.18.1.2	지적 재산권	지적 재산권 및 소프트웨어 제품 소유권의 행사에 관련된 법령, 규정, 계약 요구사항의 준수를 보장하기 위하여 적절한 절차를 구현해야 한다.

A.18.1.3	기록 보호	기록은 법령, 규정, 계약, 업무 요구사항에 따라 분실, 파손, 위조, 비인가 접근, 비인가 공개로부터 보호해야 한다.
A.18.1.4	프라이버시 및 개인정보 보호	프라이버시와 개인정보의 보호는 관련 법규와 규제에서 요구하는 바에 따르고 있음을 보장해야 한다.
A.18.1.5	암호 통제 규제	암호 통제는 모든 관련 협약, 법규, 규제를 준수하며 사용해야 한다.

A.18.2 정보보호 검토
Objective : 조직의 정책과 절차에 따라 정보보호를 구현하고 운영하고 있음을 보장

A.18.2.1	정보보호 독립적 검토	정보보호와 그 구현(예: 정보보호에 대한 통제목적, 통제, 정책, 프로세스, 절차)에 대한 조직의 접근방법은 계획된 주기 또는 중대한 변경이 발생한 시점에 독립적으로 검토해야 한다.
A.18.2.2	보안 정책 및 표준 준수	관리자는 자신의 책임 영역 내에서 적절한 보안정책, 표준, 기타 보안 요구사항에 대한 정보 처리 및 절차의 준거성을 주기적으로 검토해야 한다.
A.18.2.3	기술 준거성 검토	조직의 정보보호 정책 및 표준에 대한 정보시스템의 준거성을 주기적으로 검토해야 한다.

5.2.4 ISO/IEC 27017

■ 클라우드 서비스 보안 인증

» ISO/IEC 27002 기반의 클라우드 서비스 정보보안 통제 가이드라인 행동 지침 (Code of practice for information security controls based on 27002 for cloud services)
- 27002는 정보보안 경영시스템 가이드라인으로 ISO/IEC 27001:2013 정보보안 경영시스템 규격의 부록에 있는 정보보안 통제항목을 상세하고 설명하고 있으며, 27017에서는 27002에서 정리한 정보보안 통제항목 순서에 따라 클라우드 보안 통제항목을 설명하고 있다.
- 27001 표준 시리즈와 함께 사용되는 27017은 클라우드 서비스 공급사 및 클라우드 서비스 고객에게 향상된 제어 기능을 제공한다.
- 27017 표준은 클라우드 서비스 사업자가 내부의 클라우드 보안을 구축하기 위한 벤치마킹 자료로 사용할 수 있으며, 클라우드 서비스를 사용하고자 하는 기업들은 서비스 사용 전에 서비스 제공자의 보안 능력을 평가하기 위해 활용할 수 있다.
- 27017은 인증된 정보보안 경영시스템에 포함 된 나머지 데이터 만큼 안전하고 확실한 클라우드 서비스를 만들기 위해 양측(제공자와 사용자)의 역할과 책임을 명확히 하고 있다.
- 27001에 부합하는 정보보안 관리시스템(CCSMS)에서 클라우드 서비스 통제장치를 구현하려는 조직은 이 부속서(Annex A Cloud service extended control set) 문서에 명시된 통제장치를 포함시켜 적용성보고서(SOA)를 확장해야 한다.

» 27017:2015 통제의 목적
- 클라우드 서비스 공급자와 고객 사이에서 책임 소재
- 계약 종료 시 자산의 제거 및 반납
- 고객의 가상 환경 보호 및 분리
- 가상 컴퓨터 구성
- 클라우드 환경과 관련된 행정 작업 및 절차
- 클라우드 고객의 클라우드 활동 모니터링
- 가상 및 클라우드 네트워크 환경 정렬

» 27017:2015 통제항목

절	제목	설명
5	정보보호 정책	기타 정보 없음 (동일적용)
6	정보보호 조직	특정 부분별 구현지침 제공, 추가된 구현지침
7	인적자원 보안	기타 정보 없음 (동일적용)

절	제목	설명
8	자산 관리	특정 부분별 구현지침 제공
9	접근제어	추가된 구현지침
10	암호	기타 정보 없음 (동일적용)
11	물리 및 환경 보안	기타 정보 없음 (동일적용)
12	운영 보안	특정 부분별 구현지침 제공
13	의사소통 보안	특정 부분별 구현지침 제공
14	시스템 개발 및 유지	기타 정보 없음 (동일적용)
15	공급자 관계	기타 정보 없음 (동일적용)
16	정보보호 사고관리	기타 정보 없음 (동일적용)
17	BCM의 정보보호	기타 정보 없음 (동일적용)
18	법규 준수	기타 정보 없음 (동일적용)

▶ 27017:2015 추가 통제항목

6.3. 클라우드 서비스 고객과 클라우드 서비스 제공 업체 간의 관계

A.6.3.1	클라우드 컴퓨팅 환경 내에서 공유 역할 및 책임	– 클라우드서비스 제공자는 클라우드서비스 사용자 및 제공자의 정보보안 기능 및 역할, 책임 등을 문서화하고 소통하여야 한다.
A.8.1.5	클라우드 컴퓨팅 환경 내에서 공유 역할 및 책임	– 클라우드서비스가 종료되는 경우 클라우드서비스 제공자는 사용자의 자산 회수 및 삭제에 관한 절차를 문서화하여 제공하여야 한다. – SLA 내 회수 및 삭제될 자산에 대하여 명시되어야 한다.

9.5. 공유 가상 환경에서 클라우드서비스 고객데이터에 대한 액세스 제어

A.9.5.1	가상 컴퓨팅 환경에서의 분리	– 클라우드서비스 제공자는 클라우드서비스 사용자의 데이터, 가상 응용프로그램, 운영체제, 스토리지 및 네트워크에 대하여 적절히 논리적 분리를 수행하여야 한다. – 멀티테넌트 환경에서 클라우드서비스 사용자가 사용하는 리소스의 분리 – 클라우드서비스 제공자의 내부 관리 리소스와 클라우드서비스 사용자의 리소스 분리 – 클라우드서비스가 멀티 테넌시를 포함하는 경우 클라우드서비스 제공자는 다른 테넌트가 사용하는 리소스를 적절히 격리할 수 있도록 정보보안 통제를 구현하여야 한다. – 클라우드서비스 제공자는 클라우드서비스 사용자가 클라우드서비스 환경에서 제공된 응용프로그램을 실행하는 것에 대한 위험을 고려하여야 한다.

항목	제목	내용
A.9.5.2	가상 머신 강화	– 가상 머신을 구성하는 경우, 클라우드서비스 사용자 및 제공자는 적절한 기술적 조치 및 보안환경 설정을 확인하여야 한다. – 불필요 포트 및 프로토콜, 서비스 제거 – 악성코드 방지 및 로깅
A.12.1.5	관리자의 운영 보안	– 클라우드서비스 제공자는 클라우드서비스 사용자에게 중요 운영 및 절차에 대한 기반 문서를 제공하여야 한다.
A.12.4.5	클라우드서비스 모니터링	– 클라우드서비스 제공자는 클라우드서비스 사용자에게 제공하는 특정 서비스 운영에서의 모니터링 기능을 제공하여야 하여야 한다. – 특정 클라우드서비스가 해킹 플랫폼으로 사용 및 중요 정보 유출 등의 보안 이슈에 대하여 모니터링되어야 한다. 적절한 접근 통제를 통하여 모니터링 기능을 보안하여야 한다. – 클라우드서비스 사용자 별 서비스 인스턴스에만 접근을 허용하여야 한다. – 클라우드서비스 제공자는 클라우드서비스 사용자에게 모니터링 기능에 대한 문서를 제공하여야 한다. "12.4.1. Event logging"의 이벤트 로그 및 모니터링 기능에 대하여 SLA에 반영되어야 한다.
A.13.1.4	가상화 및 물리적 네트워크에 대한 보안관리 조정	– 클라우드서비스 제공자는 물리적 네트워크 보안 정책에 기반한 가상 네트워크 보안 정책을 수립 및 이행하여야 한다.

■ 클라우드 컴퓨팅 보안 개요
» 클라우드 컴퓨팅의 특징인 자원 공유, 가상화, 외부 데이터 센터 이용으로 인한 보안 위협으로부터 자산을 보호하는 방안을 의미한다.

클라우드 컴퓨팅 환경에서의 보안 이슈

- 기존 IT 환경의 보안 문제점 외에도 가상화 기술, 모바일 등 다양한 기기를 통한 접속 방식, 데이터 이전 불안감 등 추가적 요소로 인한 공격위험 증가하였고
- 클라우드 특성상, 중요 데이터가 외부에 저장됨에 따른 정보유출 및 컴플라이언스 이슈와, 자원공

유, 가상화 기술을 목표로 한 고도화된 공격 가능성이 존재한다.
- 사용자의 데이터와 응용프로그램이 클라우드 속 서버와 스토리지에 숨어있기 때문에 데이터는 통제권을 상실하고, 서버는 해커의 새로운 공격 대상이 될 수 있다.

▶ 기존 온프레미스의 보안이 클라우드로 확장되므로 해서 2가지 측면에서 보안위협이 존재한다.
- 클라우드 서비스는 가상화 기술을 이용해 IT 인프라를 공유하는 기술을 사용하지만 그 위의 미들웨어나 애플리케이션, 데이터베이스는 기존 온프레미스의 보안위협이나 취약점이 그대로 존재한다.
- 관리적 보안영역 : 온프레미스의 기업 내부 보안 정책을 클라우드 까지 그대로 확장하여 적용하면 되겠지만, 클라우드 서비스 제공자가 배포하는 보안 서비스나 기능이 기업 내부와 차이가 나므로 기존 기업의 보안 정책을 온전히 그대로 적용할 수 없다. 예를 들어 기존 온프레미스의 방화벽 정책을 클라우드에도 완전히 동일하게 적용할 수는 없다.
- 기술적 보안영역 : 클라우드 서비스는 인터넷을 기반으로 구성되기에 내부정보 유출과 외부로부터의 해킹 공격 위협이 그대로 존재한다. 결국 클라우드 환경에 대한 모니터링과 가시성을 최대한 확보해서 기업이 통제권을 가지도록 투자와 노력이 필요하다.
- 물리적 보안영역 : 클라우드 서비스 제공자가 책임지는 영역이다. 하지만 사용자인 기업은 SLA와 같은 계약문서를 통해 명시적인 물리보안과 가용성에 대해 보장을 받아야 한다. 다만, 금융회사가 신용정보를 클라우드에 올리는 경우에는 국내 리전 클라우드로 한정되는 것과 같이 법규와 컴플라이스 측면에서는 기업이 검토 해야한다.

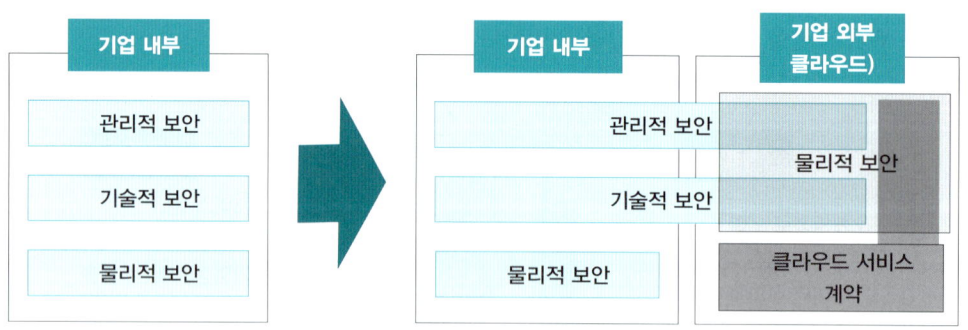

클라우드 환경에서의 보안 범위 확대

▶ 클라우드 특징인 가상화 기술, 멀티테넌시로 인한 보안 위협
- 클라우드는 물리적인 인프라에 가상화 기술을 사용하여 하나의 자원을 여러 사용자가 사용할 수 있도록 제공합니다.
- 가상화 기술에 대한 취약점과 물리적 인프라 설정, 다른 사용자와의 논리적인 분리 기능에 취약점이 있을 경우 보안위협이 존재하게 된다.

클라우드 컴퓨팅 보안 요소

> 클라우드 컴퓨팅의 보안 요소는 가트너 보고서의 7가지 클라우드 컴퓨팅의 비즈니스와 기술 보안 요소, UC Berkeley의 10가지 기획 요소, CSA(Cloud Security Alliance)의 클라우드 컴퓨터 보안 요소를 종합적으로 검토하여 도출하여야 한다.

- 클라우드에서 보안 아키텍쳐를 설계하기 위해서는 먼저 데이터 보호, 내부정보 유출 차단, 외부 해킹 차단 등 3가지 측면에서 보안 위험을 도출하여 보안 등급을 평가
- 업무의 보안 등급별 책임추적성의 확보, 보안 상태의 가시화, 보안 관리의 자동화를 반영하여 설계를 검토
- 클라우드 보안 설계의 핵심은 사용자(외부 사용자, 내부 사용자, 개발자, 운영자 등)에게 얼마나 자율성을 부여하는가, 서비스가 외부에 어느 정도 노출되는가, 서비스에 저장된 데이터가 얼마나 큰 파급 효과를 줄 수 있는가에 따라 보안 수준을 높거나 낮게 설정
- 편리성과 보안 통제는 트레이드 오프(Trade-off) 관계이므로 외부에서 자유롭게 접속하고 설정을 변경할 수 있는 환경을 만들어서 자유도를 높게 가져간다면 보안 위협을 빠르게 탐지하고 대응하기 위한 보안 대응책과 투자를 늘려야 한다.

> 접근권한 : 관리자(개인정보취급자)의 계정 발급 시 업무 역할에 맞는 최소한의 범위로 권한을 차등 부여하여야 한다.

- 계정 발급, 권한 신청, 변경, 삭제 등의 신청 내역 보관 및 관리(정보통신망법 : 최소 5년 보관, 개인정보보호법 : 최소 3년 보관)
- 책임추적성(Accountability) 확보를 위하여 1인 1계정을 이용하고 다른 사용자와 공유 금지
- 안전한 비밀번호를 사용하기 위하여 비밀번호 작성규칙을 수립하여 적용하고, 반기 1회 비밀번호를 변경
- 계정정보 또는 비밀번호 일정 횟수 이상 잘못 입력한 경우 개인정보처리시스템 접근을 제한

> 접근통제 : inbound/outbound IP, port 등의 방화벽 규칙을 설정하여 불법적인 접근을 제한하여야 한다.

- 접속한 IP를 분석하여 불법적인 개인정보 유출 시도 탐지 및 대응
- VPC, Subnet 등을 이용하여 public/private 네트워크 영역을 분리하여 구성
- 개인정보취급자가 정보통신망을 통해 개인정보처리시스템에 접속 시 가상사설망(VPN) 또는 전용선 등의 안전한 접속수단을 적용하거나 인증서(PKI), 보안토큰, 일회용 비밀번호(OTP) 등의 안전한 인증수단을 적용
- 주기적으로 취약점을 점검하고 필요한 보완 조치 수행
- 전년도 말 기준 직전 3개월간 일일평균 이용자수 100만명 이상이거나 정보통신서비스 부문 전년

도 매출액 100억원 이상인 정보통신서비스 제공자는 개인정보취급자의 컴퓨터 등을 물리적 또는 논리적으로 망분리
- 개인정보취급자가 일정 시간 이상 업무처리하지 않은 경우에는 자동으로 시스템 접속을 차단

» 접속로그 기록 및 보관 : 관리자(개인정보취급자)가 개인정보시스템에 접속한 기록을 6개월 이상 보관
- 개인정보의 분실,도난,유출,위조,변조 또는 훼손 등에 대응하기 위하야 개인정보처리시스템의 접속기록을 정기적으로 점검(정보통신망법 : 월 1회 점검, 개인정보보호법 : 반기 1회 점검)
- 개인정보취급자의 접속기록이 위,변조 및 도난,분실되지 않도록 안전한 장소에 분리 보관

» 개인정보 암호화 : 고유식별정보, 바이오 정보 등의 개인정보는 안전한 암호화 알고리즘으로 암호화하여 저장하고, 특히 비밀번호는 복호화되지 않도록 일방향 암호화하여 저장하여야 한다.
- 정보통신망을 통해 개인정보를 송수신 시 안전한 보안서버 구축(SSL 인증서, 암호화 프로그램 등)
- 개인정보를 컴퓨터, 모바일기기 및 보조저장매체에 저장 시 암호화

클라우드 컴퓨팅 주요 보안위협
» 클라우드 컴퓨팅의 주요 보안 위협으로는 가상화 취약점, 정보위탁, 서비스 연속성 저해, 단말 위협, 컴플라이언스 등이 있다.

보안 위협	주요 내용
가상화 취약점	악성코드 및 서비스 가용성 침해
정보 위탁	개인 및 기업 정보의 소유와 관리의 분리에 따른 정보 유출 위협
서비스 연속성 저해	자원의 공유 및 집중화에 따른 서비스 장애
단말 위협	단말의 다양성과 취약성에 따른 정보 유출
분산 환경	분산 처리에 따른 보안 적용의 어려움
컴플라이언스	정보 유출 등에 대한 법적 제한 조치 미흡

- 클라우드서비스의 도입 및 이용이 활성화됨에 따라 클라우드 컴퓨팅 보안위협도 관리적, 기술적 범위에서 점진적으로 늘어나고 있으며, 불충분한 인증 및 접근관리, APT, 시스템 취약점 등 증가하는 보안 위협에 대한 대응방안 마련되어야 한다.

클라우드 컴퓨팅 서비스별 주요 보안 위협

구분	보안 위협	주요 내용
IaaS	가상화 취약점	VMWare, Hypervisor에 대한 취약점 및 보안위협 존재
IaaS	서버관리 문제	위탁에 따른 서버 관리 문제로 서비스 중단 문제
IaaS	데이터 손실 문제	서버 내에 저장된 고객의 데이터 유실 문제
PaaS	표준화 부재	설계 및 코딩 방식 어플리케이션 보안 표준
PaaS	인증 문제	사용자 플랫폼에 종속되어 다른 사업자로 전환 어려움
SaaS	정보훼손 및 유출	고객의 정보 훼손 및 유출 위협
SaaS	웹 공격	웹 악성코드 및 SQL Injection 공격
SaaS	버전 통제 문제	제공된 자원 이상에 접근하게 됨

▶ 클라우드 컴퓨팅 보안위협에 대한 연구는 CSA(Cloud Security Alliance)를 중심으로 클라우드 환경에서 발생할 수 있는 보안위협들을 지속적으로 발표하고 있다.
- 기존 제어방식 및 변경관리 기법이 클라우드에서도 효과적일 것이라 기대해선 안 되며, 클라우드 기반 리소스의 복잡성으로 인해 구성하기가 어려워 잘못된 보안설정과 부적절한 변경 제어 리소스를 계속해서 검사하는 자동화 및 기술을 사용하는 경우가 많다.
  - 일래스틱서치(Elsaticsearch)의 데이터베이스에 보관된 미국 고객 2억 3,000만명의 개인정보가 공개적으로 액세스 가능한 상태로 노출됐다.
  - 레벨원 로보틱스(Level One Robotics)의 백업 서버의 보안 설정이 잘못 구성되어 IP가 제조회사 100여 군데에 노출됐다.
- 클라우드 보안 아키텍은 비즈니스 목적 및 목표와 일치시키고 프레임워크를 개발 및 실행하고 위협 모형을 최신화는 전략이 수립하며, 모니터링 역량을 지속적으로 구축해야 한다.
- 클라우드 관리자의 신원, 크레덴셜, 액세스, 키 관리를 통하여 접근 가능한 신원을 엄격하게 통제한다.
  - 이중 인증, 루트계정 사용 제한, 사용되지 않는 크레덴셜(암호화된 정보)과 액세스 권한 제거 등
  - 계정 크레덴셜이 탈취됐을 때 비밀번호만 바꾸지 말고 심층방어접근법과 강력한 IAM제어 등 다양한 방식으로 근본적인 원인을 해결해야 한다.
- 오픈 클라우드 컴퓨팅 인터페이스(OCCI)나 클라우드 인프라스트럭처 매니지먼트 인터페이스(CIMI)와 같은 개방형 API 프레임워크의 도입을 검토하고 인벤토리 감독, 테스팅, 감사, 비정상적 활동 감지 등 우수한 API 관행을 적용한다.
  - 페이스북은 '내 프로필 미리보기'(Views As) 기능에 내재된 취약점으로 인해 5,000만 개 이상

의 계정이 위험에 노출되었다. 유저 인터페이스와 관련된 경우 공격자는 API의 취약점을 이용해 사용자나 직원의 크레덴셜을 탈취할 수 있다.
- 전현직 직원, 계약직원 혹은 신뢰하는 비즈니스 파트너 등 신뢰하고 있는 내부자는 회사 시스템에 접속하여 데이터와 시스템을 의도치 않게(부주의로) 위험에 빠뜨리기도 한다.
  - 중요한 시스템은 액세스를 제한시키고, 규칙적인 감사를 시행하고, 데이터와 시스템을 보호할 수 있도록 직원들에게 올바른 절차를 알려주는 교육을 지속적으로 시행한다.
- 데이터 복제, 마이그레이션, 스토리지와 관련된 프로세스 담당자가 데이터 인프라의 논리, 보안, 검증에 대한 모든 권한을 갖고 있지 않으면 제어 영역은 공격에 취약해진다.
  - 제어담당자들이 보안 구성, 데이터 흐름, 아키텍처의 맹점 그리고 약점을 이해하고 있지 않으면 데이터 유출, 데이터 사용 불능, 데이터 손상 등의 문제가 발생할 수 있다.
  - 클라우드 서비스 기업이 관련 법률과 규정상의 의무를 충족하는 데 필요한 보안 통제책(제어 영역 등)을 제공하고 있는지 실사를 수행한다.
- 메타스트럭처는 클라우드 서비스 기업과 고객의 '경계선' 혹은 '워터라인'이라 부르며, API는 클라우드 고객이 승인하지 않은 액세스 탐지, 로그나 감사시스템 데이터 등 민감한 데이터를 담고 있다. 공격자는 이 워터라인을 공략해 데이터에 액세스할 수 있는 권한을 획득하거나 클라우드 고객에게 문제를 일으킬 수도 있다.
  - 클라우드 서비스 기업이 네이티브 디자인으로 기능과 통제책을 적절히 구현하고 가시성과 노출 경감책, 침입 테스트를 실시하여 그 결과를 고객에게 제공하도록 한다.
- 결제수단 사기나 클라우드 서비스 오용 등 사고대응 프레임워크를 마련해 불미스러운 시도를 탐지 및 예방하기 위한 경감책을 마련해야 한다.
  - 클라우드 서비스를 이용해 깃허브 같은 사이트에 위장된 악성코드를 호스팅하고, 디도스 공격을 실시하고, 피싱 이메일을 보내고, 암호화폐를 채굴하고, 클릭 사기를 시도하고, 브루트 포스 공격을 감행해 크레덴셜을 탈취한다.
  - 직원들이 클라우드를 오용 및 악용하고 있는지 모니터링하고, 데이터손실방지(DLP) 솔루션을 이용해 데이터 유출 탐지 및 방지한다.

클라우드 서비스 환경을 노리는 사이버 공격의 유형

» 크립토마이닝(Cryptomining) 공격 : 암호화폐(Cryptocurrency) 열풍과 더불어 크립토 마이닝(Cryptomining)의 피해 또한 급격히 증가하는 추세이다. 비트코인 또는 이더리움과 같은 알트코인은 온라인에서도 채굴 가능하다. 그렇기 때문에 공격자는 스텔스 기능을 가진 원격접근 도구를 활용해 처리능력을 하이재킹(hijacking)하여 사용자의 컴퓨팅 리소스를 무단으로 점유하여 암호화폐 채굴을 수행하는데 사용한다.

» 크로스테넌트 공격(Cross-tenant Attack) : 동일한 클라우드를 사용하는 기업이나 기관에서 업무를 위해 서로간 공유를 하는 행위가 많아진다면 클라우드의 테넌트(Tenant)간 경계가 흐려

지게 된다. 이 때 한 명의 사용자를 통한 침해는 클라우드 전체가 공격 당하는 위협으로 확장되기 쉬워지므로써 클라우드 환경에서 큰 피해를 야기할 수 있는 위협적인 공격이 된다.

▶ 클라우드 랜섬웨어(Cloud Ransomware) 공격 : 2017년 영국의 국민건강보험, 샌프란시스코의 페덱스(FedEx)와 같은 대기업들에게 재앙처럼 발생한 랜섬웨어는 비교적 간단한 형태의 멀웨어로 방어벽을 뚫었으며 아주 강력한 암호화를 통해 서버의 모든 파일을 암호화 시켰다. 클라우드 영역 또한 랜섬웨어 공격으로부터 안전할 수 없다.

▶ 서버리스 공격(Serverless Attack) : 서버가 없어도 되는 IT인프라인 서버리스 인프라 또는 서비스형 기능(FaaS)은 유지와 관리가 매우 쉽다는 장점으로 많은 사용자들이 보유하고 있지만 보안운영이 어렵다. FaaS는 보통 '쓰기'가 되는 많은 임시파일 시스템을 보유하고 서버의 역할로 각종 주요 정보에 대한 접근이 가능한 신개념 인프라 이지만, 그와 동시에 기존 보안 솔루션과의 호환성의 문제로 외부로부터의 공격 대응에 취약할 수 한다.

▶ 오케스트레이션 공격(Orchestration Attack) : 서버의 활성화, 자원 할당, 네트워크 처리, 가상 머신의 생성 등 클라우드 내에서 여러 가지 업무를 수행할 때 사용되는 기술을 클라우드 오케스트레이션이라 한다. 오케스트레이션 공격은 이러한 작업을 수행할 때 사용되는 계정 정보나 암호화 키를 훔쳐 내부망으로 직접 접근하여 정보를 탈취할 수 있다.

▶ 인스턴트 메타데이터 API를 타깃으로 한 공격 : 클라우드 서비스에서 제공하는 인스턴트 메타데이터 API는 사이버 공격으로부터 보호하기 위한 기능이나 따로 모니터링 하는 경우가 거의 없기 때문에 각종 공격에 취약하다. 특히 리버스 프록시 등을 이용한 공격에 쉽게 노출되는 경향을 보인다.

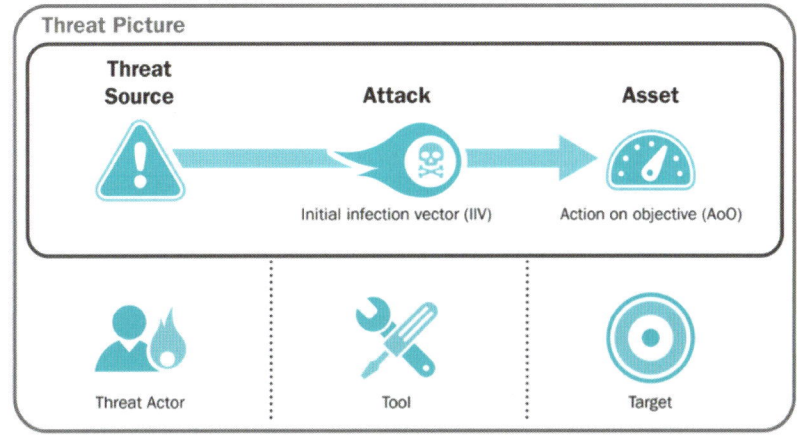

클라우드 컴퓨팅 플랫폼의 사이버 위협의 프로세스 (출처: SEI디지털라이브러리 Timothy Morrow)

- 클라우드 서비스의 기술적 보안 위협
  » 클라우드 서비스를 제공함에 있어서 다양한 인프라 구조 및 최신 기술 도입에 따라 안전하지 않은 API, 가상화 취약점, 계정, 서비스 및 트래픽 탈취, 데이터 유·손실, 서비스 거부공격(DDoS), 시스템 취약점 등의 기술적으로 보안이 취약한 상황이 발생될 수 있기 때문에, 이러한 상황에 대비하여 신속하게 조치하기 위한 안전한 보호 조치를 마련하여야 한다.

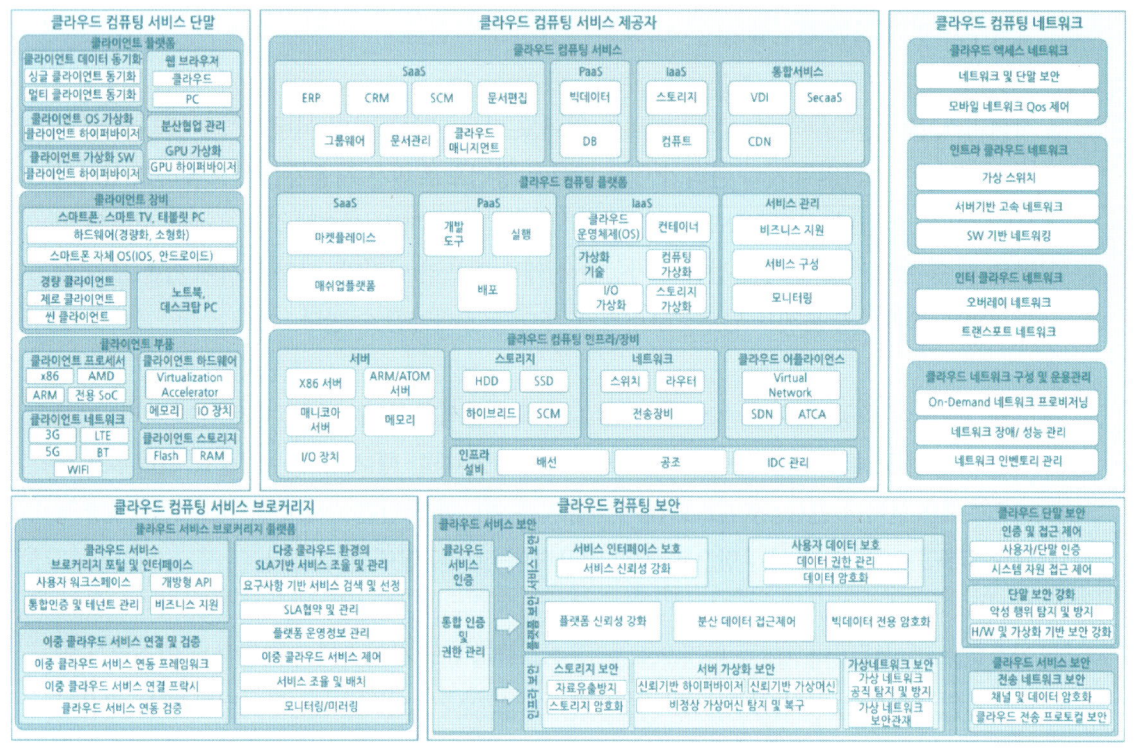

(출처 : 2015 클라우드 컴퓨팅 기술 스택(2016년 1월, 클라우드컴퓨팅연구조합)

클라우드 컴퓨팅 통합 스택

- 클라우드 보안 아키텍처 수립절차(예시)
  » 클라우드 서비스의 도입 및 적용 시에 가용성, 확장성, 성능 등에 대한 클라우드 보안 아키텍처를 수립하는 절차로서, 먼저 현재 구성되어 있는 보안 아키텍처에 대하여 정의하고, 세부 보안 요소기술에 대한 분석 및 이슈를 도출하여, 이를 개선하기 위한 목표 수립 및 과제를 수행하는 단계로 진행하는 것이 바람직하다.

클라우드 보안 아키텍처 수립 절차 (예시)

(출처 : KISA 클라우드 정보보호 안내서)

■ 클라우드 서비스의 보안솔루션 구축(예시)
» 아래의 그림은 클라우드 환경에서의 보안솔루션 구축 사례이다. VPC와 Subnet을 이용하여 Web, APP, DB 서버를 기능별, 지역별로 Public/Private 네트워크를 분리하여 구축하고, AWS에서는 inbound/outbound에 대한 Security Group 방화벽 규칙을 설정하여 접근을 통제하고, IPS, WAF(Web Application Firewall) 등을 이용하여 외부로부터 들어오는 이상행위 트래픽에 대하여 탐지, 분석 및 통제할 수 있다.

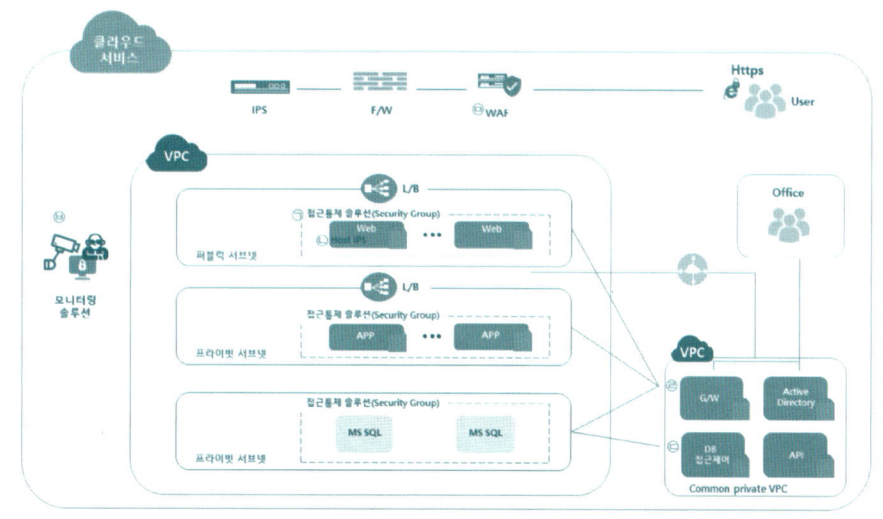

(출처 : KISA 클라우드 정보보호 안내서)

[그림 2.10.2-9] 클라우드 환경에서의 보안솔루션 구축 (예시)

- **클라우드 액세스 보안 브로커** (CASB ; Cloud Access Security Broker)
  - 클라우드 이용에 있어서 안전을 담보해 주는 중개자 기능을 제공하는 새로운 보안(New Security Layer)를 의미 한다. (가트너, 2013)

  - 이용자가 어떤 클라우드를 사용하든 무관하게 CASB 제공업체의 플랫폼을 거쳐야만 클라우드(ex. AWS, Azure, GCP, NBP 등)를 이용하는 방식

  - 멀티 클라우드 환경에서 기업의 보안 정책의 일관성을 유지하고, 보안위협을 제거할 수 있는 보안의 구조(Visibility, Data Protection, Threat Protection, Compliance/Policy Control)

  - 앱(App) 보호가 주 목적이었으나, 최근 관제나 인프라 보호까지 적용 분야가 확대 됨

  - 시장이 급 성장 중으로 미국, 유럽 중심으로 성장하며 주요 플레이어로는 Netskope, Skyhigh Networks, Bitglass, StratoKey, CISCO, Symantec, Forcepoint, Palo Alto 등이 있음

  - 가트너에 따르면 2017년 말 기준 CASB 사용 기업의 비율은 10%에 불구하나 2020년이 되면 CASB를 사용하는 기업이 사용하지 않는 기업보다 많을 것으로 예측하고 있음

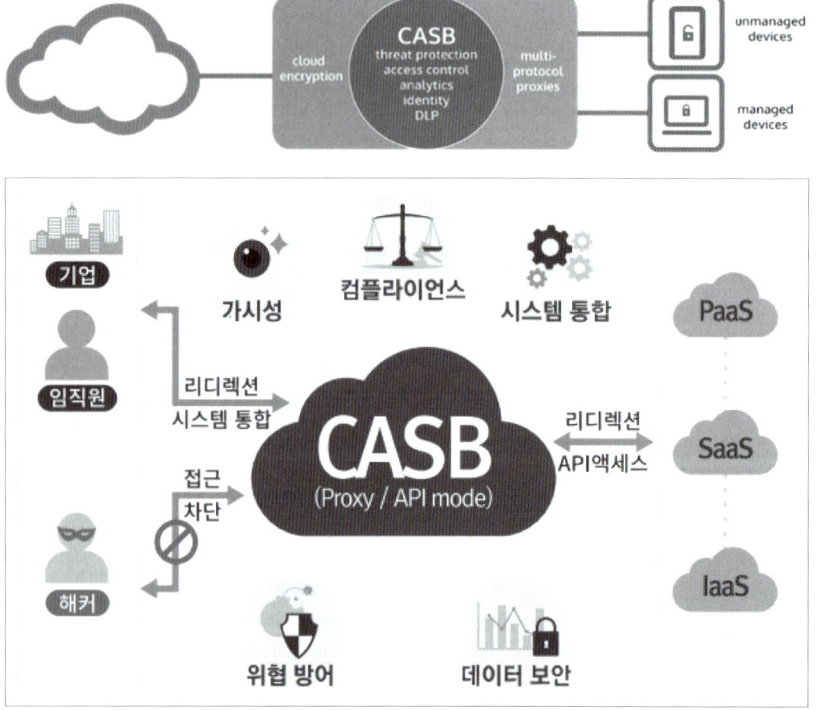

CASB의 주요 기능

구분	형상	설치위치	이용 목적 주체	주요 기능	SSL 처리 여부	특징
Agent형 CASB	S/W	이용자 단말 내	클라우드 서비스 이용자	접근 통제	불필요	이용자 OS에 따른 별도 개발 필요
Private형 CASB	H/W	이용자 조직 내	클라우드 서비스 이용 기업/기관	접근 통제, DLP	처리	에이전트 설치 필요
Public형 CASB	H/W	클라우드 서비스 플랫폼 내	클라우드 서비스 제공자	접근 통제	불필요	서비스 규모에 따라 과부하가 발생하지 않도록 설치 필요
APT형 CASB	S/W	클라우드 서비스 플랫폼 내	클라우드 서비스 앱 개발사	접근 통제	불필요	서비스 애플리케이션 환경 별로 개발 필요

CASB 분류 현황

■ 클라우드 컴퓨팅 보안위협 대응 방안
» 관리적 보안 위협과 기술적 보안 위협 2가지로 구분할 수 있다.
- 자원 오남용, 가상화 기술에 대한 이해를 기반으로 대응방안을 마련해야 한다.
- 클라우드 서비스는 사용하는 것은 개인정보 위탁에 해당하고, 개인정보 이슈가 존재한다.

구분	보안 위협	주요 내용
관리적 보안위협	클라우드 컴퓨팅 남용	- 사용자 신원 검증 절차 수립 및 이행 - 주기적 이용자 모니터링
	악의적인 내부자들	- 특정 사용자에 대한 권한 분산 - 사용자별 권한 차등 부여 - 퇴직자, 전출자 권한 회수 절차수립 및 이행
	클라우드 서비스 이해 부족	- 가상화 환경에서 HW, NW 직접 제어 불가능 - 업무시스템의 가상화 환경에서의 안전성 확보 방안 검토
	불충분한 인증 및 접근관리	- SSO, MFA, EAM, IP 접근제어, 권한 차등부여 등 적용
기술적 보안위협	APT	- 방화벽, IPS, WIMP, 보안관제 - EDR(Endpoint Detection Response)
	안전하지 않은 API	- 안전한 API 설계(Security by Design), 클라우드 적용
	가상화 취약점	- 하이퍼바이저 취약점 패치 - 서버 인스턴스 간 접근통제
	계정, 서비스 &트래픽 탈취	- 입출력값 검증, Two-Factor 인증, - 보안 라이브러리(AntiXSS 등) 사용
	데이터 유출	- 암호키와 데이터 분리 보관, HSM, KMS
	데이터 손실	- 백업, 무결성 검증, 최소 권한의 원칙(Write 권한 제한)
	서비스 거부 (DoS)	- DoS 공격 차단 솔루션, 비정상 트래픽 유발 IP 차단
	시스템 취약점	- 시스템 취약점 패치, 패스워드 관리 강화, - 불필요 서비스 (FTP, SSH 등) 비 활성화

클라우드 컴퓨팅 보안 문제와 해결방안

> 클라우드 환경에서 가장 중요한 것이 강력한 접근 제어 정책 및 관리 방안 수립하는 것이다.
> - 지속적인 모니터링 및 감사 활동을 수행 방안을 수립하고 적용해야 한다.
> - 클라우드 서비스 제공 업체와의 서비스 사용 계약 체결 시 보안 문제에 대한 책임 명확화하고 이를 SLA에 명시해야 한다.

구분		위협 요소	해결 방안
기술적	기존 보안 위협 상속	- 네트워크 트래픽의 도청 및 위변조 - 인증 및 접근권한 탈취에 따른 데이터 유출 손실 - 서비스 거부(DoS, DDoS) 공격 - 시스템 설계상의 오류	- 암호화, 해싱, 디지털서명, 중복모니터링 등 강화 - 데이터 송수신 암호화 - 저장된 데이터의 암호화 및 키관리 - 주기적 백업 및 백신 관리 - 다단계 인증 및 접속 관리
	가상화를 통한 위협	- 하이퍼바이저 감염 - VM내부공격 용이성 - 공격자 익명성 - 가상머신의 이동성에 따른 보안 문제	- 암호화를 통한 전송데이터의 보호 - 저장 데이터에 대한 암호화 및 키 관리 - 접근 권한에 대한 해쉬 검사 - 자원사용량 제한, 로그 이력관리 등 VM간의 독립성 보장 - 다양한 침입탐지 기법의 도입 - 하이퍼바이저 기반의 VM감시 대응 - 에이전트리스 기반 VM감시 대응 - 보안사항을 고려한 프로그램 설계
기술 외적	관리측면 문제	- 내부자 문제 - 해커들의 타겟 - 피해규모의 확산 - 물리적인 저장소 관리 - 자연재해	- 내부자들에 대한 교육 및 검증된 채용 - 국제 클라우드보안 표준을 준수하는 인증 획득 - 보안사고 발생시 보상하는 제도 및 보험을 통한 사고대응
	법제도 문제	- 국가별 상이한 법체계	- 법적인 쟁점을 사전 점검 후 시스템 설계 도입 - 국제 표준

클라우드 컴퓨팅 보안 문제와 해결 방안

클라우드 보안사고 사례

> 클라우드 서비스 제공자의 문제, 클라우드 사용자의 문제, 불명확한 그레이 영역의 문제 등 3가지로 분류가 가능하다.

구분	원인	사례
클라우드 서비스 제공자 문제	관리 실수	- A사 S3 서버 관리자 작업 실수로 애플, 에어비앤비, 핀터레스트 등 서비스 중단(2017년) - A사 서울리전 운 서버 설정 오류로 나이카, 넥슨, 쿠팡 등 서비스 중단(2018년)
	시스템 오류	- A사 인증요청의 증가로 인한 과부하로 인증 서버 다운(2008년) - A사 버지니아주 북부 데이터센터 데이터 복제 작업 중 용량부족으로 전체 장애 발생하여 EC2 사용 고객 서비스 중단 및 오류 발생(2011년)
	천재지변	- A사 일본 대지진으로 해저 케이블 손상되어 메일 및 안드로이드 마켓 접속 불가(2011년) - A사 벼락으로 인해 데이터센터 정전 발생, 11시간 서비스 중단(2011년) - A사 폭풍우로 전정사고 발생 EC2 장애발생으로 서비스 중단(2012년)
클라우드 서비스 사용자 문제	관리자 실수	- 인도 혼다 자동차의 클라우드 서비스 스토리지가 인터넷에 노출되어 개인고객 정보 5만건 유출(2018년) - 유니버설뮤직 그룹 클라우드 파트너사의 아파치 서버 설정 오류로 ftp 크리덴셜과 SQL 비밀번호 AWS 비밀 액세스키 등 클라우드 시스템의 계정이 유출(2018년)
	해킹 공격	- 영국 벤처기업인 코드스페이스는 해커로부터 DDoS 공격을 받고 금전적인 요청을 받았으며, AWS의 관리 콘솔 패스워드마저 탈취당하여 관리하던 자원을 삭제당하고 제어권을 상실(2014년)
그레이 영역	보안사고의 책임증명이 어려움	- 캐피탈원 해킹사고, 1억600만명 고객 개인정보 유출, 1억5000만 달러의 피해 발생(2019년) - 범인은 AWS 엔지니어 출신으로 해킹 프로그램을 이용하지 않고 AWS 방화벽 정책 설정 오류를 악용한 것으로 보고되었으나 AWS에서는 캐피탈원의 방화벽 설정 오류로 주장함
	클라우드 서비스 제공자의 서비스 중단	- 미국의 클라우드 스토리 서비스 기업이었던 Nirvanix는 7년 이상 클라우드 스토리지 서비스를 제공했고 폐업을 선언하기 전에 고객들에게 2주 안에 고객의 시스템과 데이터를 이전하라고 통보함

5.2.5 ISO/IEC 27018

■ 공공 클라우드 환경에서 개인식별정보 보안 인증
  » 공공 클라우드 환경에서 개인식별정보(Personally Identifiable Information)를 보호하기 위한 통제 가이드라인(Code of practice for protection of personally identifiable information (PII) in public cloud acting as PII Processors)
    - ISO/IEC 27018:2019는 클라우드에서 개인정보를 보호하는 데 초점을 맞춘 실천 강령으로 27002를 기반으로 퍼블릭 클라우드 개인식별정보에 적용되는 27002 제어를 구현하는 지침과 27002 통제항목에서 다루지 않는 퍼블릭 클라우드 개인식별정보 보호 요구사항을 지원하기 위한 추가적인 통제항목 및 관련 지침 세트를 제공한다.
    - 27002의 보안통제 항목의 목차에 따라 특정 고객이 아닌, 다수의 개인 또는 기업 고객을 대상으로 클라우드 서비스를 제공하는 경우, 클라우드 서비스 사용자나 사용 기업의 개인식별정보에 대한 보안 통제항목을 정의하고 있으며, 추가로 29100 프라이버시 프레임워크에서 정의하고 있는 11가지 원칙별 클라우드 개인식별정보 보안통제 항목을 설명하고 있다.
    - 29100과 27018 표준에서는 '개인식별정보(PII)'의 '컨트롤러(controller)'와 '프로세서(Processor)'라는 용어를 사용하고 있으며, '개인식별정보(PII)'를 비즈니스적인 목적으로 수집하는 기업을 'PII 컨트롤러'라고 하고, PII 컨트롤러의 위임을 받아서 이를 처리해주는 모든 서비스 제공 사업자를 'PII 프로세서'로 구분한다.
    - 컨트롤러와 프로세서 역할을 모두 가지고 있는 클라우드 서비스 사업자나, 컨트롤러로부터 PII를 제공 받아서 이를 처리하는 클라우드 프로세서들은 27018 표준을 참조하여 PII에 대한 보안통제를 적용할 수 있다.

  » 공공 클라우드 컴퓨팅 서비스에서의 PII 보호 통제 및 요구사항
    - PII 처리자로 행동하는 공공 클라우드 컴퓨팅 서비스 제공자에게 적용 가능한 PII 보호 요구사항에서 발생하는 특정 위험 환경을 포함
    - 법적, 법령 상의 제도 및 계약상의 요구사항 : 조직의 거래처, 계약처, 서비스 공급업자가 충족시켜야 하는 법적, 법령, 제도 및 계약 상의 요구사항과 의무, 사회 문화적 책임사항과 운영 환경 등을 만족하여야 한다.
    - 위험 : PII와 관련된 조직의 위험을 판별하고 조직의 전체 사업 전략과 목적을 명확하게 하여야 한다. 위협이 식별되고 취약성과 발생가능성 등 영향평가를 통하여 잠재적 영향도를 분석한다.

  » 용어의 정의
    - 데이터 침해 : 사고나 불법적인 파괴, 손실, 변경, 인가받지 않은 유포나 접근, 보호되는 데이터의

전송, 저장 및 기타 방식으로의 처리로 이어지는 보안상의 위험 노출
- 개인식별정보(PII) : 정보와 그 정보와 연관된 개인정보 주체를 식별하기 위해 사용될 수 있거나, 직/간접적으로 연결되는 모든 정보
  - PII 주체가 식별 가능한지 결정하기 위해서는 데이터를 소유한 개인정보 이해관계자나 다른 어떤 당사자들이 합리적으로 사용하는 모든 방법을 고려는 하는 것이 좋다.
  - 공공 클라우드 PII 수탁자는 자신이 처리하는 정보가 특정 범주에 속하는지 여부를 클라우드 서비스 이용자가 투명하게 해 주지지 않는 한에는 명확히 알수가 없다.
- PII 통제자(Controller) : 개인 용도로 사용하는 데이터를 개인정보 주체가 아닌 PII를 처리하기 위한 수단과 방법을 결정하는 개인정보 이해 관계자
  - PII 처리자는 때때로 PII를 대행(위탁)시 그 책임은 PII 처리자(수탁자)에게 있다.
- PII 당사자(principal) : 개인식별정보와 관련 있는 자연인
  - 개인정보보호법령에 따라 데이터 주체로 대신 사용될 수도 있다.
- PII 수탁자(Processor) : PII 컨트롤러를 대신하거나 PII 컨트롤러의 지시에 따라 개인식별정보를 처리하는 개인정보보호 이해관계자
- PII 처리 : PII 에 대해 수행되는 연산 또는 연산 집합
  - PII 처리 연산은 수집, 저장, 변경, 검색, 참조(consultation), 공개, 익명처리, 가명처리, 전파(dissemination) 또는 다른 형태의 가능한 생성, 삭제, 파기(destruction)를 포함하며 이에 제한되지 않는다.
- 공공 클라우드 서비스 제공자 : 공공 클라우드 모델에 따라 클라우드 서비스를 사용할 수 있게 제공하는 당사자

▶ 27018:2019 통제항목

- 27001과 연계하여 사용하여야 하고, 부속서 A에 명시된 추가적인 통제는 27002를 기반으로 한 ISMS의 구현 절차의 일부분을 채택한 것으로 이해하여야 한다.
- 1. 범위, 2. 인용 표준, 3. 용어와 정의, 4. 개요

절	제목	설명
5	정보보호 정책	특정 부분별 구현지침과 기타 정보 제공
6	정보보호 조직	특정 부분별 구현지침 제공
7	인적자원 보안	특정 부분별 구현지침과 기타 정보 제공
8	자산 관리	기타 정보 없음 (동일적용)
9	접근제어	특정 부분별 구현지침과 함께 부속서A 통제 교차 참조 제공
10	암호	특정 부분별 구현지침 제공
11	물리 및 환경 보안	특정 부분별 구현지침과 함께 부속서A 통제 교차 참조 제공

절	제목	설명
12	운영 보안	특정 부분별 구현지침 제공
13	의사소통 보안	특정 부분별 구현지침과 함께 부속서A 통제 교차 참조 제공
14	시스템 개발 및 유지	기타 정보 없음 (동일적용)
15	공급자 관계	기타 정보 없음 (동일적용)
16	정보보호 사고관리	특정 부분별 구현지침 제공
17	BCM의 정보보호	기타 정보 없음 (동일적용)
18	법규 준수	특정 부분별 구현지침과 함께 부속서A 통제 교차 참조 제공

▶ 27017:2015 추가 통제항목

	제목	설명
A.5.1.1	정보보호를 위한 정책	– 정책은 적용될 수 있는 관련 법규 및 공공 클라우드 PII수탁자와 클라우드 서비스 이용자간에 합의된 계약 조항을 준수하겠다는 선언 및 그 지원에 관한 서술로 개정되어야 한다. – 계약 합의는 논의되는 클라우드 서비스의 유형을 고려하여 공공 클라우드 PII 수탁자와 위탁자 및 서비스 이용자간에 책임을 명확히 할당해야 한다.
A.6.1.1	정보보호 역할 및 책임	– 공공 클라우드 PII수탁자는 클라우드 서비스 이용자가 계약에 따른 PII 처리에 관해 연락할 수 있는 담당자를 지정해야 한다.
A.7.2.2	정보보호 인식, 교육, 훈련	– 관련 직원이 프라이버시 및 보안 규정의 위반이 공공 클라우드 PII수탁자, 직원, 개인정보 주체에게 미칠수 있는 결과와 개인정보 처리에 관한 절차를 인식하도록 하는 수단이 실행되어야 한다.
A.9.2.1	사용자 등록 및 해지	– 사용자 등록 및 해지 절차는 사용자 접근통제가 손상되는 상황을 다루어야 하며, 우연한 노출의 결괄로 패스워드 또는 다른 사용자 등록정보가 변경 또는 손상되는 경우가 발생되지 않도록 관리해야 한다. (사용자 인증 크리덴셜의 주기적 점검 절차를 수립한다.)
A.9.4.2	안전한 로그인 절차	– 공공 클라우드 PII수탁자는 필요한 경우 클라우드 서비스 사용자(관리자)의 모든 계정에 대하여 안전한 로그온 절차를 제공해야 한다.
A.10.1.1	암호 통제 사용 정책	– 공공 클라우드 PII수탁자는 처리하는 개인정보를 보호하기 위해 암호를 사용하는 상황에 관한 정보를 클라우드 서비스 이용자에게 제공해야 한다. – 법률에서 요구하는 개인정보 주체에 관한 민감정보, 고유식별정보 등 특정 종류의 개인정보를 보호하기 위해 안전한 암호알고리즘을 적용하도록 요구할 수 있다.
A.11.2.7	장비 안전 폐기 및 재사용	– 안전한 폐기 및 재사용의 목적으로 개인정보를 포함할 수 있는 저장매체를 포함하는 장비는 추가 통제 및 지침을 마련해야 한다
A.12.1.4	개발, 시험, 운영, 환경 분리	– 피할수 없는 테스트를 위해 개인정보를 사용하는 경우에는 위험평가를 수행하고, 식별된 위험을 완화하기 위해 기술적 및 조직적 수단을 구현해야 한다.

A.12.3.1	정보 백업	– 공공 클라우드 PII수탁자가 명시적으로 백업 및 복구 서비스를 클라우드 서비스 이용자에게 제공하는 경우 이용자 데이터의 백업 및 복구에 관련된 능력에 관한 정보를 이용자에게 제공해야 한다. – 클라우드 컴퓨팅 모델에 기초한 정보처리시스템은 데이터 손실을 보호하고 데이터처리 운영의 연속성을 보장하며, 데이터 서비스 중단 사건이 발생되면 복구 능력을 제공하기 위하여 추가적인 복구백업시스템(DR센터)을 도입해야 한다. – 법률에서 요구하는 데이터 백업 저장주기에 관한 구체적인 요구사항을 명시한 문서화된 절차를 마련하고 주기적 검토가 시행되어야 한다. – 처리되는 데이터의 복사 및 백업본을 저장하기 위한 하청 업체의 사용 및 물리적 매체 전송이 일어날 경우 이 표준을 따른다.
A.12.4.1	이벤트 로그기록	– 비정상(irregularities)을 식별하고 교정 노력을 제안하기 위해 명시되고 문서황된 주기로 이벤트 로그를 검토하기 위한 프로세스가 수립되어 있어야 하며, 개인정보가 어떤 이벤트의 결과로 누구에 의해 변경(추가, 삭제) 되었는지의 여부를 기록해야 한다. – 클라우드 서비스 이용자의 접근로그 기록에 접근할 경우 공공 클라우드 PII수탁자는 본인의 정보 이외에 다른 이용자의 로그기록에 접근할 수 없도록 해야 한다.
A.12.4.2	로그 정보 보호	– 보안 모니터링 및 운영적 진단과 같은 목적으로 기록하는 로그정보는 개인정보를 포함할 수 있으며, 오직 의도된 목적을 위해서만 사용되도록 접근통제가 이루어져야 한다. – 기록된 로그 정보가 명시되고 문서화된 기간내에 삭제되도록 절차를 수립하고 주기적 검토가 시행되어야 한다.
A.13.2.1	정보 전송 정책 및 절차	– 정보 전송에 물리적 매체가 사용될 경우 개인정보를 저장한 물리적 매체의 반출입 기록(매체의 유형, 송/수신자, 일시, 물리적 매체번호 등)을 저장하는 절차를 수립되어 있어야 한다. – 클라우드 서비스 이용자는 목적지점에서만 데이터에 접근할 수 있고 이동 중에는 접근할 수 없도록 암호화 적용 등 추가적인 수단을 사용하도록 요청 받아야 한다.
A.16.1.1	책임 및 절차	– 정보보호 사고가 발생하면 사고관리 프로세스에 의하여 개인정보와 관련된 데이터 훼손(유출)이 존재하는지를 확인하기 위한 절차가 마련되어 있어야 하며, 주기적 검토가 시행되어야 한다.
A.18.2.1	정보보호 독립적 검토	– 개별 클라우드 서비스 이용자의 감시가 현실적이지 않거나 보안 위험을 증가 시킬수 있는 경우 공공 클라우드 PII수탁자는 이용자가 회원가입 또는 계약체결 전에 개인정보처리방침(정책과 절차)에 따라 운영되고 있다는 독립적인 증거와 충분한 투명성이 제공되어야 한다.

■ 공공 클라우드 환경에서의 개인정보 이슈와 대응 방안
▶ 클라우드의 개인정보 관련 이슈는 법 규제 측면, 아키텍쳐 측면, 데이터 측면 등 3가지로 구분된다.

구분	주요 이슈	대응방안
법 규제 측면	거버넌스 차이	클라우드 어플리케이션 개발 및 서비스 조항에 적용되는 정책, 절차 및 표준 수립 시스템 생명주기에 걸쳐 해당 사례가 지켜지는지 감시 매커니즘 및 도구 마련
	준거성	조직의 요구사항 및 계약조건 충족 확인
	신뢰성	개인정보보호 통제 절차의 투명성과 관련한 매커니즘을 SLA에 포함
	사고대응	개인정보 침해사고 대응에 대한 계약 조항 및 절차를 이해
아키텍처 측면	ID 및 접근관리	인증, 권한부여, ID 및 접근 관련 기능을 위한 적절한 보호장치 확립
	소프트웨어 격리	클라우드 제공자가 사용하는 가상화 및 기타 소프트웨어 격리 기술에 대한 이해
	가용성	장기적인 분열 및 심각한 재해 발생 시 운영의 즉각적인 복구 방법 확립
	공유기술의 취약점	공유자원의 접근통제, 인증 절차 수립 및 이행
	공급자 의존	클라우드 서비스에 대한 호환성을 보장할 수 있는 도구나 표준 수립
데이터 측면	데이터 통제권 양도	위험평가, 데이터 중요도에 따른 퍼블릭 클라우드에 선별적 활용 및 데이터 이관
	데이터 보호	클라우드 제공자의 데이터 관리 솔루션에 대한 적합성 평가
	불완전한 데이터 삭제	개인정보 파기 절차 수립 및 이행, 복구 불가능한 삭제
	데이터 손실	DLP(Data Loss Prevention), 데이터 백업

■ 클라우드 서비스 제공자별 주요 보안 서비스
▶ 클라우드 서비스 제공자가 제공하는 보안 서비스에 대한 동작 방식이나 내용을 사용자가 모두 알 수는 없으므로 클라우드 사용자(기업) 입장에서는 모니터링과 가시성을 확보하는 것이 중요하며, 기업의 기존 온프레미스 보안 정책을 일관성 있게 클라우드까지 적용되도록 노력해야 한다.
- 클라우드의 장점인 자율성, 유연성, 확장성은 최대한 보장하면서도 보안이 약화되지 않도록 모니터링하고 가시성을 확보하기 위한 보안관제의 중요성이 더욱 커지고 있다.
- 클라우드 환경에서는 특히나 모든 것을 사람이 수동으로 할 수는 없으므로 자동화하는 부분도 빼놓을 수 없다.

> 보안관제 이외에도 전문적인 보안 업체의 서비스(SECaaS, CASB)를 받는 것도 효율적인 보안을 위한 대안이 될 수 있다.

- **SECaaS**(SECurity as a Service) : Cloud Security Alliance에서 선정한 SECaaS 10가지 유형
  - 계정관리(Identity Access Management)
  - 자료유출차단(Data Loss Prevention)
  - 웹보안(Web Security)
  - 이메일보안(Email Security)
  - 보안점검(Security Assessment)
  - 침입탐지관리(Intrusion Management)
  - SIEM(Security Information and Event Management)
  - 비즈니스 연속성 계획, 재해복구(Business Continuity and Disaster Recovery)
  - 네트워크보안(Network Security)
- **CASB**(Cloud Access Security Broker)
  - 모니터링/시각화
  - 위협 방안
  - 데이터 보호, 컴플라이언스 준수
  - 컴플라이언스 준수

> 아마존 AWS 네이티브 보안서비스

- 계층별 심층 방어(In-Depth Security) 체계를 구축하여 운영해야 한다.

구분	보안 서비스	설명
Authorization	IAM	Identity and Access Management 사용자 계정 및 권한 관리
	AWS RAM	Resource Access Management 멀티 계정 간 리소스 공유 기능
	AWS Organization	계정에 대한 정책관리, 계정 그룹 생성 및 거버넌스 중앙 통제
Authentication	Amazon Congnito	- 웹 및 모바일앱에 대한 인증, 권한부여 및 사용자 관리 제공 - ID/패스워드 인증 및 facebook, google과 같은 다른 서비스 계정을 통한 로그인 지원
	AWS SSO	Single Sign-on, 여러 AWS 계정과 비즈니스 애플리케이션에 대한 SSO 액세스를 중앙에서 관리
	Amazon Directory Service	Microsoft AD를 이용하여 사용자, 그룹 및 다바이스 관리
Protected Stores	AWS CloudHSM	Hardware Security Modules AWS 클라우드 자체 암호화 키를 손쉽게 생성 및 사용할 수 있도록 지원하는 클라우드 기반 하드웨어 보안 모듈
	AWS KMS	Key Management Service 통합된 AWS 서비스 및 자체 애플리케이션에 걸쳐 일괄로 키를 관리하고 정책을 정의하는 기능

구분	보안 서비스	설명
Protected Stores	AWS Secret Manager	코드 배포 없이 보안 정보(데이터베이스 자격증명, API 키 등)를 손쉽게 교체, 관리, 검색하는 기능 제공
	AWS Certificate Manager	AWS 서비스 및 연결된 내부 리소스에 사용할 공인 및 사설 SSL/TLS 인증서를 손쉽게 프로비저닝, 관리 및 배포하는 서비스 제공
Visibility	AWS Artifact	AWS 보안 및 규정 준수 보고서에 온디맨드 방식으로 액세스할 수 있도록 제공
	AWS Security HUB	AWS 계정 전반에 걸쳐 우선순위가 높은 보안 경고 및 규정 준수 상태를 종합적으로 확인할 수 있게 제공(대시보드, 레포트)
Enforcement	Amazon GuardDuty	- 악의적인 활동 또는 무단 동작을 지속적으로 모니터링하는 위협 탐지 서비스 - VPC Flow log, DNS log 등을 감시 (일종의 IDS 역할)
	Amazon Inspector	- AWS에 배포된 애플리케이션의 보안 및 규정 준수를 개선하는 자동 보안평가 서비스 - EC2 인스턴스의 취약성 평가 및 액세스 적합성 확인
	Amazon Macie	기계학습을 사용하여 AWS에 저장된 민감한 데이터(개인식별정보 등)를 자동으로 검색, 분류, 보호하는 보안서비스
	AWS WAF	웹 애플리케이션 방화벽 서비스
	AWS Shield	DDoS 공격으로부터 서비스 보호(Standard와 Advanced로 구분)

AWS 네이티브 보안 서비스

▶ Microsoft Azure 네이티브 보안서비스

구분	보안 서비스	설명
일반보안	Azure Security Center	- 네트워크를 강화하고 서비스 보안을 유지하며 보안 상태를 제어하는데 필요한 도구 제공 - Agent를 이용하여 클라우드와 온프레미스의 가상서버 보호
	Azure Key Vault	보안 비밀 저장소
	Azure Monitor 로그	다른 모니터링 데이터와 활동 로그를 수집하여 전체 리소스 집합에 대한 심층 분석을 제공하는 로그 데이터 플랫폼
	Azure Dev/Test Labs	재사용 가능한 템플릿과 아티팩트를 이용해서 개발과 테스트에 필요한 환경을 빠르게 구성하는 서비스
ID 및 액세스 관리	Azure 역할기반 액세스 제어	리소스 기반 엑세스 제어
	Azure Active Directory	클라우드 기반 디렉토리 및 여러 ID 관리 서비스를 지원하는 인증 리포지토리
	Azure Active Directory Domain Services	클라우드 기반 Active Directory Domain 서비스
	Azure Multi-Factor Authentication	복합 인증 서비스

구분	항목	설명
네트워킹 보안	네트워크 보안그룹	네트워크 기반 액세스 제어
	Azure VPN Gateway	VPN 제공을 위한 네트워크 디바이스
	WAF	Web Application Firewall 웹 취약점 방어
	Azure Traffic Manager	전역 DNS 부하 분산 장치
	Azure DDoS Protection	DDoS 공격 방어
Storage 보안	Azure Storage 서비스 암호화	Azure Storage 데이터 자동 암호화 기능
	Azure 클라이언트 암호화	암호화 기술을 이용하여 클라이언트 프로그램에서 데이터 업로드시 암호화, 다운로드 시 복호화하는 서비스
	Azure Storage 공유액세스 서명	Azure Storage 리소스에 대한 제한된 액세스 서명 서비스
	Azure Storage 계정 키	키를 이용한 스토리지 액세스 제어 방법
	SMB 3.0 암호화를 사용한 Azure 파일 공유	SMB 파일 공유 프로토콜에 네트워크 암호화 사용 기술
	Azure Storage 분석	스토리지 계정 사용 로깅 및 메트릭 생성 기술
DB 보안	Azure SQL 방화벽	데이터베이스에 대한 네트워크 액세스 제어
	Azure SQL연결 암호화	방화벽 규칙, 사용자 ID, 특정 작업 및 데이터에 대한 사용자를 제한하는 권한 부여 메커니즘 사용한 액세스 제어
	Azure SQL항상 암호화	신용카드 번호 또는 주민번호와 같은 중요 데이터 암호화
	Azure SQL 투명한 데이터암호화	데이터베이스 스토리지 암호화
	Azure SQL Database 감사	데이터베이스 이벤트 및 계정의 감사로그 기록
백업 및 재해 복구	Azure Backup	데이터 백업 및 복원 서비스
	Azure Site Recovery	기본 사이트를 보조 위치로 복제하여 오류 시 서비스 복구가 가능하도록 하는 온라인 서비스

Azure 네이티브 보안 서비스

■ 국내 KISA, 클라우드서비스 보안인증제도(DaaS) 개요
▶ 클라우드컴퓨팅서비스(이하 '클라우드서비스') 보안인증제도는 클라우드서비스 제공자가 제공하는 서비스에 대해 "클라우드컴퓨팅 발전 및 이용자 보호에 관한 법률" 제32조 제2항에 따라 정보보호 기준의 준수여부 확인을 인증기관에 요청하는 경우 인증기관이 이를 평가·인증하여 이용자들이 안심하고 클라우드서비스를 이용할 수 있도록 지원하는 제도이다.

- 클라우드서비스 보안인증의 대상은 클라우드컴퓨팅 기술을 이용하여 정보 시스템의 인프라, 응용프로그램, 개발환경 중 어느 하나 이상을 제공하는 클라우드서비스가 해당된다.
- 클라우드서비스 보안인증제도는 공공기관에게 안정성 및 신뢰성이 검증된 민간클라우드서비스를 공급하고, 객관적이고 공정한 클라우드서비스 보안인증제도를 통해 이용자의 보안 우려를 해소하고 클라우드서비스의 경쟁력을 확보하는데 그 목적이 있다.
- 클라우드서비스 보안인증제도의 시행 근거는 "클라우드컴퓨팅 발전 및 이용자 보호에 관한 법률" 제5조에 의거하여 2015년 "제1차 클라우드컴퓨팅 기본계획"에 따라 시행하고 있다.

▶ DaaS인증제도는 IaaS, SaaS, DaaS 인증으로 구분되며, DaaS 인증의 유효기간은 5년이다.
- 인증대상 : 인터넷망 DaaS 서비스
  - 인프라 영역 : 네트워크, 보안시스템, 하이퍼바이저 등
  - DaaS구성 필수요소 : 하이퍼바이저, 운영서버(가상PC OS포함), 관리서버(가상화관리솔루션 설치), 인증서버, 전용 어플리케이션(WEB 등), 가상PC에 설치된 필수 보안SW(백신, 망연계 등) 등
- 통제항목 : 117개 통제항목 (IaaS 110개, SaaS 78개/간편 30개 3년)
- 평가종류 : 최초평가 => 사후평가(4회) => 갱신평가
- 평가일수 : 총 19일 (working-day)
- 정책기관 과학기술정보통신부, 평가/인증기관 한국인터넷진흥원, 기술자문기관 국가보안기술연구소

▶ DaaS 평가 및 인증대상
- DaaS 서비스는 인프라(네트워크, 보안장비, 하이퍼바이저 등) 영역에 구성되어야 하며, DaaS의 필수 보안요건을 만족하여야 한다.
  - 가상자원 초기화, DaaS 필수 S/W설치, 비인가 접속단말 차단, 접속구간 암호화 등

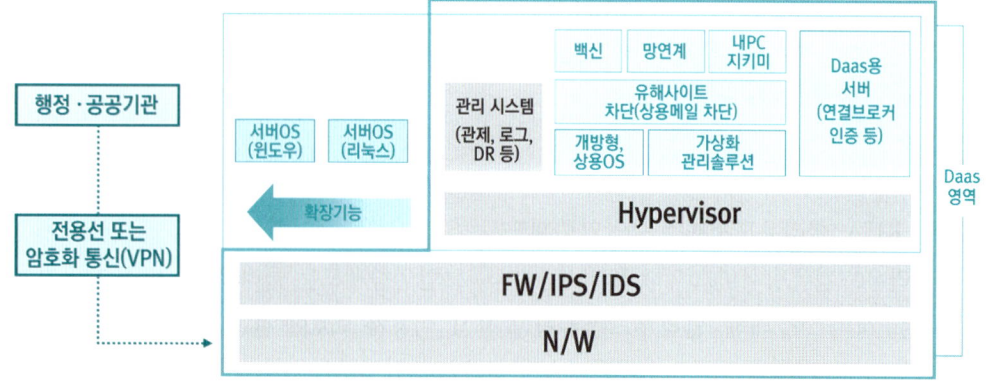

▶ DaaS 인증기준

통제 분야	통제 항목	통제항목 수 IaaS	SaaS	SaaS간	DaaS
1. 정보보호 정책 및 조직	1.1. 정보보호 정책	3	3		3
	1.2. 정보보호 조직	2	2	2	2
2. 인적보안	2.1. 내부인력 보안	6	4	1	4
	2.2. 외부인력 보안	3	–		3
	2.3. 정보보호 교육	3	1	1	1
3. 자산관리	3.1. 자산 식별 및 분류	3	1		3
	3.2. 자산 변경관리	3	1		3
	3.3. 위험관리	4	1		4
4. 서비스 공급망 관리	4.1. 공급망 관리정책	2	2		2
	4.2. 공급망 변경관리	2	1		2
5. 침해사고 관리	5.1. 침해사고 절차 및 체계	3	3	1	3
	5.2. 침해사고 대응	2	2	1	2
	5.3. 사후관리	2	2		2
6. 서비스 연속성 관리	6.1. 장애대응	4	4	1	4
	6.2. 서비스 가용성	3	2	1	3
7. 준거성	7.1. 법 및 정책 준수	2	1	1	2
	7.2. 보안 감사	2	2		2
8. 물리적 보안	8.1. 물리적 보호구역	6	–		6
	8.2. 정보처리 시설 및 장비보호	6	–		6
9. 가상화 보안	9.1. 가상화 인프라	6	2	1	5
	9.2. 가상 환경	4	4		2
10. 접근통제	10.1. 접근통제 정책	2	2	1	2
	10.2. 접근권한 관리	3	3		3
	10.3. 사용자 식별 및 인증	5	5	4	5
11. 네트워크 보안	11.1. 네트워크 보안	6	5	2	6
12. 데이터 보호 및 암호화	12.1. 데이터 보호	6	6	2	6
	12.2. 매체 보안	2	–		2
	12.3. 암호화	2	2	2	2
13. 시스템 개발 및 도입 보안	13.1. 시스템 분석 및 설계	5	5	1	5
	13.2. 구현 및 시험	4	4	1	4
	13.3. 외주 개발 보안	1	1		1
	13.4. 시스템 도입 보안	2	–		2
14. 공공기관 보안요구사항	14.1. 관리적 보호조치	4	4	4	4
	14.2. 물리적 보호조치	2	2	2	2
	14.3. 기술적 보호조치	2	1	1	2
15. 개인정보의 처리 및 안전한 관리 (SaaS – 추가 영역)	15.1. 개인정보 수집·이용		3		
	15.2. 개인정보 처리제한		3		
	15.3. 개인정보의 안전한 관리		3		
총계		117	87	30	110

출처 : 과학기술정보통신부, 한국인터넷진흥원 '클라우드서비스 보안인증제도(SaaS) 평가기준 해설서'

▶ DaaS 인증기준 명세서 (보안점검 방법 및 점검표)

통제항목	세부 통제내용	점검항목
1.1.1. 정보보호 정책 수립	정보보호 정책을 문서화하고, 정보보호 최고책임자의 승인 후 정책에 영향을 받는 모든 임직원 및 외부 업무 관련자에게 제공하여야 한다.	1) 클라우드 정보보호정책을 수립하고, 정책 시행을 위한 관련 지침, 절차, 메뉴얼 등을 문서화하고 있는가? 2) 클라우드 정보보호정책은 정보보호 최고책임자로부터 제·개정 시 승인을 받고 있는가? 3) 클라우드 정보보호정책에 영향을 받는 모든 임직원 및 외부 업무 관련자에게 정책의 내용을 이해하기 쉬운 형태로 최신본으로 전달하고 있는가?
1.1.2. 정보보호 정책 검토 및 변경	정보보호 정책의 타당성 및 효과를 연 1회 이상 검토하고, 관련 법규 변경 및 내·외부 보안사고 발생 등의 중대한 사유가 발생할 경우에는 추가로 검토하고 변경하여야 한다.	1) 클라우드 서비스 제공자는 클라우드 정보보호정책 및 정책시행 문서에 대한 타당성 검토를 최소 연 1회 수행하고 있는가? 2) 중요한 변경 발생시 클라우드 정보보호정책 및 정책시행 문서의 변경 여부를 검토하여 필요 시 변경을 하고 있는가? 3) 클라우드 서비스 이용자에게 변경된 보안정책, 주요 보안 이슈 등을 공유하는가?
1.1.3. 정보보호 정책문서 관리	정보보호 정책 및 정책 시행문서의 이력관리 절차를 수립하고 시행하며, 최신본으로 유지하여야 한다.	1) 클라우드 정보보호정책 및 정책시행 문서의 제정, 개정, 배포, 폐기 등의 이력을 확인할 수 있도록 관리절차를 수립·이행하고 있는가? 2) 클라우드 정보보호정책 및 정책시행 문서는 최신본으로 관리하고 있는가?
1.2.1. 조직 구성	정보보호 활동을 계획, 실행, 검토하는 정보보호 전담조직을 구성하고 정보보호 최고책임자를 임명하여야 한다.	1) 클라우드 서비스 제공자는 안전한 서비스 제공을 위해 별도의 실무조직 구성과 정보보호 최고책임자를 임명하고 있는가? 2) 정보보호 전문성을 고려하여 실무조직 구성원을 임명하고 있는가?
1.2.2. 역할 및 책임 부여	정보자산과 보안에 관련된 모든 임직원 및 외부 업무 관련자의 정보보호 역할과 책임을 명확하게 정의하여야 한다. 또한 서비스 이용자의 정보보호 역할과 책임도 서비스 수준 협약 등을 통해 명확하게 정의하여야 한다.	1) 정보보호 최고책임자와 정보보호 관련 담당자의 역할 및 책임을 정의하고 있는가? 2) 정보보호 최고책임자와 정보보호 관련 담당자의 활동을 평가할 수 있는 체계를 수립하고 있는가? 3) 클라우드 서비스 수준 협약(SLA) 또는 계약서에 이용자의 정보보호 역할과 책임이 반영되어 있는가?

통제항목	세부 통제내용	점검항목
2.1.1. 고용계약	고용 계약서에 정보보호 정책 및 관련 법률을 준수하도록 하는 조항 또는 조건을 포함시키고, 새로 채용하거나 합류한 근무 인력이 클라우드컴퓨팅서비스의 설비, 자원, 자산에 접근이 허용되기 이전에 서명을 받아야 한다.	1) 고용 계약서에 정보보호 정책 및 관련 법률을 준수하도록 하는 조항 또는 조건이 포함되어 있는가? 2) 새로 채용하거나 합류한 근무 인력이 고용계약서에 서명 후 클라우드컴퓨팅서비스의 설비, 자원, 자산에 접근이 이루어지고 있는가?
2.1.2. 주요 직무자 지정 및 감독	클라우드컴퓨팅서비스의 시스템 운영 및 개발, 정보보호 등에 관련된 임직원의 경우 주요 직무자로 지정하여 관리하고, 직무 지정 범위는 최소화하여야 한다.	1) 클라우드컴퓨팅서비스를 제공하기 위한 중요 정보자산(정보, 시스템 등)을 취급하는 직무를 정의하고 해당 직무를 수행하는 주요 직무자를 지정하고 있는가? 2) 중요정보를 취급하는 주요 직무자는 최소한으로 지정하고 주기적으로 주요 직무자 현황을 관리하고 있는가?
2.1.3. 직무 분리	권한 오남용 등 내부 임직원의 고의적인 행위로 발생할 수 있는 잠재적인 위협을 줄이기 위하여 직무 분리 기준을 수립하고 적용하여야 한다.	1) 직무의 권한 오남용을 예방하기 위하여 정보보호 관련 주요 직무 분리 기준을 수립하고 직무별 역할과 책임을 명확하게 기술하고 있는가? 2) 직무분리가 어려운 경우 직무자간 상호 검토, 상위관리자 정기 모니터링 및 변경사항 승인, 책임추적성 확보 방안 등의 보완통제를 마련하고 있는가?
2.1.4. 비밀유지 서약서	정보보호와 개인정보보호 등을 위해 필요한 사항을 비밀유지서약서에 정의하고 주기적으로 갱신하여야 한다.	1) 직원 채용, 직무 변경, 고용 해지 시 정보보호 책임이 명시된 정보보호서약서 및 비밀유지서약서를 받고 있는가? 2) 임시직원 혹은 외주용역과 같은 외부인력에게 정보자산에 대한 접근권한을 부여할 경우, 정보보호에 대한 책임을 계약서에 명시하고 이에 대한 정보보호서약서를 받고 있는가? 3) 정보보호서약서 및 비밀유지서약서는 법적 분쟁 발생 시 증거자료로 사용할 수 있도록 안전하게 보존하고 용이하게 찾아볼 수 있도록 관리하고 있는가?
2.1.5. 상벌규정	정보보호 정책을 위반한 임직원에 대한 징계 규정을 수립하고, 위반 사항이 발생 시 규정에 명시된 대로 징계 조치를 취하여야 한다. 또한 정보보호 정책을 충실히 이행한 임직원에 대한 보상 방안도 마련하여야 한다.	1) 인사규정에 임직원이 정보보호 책임과 의무를 충실히 수행했는지 여부에 따른 상벌규정이 문서로 명시화 되어 있는가?

통제항목	세부 통제내용	점검항목
2.1.6. 퇴직 및 직무변경	임직원의 퇴직 또는 직무 변경에 관한 책임을 명시적으로 정의하고 수행하여야 한다. 또한 이에 대한 접근권한도 제거하여야 한다.	1) 부서 및 직무변경, 휴직, 퇴직 등으로 인한 인사변경 내용이 인사부서, 정보보호부서, 정보시스템 운영부서 간에 공유되고 있는가? 2) 조직 내 인력(정규직 임직원, 임시직원, 외주용역업체 직원 등)의 직무변경 혹은 퇴직 시 정보자산 반납, 접근권한 조정·회수, 결과 확인 등 수립된 절차에 따라 지체 없이 이행하고 있는가?
2.2.1. 외부인력 계약	외부인력(외부유지보수직원, 외부용역자 포함)에 의한 정보자산 접근 등과 관련된 보안요구사항을 계약에 반영하여야 한다.	1) 정보처리 업무를 외부인력에게 위탁하는 경우 보안요구사항을 정의하여 계약 시 반영하고 있는가?
2.2.2. 외부인력 보안 이행 관리	계약서에 명시한 보안요구사항 준수 여부를 주기적으로 점검하고 위반사항이나 침해사고 발생 시 적절한 조치를 수행하여야 한다.	1) 외부인력이 계약서에 명시한 보안요구사항을 준수하고 있는지 주기적으로 점검 또는 감사를 수행하고 문제점 발견 시 개선할 수 있는 보호대책을 수립·이행하고 있는가?
2.2.3. 계약 만료 시 보안	외부인력과의 계약 만료 시 자산 반납, 접근권한의 회수, 중요정보 파기, 업무 수행 시 알게 된 정보의 대한 비밀 유지서약 등을 확인하여야 한다.	1) 위탁사가 위탁 업무 수행과정에서 담당자 퇴직 등의 변경사항이 발생할 경우 위탁사 관련 부서에 보고하고 공식적인 절차에 따라 정보자산 반납, 접근계정 삭제 등의 조치를 하고 있는가? 2) 외부인력과의 계약 만료, 업무 종료 시 공식적인 절차에 따라 정보자산의 반납, 정보시스템 접근계정 삭제, 중요정보 파기, 물리적 출입권한 삭제 업무 수행 시 알게 된 정보의 비밀유지서약서 작성 등을 확인하고 있는가?
2.3.1 교육 프로그램 수립	모든 임직원 및 외부 업무 관련자를 포함하여 연간 정보보호 교육 프로그램을 수립하여야 한다.	1) 내부의 모든 직원과 외부인력(외주 용역)을 위한 정보보호 교육, 훈련, 인식 프로그램이 수립되어 있는가?
2.3.2. 교육 시행	모든 임직원 및 외부 업무 관련자를 대상으로 연 1회 이상 정보보호 교육을 시행하고 정보보호 정책 및 절차의 중대한 변경, 내·외부 보안사고 발생, 관련 법규 변경 등의 사유가 발생하면 추가 교육을 실시하여야 한다.	1) 내부의 모든 직원과 외부인력(외주 용역)을 대상으로 연 1회 이상 기본 정보보호 교육을 수행하고 있는가? 2) 정보보호 정책 및 절차의 중대한 변경, 조직 내·외부 보안사고 발생, 정보보호 및 클라우드 관련 법률 변경 등이 발생 시 이에 대한 추가 교육을 수행하고 있는가?
2.3.3. 평가 및 개선	정보보호 교육 시행에 대한 기록을 남기고 결과를 평가하여 개선하여야 한다.	1) 정보보호 교육, 훈련, 인식 프로그램의 수행 결과를 평가하고 있는가? 2) 평가 결과를 분석하여 새로운 정보보호 요구사항을 도출하고 프로그램의 개선에 반영하고 있는가?

통제항목	세부 통제내용	점검항목
3.1.1. 자산 식별	클라우드컴퓨팅서비스에 사용된 정보자산(정보시스템, 정보보호시스템, 정보 등)에 대한 자산분류기준 수립하고 식별된 자산의 목록을 작성하여 관리하여야 한다.	1) 정보자산(정보시스템, 정보보호시스템, 정보, 가상자원, 가상인프라)의 분류기준을 수립하고 클라우드 서비스 제공하기 위한 모든 정보자산을 식별하고 있는가? 2) 식별된 정보자산을 다음 항목이 포함된 별도 목록으로 관리하고 있는가? – 정보자산명, 자산번호, 모델명, 용도 – 정보자산별 책임자, 관리자, 관리부서 – 정보자산에 대한 보안등급 등 3) 정기적으로 정보자산 현황을 조사하고 정보자산목록을 최신으로 유지하고 있는가?
3.1.2. 자산별 책임할당	식별된 자산마다 책임자 및 관리자를 지정하여 책임소재를 명확히 하여야 한다.	1) 식별된 정보자산에 대한 책임자 및 관리자(또는 담당자)를 지정하고 있는가?
3.1.3. 보안등급 및 취급	기밀성, 무결성, 가용성, 법적요구사항 등을 고려하여 자산의 보안 등급을 부여하고, 보안 등급별 취급 절차에 따라 관리하여야 한다.	1) 기밀성, 무결성, 가용성, 법적요구사항 등을 고려하여 정보자산의 중요도를 평가하기 위한 기준을 수립하고 있는가? 2) 정보자산별로 중요도를 평가하고 각 자산별 특성에 적합한 보안등급을 부여하고 보안등급을 쉽게 확인할 수 있도록 하고 있는가? 3) 정보자산의 보안등급에 따른 취급절차(생성, 저장, 이용, 파기 등)를 정의하고 이행하고 있는가?
3.2.1. 변경관리	클라우드컴퓨팅서비스에 사용된 자산(시설, 장비, 소프트웨어 등)의 변경이 필요한 경우 보안 영향 평가를 통해 변경 사항을 관리하여야 한다. 또한 이용자에게 큰 영향을 주는 변경에 대해서는 사전에 공지를 하여야 한다.	1) 클라우드시스템 관련 자산(시설, 장비, 소프트웨어 등) 변경에 관한 절차를 수립·이행하고 있는가? 2) 클라우드시스템 관련 자산 변경을 수행하기 전 성능 및 보안에 미치는 영향을 분석하고 있는가? 3) 클라우드시스템 관련 자산 변경 중 이용자에게 큰 영향을 주는 변경에 대해서는 사전에 공지하고 있는가?
3.2.2. 변경 탐지 및 모니터링	클라우드컴퓨팅서비스에 사용된 자산(시설, 장비, 소프트웨어 등)의 변경을 지속적으로 모니터링하여 허가 받지 않은 변경을 탐지하고 최신의 변경 이력을 유지하여야 한다.	1) 클라우드컴퓨팅서비스에 사용된 자산(시설, 장비, 소프트웨어 등)의 변경을 지속적으로 모니터링하여 허가 받지 않은 변경을 탐지하고 최신의 변경 이력을 유지하고 있는가?
3.2.3. 변경 후 작업검증	클라우드컴퓨팅서비스에 사용된 자산(시설, 장비, 소프트웨어 등)의 변경 후에는 보안성 및 호환성 등에 대한 작업 검증을 수행하여야 한다.	1) 클라우드시스템 관련 자산 변경 후 보안성, 호환성에 대한 작업검증을 수행하고 있는가?

통제항목	세부 통제내용	점검항목
3.3.1. 위험관리계획 수립	관리적, 기술적, 물리적, 법적 분야 등 정보보호 전 영역에 대한 위험식별 및 평가가 가능하도록 위험관리 방법과 계획을 사전에 수립하여야 한다.	1) 관리적, 물리적, 기술적, 법적 분야 등 다양한 측면에서 발생할 수 있는 위험을 식별하고 평가할 수 있는 방법을 정의하여 문서화하고 있는가? 2) 매년 위험관리를 수행하기 위하여 전문인력 구성, 기간, 대상, 방법, 예산 등을 구체화한 위험관리계획을 수립·이행하고 있는가?
3.3.2. 취약점 점검	취약점 점검 정책에 따라 주기적으로 기술적 취약점(예 : 유·무선 네트워크, 운영체제 및 인프라, 응용 프로그램 취약점 등)을 점검하고 보완하여야 한다.	1) 클라우드 서비스 취약점 점검 절차를 수립하여 연 1회 이상 점검을 수행하고 있는가? 2) 인터넷 및 클라우드 서비스 관리 네트워크에서 침투테스트를 실시하고 있는가? 3) 발견된 취약점에 대한 조치를 수행하고 그 결과를 책임자에게 보고하고 있는가?
3.3.3. 위험분석 및 평가	위험관리 방법 및 계획에 따라 정보보호 전 영역에 대한 위험 식별 및 평가를 연 1회 이상 수행하고 그 결과에 따라 수용 가능한 위험 수준을 설정하여 관리하여야 한다.	1) 클라우드 서비스 제공과 관련된 전 영역에 대한 위험분석 및 평가를 연 1회 이상 수행하고 있는가? 2) 클라우드 서비스에 악영향을 미친다고 판단될 시 수시로 위험평가를 수행하고 있는가?
3.3.4. 위험처리	법규 및 계약관련 요구사항과 위험수용 수준을 고려하여 위험평가 결과에 따라 통제할 수 있는 방법을 선택하여 처리하여야 한다.	1) 위험평가의 결과에 따라 통제할 수 있는 방법을 선택하여 처리하여야 하며, 내외부의 환경 변화에 따른 클라우드 서비스 위험을 지속적으로 모니터링을 할 수 있는 프로세스를 수립 및 이행하고 있는가?
4.1.1. 공급망 관리 정책 수립	클라우드컴퓨팅서비스에 대한 접근과 서비스 연속성을 저해하는 위험을 식별하고 최소화하기 위해 공급망과 관련한 보안 요구사항을 정의하는 관리 정책을 수립하여야 한다.	1) 클라우드 서비스 제공을 위한 공급망 상의 이해관계자 및 위험을 식별하고 있는가? 2) 식별된 위험을 최소화하기 위한 보안 요구사항을 포함하는 공급망 관리정책을 수립하고 있는가?
4.1.2. 공급망 계약	클라우드컴퓨팅서비스 범위 및 보안 요구사항을 포함하는 공급망 계약을 체결하고 다자간 협약시 책임을 개별 계약서에 각각 명시해야하며, 해당 서비스에 관련된 모든 이해관계자에게 적용하여야 한다.	1) 클라우드컴퓨팅서비스 범위 및 보안 요구사항을 공급망 계약에 포함하고 다자간 협약 시 각각의 역할과 책임을 명시하고 있는가?
4.2.1. 공급망 변경관리	정보보호 정책, 절차 및 통제에 대한 수정 및 개선이 필요하다고 판단될 경우 서비스 공급망 상에 발생할 수 있는 위험에 대한 검토를 통해 안전성 확보 후 계약서 내용 변경 방안을 제시하여야 한다.	1) 공급망 변경과 관련하여 계약서 등을 공급망 상의 이해관계자들에게 제시하고 있는가? 2) 안전성 확보를 위해 필요시 클라우드 공급망에 대한 보안위험을 재평가하고 있는가?

통제항목	세부 통제내용	점검항목
4.2.2. 공급망 모니터링 및 검토	클라우드컴퓨팅서비스 공급망 상에서 발생하는 기록 및 보고서는 정기적으로 모니터링 및 검토하여야 한다.	1) 서비스 수준 협약의 요구사항에 대한 준수 여부를 모니터링 가능한 체계를 수립하고 주기적으로 검토하고 있는가
5.1.1. 침해사고 대응 절차 수립	침해사고에 대한 효율적이고 효과적인 대응을 위해 신고절차, 유출금지 대상, 사고 처리 절차 등을 담은 침해사고 대응절차를 마련하여야 한다. 침해사고 대응절차는 이용자와 제공자의 책임과 절차가 포함되어야 한다.	1) 침해사고의 정의 및 범위, 긴급연락체계 구축, 침해사고 발생시 보고 및 대응절차, 사고 복구 조직의 구성 등을 포함한 침해사고 대응절차를 수립하고 있는가?
5.1.2. 침해사고 대응 체계 구축	침해사고 정보를 수집·분석·대응할 수 있는 보안관제 시스템 및 조직을 구성·운영하고, 침해사고 유형 및 중요도에 따라 보고 및 협력체계를 구축하여야 한다.	1) 침해사고를 모니터링하여 신속하게 대응할 수 있도록 모니터링 및 대응 방법, 절차, 대응 조직 및 인력, 보고 및 승인 방법 등을 포함한 중앙집중적인 대응체계를 수립하고 있는가?
		2) 침해사고를 유형, 중요도, 긴급성 등에 따라 분류하고 이에 따른 보고체계를 정의하고 있는가?
		3) 외부 관제시스템 업체 등 외부 기관을 통해 침해사고 대응체계를 구축·운영하는 경우 보안 사고 대응절차의 세부사항을 계약서에 반영하고 있는가?
		4) 침해사고의 모니터링, 대응 및 처리와 관련된 정부부처, 외부전문가, 전문업체, 전문기관(KISA) 등과의 협조체계를 수립하고 있는가?
5.1.3. 침해사고 대응 훈련 및 점검	침해사고 대응과 관련된 역할 및 책임이 있는 담당자를 훈련시켜야 하고, 주기적으로 침해사고 대응 능력을 점검하여야 한다.	1) 침해사고 대응절차에 관한 년1회 이상 모의훈련 계획을 수립하고 이에 따라 주기적으로 훈련을 실시하고 있는가?
		2) 침해사고 대응 모의훈련 결과를 이용자가 요청할 경우 이를 문서화하여 제공하고 있는가?
5.2.1. 침해사고 보고	침해사고 발생 시 침해사고 대응절차에 따라 법적 통지 및 신고 의무를 준수하여야 한다. 또한 클라우드컴퓨팅서비스 이용자에게 발생 내용, 원인, 조치 현황 등을 신속하게 알려야 한다.	1) 침해사고의 징후 또는 침해사고 발생을 인지한 경우 정의된 침해사고 보고절차에 따라 신속하게 보고가 이루어지고 있는가?
		2) 침해사고 보고서에는 사고 날짜, 사고 내용 등 필요 내용을 모두 포함하고 있는가?
		3) 침해사고 발생 시 관련 법률 및 규정에 따라 신고, 통지하는 절차를 따르고 있는가?
5.2.2. 침해사고 처리 및 복구	침해사고 발생 시 침해사고 대응절차에 따라 처리와 복구를 신속하게 수행하여야 한다	1) 침해사고가 발생한 경우 절차에 따라 처리 및 복구를 수행하고 그 기록을 남기고 있는가?
		2) 침해사고 대응에 대한 이용자의 요청이 발생되는 경우 침해사고 대응 지원을 할 수 있는 체계를 마련하고 있는가?

통제항목	세부 통제내용	점검항목
5.3.1. 침해사고 분석 및 공유	침해사고가 처리 및 종결된 후 발생 원인을 분석하고 그 결과를 이용자에게 알려야 한다. 또한 유사한 침해사고에 대한 신속한 처리를 위해 침해사고 관련 정보 및 발견된 취약점을 관련 조직 및 임직원과 공유하여야 한다.	1) 침해사고가 종결된 후 사고의 원인을 분석하고 그 결과를 이용자에게 보고(고지)하고 있는가? 2) 침해사고 정보와 발견된 취약점을 관련 조직 및 인력과 공유하고 있는가?
5.3.2. 재발방지	침해사고 관련 정보를 활용하여 유사한 침해사고가 반복되지 않도록 침해사고 재발방지 대책을 수립하고, 필요한 경우 침해사고 대응 체계도 변경하여야 한다.	1) 침해사고 분석을 통해 얻어진 정보를 활용하여 유사 사고가 재발하지 않도록 대책을 수립하고 필요한 경우 침해사고 대응절차 등을 변경하고 있는가?
6.1.1. 장애 대응절차 수립	관련 법률에서 규정한 클라우드컴퓨팅서비스의 중단으로부터 업무 연속성을 보장하기 위해 백업, 복구 등을 포함하는 장애 대응 절차를 마련하여야 한다.	1) 클라우드시스템 장애를 즉시 인지하고 대응하기 위한 절차를 수립하고 있는가?
6.1.2. 장애 보고	클라우드컴퓨팅서비스 중단이나 피해가 발생 시 장애 대응절차에 따라 법적 통지 및 신고 의무를 준수하여야 한다. 또한 클라우드컴퓨팅서비스 이용자에게도 발생 내용, 원인, 조치 현황 등을 신속하게 알려야 한다.	1) 장애대응 절차에 클라우드 서비스 중단이나 피해가 발생 시 법적 통지 및 신고 의무에 따른 장애보고 절차가 마련되어 있는가?
6.1.3. 장애 처리 및 복구	클라우드컴퓨팅서비스 중단이나 피해가 발생할 경우, 서비스 수준 협약(SLA)에 명시된 시간 내에 장애 대응절차에 따라 해당 서비스의 장애를 처리하고 복구시켜야 한다.	1) 장애 발생 시 서비스 수준 협약에 명시된 시간 내에 장애 대응절차에 따라 조치하고 있는가? 2) 장애 발생 시 절차에 따라 조치하고 장애조치 보고서 등을 통해 기록·관리하고 있는가?
6.1.4. 재발방지	장애 관련 정보를 활용하여 유사한 서비스 중단이 반복되지 않도록 장애 재발방지 대책을 수립하고, 필요한 경우 장애 대응 절차도 변경하여야 한다.	1) 심각도가 높은 장애의 경우 원인분석을 통한 재발방지 대책을 수립·이행하고 있는가?
6.2.1. 성능 및 용량 관리	클라우드컴퓨팅서비스의 가용성을 보장하기 위해 성능 및 용량에 대한 요구사항을 정의하고, 지속적으로 관리할 수 있는 모니터링 방법 또는 절차를 수립하여야 한다.	1) 클라우드시스템의 성능 및 용량을 지속적으로 모니터링 하기 위한 절차를 수립·이행하고 있는가? 2) 클라우드시스템 성능 및 용량 요구사항(임계치)을 초과하는 경우 조치절차를 수립·이행하고 있는가?

통제항목	세부 통제내용	점검항목
6.2.2. 이중화 및 백업	정보처리설비(예 : 클라우드컴퓨팅서비스를 제공하는 물리적인 서버, 스토리지, 네트워크 장비, 통신 케이블, 접속회선 등)의 장애로 서비스가 중단되지 않도록 정보 처리설비를 이중화하고, 장애 발생 시 신속하게 복구를 수행하도록 백업 체계도 마련하여야 한다.	1) 백업 대상, 주기, 방법, 절차 등이 포함된 백업 및 복구절차를 수립·이행하고 있는가? 2) 네트워크 차단, 전력 중단 등 외부의 서비스 장애에 대응하기 위한 중요 장비를 이중화하고 있는가?
6.2.3. 서비스 가용성 점검	서비스 가용성에 대한 영향 평가를 주기적으로 점검하여야 한다.	1) 서비스 장애로부터 서비스 연속성을 확보하기 위해 주기적으로 영향 평가를 통해 점검하고 있는가? 2) 서비스 장애로부터 서비스 연속성을 확보하기 위한 보안대책이 마련되어 있는가?
7.1.1. 법적요구사항 준수	정보보호 관련 법적 요구사항을 식별하고 준수하여야 한다.	1) 정보보호 관련 법적 요구사항을 식별하고 준수하고 있는가?
7.1.2. 정보보호 정책 준수	정보보호 정책 및 서비스 수준 협약에 포함된 보안 요구사항을 식별하고 준수하며 이용자가 요구하는 경우 관련 증거를 제공하여야 한다.	1) 클라우드 정보보호 정책 및 서비스 수준 협약에 포함된 보안 요구사항을 식별하고 준수하고 있는가? 2) 이용자 요청시 보안 요구사항 준수여부에 대한 증거를 제공하고 있는가?
7.2.1. 독립적 보안감사	법적 요구사항 및 정보보호 정책 준수 여부를 보증하기 위해 독립적 보안감사 계획을 수립하여 시행하고 개선 조치를 취하여야 한다.	1) 클라우드 보안 요구사항의 준수여부를 보증하기 위해 독립적 감사 계획을 수립하여 시행하고 있는가? 2) 감사결과를 정보보호 최고책임자에게 보고하고 발견된 사항에 대해 개선조치를 취하고 있는가?
7.2.2. 감사기록 및 모니터링	보안감사 증적(로그)은 식별할 수 있는 형태로 기록 및 모니터링 되어야 되고 비인가된 접근 및 변조로부터 보호되어야 한다.	1) 보안감사 증적(로그)을 식별하고 로그유형 및 보존기간의 법적요건을 고려하여 기록(보관), 검토하고 있는가? 2) 로그기록을 별도 저장장치를 통해 백업하고 비인가된 접근 및 변조로부터 보호하고 있는가?
8.1.1. 물리적 보호구역 지정	중요 정보 및 정보처리시설을 보호하기 위한 물리적 보안 구역(예 : 주요 정보처리 설비 및 시스템 구역, 사무실, 외부인 접견실 등)을 지정하고, 각 보안 구역에 대한 보안 대책을 마련하여야 한다.	1) 주요 설비 및 시스템을 보호하기 위하여 물리적 보호구역을 다음과 같이 정의하고 구역별 보호대책을 수립·이행하고 있는가? – 접견구역 : 외부인접견구역 – 제한구역 : 사무실지역등 – 통제구역 : 공공기관클라우드서비스운용설비및시스템구역등

통제항목	세부 통제내용	점검항목
8.1.2. 물리적 출입통제	물리적 보안 구역에 인가된 자만이 접근할 수 있도록 출입을 통제하는 시설(예 : 경비원, 출입 통제 시스템 등)을 갖추어야 하고, 출입 및 접근 이력을 주기적으로 검토하여야 한다.	1) 물리적 보호구역에 인가된 자만이 접근할 수 있도록 출입을 통제하는 시설(예 : 경비원, 출입통제 시스템 등)을 갖추고 있는가? 2) 주기적으로 통제구역의 출입명단 및 출입카드 발급 현황을 검토 및 승인하고 더 이상 출입하지 않는 직원은 출입명단에서 삭제하고 있는가?
8.1.3. 물리적 보호구역 내 작업	유지보수 등 주요 정보처리 설비 및 시스템이 위치한 보호구역 내에서의 작업 절차를 수립하고 작업에 대한 기록을 주기적으로 검토하여야 한다.	1) 클라우드시스템 도입, 유지보수 등으로 보호구역 내 작업이 필요한 경우 작업신청 및 수행 관련 절차를 수립하고 작업기록을 주기적으로 검토하고 있는가? 2) 클라우드시스템이 위치한 통제구역 내 모바일 기기(노트북, 스마트기기 등) 사용 방지 및 불법적인 활동을 모니터링(예:CCTV)하기 위한 대책이 마련되어 있는가?
8.1.4. 사무실 및 설비 공간 보호	사무실 및 설비 공간에 대한 물리적인 보호방안을 수립하고 적용하여야 한다.	1) 팩스, 복사기, 프린터, 공용 PC, 파일서버, 문서고 등 공용으로 사용하는 사무장비 및 시설에 대한 보호대책을 수립·이행하고 있는가? 2) 공용업무 환경 보안에 대한 관리자를 지정하고 준수여부를 주기적으로 검토하고 있는가?
8.1.5. 공공장소 및 운송·하역구역 보호	공공장소 및 운송·하역을 위한 구역은 내부 정보처리시설로부터 분리 및 통제하여야 한다.	1) 공공장소 및 운송·하역을 위한 구역은 내부 정보처리시설로부터 분리하여 통제하고 있는가?
8.1.6. 모바일 기기 반출·입	노트북 등 모바일 기기 미승인 반출입을 통한 중요정보 유출, 내부망 악성코드 감염 등의 보안사고 예방을 위하여 보호구역 내 임직원 및 외부인력 모바일 기기 반출입 통제절차를 수립하고 기록·관리하여야 한다.	1) 노트북, 패드 등 모바일 기기 반출입 시 반출입 통제 및 보안사고 예방 절차를 수립하고 있는가? 2) 모바일 기기 반출입 절차에 따라 반출입대장을 작성하고 관리자는 주기적으로 모바일 기기 반출입 이력을 점검하고 있는가?
8.2.1. 정보처리시설의 배치	물리적 및 환경적 위험으로부터 잠재적 손상을 최소화하고 비인가된 접근 가능성을 최소화하기 위하여, 정보처리시설 내 장비의 위치를 파악하고 배치하여야 한다.	1) 클라우드시스템의 특성을 고려하여 배치 장소를 분리하고 있는가? 2) 클라우드시스템의 실제 물리적 위치를 손쉽게 확인할 수 있는 방안(배치도, 자산목록 등)을 마련하고 있는가?

통제항목	세부 통제내용	점검항목
8.2.2. 보호설비	각 보안 구역의 중요도 및 특성에 따라 화재, 누수, 전력 이상 등 자연재해나 인재에 대비하여 화재 감지기, 소화 설비, 누수 감지기, 항온 항습기, 무정전 전원 장치(UPS), 이중 전원선 등의 설비를 갖추어야 한다.	1) 각 보호구역의 중요도 및 특성에 따라 화재, 전력 이상 등 인재 및 자연재해 등에 대비하여 필요한 설비를 갖추고 운영절차를 수립·관리하고 있는가? 2) 보호구역 내 주요 시스템 및 인력을 화재로부터 보호하기 위하여 필요한 설비를 설치하고 지속적으로 운영·관리하고 있는가? 3) 보호구역 내 주요 시스템을 수해로부터 보호할 수 있도록 누수를 탐지할 수 있는 설비를 설치하고 지속적으로 운영·관리하고 있는가? 4) 보호구역 내 주요 정보시스템이 안정적인 환경에서 동작할 수 있도록 적절한 온도와 습도를 유지시키는 항온항습 또는 에어컨을 설치하여 운영·관리하고 있는가? 5) 보호구역 내 주요 시스템이 전력을 안정적으로 공급받을 수 있도록 시설을 설치하고 지속적으로 운영·관리하고 있는가? 6) 화재 등의 재해 발생 시 임직원이 대피절차에 따라 안전하게 대피할 수 있도록 비상벨, 비상등, 비상통로 안내표지 등을 설치하고 있는가? 7) 주요 정보시스템을 외부 집적정보통신시설(IDC)에 위탁운영하는 경우, 물리적보호에 필요한 요구사항을 계약서에 반영하고 운영상태를 주기적으로 검토하고 있는가?
8.2.3. 케이블 보호	데이터를 송수신하는 통신케이블이나 전력을 공급하는 전력 케이블은 손상이나 도청으로부터 보호하여야 한다.	1) 전력 및 통신케이블이 외부로부터의 물리적 손상이나 전기적 영향(예 : 간섭)으로부터 보호되고 있는가?
8.2.4. 시설 및 장비 유지보수	정보처리시설은 가용성과 무결성을 지속적으로 보장할 수 있도록 유지보수 하여야 한다.	1) 시설 및 장비의 가용성 및 무결성 보장하기 위해 지속적으로 유지보수를 하고 있는가?
8.2.5. 장비 반출·입	장비의 미승인 반출·입을 통한 중요 정보 유출, 악성코드 감염 등의 침해사고 예방을 위하여, 보안 구역 내 직원 및 외부 업무 관련자에 의한 장비 반출·입 절차를 수립하고, 기록 및 관리하여야 한다.	1) 보호구역 내 중요한 장비, 문서, 매체 등에 대한 반출입 관련 정책 및 절차를 수립·이행하고 있는가?

통제항목	세부 통제내용	점검항목
8.2.6. 장비 폐기 및 재사용	정보처리시설 내의 저장 매체를 포함하여 모든 장비를 파악하고, 민감한 데이터가 저장된 장비를 폐기하는 경우 복구 불가능하도록 하여야 한다. 또한 재사용하는 경우에도 복구 불가능 상태에서 재사용하여야 한다.	1) 저장매체의 장비폐기에 대한 절차를 수립·이행해야 하며 저장매체 폐기 및 재사용 시 정보가 복구되지 않도록 처리하고 있는가? 2) 자체적으로 저장매체를 폐기할 경우 관리대장을 통해 폐기이력을 남기고 폐기 확인증적을 함께 보관하고 있는가? 3) 외부업체를 통해 저장매체를 폐기할 경우 폐기 절차를 계약서에 명시하고 완전한 폐기에 대한 확인을 하고 있는가?
9.1.1. 가상자원 관리	가상자원(가상 머신, 가상 스토리지, 가상 소프트웨어 등)의 생성, 변경, 회수 등에 대한 관리 방안을 수립하여야 한다.	1) 가상자원(가상 머신, 가상 스토리지, 가상 소프트웨어 등)의 생성, 변경, 회수 등에 대한 관리 방안을 수립 및 이행하고 있는가? 2) 가상자원(가상 머신, 가상 스토리지, 가상 소프트웨어 등)의 생성, 변경, 회수 등에 대한 승인, 책임추적성 확보 방안 및 주기적 점검을 이행하고 있는가?
9.1.2. 가상자원 회수	이용자와의 계약 종료 시 가상자원 회수 절차에 따라 백업을 포함한 모든 클라우드시스템에서 삭제하여야 한다.	1) 이용자의 가상자원의 처분에 대한 내용을 클라우드 서비스 수준 협약(SLA) 및 계약서에 반영하고 있는가? 2) 이용자의 가상자원 회수 시 모든 가상자원은 클라우드 환경에서 완전 삭제 되는가?
9.1.3. 가상자원 모니터링	가상자원에 대한 무결성 보장하기 위한 보호조치 및 가상자원의 변경(수정, 이동, 삭제, 복사)에 대해 모니터링하여야 한다. 또한, 가상자원에 손상이 발생한 경우 이를 이용자에게 알려주어야 한다.	1) 가상자원에 대한 무결성을 보장하기 위한 보호조치 및 모니터링을 수행하고 가상자원 손상시 이용자에게 통지하기 위한 절차가 마련되어 있는가?
9.1.4. 하이퍼바이저 보안	가상자원을 관리하는 하이퍼바이저의 기능 및 인터페이스에 대한 접근 통제 방안을 마련하여야 한다. 또한 하이퍼바이저에 대한 소프트웨어 업데이트 및 보안패치를 최신으로 유지하여야 한다.	1) 하이퍼바이저를 보호하기 위한 보호조치 및 시스템 관리 인터페이스에 대한 접근을 통제하고 있는가? 2) 하이퍼바이저 운영자의 권한 오남용을 방지하기 위해 지속적으로 탐지하고 통제하기 위한 방안을 마련하고 있는가? 3) 바이러스, 웜, 트로이목마 등의 악성코드로부터 하이퍼바이저를 보호하기 위한 방안을 마련하고 있는가?

통제항목	세부 통제내용	점검항목
9.1.5. 공개서버 보안	가상자원을 제공하기 위한 웹사이트와 가상소프트웨어(앱, 응용프로그램)를 배포하기 위한 공개서버에 대한 물리적, 기술적 보호대책을 수립하여야 한다.	1) 웹서버 등 공개 서버를 운영하는 경우 이에 대한 보호대책을 마련하고 있는가? 2) 공개서버는 내부 네트워크와 분리된 DMZ (Demilitarized Zone) 영역에 설치하고 침입차단시스템 등 보안시스템을 통해 보호하고 있는가? 3) 공개서버의 취약점 점검을 주기적으로 수행하고 발견된 취약점을 조치하고 있는가?
9.1.6. 상호 운용성 및 이식성	클라우드컴퓨팅서비스 제공자는 표준화된 가상화 포맷, 이식성이 높은 가상화 플랫폼, 공개 API 등을 이용하여 클라우드컴퓨팅서비스 간의 상호 운용성 및 이식성을 높여야 한다.	1) 상용 운용성 및 이식성을 높이기 위한 조치(표준화된 가상화 포맷, 이식성이 높은 가상화 플랫폼, 공개 API)들을 취하고 있는가?
9.2.1. 악성코드 통제	바이러스, 웜, 트로이목마 등의 악성코드로부터 이용자의 가상 환경(가상PC, 가상 서버, 가상 소프트웨어 등)을 보호하기 위한 악성코드 탐지, 차단 등의 보안기술을 지원하여야 한다. 또한 이상 징후 발견 시 이용자 통지하고 사용 중지 및 격리 조치를 수행하여야 한다.	1) 바이러스, 웜, 트로이목마 등의 악성코드로부터 이용자의 가상 환경을 보호하기 위한 기술을 지원하고 있는가? 2) 이상징후 발견 시 이용자 통지하고 사용 중지 및 격리 조치를 수행하고 있는가?
9.2.2. 인터페이스 및 API 보안	가상 환경(가상PC, 가상 서버, 가상 소프트웨어 등) 접근을 위한 인터페이스 및 API에 대한 보안 취약점을 주기적으로 분석하고, 이에 대한 보호방안을 마련하여야 한다.	1) 가상 환경(가상PC, 가상 서버, 가상 소프트웨어 등) 접근을 위한 인터페이스 및 API에 대한 보호방안을 마련하고 있는가?
9.2.3. 데이터 이전	이용자가 기존 정보시스템 환경에서 클라우드컴퓨팅서비스의 가상 환경으로 전환 시 안전하게 데이터를 이전하도록 암호화 등의 기술적인 조치방안을 제공하여야 한다.	1) 기존 정보시스템 환경에서 가상 환경으로 데이터 이전 시, 안전하게 이전하고 있는가?
9.2.4. 가상 소프트 웨어 보안	클라우드컴퓨팅서비스 제공자는 출처, 유통경로 및 제작자가 명확한 소프트웨어로 구성된 가상환경을 제공하여야 한다.	1) 가상 환경 내에 출처, 유통경로 및 제작자가 명확하지 않은 가상 소프트웨어의 설치를 방지하고 있는가? 2) 허가 받지 않은 소프트웨어 설치가 탐지된 경우 이용자에 알리기 위한 연락체계가 수립하고 있는가?
10.1.1. 접근통제 정책 수립	비인가자의 접근을 통제할 수 있도록 접근통제 영역 및 범위, 접근통제 규칙, 방법 등을 포함하여 접근통제 정책을 수립하여야 한다.	1) 접근 통제영역을 정의하고 접근 통제영역별로 접근통제 정책을 수립하고 있는가? -접근통제영역별 통제규칙, 방법, 절차 등 - 예외사항에 대한 안전한 관리절차

통제항목	세부 통제내용	점검항목
10.1.2. 접근기록 관리	접근기록 대상을 정의하고 서비스 통제, 관리, 사고 발생 책임 추적성 등을 보장할 수 있는 형태로 기록되고 유지하여야 한다.	1) 클라우드시스템의 사용자/관리자 접속 내역을 기록하고, 접근의 타당성을 정기적으로 검토하고 있는가?
10.2.1. 사용자 등록 및 권한부여	클라우드시스템 및 중요정보에 대한 접근을 통제하기 위하여 공식적인 사용자 등록 및 해지 절차를 수립하고 업무 필요성에 따라 사용자 접근권한을 최소한으로 부여하여야 한다.	1) 클라우드시스템 내 사용자 계정에 대한 등록·변경·삭제에 관한 공식적인 검토·승인절차가 있는가? 2) 클라우드시스템의 사용자 계정 생성 및 변경 시 직무별, 역할별 접근권한 분류 체계를 수립하고 있으며, 업무상 필요한 최소한의 권한만을 부여하고 있는가?
10.2.2. 관리자 및 특수 권한관리	클라우드시스템 및 중요정보 관리, 특수목적을 위해 부여한 계정 및 권한을 식별하고 별도 통제하여야 한다.	1) 관리자 및 특수 권한은 최소한의 인원에게만 부여하고, 권한 부여 시 책임자 승인 절차를 수립하고 있는가? 2) 관리자 권한 및 특수 권한을 식별하여 별도 목록으로 관리하고 있는가? 3) 외부자에게 부여하는 계정은 한시적으로 부여하고, 사용이 끝난 후에는 즉시 삭제 또는 정지하고 있는가?
10.2.3. 접근권한 검토	클라우드시스템 및 중요정보에 대한 접근을 관리하기 위하여 접근권한 부여, 이용(장기간 미사용), 변경(퇴직 및 휴직, 직무변경, 부서변경)의 적정성 여부를 정기적으로 점검하여야 한다.	1) 클라우드시스템에 대한 접근권한 검토 기준, 검토주체, 검토방법, 주기 등을 정하여 정기적 검토를 이행하고 있는가? 2) 접근권한의 검토 결과 접근권한 오남용 등의 이상징후가 발견된 경우 그에 따른 조치절차를 수립·이행하고 있는가?
10.3.1. 사용자 식별	클라우드시스템에서 사용자를 유일하게 구분할 수 있는 식별자를 할당하고 추측 가능한 식별자 사용을 제한하여야 한다. 동일한 식별자를 공유하여 사용하는 경우 그 사유와 타당성을 검토하고 책임자의 승인을 받아야 한다.	1) 클라우드시스템에서 사용자를 유일하게 구분할 수 있는 식별자를 할당하고, 추측 가능한 식별자의 사용을 제한하고 있는가? 2) 동일한 식별자를 공유하여 사용하는 경우 그 사유와 타당성을 검토하고 책임자의 승인을 받고 있는가?
10.3.2. 사용자 인증	클라우드시스템에 대한 접근은 사용자 인증, 로그인 횟수 제한, 불법 로그인 시도 경고 등 안전한 사용자 인증 절차에 의해 통제하여야 한다.	1) 클라우드시스템에 대한 접근은 사용자 인증, 로그인 횟수 제한, 불법 로그인 시도 경고 등 안전한 사용자 인증 절차에 의해 통제하고 있는가? 2) 싱글사인온 등의 인증 방법을 사용하는 경우, 이에 대한 별도의 보호대책을 수립하고 있는가?

통제항목	세부 통제내용	점검항목
10.3.3. 강화된 인증 수단 제공	이용자가 클라우드컴퓨팅서비스에 대해 다중 요소 인증 등 강화된 인증 수단을 요청하는 경우 이를 제공하기 위한 방안을 마련하여야 한다.	1) 이용자 요구 시 인증(PKI)기반, OTP, 지문 등 다중 인증 수단을 제공할 수 있는가?
10.3.4. 사용자 패스워드 관리	법적 요구사항, 외부 위협요인 등을 고려하여 패스워드 복잡도 기준, 초기 패스워드 변경, 변경주기 등 사용자 패스워드 관리절차를 수립·이행하고 패스워드 관리 책임이 사용자에게 있음을 주지시켜야 한다. 특히 관리자 패스워드는 별도 보호대책을 수립하여 관리하여야 한다.	1) 클라우드시스템에 대해 보안성 기준을 만족하는 안전한 사용자 패스워드 관리절차를 수립·이행하고 있는가?
		2) 클라우드시스템 관리자 패스워드는 별도 목록(문서 또는 파일)으로 유지·관리하고, 비밀등급에 준하는 보호대책을 적용하고 있는가?
		3) 패스워드 관리 책임이 사용자에게 있음을 주지시키고 있는가?
10.3.5. 이용자 패스워드 관리	고객, 회원 등 외부 이용자가 접근하는 클라우드시스템 또는 웹서비스의 안전한 이용을 위하여 계정 및 패스워드 등의 관리절차를 마련하고 관련 내용을 공지하여야 한다.	1) 고객, 회원 등 서비스 이용자가 접근하는 클라우드시스템 또는 웹서비스의 안전한 이용을 위하여 계정 및 패스워드 관리절차를 수립·이행하고 있는가?
		2) 이용자 계정 및 패스워드 관리절차 관련 내용을 홈페이지 또는 메일 등을 통하여 이용자가 쉽게 확인하고 이해할 수 있도록 공지하고 있는가?
11.1.1. 네트워크 보안 정책 수립	클라우드컴퓨팅서비스와 관련된 내·외부 네트워크에 대해 보안 정책과 절차를 수립하여야 한다.	1) 내·외부 네트워크를 통한 클라우드시스템의 접근을 통제하는 정책이 수립되어 있는가?
11.1.2. 네트워크 모니터링 및 통제	DDoS, 비인가 접속 등으로 인한 서비스 중단 및 중요 정보 유출 등을 막기 위해 네트워크를 모니터링하고 통제하여야 한다.	1) 접근통제 정책에 따라 인가된 사용자만이 내부 네트워크(서비스망, 관리망)에 접근할 수 있도록 네트워크 식별자(IP) 할당 등을 통제하고 있는가?
		2) 내부 네트워크를 구성하는 주요자산 목록, 구성도, IP 현황을 최신으로 유지하고 안전하게 관리하고 있는가?
11.1.2. 네트워크 모니터링 및 통제	DDoS, 비인가 접속 등으로 인한 서비스 중단 및 중요 정보 유출 등을 막기 위해 네트워크를 모니터링하고 통제하여야 한다.	3) 내부 네트워크 IP 주소는 사설 IP로 할당하고 국제권고표준을 따르고 있는가?
		4) DDoS, 비인가 접속 등으로 인한 서비스 중단 및 중요 정보 유출 등을 예방하기 위해 네트워크를 모니터링하고 있는가?

통제항목	세부 통제내용	점검항목
11.1.3. 네트워크 정보보호 시스템 운영	클라우드컴퓨팅서비스와 관련된 내·외부 네트워크를 보호하기 위하여 정보보호시스템(방화벽, IPS, IDS, VPN 등)을 운영하여야 한다.	1) 내·외부 네트워크를 보호하기 위하여 정보보호시스템(방화벽, IPS, IDS, VPN 등)을 운영하고 있는가? 2) 정보보호시스템 관리자 등 접근이 허용된 인원을 최소화하고 비인가자 접근을 엄격하게 통제하고 있는가? 3) 정보보호시스템별 정책(룰셋 등) 신규 등록, 변경, 삭제 등 절차를 수립하고 정책의 타당성 검토를 주기적으로 수행하고 있는가?
11.1.4. 네트워크 암호화	클라우드시스템에서 중요 정보가 이동하는 구간에 대해서는 암호화된 통신채널을 사용하여야 한다.	1) 클라우드시스템에서 중요정보를 송·수신하는 경우 암호화 통신채널을 사용하고 있는가?
11.1.5. 네트워크 분리	클라우드컴퓨팅서비스 제공자의 관리 영역과 이용자의 서비스 영역, 이용자 간 서비스 영역의 네트워크 접근은 물리적 또는 논리적으로 분리하여야 한다.	1) 클라우드 서비스, 사용자 그룹, 정보자산의 중요도, 법적 요구사항 등에 따라 네트워크 영역을 물리적 또는 논리적으로 분리하고 있는가?
11.1.6. 무선 접근통제	클라우드시스템은 무선망과 분리하고, 무선접속에 대한 접근을 통제하여야 한다. 무선접속을 사용하는 경우 그 사유와 타당성을 검토하고 책임자의 승인을 받아야 한다.	1) 무선네트워크 환경을 구축(AP 설치)할 경우 허가(승인), 보안성 검토 등 절차를 마련하고 구축에 따른 다음 (주요) 보호대책을 적용하고 있는가? – 무선네트워크장비(AP) 접속단말 인증(MAC인증 등) – 무선네트워크장비(AP) 정보송수신시 암호화 기능 설정(WPA2 이상 권고) – 무선네트워크장비(AP) SSID숨김(브로드캐스팅 중지) 기능설정 2) 외부인에게 제공하는 무선네트워크를 내부 네트워크(업무망)와 분리하고 있는가?
12.1.1. 데이터 분류	데이터 유형, 법적 요구사항, 민감도 및 중요도에 따라 데이터를 분류하고 관리하여야 한다.	1) 클라우드시스템 상에서 기밀성, 무결성, 가용성, 법적요구사항 등을 고려하여 데이터의 중요도를 평가하기 위한 기준을 수립하고 있는가?
12.1.2. 데이터 소유권	이용자와 서비스 수준 협약 단계에서 데이터의 소유권을 명확하게 확립하여야 한다.	1) 이용자와의 클라우드 서비스 수준 협약 시 협약서 내에 생성되는 데이터에 대한 소유권(정의, 분류, 책임 등)을 명시하고 있는가?
12.1.3. 데이터 무결성	입·출력, 전송 또는 데이터 교환 및 저장소의 데이터에 대해 항상 데이터 무결성을 확인하여야 한다.	1) 클라우드시스템 내 이용자 데이터의 입력, 출력, 전송, 저장 시 데이터의 무결성을 보장하기 위해 기술적인 방안을 마련하고 있는가?
12.1.4. 데이터 보호	데이터에 대한 접근제어, 위·변조 방지 등 데이터 처리에 대한 보호 기능을 이용자에게 제공하여야 한다.	1) 데이터에 대한 접근제어 및 위·변조 방지 등의 데이터 보호 기능 방안을 마련하고 있는가?

통제항목	세부 통제내용	점검항목
12.1.5. 데이터 추적성	이용자에게 데이터를 추적하기 위한 방안을 제공하고, 이용자가 요구하는 경우 구체적인 제공정보(이용자의 정보가 저장되는 국가의 명칭 등)를 공개하여야 한다.	1) 클라우드 이용자의 데이터가 어디에 저장·관리되고 있는지 확인할 수 있는 방안을 마련하고 있는가?
12.1.6. 데이터 폐기	클라우드컴퓨팅서비스 종료, 이전 등에 따른 데이터 폐기 조치 시 이용자와 관련된 모든 데이터를 폐기하여야 하며, 폐기된 데이터를 복구할 수 없도록 삭제 방안을 마련하여야 한다.	1) 클라우드 서비스 이용 종료 또는 이전 시 이용자가 생산한 데이터의 폐기 시 정보가 복구되지 않는 방법으로 처리하고 있는가?
12.2.1. 저장매체 관리	중요정보를 담고 있는 하드디스크, 스토리지 등의 저장매체 폐기 및 재사용 절차를 수립하고 매체에 기록된 중요정보는 복구 불가능하도록 완전히 삭제하여야 한다.	1) 클라우드시스템 폐기 또는 재사용 발생 시 중요정보를 담고 있는 저장매체 처리(폐기, 재사용) 절차를 수립·이행하고 있는가? 2) 저장 또는 이동 매체 폐기 또는 재사용 시 정보가 복구되지 않는 방법으로 처리하고 있는가? 3) 자체적으로 저장매체를 폐기할 경우, 관리대장을 통해 폐기 이력을 남기고 폐기확인 증적을 함께 보관하고 있는가? 4) 외부업체를 통해 저장매체를 폐기할 경우, 폐기 절차를 계약서에 명시하고 완전한 폐기에 대한 확인을 하고 있는가?
12.2.2. 이동매체 관리	중요정보 유출을 예방하기 위해 외장하드, USB, CD 등 이동매체 취급, 보관, 폐기, 재사용에 대한 절차를 수립하여야 한다. 또한 매체를 통한 악성코드 감염 방지 대책을 마련하여야 한다.	1) 외장하드, USB, CD 등 이동매체 취급(사용), 보관, 폐기, 재사용에 대한 정책 및 절차를 수립·이행하고 있는가? 2) 클라우드시스템 중 중요 시스템이 위치한 통제구역, 중요 제한구역 등에서 이동매체 사용을 제한하고 있는가? 3) 이동매체를 통한 악성코드 감염 및 중요정보 유출 방지를 위한 대책을 마련하고 있는가? 4) 이동매체 보유현황 및 관리실태를 주기적으로 점검하고 있는가?
12.3.1. 암호 정책 수립	클라우드컴퓨팅서비스에 저장 또는 전송 중인 데이터를 보호하기 위해 암호화 대상, 암호 강도(복잡도), 키관리, 암호 사용에 대한 정책을 마련하여야 한다. 또한 정책에는 개인정보 저장 및 전송 시 암호화 적용 등 암호화 관련 법적 요구사항을 반드시 반영하여야 한다.	1) 클라우드시스템에서 중요정보의 전송 및 저장 시 안전한 보호를 위한 암호 정책을 수립·이행하고 있는가? 2) 이용자(고객 등) 및 사용자(임직원 등)의 비밀번호 저장 시 암호 정책을 수립·이행하고 있는가?

통제항목	세부 통제내용	점검항목
12.3.2. 암호키 관리	암호키 생성, 이용, 보관, 배포, 파기에 관한 안전한 절차를 수립하고, 암호키는 별도의 안전한 장소에 보관하여야 한다.	1) 암호키 생성, 이용, 보관, 배포, 복구, 파기 등에 관한 절차를 수립·이행하고 있는가? 2) 암호키 생성 후 암호키는 별도의 안전한 장소에 소산 보관하고, 암호키 사용에 관한 접근권한 부여를 최소화하고 있는가? 3) 암호키 변경에 관한 정책을 수립·이행하고 있는가?
13.1.1. 보안요구사항 정의	신규 시스템 개발 및 기존 시스템 변경 시 정보보호 관련 법적 요구사항, 최신 보안취약점, 정보보호 기본요소(기밀성, 무결성, 가용성) 등을 고려하여 보안요구사항을 명확히 정의하고 이를 적용하여야 한다.	1) 신규 클라우드시스템 개발 및 기존 클라우드시스템 변경 시 인증, 로깅, 권한, 암호화, 접근제어 및 법적 요구사항 등을 포함한 보안 요구사항을 정의하고 설계 단계에서부터 반영하고 있는가?
13.1.2. 인증 및 암호화 기능	클라우드시스템 설계 시 사용자 인증에 관한 보안요구사항을 반드시 고려하여야 하며 중요정보의 입·출력 및 송수신 과정에서 무결성, 기밀성이 요구될 경우 법적 요구사항을 고려하여야 한다.	1) 클라우드시스템 설계 시 사용자 인증에 대한 보안 요구사항을 정의하여 반영하고 있는가? 2) 중요정보에 대하여 암호화가 요구되는 경우 법적 요구사항을 고려한 적절한 암호화 방법을 사용하고 있는가? 3) 개인정보 및 인증정보 등의 중요한 정보 전송 시 SSL보안서버 구축 등을 통하여 암호화하고 있는가?
13.1.3. 보안로그 기능	클라우드시스템 설계 시 사용자의 인증, 권한 변경, 중요정보 이용 및 유출 등에 대한 감사증적을 확보할 수 있도록 하여야 한다.	1) 클라우드시스템 설계 시 보안관련 로그, 감사 증적 등을 확보할 수 있는 기능을 반영하고 있는가? 2) 클라우드시스템 설계 시 보안로그를 보호하기 위한 대책을 마련하고 있는가?
13.1.4. 접근권한 기능	클라우드시스템 설계 시 업무의 목적 및 중요도에 따라 접근권한을 부여할 수 있도록 하여야 한다.	1) 클라우드시스템 설계 시 시스템 사용자의 업무 목적, 기능, 중요도에 따라 접근권한이 부여될 수 있도록 접근권한 부여 기능을 보안 요구사항 및 설계에 반영하고 있는가?
13.1.5. 시각 동기화	로그기록의 정확성을 보장하고 법적인 자료로서 효력을 지니기 위해 클라우드시스템 시각을 공식 표준시각으로 정확하게 동기화 하여야 한다. 또한 서비스 이용자에게 시각 정보 동기화 기능을 제공하여 한다.	1) 각 클라우드시스템의 시각을 표준시각으로 동기화하고 있는가?

통제항목	세부 통제내용	점검항목
13.2.1. 구현 및 시험	안전한 코딩방법에 따라 클라우드 시스템을 구현 하고, 분석 및 설계 과정에서 도출한 보안요구사항이 정보시스템에 적용되었는지 확인하기 위하여 시험을 수행하여야 한다	1) 클라우드시스템의 안전한 구현을 위한 코딩 표준이 마련되어야 하며 이에 따라 구현하고 있는가? 2) 구현된 기능이 사전 정의된 보안요구사항을 충족하는지 시험을 수행하고 있는가?
13.2.2. 개발과 운영환경 분리	개발 및 시험 시스템은 운영시스템에 대한 비인가 접근 및 변경의 위험을 감소하기 위해 원칙적으로 분리하여야 한다. 단 분리하여 운영하기 어려운 경우 그 사유와 타당성을 검토하고 안전성 확보 방안을 마련하여야 한다.	1) 클라우드시스템의 개발 및 시험 시스템을 운영시스템과 분리하고 있는가? 2) 운영환경으로의 이관 절차를 수립하고, 이에 따라 이행하고 있는가?
13.2.3. 시험 데이터 보안	시스템 시험 과정에서 운영데이터 유출을 예방하기 위해 시험데이터 생성, 이용 및 관리, 파기, 기술적 보호조치에 관한 절차를 수립하여 이행하여야 한다.	1) 시험데이터는 임의의 데이터를 생성하거나 운영데이터를 가공하여 사용하고 있는가? 2) 운영데이터를 시험 환경에서 불가피하게 사용할 경우 책임자 승인 등의 인가 후 제한된 환경에서 사용하고 있는가? 3) 시스템 및 어플리케이션이 활성화되기 전에 시험데이터와 계정을 제거하고 있는가?
13.2.4. 소스 프로그램 보안	소스 프로그램에 대한 변경관리를 수행하고 인가된 사용자만이 소스 프로그램에 접근할 수 있도록 통제절차를 수립하여 이행하여야 한다. 또한 소스 프로그램은 운영환경에 보관하지 않는 것을 원칙으로 한다.	1) 클라우드 서비스 구현과 관련된 소스 프로그램에 대해 변경관리를 수행하고 있는가? 2) 클라우드 서비스의 소스코드는 인가된 사용자만이 소스프로그램에 접근할 수 있도록 통제를 구현하고 있는가?
13.3.1. 외주 개발 보안	클라우드시스템 개발을 외주 위탁하는 경우 분석 및 설계단계에서 구현 및 이관까지의 준수해야 할 보안요구사항을 계약서에 명시하고 이행여부를 관리·감독하여야 한다.	1) 클라우드시스템 개발을 외주 위탁하는 경우, 개발 시 준수해야할 보안 요구사항을 제안요청서에 기재하고 계약 시에 반영하고 있는가? 2) 외주 위탁업체가 계약서에 명시된 보안요구사항을 준수하는지 여부를 관리·감독하고 있는가? 3) 클라우드시스템 개발 완료 후, SW 보안취약점 제거여부 진단 등을 확인 후 검수·인수하고 있는가?
13.4.1. 시스템 도입 계획	클라우드시스템의 처리 속도와 용량에 대하여 주기적인 모니터링을 수행하고 안정성의 확보에 필요한 시스템 도입 계획을 수립하여야 한다.	1) 신규 클라우드시스템 또는 보안시스템의 도입 계획을 수립하고 있는가?

통제항목	세부 통제내용	점검항목
13.4.2. 시스템 인수	새로 도입되는 시스템에 대한 인수 기준이 수립되어야 하며, 인수 전에 테스트가 수행되어야 한다.	1) 신규 클라우드시스템의 인수 여부를 판단하기 위하여 기본 보안설정 등이 반영된 인수 승인 기준을 수립하고 있는가?
		2) 신규 클라우드시스템의 인수 전 수립된 인수 승인 기준에 따른 적합성 테스트를 수행하고 있는가?
14.1.1. 보안서비스 수준 협약	공공기관의 보안 요구사항이 반영된 보안서비스 수준 협약을 체결하고, 클라우드컴퓨팅서비스 관련 정보보호 정보를 공공기관에 제공하여야 한다.	1) 공공기관에 클라우드 서비스 제공 시, 공공기관의 보안요구사항을 정의하여 계약(보안서비스 수준 협약 등) 시 반영하고 있는가?
		2) 정보보호 대책 내 공공기관의 보안요구사항의 정확한 구현 여부, 보안운영 및 모니터링 결과 산출 여부 등에 대해 공공기관에 주기적으로 보고하고 있는가?
14.1.2. 도입 전산장비 안전성	클라우드컴퓨팅서비스 구축을 위해 도입되는 서버·PC 가상화 솔루션 및 정보보호 제품 중에 CC인증이 필수적인 제품군은 국내·외 CC인증을 받은 제품을 사용하여야 한다.	1) 공공기관에 도입하는 클라우드시스템 중 CC인증 및 보안기능확인서가 필수적인 제품군은 CC인증 및 보안기능확인서를 받은 제품을 사용하고 있는가?
14.1.3. 보안관리 수준	클라우드컴퓨팅서비스 운영 장소 및 망은 공공기관 내부 정보 시스템 운영 보안 수준에 준하여 보안관리하여야 한다.	1) 공공기관의 공통적인 보안 요구사항을 반영하여 그에 준하는 보안 대책을 수립하고 있는가?
1.4.1.4. 사고 및 장애 대응	클라우드컴퓨팅서비스를 제공하는 민간 사업자는 사고 또는 장애 발생 시 공공기관의 사고·장애 대응 절차에 따라 해당 공공기관, 대내·외 관련 기관 및 전문가와 협조체계를 구성하여 대응하여야 하며, 공공기관의 사고·장애 대응에 적극 협조하여야 한다.	1) 공공기관용 클라우드 서비스의 사고 및 장애 대응절차는 공공기관의 사고 및 장애 대응절차를 반영하였는가?
		2) 공공기관용 클라우드 서비스의 사고 및 장애 대응절차에는 해당 공공기관, 대내외 관련기관과의 협조체계가 반영되어 있는가?
14.2.1. 물리적 위치 및 분리	클라우드시스템 및 데이터의 물리적 위치는 국내로 한정하고, 공공기관용 클라우드컴퓨팅서비스의 물리자원(서버, 네트워크, 보안장비 등), 출입통제, 운영인력 등은 일반 이용자용 클라우드컴퓨팅서비스 영역과 분리하여 운영하여야 한다.	1) 공공기관용 클라우드시스템과 민간용 클라우드시스템 간 물리적으로 분리(출입통제 및 기록, 네트워크 분리 등)하는 방안이 마련되어 있는가?

통제항목	세부 통제내용	점검항목
14.2.2. 중요장비 이중화 및 백업체계 구축	클라우드컴퓨팅서비스를 제공하는 사업자는 네트워크 스위치, 스토리지 등 중요장비를 이중화하고 서비스의 가용성을 보장하기 위해 백업체계를 구축하여야 한다.	1) 공공기관용 클라우드시스템에 대해 네트워크 스위치, 스토리지 등 중요장비가 이중화로 구축되어 있는가? 2) 공공기관용 클라우드시스템에 대한 백업에 대한 전반적인 표준운영절차(SOP)를 수립하였는가?
14.3.1. 검증필 암호화 기술 제공	클라우드컴퓨팅서비스를 통해 생성된 중요자료를 암호화하는 수단을 제공하는 경우에는 검증필 국가표준암호화 기술을 제공하여야 한다.	1) CC인증 필수제품 유형 중 가상사설망, 보안 USB, 호스트 자료유출 방지제품(암호화 저장기능 존재 시) 등 중요자료 전송 및 저장을 위해 사용하는 제품들에 대해서 검증필 암호모듈을 탑재하고 있는가?
14.3.2. 보안관제 제 반환경 지원	공공기관에 클라우드컴퓨팅서비스 보안관제 수행에 필요한 제반 환경을 지원하여야 한다.	1) 공공기관에 클라우드 서비스 보안관제 수행에 필요한 제반 환경을 지원하고 있는가?

15.1.1.
개인정보
수집
	개인정보처리자는 개인정보 수집·이용에 대하여 정보주체로부터 개인정보 수집에 대한 동의를 받아야 한다.	1) 개인정보 수집 시 정보주체로부터 동의를 받고 있는가?
		2) 개인정보 처리에 대하여 정보주체의 동의를 받는 경우 각각의 동의 사항을 구분하여 정보주체가 이를 명확하게 인지할 수 있도록 알리고 각각 동의를 받고 있는가?
		3) 개인정보 수집 시 다음 사항을 정보주체에게 고지하는가?
		  1. 개인정보 수집 및 이용 목적
		  2. 개인정보 수집 항목
		  3. 개인정보 보유 기간
		  4. 동의를 거부할 권리 및 동의 거부에 따른 불이익 내용
		  5. 최소한 정보 외의 개인정보 수집에 대한 미동의를 이유로 재화 또는 서비스 제공 거부할 수 없음에 대한 내용

15.1.2.
개인정보
이용 고지
	개인정보처리자는 정보주체에게 개인정보 이용에 대한 사항을 고지하여야 한다.	1) 개인정보를 정보주체의 동의를 받아 제3자에게 제공하거나 이용목적의 범위를 초과하여 이용하는 경우 아래 사항을 고지하는가?
		  1. 개인정보를 제공받는 자
		  2. 개인정보의 이용 목적(제공 시에는 제공받는 자의 이용 목적을 말한다)
		  3. 이용 또는 제공하는 개인정보의 항목
		  4. 개인정보의 보유 및 이용 기간(제공 시에는 제공받는 자의 보유 및 이용 기간을 말한다)
		  5. 동의를 거부할 권리가 있다는 사실 및 동의 거부에 따른 불이익이 있는 경우에는 그 불이익의 내용

통제항목	세부 통제내용	점검항목

15.1.2. 개인정보 이용 고지	개인정보처리자는 정보주체에게 개인정보 이용에 대한 사항을 고지하여야 한다.	2) 개인정보를 제3자에게 제공하거나 이용목적의 범위를 초과하여 이용하는 경우 정보주체로부터 별도의 동의를 받고 있는가?
		3) 개인정보처리자가 제3자에게 개인정보 처리업무를 위탁하는 경우 위탁하는 업무의 내용과 개인정보 처리 업무를 위탁받아 처리하는 자를 정보주체에게 고지하고 있는가?
		4) 정보주체 이외로부터 수집한 개인정보 처리 시 정보주체의 요구가 있는 경우 아래 항목을 정보주체에게 고지하고 있는가?
		  1. 개인정보의 수집 출처
		  2. 개인정보의 처리 목적
		  3. 개인정보보호법 제37조에 따른 개인정보 처리의 정지를 요구할 권리가 있다는 사실
		5) 수집한 개인정보 이용내역을 정보주체에게 주기적으로(연 1회 이상) 통보하고 있는가?
		(정보통신서비스 제공자인 경우에 한하여 점검 수행)
		6) 정보주체의 요청에 의해 해당 개인정보의 정정·삭제 후에 정보주체에게 고지하고 있는가? 또한, 법령에 의해 수집대상으로 명시되어 있는 경우 삭제를 요구할 수 없음을 정보주체에게 고지하는가?

15.1.3. 개인정보 처리방침	개인정보처리자는 개인정보 처리방침을 수립하고 정보주체가 쉽게 확인할 수 있도록 공개하여야 한다.	1) 아래의 내용을 포함한 개인정보처리방침을 수립하여 고지하고 있는가?
		  1. 개인정보의 처리 목적
		  2. 개인정보의 처리 및 보유 기간
		  3. 개인정보의 제3자 제공에 관한 사항(해당되는 경우에만 정한다)
		  4. 개인정보처리의 위탁에 관한 사항(해당되는 경우에만 정한다)
		  5. 정보주체와 법정대리인의 권리·의무 및 그 행사방법에 관한 사항
		  6. 제31조에 따른 개인정보 보호책임자의 성명 또는 개인정보 보호업무 및 관련 고충사항을 처리하는 부서의 명칭과 전화번호 등 연락처
		  7. 인터넷 접속정보파일 등 개인정보를 자동으로 수집하는 장치의 설치·운영 및 그 거부에 관한 사항(해당하는 경우에만 정한다)
		  8. 처리하는 개인정보의 항목(령)
		  9. 개인정보의 파기에 관한 사항(령)
		  10. 제30조에 따른 개인정보의 안전성 확보 조치에 관한 사항(령)

통제항목	세부 통제내용	점검항목
15.2.1. 민감정보 처리제한	개인정보처리자는 법령에서 정한 경우를 제외하고 민감정보를 처리하여서는 아니된다.	1) 개인정보처리자는 법령에서 허용한 범위 외에 민감정보(사상·신념, 노동조합·정당의 가입·탈퇴, 정치적 견해, 건강, 성생활 등에 관한 정보, 그 밖에 정보주체의 사생활을 현저히 침해할 우려가 있는 개인정보)에 대한 처리를 제한하고 있는가?
15.2.2. 고유식별정보 처리제한	개인정보처리자는 법령에서 정한 경우를 제외하고 고유식별정보를 처리하여서는 아니된다.	1) 개인정보처리자는 법령에서 허용한 범위 외에 개인식별정보(법령에 따라 개인을 고유하게 구별하기 위하여 부여된 식별정보)에 대한 처리를 제한하고 있는가?
15.2.3. 주민등록번호 처리제한	개인정보처리자는 법령에서 정한 경우를 제외하고 주민등록번호를 처리하여서는 아니된다.	1) 개인정보처리자는 법령에서 허용한 범위 외에 주민등록번호 처리를 제한하고 있는가?
15.3.1. 개인정보 파기	개인정보는 처리목적 달성 및 관계기관의 요청이 있는 경우 즉시 파기하여야 한다. ※ 개인정보에 대한 접근통제, 개인정보 전송 등을 하는 경우 개인정보에 대한 기술적, 관리적 보호대책은 타 점검항목 점검을 통해 확인(개보법 제29조 사항, 망법 제28조)	1) 보유기간의 경과, 개인정보의 처리 목적 달성 시 지체없이 파기하고 있는가? 2) 정보통신망을 이용하여 개인정보가 노출된 경우 관계기관(방송통신위원회, 한국인터넷진흥원)의 요청이 있는 경우 삭제 또는 차단 조치를 수행하고 있는가?
15.3.2. 개인정보의 분리 저장	법령에 의해 개인정보를 파기하지 않고 보존해야 하는 경우 다른 개인정보와 분리하여 저장하여야 한다.	1) 법령에 의하여 파기하지 않고 보존하는 경우 다른 개인정보와 분리하여 저장하고 있는가?
15.3.3. 개인정보보호 책임자	개인정보의 처리와 관련한 업무를 총괄해서 책임질 개인정보 보호책임자를 지정하여야 한다.	1) 개인정보의 처리에 관련 업무를 총괄해서 책임질 개인정보 보호책임자를 지정하였는가?

5.3 OT 보안 국제인증 개요

항목	
5.3.1	ISO/IEC 27019
5.3.2	IEC 62443 OT보안의 이해

5.3.1 ISO/IEC 27019

■ 에너지 유틸리티 산업을 위한 정보보안 제어 인증
» 27019:2017은 27001:2013에 기술된 위험평가 및 위험처리 프로세스를 에너지 유틸리티 산업 부문별 특정 지침에 적용해야 하는 요구사항을 포함하고 있다. 원자력 시설의 공정제어 영역에는 적용되지 않는다.
- 27019:2017은 전력, 가스, 석유 및 열의 생산 또는 생성, 전송, 저장 및 분배를 제어 및 모니터링(감시)하고 관련 지원 공정의 제어를 위해 에너지 유틸리티 산업에서 사용하는 공정제어시스템에 적용된 27002:2017을 기반으로 지침을 제공한다.
  - 중앙 및 분산 공정제어, 모니터링 및 자동화 기술뿐만 아니라 프로그래밍 및 매개 변수화 장치와 같은 작업에 사용되는 정보시스템
  - 디지털센서 및 액추에이터 요소를 포함한 제어 및 현장 장치 또는 PLC와 같은 디지털 컨트롤러 및 자동화 구성요소
  - 프로세스제어 도메인에 사용되는 모든 추가 지원 정보시스템 (예: 추가 데이터 시각화 작업 및 제어, 모니터링, 데이터 보관, 역사 기록, 보고 및 문서 목적)
  - 네트워크, 원격분석, 원격제어 응용프로그램 및 원격제어 기술과 같은 공정제어 항목에 사용되는 통신기술
  - 고급 계량 인프라(AMI) 구성요소(스마트 미터), 측정 장치(배출 값)
  - 보호 릴레이, 안전 PLC, 비상 주지사 메커니즘과 같은 디지털보호 및 안전 시스템
  - 에너지 관리시스템 (예: 분산에너지자원(DER), 전기충전 인프라, 민간가정, 주거건물, 산업고객 설치)
  - 스마트 그리드 환경의 분산 구성요소 (에너지그리드, 민간 가정, 주거용 건물, 산업고객 설치)
  - DMS(배포관리시스템) 응용프로그램 또는 OMS(중단관리시스템)에 설치된 모든 소프트웨어, 펌웨어 및 응용프로그램
  - 장비 및 시스템을 수용하는 모든 건물, 모든 시스템의 원격 유지보수 시스템 등

» 제한된 가용성 또는 정전으로 인한 공급 중단, 과전압/저전압 공급, 방대한 양의 에너지의 치명적인 방출로 인한 안전사고, 석유/가스/화학 누출로 인한 환경사고는 비즈니스 또는 안전에 중요한 정보의 가용성과 무결성이 제한 된다.
- 자동화의 매우 높은 수준을 요구하는 에너지 산업은 PLC, IIoT, ICS 및 SCADA와 같은 전자공정 제어시스템과 관련 네트워크 및 절차에 크게 의존하여 실시간으로 생산 활동을 제어한다.
- 공장에서 대부분의 안전 관련 작업은 전자 모니터링 및 전기 작동밸브, 스위치 및 액추에이터가 있는 네트워크 컴퓨터 시스템에 크게 의존하는 반면 수동 작동제어는 종종 특정 백업 또는 비상 오버라이드 기능으로 제한된다.
- 모니터링 및 제어시스템의 대부분은 극심한 열, 압력, 부식 또는 진동을 받는 물리적 스트레스가

많은 위치에 있으며 때로는 매우 원격으로 분산되어 물리적 액세스, 모니터링 및 액세스 제어 비용이 상당히 많이 든다.
- OT산업은 전자공정 제어시스템과 네트워크 없이는 정상적이고 안전하게 기능할 수 없으며, 심각하고 광범위하거나 확장된 사건은 국제적인 영향은 아니지만 심각한 국가적 영향을 초래한다.

▶ ISO/IEC TR 27019(정보기술-보안기술)은 ISA-62443-2-2와 유사하게 IACS에 27002를 적용하는 에너지 유틸리티 산업에 특정한 프로세스 제어시스템에 대한 27002에 기반한 정보보안 관리 지침을 제공한다. IACS에 직접 적용할 수 있는 보안 제어를 위해 27019 추가 지침을 워킹그룹에서 논의 중에 있다.
- ISA-62443-2-2(IACS 보안 관리시스템에 대한 구현 지침)은 IACS를 위해 특별히 정의된 추가 컨트롤을 제공되며, 주로 구조와 접근법에 관한 IACS 특유의 제어 기술들은 차별성이 있으나, 27019는 새로운 제어장치를 정의하는 반면, ISA-62443-2-2는 일부 유사성이 있지만 27002의 제어를 준수해야하며(아직은 초안 버전) 27019 표준과는 크게 다르기 때문에 구별할 필요가 있다.

▶ 용어의 정의
- 정전 : 광범위한 전력 정전
- 컴퓨터 보안 인시던트 대응 팀 : 정보보안 사고의 처리를 지원하는 보안 전문가 팀
- 중요 자산 : 전력, 가스, 석유 및 열의 생산 또는 생성, 전송, 저장 및 분배에 직접적인 영향을 미칠 수 있는 자산
- 중요한 인프라 : 사회와 경제 전반에 필수적인 조직과 시설의 집합
  - 이러한 조직 및 시설의 고장이나 오작동으로 인해 지속적인 공급 부족이 발생할 수 있으며 공공 보안에 큰 영향을 미치며 다른 광범위한 영향을 미칠 수 있다.
- 디버깅 : 컴퓨터 시스템의 오작동 분석 조치
- 유통시스템 : 가스, 석유 또는 열의 운송을 위한 고, 중간 또는 저전압 그리드 또는 로컬 또는 지역 분배 네트워크를 사용하여 전기 에너지의 수송을 위한 분배 그리드
- 에너지관리시스템(EMS) : 민간 가정, 주거용 건물 또는 산업 고객 설치의 에너지 소비를 모니터링, 측정 및 제어하는 데 사용되는 장비 및 인프라
  - EMS는 일반적으로 송전 전력 그리드 운영자가 생성 또는 전송시스템의 성능을 모니터링, 제어 및 최적화하는 데 사용되는 응용프로그램 집합을 참조하는 데 사용된다.
- 에너지 공급 : 고객에게 전달및 에너지 공급 네트워크 운영을 위한 에너지의 생성, 생산 또는 저장 프로세스
- 에너지 유틸리티 : 다른 당사자, 에너지 분배 네트워크 또는 저장 단지에 전기, 가스, 석유 또는 열 형태로 에너지를 공급하는 법률 기관 또는 사람
- 인간-기계 인터페이스(HMI) : 공정제어시스템 또는 플랜트의 작동 및 모니터링을 위한 사용자 인

터페이스
- 유지관리 : 일반적으로 검사, 고장 통관 및 개선과 관련된 에너지 공급 분야(3.8) 측정
- 공정제어시스템 : 관련 지원 공정의 제어를 포함하여 전력, 가스, 석유 및 열의 생성, 생산, 전송, 저장 및 분배를 제어하고 모니터링 역할을 하는 시스템
  - 공정제어시스템은 종종 보다 일반적으로 산업제어시스템으로 지칭되며, 공정제어시스템 및 산업제어시스템이 에너지 유틸리티 산업에서 사용되는 기술과 구성요소로 제한된다.
- 안전 : 견딜 수 없는 위험으로부터의 자유
- 안전시스템 : 안전을 보장하는 데 필요한 시스템 및 구성 요소
- 감독 제어 및 데이터 수집(SCADA) : 중앙 집중식 데이터 수집 및 감독 제어를 사용하여 분산된 자산을 제어하는 데 일반적으로 사용되는 공정제어시스템
- 스마트그리드 : 정보교환 및 제어기술, 분산컴퓨팅 및 관련 센서 및 액추에이터를 활용하는 전력시스템
  - 스마트그리드 기술은 네트워크 사용자 및 기타 이해 관계자의 행동과 행동을 통합하는 행위, 지속가능하고 경제적이며 안전한 전기 공급을 효율적인 제공을 목적으로 사용된다.
- 전송시스템 : 고압 파이프라인 네트워크를 이용한 천연가스 수송을 위한 고전압 또는 초고전압 그리드 또는 가스 전송 네트워크를 이용한 전기 에너지 수송을 위한 송전 그리드

5.3.2 IEC 62443 OT보안의 이해

■ IEC 62443 국제표준의 이해
- IACS 설계는 저렴하고 효율적이며 고도로 자동화되고 이기종 환경에서 상호 연결될 수 있는 COTS 기술(네트워크 프로토콜 및 운영체제 등)을 점점 더 많이 사용한다. 이러한 시스템은 비즈니스상의 이유로 비 IACS 네트워크(IIoT 제품들)과 점점 더 상호 연결되며 장치, 개방형 네트워킹 기술 및 향상된 연결성(5G 등)은 하드웨어 및 소프트웨어 제어시스템에 대한 사이버 공격에 취약성 나타내고 있다.
  - IACS (Industrial Automation and Control Systems) : 산업자동화 및 제어시스템
  - COTS (commercial-off-the-shelf) : 완성품으로 일반 대중에게 판매, 대여 또는 권한을 부여할 수 있는 컴퓨터 소프트웨어나 하드웨어, 기술 또는 컴퓨터 제품 등을 의미
  - IIoT (Industrial Internet of Things) : 산업용 사물인터넷, 주로 제조 시설에서 사용되며, Industry 4.0의 핵심 기술인 스마트 기술, 데이터, 자동화, 상호연결성, 인공지능 및 그 밖의 기술과 기능들로 공장과 산업 조직의 운영 방식을 혁신적으로 변화시키고 있다.

- 미국 ISA99 표준 개발위원회에서는 산업자동화 환경의 민간부문(제품, 공급자, 시스템통합자, 자산소유자, ISA 및 자동화 연합 등)에 대한 약점과 취약성 등 IACS 보안을 해결하기 위해 범용 정보기술(IT) 사이버보안 솔루션을 배포하기 위해 ISA 62443 시리즈 표준문서를 발간하였으며, IEC에서도 동시 채택되었다. 이 표준은 유연한 프레임워크 IACS의 현재 및 미래의 보안 취약점을 해결하고 완화하였으며 제어시스템 구성 요소에 대한 사이버보안 기능을 제시한다.
  - ISA(International Society of Automation, 국제자동제어협회)는 산업 공정 및 제조 작업을 감지, 측정 및 제어하는 장치 및 시스템의 설계, 개발, 생산 및 적용에 종사하는 30,000명 이상의 자동화 전문가로 구성된 글로벌 비영리 기술 협회
    - 미국 노스캐롤라이나주 리서치트라이앵글 파크에 기반으로 자동화연맹의 창립회원과 400,000명 이상의 개인 실무자를 대표하는 15명의 조직 회원으로 구성된 비영리 단체
  - IEC 62443-4 산업 자동화 및 제어시스템 보안 (IACS 요소를 위한 기술적 보안 요구사항)
    - Security for Industrial Automation and Control Systems
    - Technical Security Requirements for IACS Components

- IEC 62443 series of Industrial communication networks - Network and system security
  - 산업용 통신 네트워크 - 네트워크 및 시스템 보안 표준은 IEC TC 65 워킹그룹 주관으로 제정과 개정 작업이 이루어지고 있으며, 일반(General), 정책 및 절차(Policy & Procedure), 시스템(System), 구성요소(Component) 등 총 4개의 영역과 각 2~5개의 하부 구조로 되어 있다.

- IACS를 구성하는 구성요소 중 특히 내장 장치, 네트워크 구성요소, 호스트 구성요소 및 소프트웨어 응용프로그램에 대한 사이버보안 기술 요구사항을 제공하며, 구성요소가 보상 대책의 도움 없이 주어진 보안 수준에 대한 위협을 완화할 수 있도록 보안 기술과 기능을 제시한다.
- IEC TC 65 : Industrial-process measurement, control and automation WG 10 Security for industrial process measurement and control - Network and system security

IEC 62443 표준 및 기술보고서 분류

Part	Type	Title	Date
일반 General			
62443 1-1	TS	용어, 개념 및 모델	2007
62443 1-2	TR	용어 및 약어 마스터 용어집	
62443 1-3		시스템 사이버 보안 적합성 메트릭	
62443 1-4		IACS 보안 수명주기 및 사용 사례	
정책 및 절차 Policies & Procedures			
62443 2-1	IS	IACS 보안 프로그램 구축	2009
62443 2-2		IACS 보안 프로그램 등급	
62443 2-3	TR	IACS 환경에서 패치 관리	2015
62443 2-4	IS	IACS 서비스 공급자에 대한 보안 프로그램 요구사항	2018
62443 2-5	TR	IACS 자산 소유자를 위한 TR 구현 지침	
체계 System			
62443 3-1	TR	IACS 용 보안 기술	
62443 3-2	IS	시스템 설계를 위한 보안 위험평가	2020
62443 3-3	IS	시스템 보안 요구 사항 및 보안 수준	2013
구성 요소 Component			
62443 4-1	IS	제품 보안 개발 수명주기 요구사항	2018
62443 4-2	IS	IACS 구성 요소에 대한 기술 보안 요구사항	2019

▶ IS(국제표준 International Standard), TR(기술보고서 Technical Report), TS(기술사양 Technical Specification)

ISA/IEC 62443 Series 계층적 구조

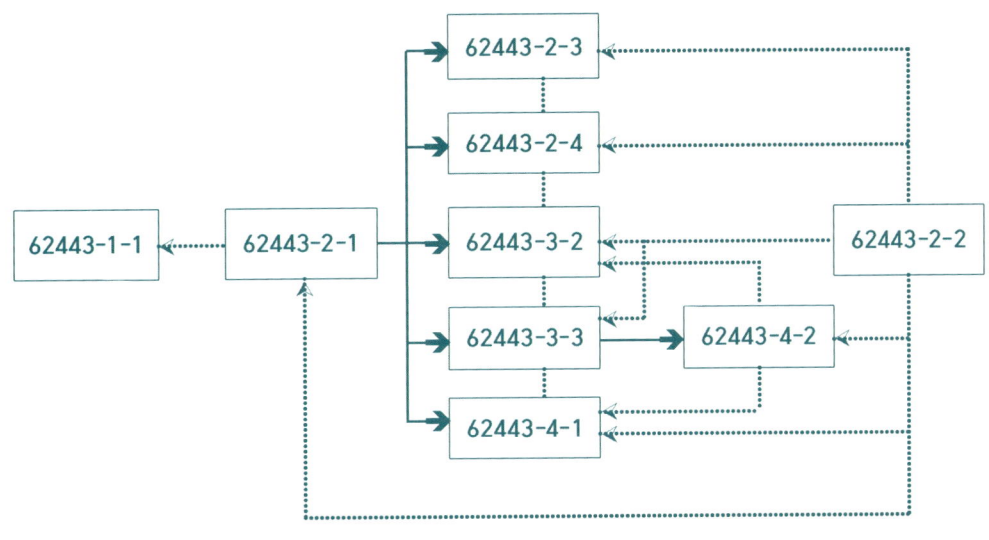

→ 파생 요구사항
⋯ 직접 참조(모든 부품은 1-1를 참조해야 한다.)

IACS 보안 라이프 사이클

> 산업자동화 및 제어시스템 보안 라이프 사이클을 이해하고 시스템 보호를 위한 실제 요구사항을 중심으로 리소스를 구축한다.

평가 ASSESS	ISA-62443-3-2 • 높은 수준의 사이버 위험 평가 • 보안 영역 또는 도관에 IACS 자산 할당 • 상세한 사이버 위험 평가
구현/도구 IMPLEMENT	ISA-62443-3-2, 62443-3-3 • 사이버보안 요구사항 사양 • 사이버보안 대책 설계 및 엔지니어링 • 기타 위험 감소 수단의 설계 및 개발 • 사이버보안 대책의 설치, 시운전 및 검증
유지 MAINTAIN	ISA-62443-2-1 • 사이버보안 유지관리, 모니터링 및 변경 관리 • 사이버 사고대응 및 복구

> IEC 62443 사이버보안 인증 프로그램은 제품 및 프로세스의 보안 평가, 설계, 구현, 운영 및 관리에 대한 요구사항을 제공하는 산업제어시스템에 대한 사이버보안 표준에 대한 이해를 검증한다.

- **IEC 62443 표준 적합성 인증**
  - IACS 공급망 확보를 목적으로 공급 업체의 제품 개발 관행 및 제품 보안 특성을 평가하기 위해서 IEC 62443 사이버보안 표준을 준수하는지 확인하는 ISO/IEC 17065 적합성 평가체계를 가지고 있다.
    - 프로세스 인증 (Process) : 62443-2-4, 62443-4-1 표준에 따라 인증
    - 제조사 인증 : 62443-3-3, 62443-4-1 표준에 따라 인증
    - 시스템 통합사업자 인증 (System Integrators) : 62443-2-4, IEC 62443-3-3 표준에 따라 인증
    - 시스템 보안 인증 (SSA, System Security Assurance Certification) :

  - COTS 제어시스템에 대하여 I62443-3-3, 62443-4-1 및 62443-4-2 표준에 따라 인증
    - 임베디드 장치 보안 인증 (EDSA, Embedded Device Security Assurance Certification) :

  - 임베디드 장치(유한 제어 요소)에 대하여 62443-4-1, 62443-4-2 표준에 따라 인증
    - 개발보안 생명주기 인증 (SDLA, Security Development Lifecycle Assurance Certification) :

  - 제품개발 조직이 산업자동화 제어시스템에 대한 공급업체 제품개발 라이프 사이클의 모든 단계에서 사이버 보안을 적절히 고려하고 있는지 62443-4-1 표준에 따라 인증

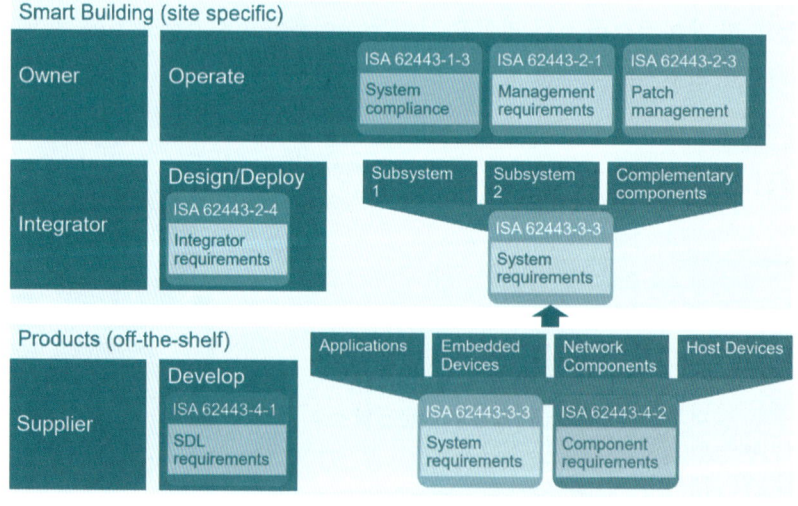

스마트빌딩 OT보안 IEC 62443 적용 예시

▶ IEC 62443 통제항목

일반 (General)	62443-1-1 용어, 개념 및 모델	62443-1-2 용어 및 약어에 대한 마스터 용어집	62443-1-3 시스템 보안 준수 메트릭	62443-1-4 IACS 보안 수명주기 및 사용 사례	62443-1-5 IACS 보호 수준
정책 및 절차 (Policy & Procedure)	62443-2-1 IACS 보안 프로그램 설정	62443-2-2 IACS 보안 관리 시스템에 대한 구현 지침	62443-2-3 IACS 환경에서 패치 관리	62443-2-4 IACS 공급업체에 대한 설치 및 유지관리 요구사항	62443-2-5 IACS 자산 소유자를 위한 구현 지침
시스템 (System)	62443-3-1 IACS를 위한 보안 기술	62443-3-2 구역 및 전달자에 대한 보안 수준	62443-3-3 시스템 보안 요구사항 및 보안 수준	62443-3-4 제품 개발 요구사항	
구성 요소 (Component)	62443-4-1 안전한 제품 개발 수명주기 요구사항	62443-4-2 IACS 구성 요소에 대한 기술 보안 요구사항	62443-4-3 네트워크 장치	62443-4-4 응용 프로그램, 데이터 및 기능	

■ IEC 62443-1 일반(General) : 개념 모델, 용어 등 일반적인 사항 규정

▶ IEC 62443-1-1 용어, 개념 및 모델 Terminology, concepts and models
- ISA-62443 문서들에 사용되는 용어, 개념과 모델 소개
- 범용 사이버보안 요소들 중 산업자동화 및 제어시스템(IACS)에 적용 가능한 부분과 IACS 에서만 적용 가능한 개념과 모델에 대해서 정의
- 7개 FR(Foundational requirements) 정의 : 식별 및 인증(FR1), 사용제어(FR2), 시스템 무결성(FR3), 데이터 기밀성(FR4), 데이터 제한성(FR5), 응답성(FR6), 자원 가용성(FR7)
- 보안 컨텍스트, 보안 목표, 위협 위험 평가, 보안 수준, 보안 라이프 사이클, 보안 프로그램 성숙도, 보안 정책, 심층 방어, 보안 구역 및 전송구간(도관), 역할 기반 액세스 제어
- 공통 참조 프레임 역할을 하는 일련의 기본 요구 사항을 정의

▶ IEC 62443-1-2 용어 및 약어에 대한 마스터 용어집 Master glossary of terms and abbreviations
- 사용하는 용어와 약어 등에 대한 마스터 용어집 정의
- 용어의 정의가 필요하다고 식별되면, IEC 및 ISO를 통해 해당 용어가 정의되어 있는지 확인해서, 관련이 있는 경우, 용도가 적합한지 확인한 후 사용 여부를 결정

- IEC 62443-1-3 시스템 보안 준수 메트릭 System security compliance metrics
  - IACS에 대한 우선 순위가 높은 시스템 사이버 보안 적합성 측정 기준을 정의
  - 적합성 측정 항목
    - IEC 62443 시리즈의 다른 부분에 명시된 IACS 요구사항을 준수하는지 측정
    - 안전한 IACS 제품 및 서비스 개발 관리
    - 시스템의 배치 수명 전반에 걸쳐 사용자 지정 서비스 품질을 모니터하고 관리
    - 시스템, 하위 시스템 및 구성 요소가 서비스에서 제거될 때 보안 처분 확인
    - 법규 준수 기관에서 사용할 시스템 측정 제공

- IEC 62443-1-4 IACS 보안 수명주기 및 사용 사례 IACS security lifecycle and use-case
  - IACS 보안 라이프사이클을 정의하고 실증 사례 설명

- IEC 62443-1-5 IACS 보호 수준 IACS Protection levels
  - 사이버보안 위협에 대응해 운영 IACS가 제공하는 보안수준을 평가하는 방법론을 제공
  - 현재 개발 작업 진행 중

■ IEC 62443-2 정책과 절차(Policy & Procedure) : 조직의 보안 정책과 절차에 대해 규정
- IEC 62443-2-1 IACS 보안 프로그램 설정 Establishing an IACS security program
  - IACS 사이버보안 관리시스템(CSMS: Cyber Security Management System)을 구축하는 데 필요한 요소를 정의하고, 이 요소를 개발하는 방법에 대한 지침 제공
  - ISO27001 및 27002에서 정의한 보안표준과 IACS 사이버보안 관리에 대한 일관성을 유지하기 위해 작성
  - IACS와 일반 비즈니스 및 정보 기술 시스템 간 중요한 차이점 정의.
  - IACS의 사이버보안 위험이 HSE(Health, Safety and Environmental)에 영향을 미칠 수 있는 개념 소개

- IEC 62443-2-2 IACS 보안 관리 시스템에 대한 구현 지침 Implementation guidance for an IACS security management system
  - IACS 보안 관리시스템의 구현 지침
  - 설계 및 구현 후 보안 관리시스템 운영 방안 기술

- IEC 62443-2-3 IACS 환경에서 패치 관리 Patch management in the IACS environment
  - IT 기반과 다른 IACS 보안 환경에서 패치 관리를 위한 특수한 요구사항
  - IACS 구축 완료 후, 패치 관리 단계상에서 자산 소유자와 IACS 제품 공급자에 대한 요구사항 기술
  - 각 자산 소유자 및 제품 공급자 간 보안 패치에 관련된 정보 교환 시 활용 가능한 데이터 형식 제공

» IEC 62443-2-4 IACS 공급업체에 대한 설치 및 유지 관리 요구 사항
　　　　　Installation and maintenance requirements for IACS suppliers
　• IACS 공급 업체의 설치 및 유지관리 요구사항

■ IEC 62443-2-4 IACS 공급업체에 대한 설치 및 유지 관리 요구 사항
　　　　　Implementation guidance for IACS asset owners
　• 효과적인 IACS 보안 프로그램을 운영하기 위해 필요한 사항에 대한 지침을 제공하며, 의도된 대상에는 그러한 프로그램의 운영에 대한 책임이 있는 자산 소유자가 포함된다.

■ IEC 62443-3 시스템(System) : 시스템 통합을 위한 산업제어시스템에 대한 보안기능 요구사항을 규정하고, 산업제어시스템의 위험을 줄이기 위해 필요한 강도를 가진 기본적인 요구사항(FR1~7)을 선택하여 설계 및 구현 실시

　» IEC 62443-3-1 IACS를 위한 보안 기술 Security technologies for IACS
　　• IACS에 효과적으로 적용할 수 있는 다양한 사이버보안 도구, 완화 대응책, 기술에 대한 현재 평가 제공
　　• 제어시스템 중심의 사이버보안 기술의 여러 범주와 해당 범주에서 사용할 수 있는 제품 유형, 자동화된 IACS 환경에서 이러한 제품을 사용하는 데 따른 위협 및 취약점에 관련된 장·단점, 사이버보안 기술 제품 및 대책을 사용하기 위한 예비 권장사항 및 지침 등

　» IEC 62443-3-2 구역 및 전달자에 대한 보안 수준 Security levels for zones and conduits
　　• 영역과 전송로에 대한 보안 수준
　　• IACS에 대한 시스템 구성(SuC: System under Consideration)을 정의하고, SuC를 구역으로 분할해서 위험을 평가하고, 보안 수준 목표(SL-T)를 수립하고, 보안 요구사항을 문서화 하기 위한 요구사항을 정의

　» IEC 62443-3-3 시스템보안 요구사항 및 보안수준 System security requirements and security levels
　　• 시스템 보안 요구사항과 보안 수준
　　• IEC 62443-2-1에서 제시한 보안 프로그램이 수립되어 있다는 전제하에 62443-2-1에서 요구하는 위험 평가 핵심 단계에서 실제로 필요한 서비스 및 기능을 식별

　» IEC 62443-3-4 제품 개발 요구사항 Secure Product Development Lifecycle Requirements
　　• 현재 개발 예정 중

- IEC 62443-4 구성요소(Component) : 산업제어시스템을 구성하는 제어기기, 장비, 애플리케이션의 보안을 취급하는 장비 업체를 위한 보증 요구사항과 기능 요구사항 규정
  - IEC 62443-4-1 안전한 제품 개발 수명주기 요구사항 Product development requirements
    - 보안 개발 생명주기(SDL: Secure Development Life cycle)를 정의하며 그에 따른 요구사항을 기술함
    - 제품 공급자는 본 표준을 준수하는 프로세스를 통해 제품을 개발하고, 제품은 단일 부품이 될 수도 있고, 여러 부품으로 이루어진 시스템이 될 수도 있음
  - IEC 62443-4-2 IACS 구성요소에 대한 기술보안 요구사항 Technical security requirements for IACS components
    - IEC 62443-1-1의 7개 요구사항과 관련된 상세한 기술 제어시스템 구성요소에 대한 요구사항(CR)을 제공
  - IEC 62443-4-3 네트워크 장치 Network devices
    - 현재 개발 예정 중
  - IEC 62443-4-4 응용 프로그램, 데이터 및 기능 Application, data and functions
    - 현재 개발 예정 중

- 미국 ISA에서 운영하는 IEC 62443 전문가 양성을 위한 연수과정

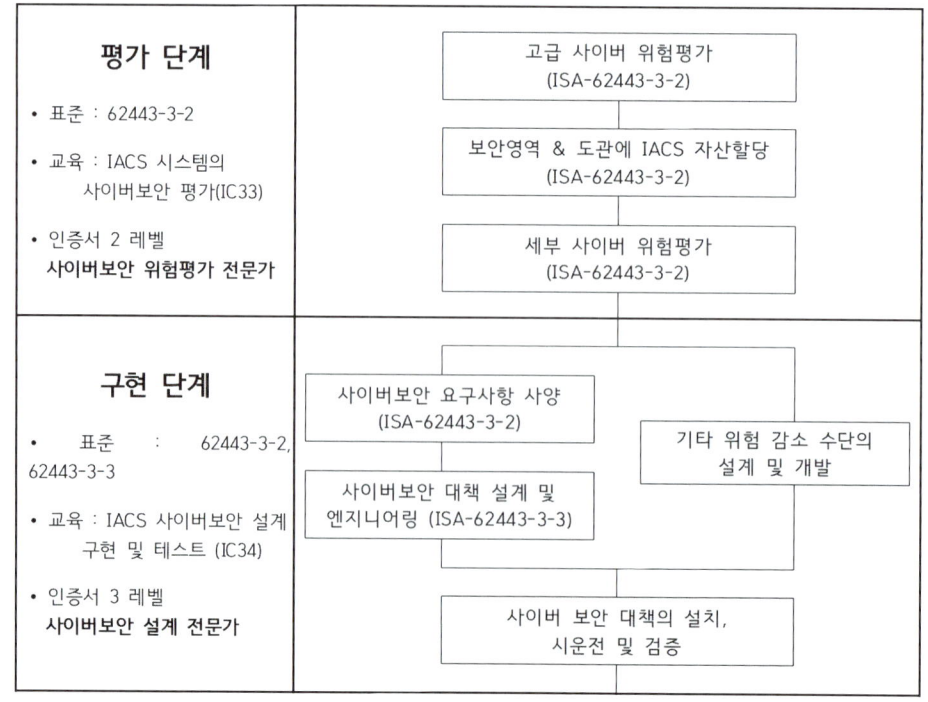

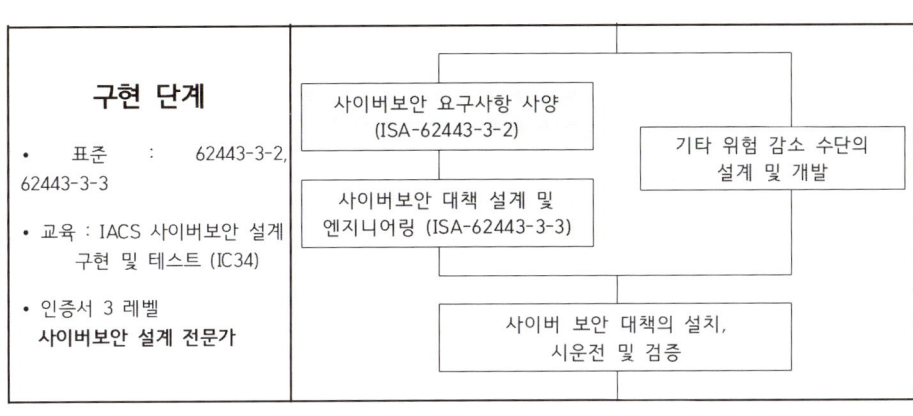

(출처 : www.prometric.com/isa)

인증서 1레벨	인증서 2레벨	인증서 3레벨	인증서 4레벨	인증서 5레벨
사이버보안 기본 전문가	사이버보안 위험 평가 전문가	사이버보안 디자인 전문가	사이버보안 유지 관리 전문가	사이버보안 전문가

■ ANSI/ISA 99 표준 IC32 (제어시스템 보안)
» ANSI/ISA 99 표준을 사용하여 중요한 제어시스템을 보호하는 방법과 기존 IT 환경에 대한 보안과 SCADA 또는 플랜트 바닥 환경에 적합한 솔루션 간의 절차적 및 기술적 차이점
- 수행 업무
  - 효과적인 장기 프로그램 보안을 만드는 데 대한 원칙 논의
  - ISA/IEC 62443 산업보안 프레임워크를 해석하고 운영에 적용
  - 위험 및 취약성 분석 방법론의 기본 정의
  - 보안 정책 개발의 원칙 설명
  - 보안의 깊이 및 영역/도관 모델에서 방어 개념 설명
  - 해커가 시스템을 공격하는 데 사용하는 산업보안 사고 및 방법의 현재 동향을 분석합니다.
  - 바이러스 백신 및 패치 관리, 방화벽 및 가상사설망을 비롯한 주요 위험 완화 기술의 이면에 대한 원칙 정의
- 지식 평가
  - 현재 산업보안 환경 이해 : 산업 자동화 및 제어시스템을 위한 전자 보안이란 무엇인가? IT

와 플랜트 플로어가 어떻게 다른지, 어떻게 동일한가?
- 사이버 공격이 발생하는 방법 : 위협 소스 이해, 성공적인 사이버 공격을 위한 단계
- 보안 프로그램 제작 : 62443-2-1 산업자동화 및 제어시스템 보안 프로그램 구축에 성공과 이해를 위한 중요한 요소
- 위험 분석 : 비즈니스 근거, 위험 식별, 분류 및 평가
- 보안 정책, 조직 및 인식으로 위험 해결 : CSMS 범위, 조직 보안, 직원 교육 및 보안 인식
- 선택한 보안대책으로 위험 해결 : 인사보안, 물리적 및 보안환경, 네트워크 세분화, 액세스 제어
- 구현 조치로 위험 해결 : 위험관리 및 구현, 시스템개발 및 유지보수, 정보 및 문서 관리
- CSMS 모니터링 및 개선 : 규정준수 및 검토, CSMS 개선 및 유지 관리
- 기본 제공 Windows 운영체제(OS) 명령 줄 프롬프트를 사용하여 네트워크 이해 방법
- 포트 검색 유틸리티를 사용하여 열린 포트, 실행중인 서비스, OS 및 네트워크 연결 장치의 기타 속성을 식별하는 방법
- 네트워크 트래픽을 표시하고 분석하기 위해 패킷 캡처 도구의 사용을 조사
- Microsoft에서 무료 윈도우 기준 보안 분석기 도구 적용

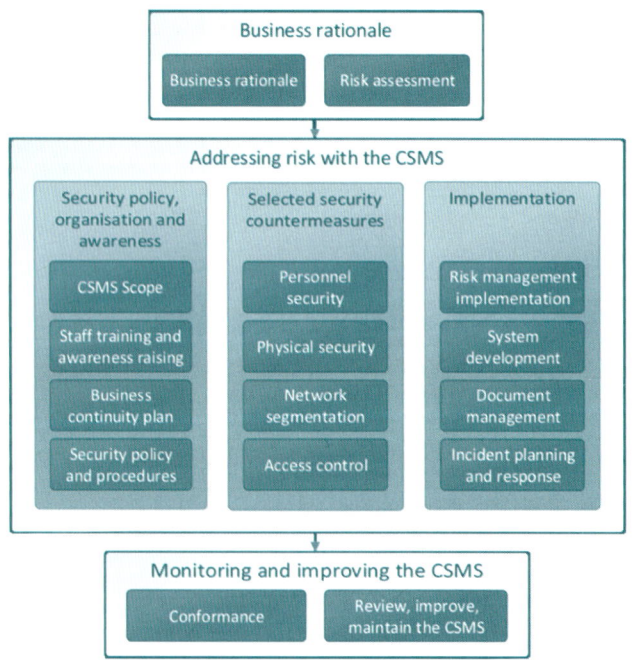

IEC 62443 CSMS 흐름도

■ **ANSI/ISA 99 표준 IC32C** (산업 자동화 보안)
» 바이러스, 해커, 스파이 및 방해 행위자로부터 네트워크를 보호하려면 공장 자동화, 프로세스 제어, 감독제어 및 데이터수집(SCADA) 네트워크를 보호하는 방법

- 수행 업무
    - 사람, 재산 및 이익을 보호하기 위해 산업 안보 개선이 필요한 이유 논의
    - 산업 자동화 및 제어시스템 환경에서 전자 보안을 위한 용어, 개념 및 모델 정의
    - 62443-2-1의 요소 정의 : 산업 자동화 및 제어시스템 보안 프로그램 구축
    - 위험 및 취약성 분석 방법론의 핵심 개념 정의
    - 심층 방어 개념과 보안영역(전송구간) 모델 정의
    - 정책 개발 및 주요 위험 완화 기술의 기본 원칙 설명
    - 사람, 재산 및 이익을 보호하기 위해 산업 안보 개선이 필요한 이유를 설명
- 지식 평가
    - 현재 산업보안 환경 이해 : 산업 자동화 및 제어시스템의 전자 보안이란 무엇입니까?
    - 보안 인시던트의 동향
    - IT와 플랜트 플로어가 어떻게 다른지, 어떻게 동일한가?
    - 현재 보안 표준 및 관행
    - 보안 프로그램 제작 : 62443-2-1 산업자동화 및 제어시스템 보안 프로그램 구축에 성공과 이해를 위한 중요한 요소
    - 위험 분석 : 비즈니스 근거, 위험 식별, 분류 및 평가
    - 보안 정책, 조직 및 인식으로 위험 해결 : CSMS 범위, 조직 보안, 직원 교육 및 보안 인식, 비즈니스 연속성 계획, 보안 정책 및 절차
    - 선택한 보안 대책으로 위험 해결 : 인사보안, 물리 및 보안환경, 네트워크 세분화, 액세스 제어(계정 관리, 인증 및 권한 부여)
    - 구현 조치로 위험 해결 : 위험관리 및 구현, 시스템 개발 및 유지 보수, 정보 및 문서 관리, 인시던트 계획 및 대응
    - CSMS 모니터링 및 개선 : 규정 준수 및 검토, CSMS 개선 및 유지 관리

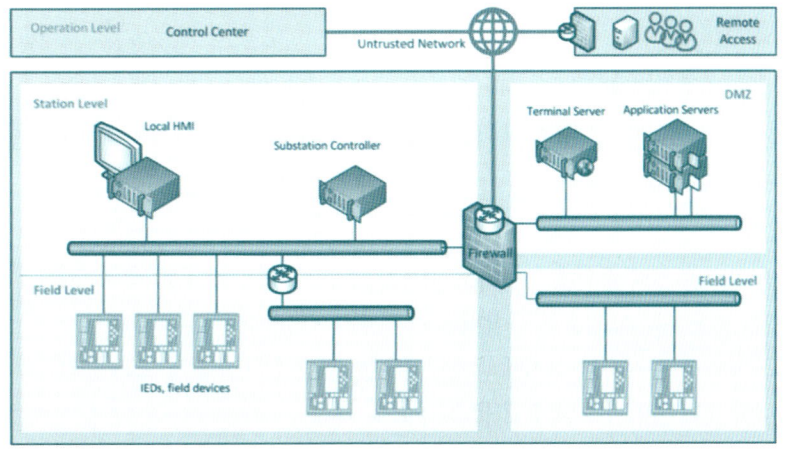

IEC 62443 일반적인 네트워크 흐름도

ANSI/ISA 99 표준 IC33 (IACS 시스템의 사이버보안 평가)

» IACS 사이버보안 생명주기의 첫 번째 단계는 IACS 자산을 식별하고 문서화하며 완화가 필요한 고위험 취약점을 식별하고 이해하기 위해 사이버보안 취약성 및 위험평가를 수행한다.

- 위험평가는 신규 및 기존 (즉, 브라운 필드) 응용 프로그램 모두에서 수행되어야 하며, 평가 프로세스의 일부로는 시스템의 영역 및 도관 모델을 개발하고 보안 수준 목표를 식별하고 사이버 보안 요구사항을 CRS(사이버 보안 요구사항 사양)로 문서화 한다.
- 수행 업무
  - IACS의 범위를 식별하고 문서화
  - 평가를 수행하는 데 필요한 사이버 보안 정보를 지정, 수집 또는 생성
  - IACS 제품 또는 시스템 설계에 내재된 사이버 보안 취약점 식별 또는 발견
  - IACS에 대한 사이버 보안 위험평가 구성 및 촉진
  - 현실적인 위협 시나리오 식별 및 평가
  - 기존 정책, 절차 및 표준의 격차 식별
  - 보안 영역 및 도관 설정 및 문서화
  - 평가 결과 문서화 준비
- 지식 평가
  - 사이버 보안 취약점 평가, 취약성 평가 수행, 사이버 위험평가 수행, 문서화 및 보고
  - 정보자산 관리대장, Gap 분석, 윈도우 취약점 평가
  - 이더넷 트래픽 캡처, 포트 스캐닝
  - 취약점 검색 도구 사용
  - 높은 수준의 위험평가 수행
  - 영역 및 전송구간(도관) 도표 작성
  - 상세한 사이버 위험 평가 수행
  - 사이버 보안 요구사항 명세서 점검

ANSI/ISA 99 표준 IC33E

» 신규 또는 기존 IACS시스템의 사이버 보안을 평가하고 프로젝트의 사이버 보안 요구사항을 문서화하는 데 사용할 수 있는 사이버보안 요구사항 사양을 개발

- 수행 업무
  - 평가 중인 IACS의 범위를 식별하고 문서화
  - 평가를 수행하는 데 필요한 사이버 보안 정보를 지정, 수집 또는 생성
  - IACS 제품 또는 시스템 설계에 내재된 사이버 보안 취약점 식별 또는 발견
  - IACS에 대한 사이버 보안 위험 평가 구성 및 촉진
  - 현실적인 위협 시나리오 식별 및 평가
  - 기존 정책, 절차 및 표준의 격차 식별

- 보안 영역 및 도관 설정 및 문서화
- 평가 결과 문서화 준비
• 지식 평가
- 평가 준비 : 보안 생명주기, 범위, 시스템 아키텍처 다이어그램, 네트워크 다이어그램, 자산 인벤토리, 사이버 중요도 평가
- 사이버 보안 취약점 평가 : 위험, 사이버보안 취약점 평가 유형, 갭 평가, 수동 및 활성 평가, 침투 테스트, 갭 평가 수행, 갭 평가 도구, CSET
- 취약성 평가 수행 : 취약점 프로세스, 사전평가, 표준, 연구, 킥오프 및 워크스루, 패시브 데이터 수집, 활성 데이터 수집, 침투 테스트
- 사이버 위험평가 : 위험 이해, ISA 62443-2-1, SuC, 높은 수준의 위험평가 수행, 결과 배율, 구역 및 도관 설정, 영역 및 도관 도면 및 문서, 사이버 보안 요구사항 문서화
- 사이버 위험 평가 수행 : 상세한 사이버 위험평가 프로세스, 위협, 취약점, 결과, 가능성, 위험 계산, 보안 수준, 대책, 잔류 위험, 설명서
- 문서 및 보고 : 유지관리 문서, 필수 보고서, 영역 및 도관 다이어그램, 사이버보안 요구사항 사양(CRS)

■ ANSI/ISA 99 표준 IC34 (IACS 사이버보안 설계 및 구현)
» 보안 수준 기능과 평가 단계에서 확인된 위협 및 취약점의 특성에 따라 적절한 대책을 선택해야 하며, IACS 솔루션의 사이버보안 요구사항의 목표를 수립해야 한다.
• 수행 업무
- ICS 사이버보안 위험평가 결과 해석
- CRS(사이버보안 요구사항 사양) 개발
- 잘 만들어진 CRS의 정보를 기반으로 개념 설계 개발
- 보안 개발 생명주기 프로세스 및 결과물 설명
- 기본 방화벽 구성 및 시운전 수행
- 안전한 원격 액세스 솔루션 설계
- 시스템 경화 사양 개발
- 기본 네트워크 침입 감지 시스템 구현
- 사이버보안 수용 테스트 계획 개발(CFAT/CSAT)
- 기본 CFAT 또는 CSAT 수행
• 지식 평가
- ICS 사이버보안 생명주기 소개 : 평가 단계, 구현 단계, 유지보수 단계
- 개념 설계 프로세스 : 위험평가 결과 해석, 사이버보안 요구사항 사양, 개념설계 개발, 개념 설계 사양
- 상세한 설계 프로세스 : 보안개발 생명주기(SDL), 기술 유형, 적절한 기술 선택, 상세한 디자인 개발, 설계/사양 문서화

- 설계 및 구현 예제 : 방화벽 디자인 예제, 원격 액세스 설계 예제, 시스템 완화 설계 예, 침입 감지 설계 예
- 테스트 : 테스트 계획 개발, 사이버 보안 공장 수용 테스트, 사이버 보안 사이트 수용 테스트
- 이사회 구축, 방화벽, USB 정책 및 절차 정의, 네트워크 장치 강화, 원격 액세스, SL-A 유효성을 검사하기 위해 62443 3-3을 사용

ANSI/ISA 99 표준 IC37 (IACS 사이버보안 운영 및 유지관리)

> 네트워크 진단 및 문제 해결, 보안 모니터링 및 사고 대응, 설계 및 구현 단계에서 구현된 사이버보안 대책의 유지관리가 포함되어야 하며 변경, 백업 및 복구 절차 및 정기적인 사이버 보안 내부감사를 통하여 보안 관리가 수행되어 한다.

- 수행 업무
  - 기본 네트워크 진단 및 문제 해결 수행
  - IACS 장치 진단 경보 및 이벤트 로그의 결과 해석
  - IACS 백업 및 복원 절차 구현
  - IACS 패치 관리 생명주기 및 절차 설명
  - 바이러스 백신 관리 절차 적용
  - 응용 프로그램 제어 및 흰색 목록 도구의 기본 정의
  - 네트워크 및 호스트 침입 감지의 기본 정의
  - 보안 인시던트 및 이벤트 모니터링 도구의 기본 사항 정의
  - 인시던트 대응 계획 구현
  - 변경 절차의 IACS 관리 구현
  - 기본 IACS 사이버 보안 감사 수행
- 지식 평가
  - ICS 사이버보안 생명주기 소개 : 식별 및 평가 단계, 설계 및 구현 단계, 운영 및 유지보수 단계
  - 네트워크 진단 및 문제 해결 : 장치경보 및 이벤트 로그 해석, 초기 지표, 네트워크 침입탐지시스템, 네트워크 관리 도구
  - 응용 프로그램 진단 및 문제 해결 : OS 및 애플리케이션 알람 및 이벤트 로그 해석, 초기 지표, 응용 프로그램 관리 및 화이트리스팅 도구, 바이러스 백신 및 엔드포인트 보호 도구, 보안사고 및 이벤트 모니터링(SIEM) 도구
  - IACS 사이버 보안 운영 절차 및 도구 : 변경 절차의 IACS 관리 개발 및 다음, IACS 백업 절차 개발 및 팔로우, IACS 구성관리 도구, IACS 패치관리 절차 개발 및 다음, 패치관리 도구, IACS 바이러스 백신관리 절차 개발 및 팔로우, 바이러스 백신 및 화이트리스트 도구, IACS 사이버보안 감사절차 개발 및 감사 도구
  - IACS 사고 대응 : IACS 인시던트 대응 계획 개발 및 팔로우, 사고 조사, 시스템 복구
  - 이사회 구축, 패치 관리, 침입탐지시스템, 모니터링, 화이트리스팅, 버전 및 백업, 문제 해결

5.4 OT보안 국제인증 취득 전략

항목	
5.4.1	국제표준 인증심사 개요
5.4.2	국제표준 인증 취득 프로세스

5.4.1 국제표준 인증심사 개요

■ 국제표준 인증 절차
» 인증을 획득하기 위한 절차는 "현황파악 > 범위설정 > 목표 인증 선택 > 시스템 구축 > 인증기관 선정 및 신청 > 최초 인증심사 > 인증 획득 > 정기적인 사후관리" 단계로 ISO 경영시스템 인증을 획득하기 위한 일반적인 프로세스이다.

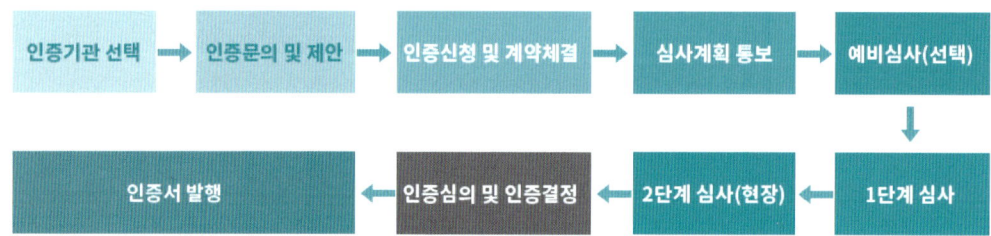

- 최초 심사 : 인증을 통과하기 위해 최초로 심사를 받아서 인증서를 취득함
  - 1단계 문서심사 : 부적합이 발생할 경우 → 시정조치 → 적합 이후 2단계 심사 진행
  - 2단계 기술심사 : 부적합이 발생할 경우 → 시정조치 결과확인 → 적합
- 사후 심사 : 인증서 취득 이후 최소 연 1회 이상의 사후관리 심사 진행, 조직의 상황에 따라 6개월 또는 9개월 심사 주기 가능 (심사일수는 최초 인증심사 일수의 약 1/3 수준)
- 갱신 심사 : 매 3년마다 갱신인증을 위한 심사 진행 (심사일수는 최초 인증심사 일수의 약 2/3 수준)

» 최초 인증심사 절차

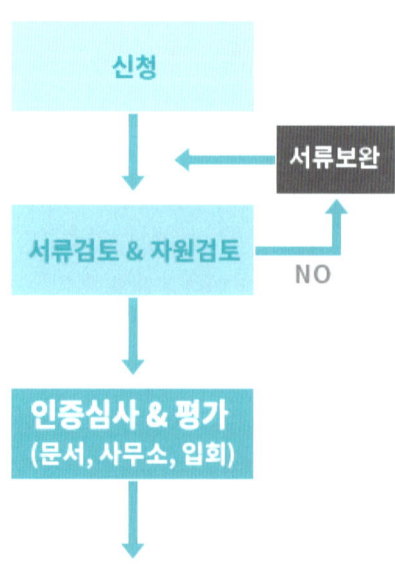

- 신청 : 신청기관은 인증을 받고자 하는 규격에 맞추어 관련 증적(문서 등)을 확보한 이후에 인증원에 인증신청서를 접수한다.
- 신청서류 검토 : 신청서류 접수 및 신청비 납부를 확인한 후 제출된 서류, 문서 및 증빙자료에 대한 검토를 실시하고, 결과를 통보한다.
- 문서평가 : 인정신청이 수락되는 경우, 인정평가팀은 신청기관의 품질시스템 문서에 대한 평가를 실시한다.
- 사무소평가 : 문서평가에 대한 모든 부적합사항이 시정조치된 후, 인정평가팀은 사무소평가를 실시하여 신청기관의 문서화된 품질시스템의 이행정도 및 인증심사 운영에 필요한 자원 확보 및 업무수행능력 등에 대한 평가를 실시한다.

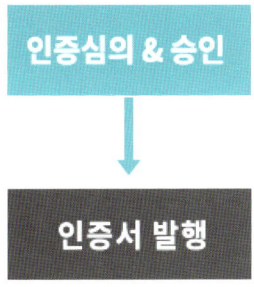

- 입회평가 : 입회평가는 신청기관의 인증 절차 준수 여부 및 인증심사반의 심사수행능력을 평가하기 위하여 인증신청업체에 대한 인증심사현장에 인정평가팀이 입회하여 실시한다.
- 시정조치 확인 평가 : 신청기관은 인정평가과정을 통하여 제기된 모든 부적합사항에 대하여 각 단계별(문서, 사무소, 입회 및 확인평가) 평가종료후에 시정조치완료 결과를 송부한다.
- 인정심의 : 확인평가 결과 인정평가 각 단계(문서, 사무소, 입회평가)에서 제기된 모든 부적합사항에 대한 시정조치가 완료되고, 인정평가비를 포함한 모든 인정수수료가 완납된 경우에 한하여 인정평가팀은 신청기관의 평가 결과를 인정심의위원회에 상정하여 인정여부를 결정한다.
- 인증서 발행 : 인증원에서 신청기관에게 인증서를 발급한다.

▶ 인증심사 유형
- 제1자 심사(내부)는 내부 목적을 위하여 조직 자체에 의해서 또는 조직을 대리하는 인원에 의해 수행되며, 조직 자체의 적합 선언에 대한 기반을 형성할 수 있다.
  - 유럽 CE 마크는 제1자 인증의 한 예로서 제품이 아무런 제한 없이 시장에 유통될 수 있도록 제조자, 수입업자, 제 3자 중 하나가 제품관련 적합성 평가를 수행하였다는 것을 의미 한다.
- 제2자 심사(외부 공급자)는 고객과 같이 조직에 이해 관계를 갖는 당사자 또는 고객을 대리하는 다른 인원에 의해 수행된다.
  - 해당 개인 또는 조직이 속한 단체에서 특정 분야에 대한 보증을 제공함을 의미 한다.
- 제3자 심사(외부 독립기관)는 완전히 독립적인 평가에 의해 수행된다.
  - 제품, 사람, 프로세스 또는 관리시스템에 대한 지정된 요구사항이 충족되었음을 의미 한다.

내부 심사	외부 심사	
	공급자 심사	인증 심사
1자 심사	2자 심사	3자 심사 공인 인증서를 받기 위함
자체 점검	금융감독원, 국방부 (금융기관 대상으로)	국제표준 ISO 27001:2013
자체 조직의 심사팀	S전자, H자동차, 국방관련기관 (기관, 하도급 업체 대상으로)	ISO 인증원
기관 자율 활동	고객만족, 이해관계자 활동	법률적, 공정성 활동 이력의 객관성 확보

▶ 국제표준 인증을 취득한 후 대내외적으로 다양한 기대효과가 있다.
- 현재 및 미래의 리스크 식별과 관리능력 제고
- 조직구성원의 참여 및 이해도 향상
- 비즈니스 중단의 영향과 빈도 감소
- 사고 대응능력 향상 및 복구비용 절감
- 사전연습을 통한 가동중단시간 최소화
- 조직 회복력을 입증하여 경쟁력 우위 확보
- 조직의 명성과 신용도 제고

▶ ISO 9001 PDCA 흐름도
- PDCA 사이클은 사전에 수립된 계획에 따라 실행하고, 실행한 결과를 검토하고, 검토 결과에 따라 조치하고, 조치된 내용을 통해 다시 계획하는 Plan(계획), Do(실행), Check(검토), Action(조치) 과정이 계속 반복 순환한다는 것을 의미한다.

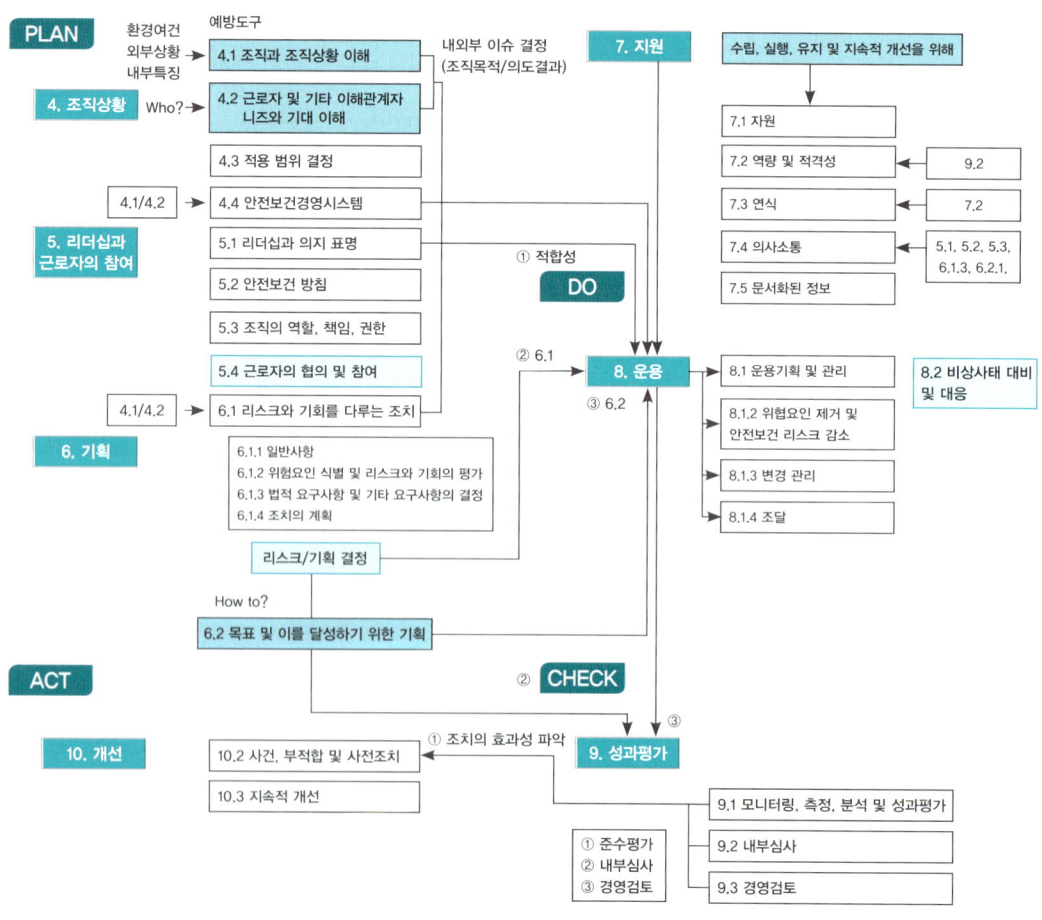

■ 국제표준 인증심사원 등록 및 활동 전략
▶ 국제인증심사원이 되려면 우선 ISO연수원에서 원하는 규격(ISO27001 등)을 교육받고 합격한 이후 자격등록기관에 심사원 등록하여야 한다.
- 연수기관 : 각종 표준규격별로 연수과정을 진행하고 합격증을 발행한다.
- 자격기관 : 해당 규격 및 19011 경영시스템심사가이드라인(AMS) 연수과정 합격증과 최종학력 졸업증명서를 제출받아서 검증이후에 심사원(보, 원, 선임)으로 등록하여 준다.
- 인증기관 : 각 규격별 인증심사원을 등록하고, 신청기관에 심사를 진행후 문제가 없으면 인증서를 발행하여 준다.
- 신청기관 : 인증을 받고자 하는 규격별로 인증심사를 요청하고 본심사를 받은후 인증서를 취득한다.

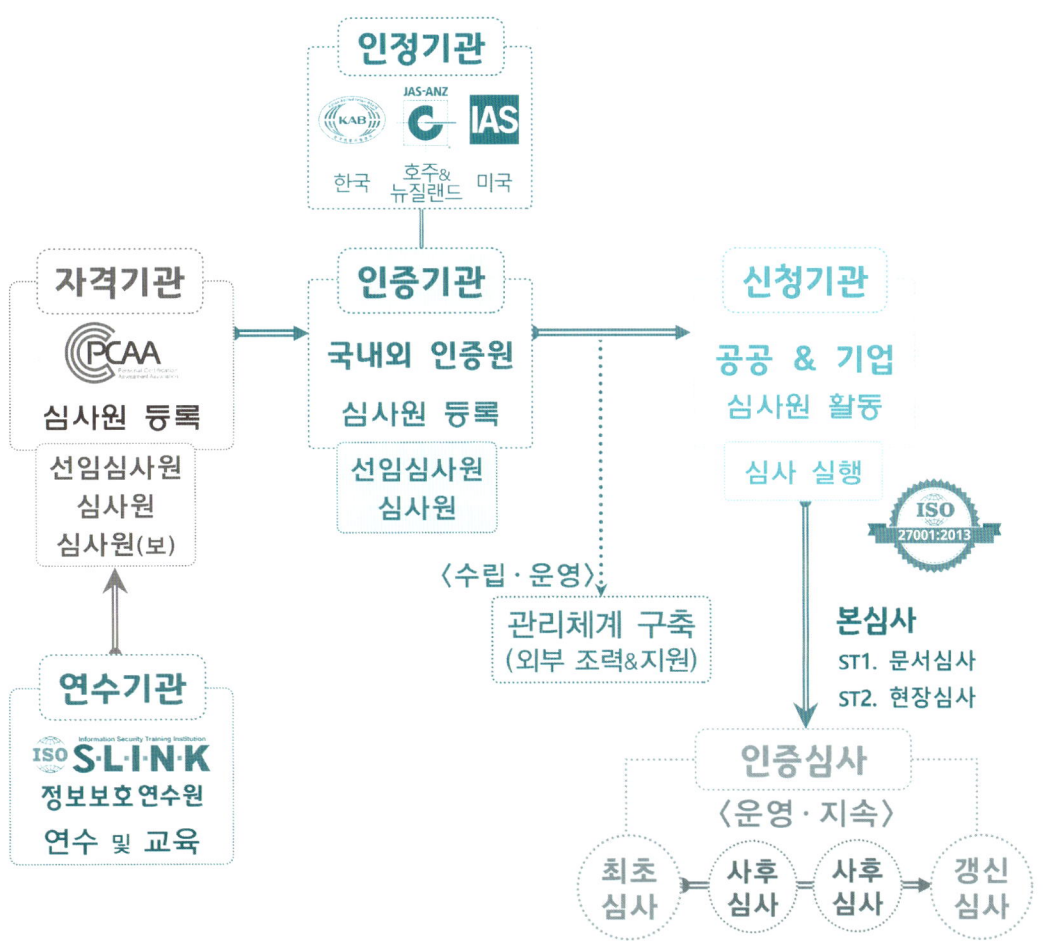

(출처 : ISO 정보보호연수원, www.security-iso.com)

■ 국제표준 ISO 27001 인증의 의미와 인증심사원 관점에서의 의미

정보 보호 관리체계
ISMS (Information Security Management System)

조직의 중요 정보자산을 보호하기 위해 정보보호 관리 절차를 체계적으로 수립하여 지속적으로 관리·운영하기 위한 종합적인 체계

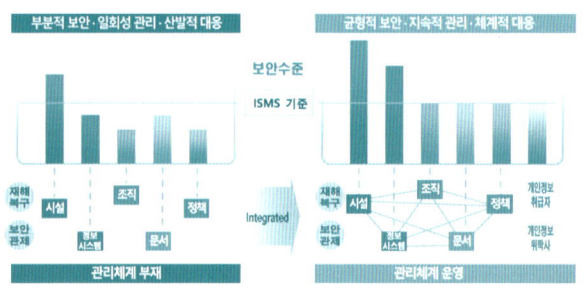

정보보호 관리체계 수립
"Security is a process, not a product"
보안은 제품(기술)이 아니라, 프로세스이다

- 거버넌스 (Governance): 거시적 관점에서 정보보호 전략 체계를 마련하고 적절한 기술과 인력을 유지
- 준거성 (Compliance): 개인정보보호 법률 규제의 강화에 맞춘 보안관리 노하우 필요
- 보안관리 증적 (Evidence): 정보보호를 위한 노력을 법적으로 인정받기 위해 법적 증거성 활동의 증적을 확보하기 위해서는 보안관리 업무프로세스 정립이 필수

ISMS 인증심사원 관점의 '정보보호관리체계 인증' 의미

1. 조직이 보호하고자 하는 중요한 정보(인사정보, 영업비밀, 산업기밀, 개인정보 등)를 정의하고 범위를 설정하여 위험을 식별한다.

2. 조직은 보호하고자 하는 중요정보에 대한 관리적·물리적·기술적·법률적 보호체계를 수립(정책, 예산, 조직) 구축·운영 한다.

3. 정책과 규정에 근거하여 각 부문별 업무 담당자는 중요정보의 위험(위협,취약점)을 관리하기 위하여 상시적, 주기적, 정기적 현황을 점검하여 표준화된 문서(보고서)를 통하여 관리자에게 보고하여야 하며, 관리자는 위험도가 낮은 사안은 위험감소 전략(즉시, 단기)을 수립하여 담당자에게 전달하고 위험도가 높은 사안은 책임자에게 보고하여야 하며, 책임자(CISO)는 DoA를 결정하여 최고책임자(CEO)에게 보고하여 조직에 영향을 미치는 위험을 담당자부터 관리자를 통해 CEO까지 공유하는 관리체계를 수립 및 운영한다.

4. 법률에 근거한 인증기준에 따라 관리체계 구축과 증적들을 확보하여 외부전문가(심사원)로부터 적합성평가를 받아서 공인인증을 획득한다.

5.4.2 국제표준 인증 취득 프로세스

■ 인증취득을 위한 준비전략
▶ 준비 및 환경분석 〉 위험관리 전략 〉 관리체계 구축 〉 이행계획 수립 〉 인증 획득 등 5단계로 분류하고, 15개 영역별 세부추진 방향과 전략을 수립한다.

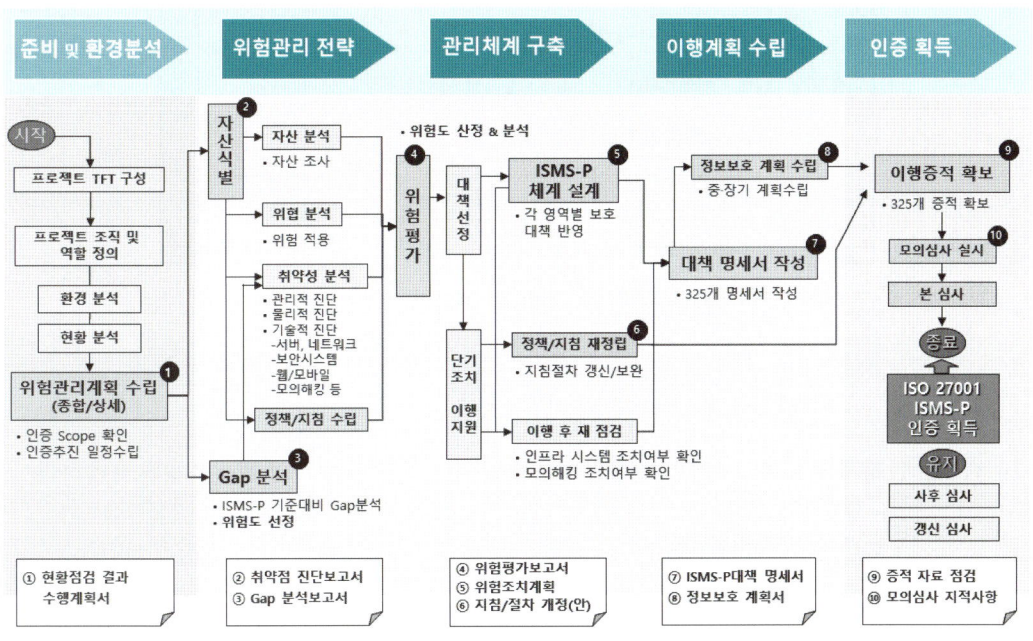

▶ 1단계. 준비 및 환경분석 : 프로젝트 TFT 구성하고 프로젝트 조직 및 역할 정의한다.
• 외부적 OT & IT 환경변화 분석과 동종업계의 정보보호 이슈 및 내부현황을 분석하고 종합적인 위험관리계획을 수립 한다.

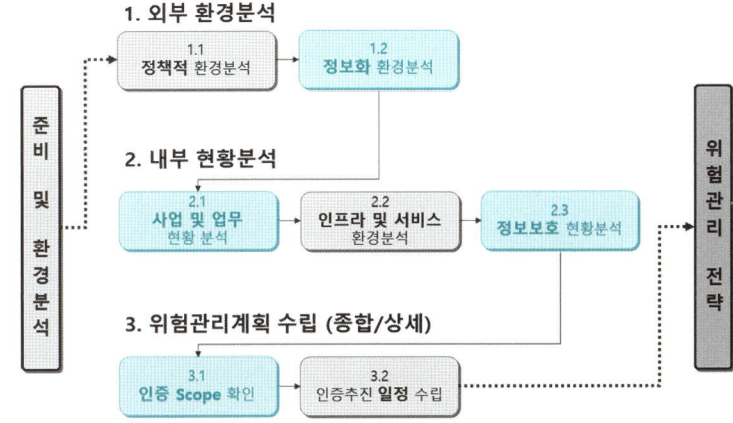

> 2단계. 위험관리 전략 : 중요자산 식별 및 자산별 중요도를 분석한다.
- 조직의 중요 자산을 식별하고, 자산 중요도 분석과 자산별 특성에 따른 위험분석을 통하여 ISMS에서 요구하는 기준대비 정보보호 수준의 GAP분석을 실시하여 위험관리전략을 수행한다.

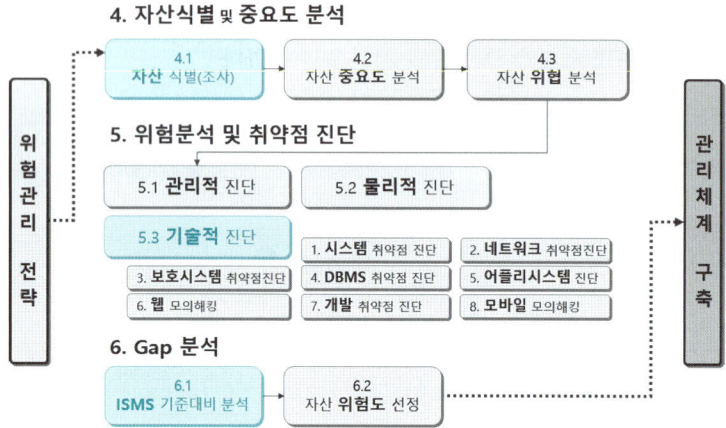

> 3단계. 관리체계 구축 : 자산별 위험평가를 통하여 도출된 문제점의 개선과제를 도출한다.

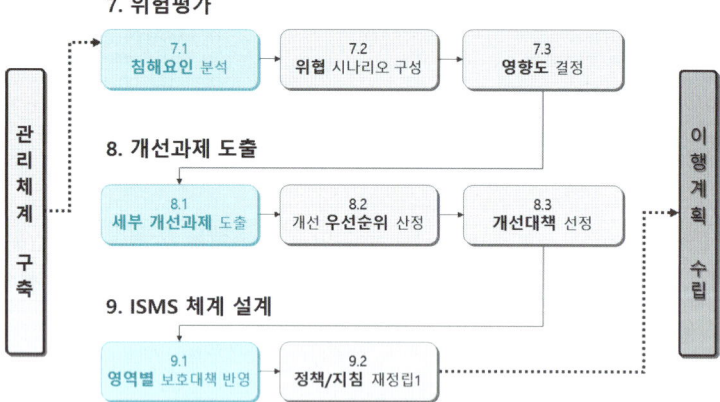

> 4단계. 이행계획 수립 : 조치 세부계획과 이행지원 방안을 수립하고 통제항목별 명세서를 작성한다.

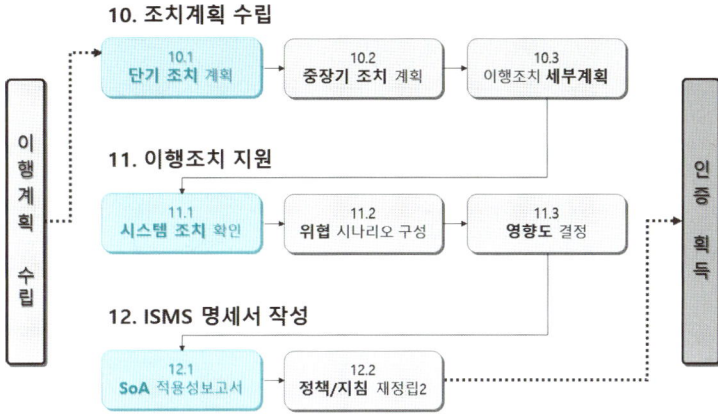

» 5단계. 인증 획득 : 통제항목별 이행증적 문서를 확보하고 내부감사를 통하여 최종 검검을 실행하고 인증심사를 통한 인증서를 취득하고 유지관리를 위해 지속적인 투자와 인식을 향상한다.

세부 단계별 인증취득 흐름도

■ '우리 조직'의 〈정보보호 관리체계〉 현황 점검

	본인은 **정보보호**(✓) or **정보보안**(✓) 담당자로써 맡은 직무는 (　　) 이다.
1	• 우리 조직이 보호하고자 하는 중요한 정보(인사정보, 영업비밀, 산업기밀, 개인정보 등)를 정의하고 (　　)며, 보호하고자 하는 범위를 설정하고 (　　)다. • 모든 정보자산별 위험을 관리하기 위하여 위험관리 종합계획은 2021년 (　)월에 수립하고 (　　)다. • 정보자산은 위험평가 방법론(✓)과 위험분석 방법론(✓)에 의거하여 위험도(✓)와 보안등급(✓)을 적용하여 수용가능한 위험(DoA)전략(✓)과 보호대책(✓)을 마련하여 정보자산을 식별하고 (　　)다.
2	• 조직은 보호하고자 하는 중요정보에 대한 관리적(✓)·물리적(✓)·기술적(✓)·법률적(✓)인 종합적인 보호체계를 수립하고 (　　)다. • 정책 (규정　종, 지침　종)과 예산 (　　%), 조직 (　　명) 등을 구축하고 (　　)며, 운영 되어지고 (　　)다. • CISO는 공식적인 절차에 의해 선임 (　　)며, 신고는 (　　)다.
3	• 각 부문별 업무 담당자는 정책과 규정에 근거하여 중요정보의 위험(위협,취약점)을 관리하기 위하여 상시적(✓), 주기적(✓), 정기적(✓) 현황을 점검하여 표준화된 문서&보고서(✓)를 통하여 관리자에게 보고하고 (　　)다. • 관리자는 위험도가 낮은 사안은 위험감소 전략(즉시, 단기)을 수립하고 (　　)다. • 위험도가 높은 사안은 책임자에게 보고하고 (　　)다. • 책임자(CISO)는 관리해야 할 위험에 대하여 수용가능한위험(DoA) 전략(✓)을 정보보호위원회(✓)에서 결정하여 최고책임자(CEO)에게 보고하고 (　　)다. • 조직에 영향을 미치는 위험을 담당자부터 관리자를 통해 CEO까지 공유하는 종합적인 관리체계를 수립 및 운영하고 (　　)다.
4	• 법률에 근거한 인증기준에 따라 관리체계 구축과 증적들을 확보하여 외부전문가(심사원)로부터 적합성 평가를 받아서 공인인증을 획득할 준비가 되어 (　　)다.

우리 조직의 정보보호 관리체계와 정보보안경영시스템은 (　　) 수준이다.

현재 ISMS인증심사가 가능하다(✓) or 사전 컨설팅 수행이 필요하다(✓)

부록

ISO/IEC 27001 인증심사 유형

관리체계
Annex SL HLS (상위 수준의 구조)

- 1. 적용 범위
- 2. 인용 규격
- 3. 용어 정의
- 4. 조직의 상황
- 5. 리더십
- 6. 계획
- 7. 지원
- 8. 운영
- 9. 성과 평가
- 10. 지속적개선

영역	항목
조직의 상황	4
리더십	3
계획	4
지원	7
운영	3
성능평가	3
개선	2
소계	25

ST1. 문서심사

통제항목

관리적 보안
- 정보보호 정책 (1)
- 정보보호 조직 (2)
- 인적자원자원 보안 (3)
- 자산 관리 (3)
- 공급자 관계 (2)
- 정보보호 사고관리 (1)
- 업무연속성관리의 정보보호측면(2)
- 준거성 (2)

49개 통제항목

기술적 보안
- 접근통제 (4)
- 암호화 (1)
- 운영 보안 (7)
- 통신 보안 (2)
- 시스템 도입, 개발과 유지보수 (3)

50개 통제항목

물리적 보안
- 물리적, 환경적 보안 (2)

15개 통제항목

영역	통제항목
관리적 보안	49
기술적 보안	50
물리적 보안	15
소계	114

ST2. 현장심사

ST1. 문서심사 [25개 통제항목]

1. 범위
2. 인용 규격
3. 용어 및 정의
4. 조직의 환경
   - 4.1 조직과 상황에 대한 이해
   - 4.2 이해당사자의 요구와 기대에 대한 이해
   - 4.3 ISMS의 범위 결정
   - 4.4 정보보호 경영시스템
5. 리더십
   - 5.1 리더십과 의지
   - 5.2 정책
   - 5.3 조직의 역할, 책임, 권한
6. 계획
   - 6.1 위험과 기회에 따른 조치
     - 6.1.1 일반사항
     - 6.1.2 정보보호 위험평가
     - 6.1.3 정보보호 위험처리
   - 6.2 정보보호 목표 및 달성계획
7. 지원
   - 7.1 자원
   - 7.2 적격성
   - 7.3 인식
   - 7.4 의사소통
   - 7.5 문서 정보
     - 7.5.1 일반사항
     - 7.5.2 생성 및 갱신
     - 7.5.3 문서 정보의 통제
8. 운영
   - 8.1 운영 계획 및 통제
   - 8.2 정보보호 위험평가
   - 8.3 정보보호 위험처리
9. 성과 평가
   - 9.1 모니터링, 측정, 분석, 평가
   - 9.2 내부 감사
   - 9.3 경영진 검토
10. 개선
    - 10.1 부적합 및 시정조치
    - 10.2 지속적 개선

ST2. 현장심사 [114개 통제항목]

부속서A 실무지침
ISO 27002:2013 [5절부터18절]
(Code of practice for ISMS)

관리적 보안 49개 통제항목
기술적 보안 50개 통제항목
물리적 보안 15개 통제항목

ISO 27001 CERTIFIED - INFORMATION SECURITY MANAGEMENT SYSTEM

- A.5 Security Policy / 정보보호 정책
- A.6 Organization of Information Security / 정보보호 조직
- A.7 Human Resources Security / 인적자원 보안
- A.8 Asset Management / 자산관리
- A.9 Access Control / 접근통제
- A.10 Cryptography / 암호화
- A.11 Physical & Environmental Security / 물리적 및 환경적 보안
- A.12 Operational Security / 운영 보안
- A.13 Communications Security / 통신 보안
- A.14 System Acquisition, Development & Maintenance / 시스템 도입, 개발, 유지 보수
- A.15 Supplier Relationships / 공급자 관계
- A.16 Information Security Incident Management / 정보보호 사고 관리
- A.17 Information Security Aspects of Business Continuity Management / 업무연속성 관리의 정보보호 측면
- A.18 Compliance / 준거성

PCAA 피씨에이에이   정보보호연수원   S·L·I·N·K

ISO/IEC 27001 통제항목

통제 항목	구현 지침
1. 적용 범위	
2. 인용 표준	
3. 용어의 정의	
4.1 조직과 상황에 대한 이해	- 조직은 조직의 목적에 적합하고 정보보호 경영시스템이 의도하는 결과를 달성하고자 하는 능력에 영향을 주게 되는 내부 및 외부 이슈들을 결정하여야 한다.
4.2 이해당사자의 요구와 기대에 대한 이해	- 정보보호와 관련된 이해당사자의 요구사항을 만족하여야 한다.
4.3 ISMS의 범위 결정	- 조직은 정보보호 경영시스템의 범위를 설정하기 위하여 경계선과 적용가능성을 결정하여야 한다.
4.4 ISMS	- 조직은 본 표준의 요구사항에 따라 ISMS을 수립, 구현, 유지, 지속적 개선하여야 한다.
5.1 리더십과 의지	- 최고경영진은 ISMS에 대한 리더쉽과 의지를 보여주어야 한다.
5.2 정책	- 최고경영진은 다음과 같은 내용을 만족하는 정보보호 정책을 수립하여야 한다.
5.3 조직의 역할, 책임, 권한	- 최고경영진은 정보보호와 관련된 역할에 따른 책임과 권한이 조직 내에 할당되고 의사소통되었는지 확인하여야 한다. - 최고경영진은 조직 내부에 ISMS의 성과를 보고하기 위한 책임과 권한을 할당할 수도 있다.
6.1 위험과 기회에 따른 조치	6.1.1 일반사항 : 조직은 SMS를 계획할 때 4.1 절에서 명시한 이슈와 4.2절에서 명시한 요구사항을 고려하여야 하며, 다음과 같은 사항을 다루기 위해 필요한 위험과 기회를 파악하여야 한다. 6.1.2 정보보호 위험평가 : 조직은 정보보호 위험평가 프로세스를 정의하고 적용하여야 한다. - 조직은 정보보호 위험평가 프로세스(절차)에 관한 문서 정보를 유지하여야 한다. 6.1.3 정보보호 위험처리 : 조직은 정보보호 위험처리 프로세스를 정의하고 적용 - 조직은 정보보호 위험처리 프로세스를 문서화하여 유지하여야 한다.
6.2 정보보호 목표 및 달성 계획	- 조직은 적절한 기능과 수준으로 정보보호 목표를 수립하여야 한다. - 정보보호 목표는 다음과 같은 사항을 만족하여야 한다. - 조직은 정보보호 목표를 문서화하여 유지하여야 한다. - 정보보호 목적을 달성하는 방법을 계획할 때 조직은 다음과 같은 사항을 결정하여야 한다.
7.1 자원	- 조직은 ISMS의 수립, 구현, 유지, 지속적 개선에 필요한 자원을 파악하고 제공하여야 한다.
7.2 적격성	- 조직은 다음과 같은 사항을 수행하여야 한다.
7.3 인식	- 조직의 통제하에서 작업을 수행하는 인력은 다음과 같은 사항을 인식하고 있어야 한다.
7.4 의사소통	- 조직은 ISMS에 관련하여 다음과 같은 사항을 포함한 내부 및 외부와의 의사소통의 필요성을 파악하여야 한다.

7.5 문서정보	7.5.1 일반사항 : 조직의 ISMS는 다음과 같은 사항을 포함
	7.5.2 생성 및 갱신 : 문서정보를 생성하고 갱신할 때 조직은 다음과 같은 사항이 적합하도록 보장하여야 한다.
	7.5.3 문서정보의 통제 : ISMS와 본 표준이 요구하는 문서정보는 다음과 같은 사항을 보장하도록 통제하여야 한다. – ISMS의 계획과 운영에 필요한 것으로 조직에서 판단한 외부 출처의 문서정보를 식별하고 통제 한다.
8.1 운영 계획 및 통제	– 조직은 정보보호 요구사항을 만족시키고 6.1 절에서 파악한 활동을 구현하는데 필요한 프로세스를 계획, 구현, 통제하여야 한다. 또한 조직은 6.2에서 파악한 정보보호 목표를 달성하기 위한 계획을 구현하여야 한다. – 조직은 프로세스가 계획대로 수행되었음을 확신하기 위해 필요한 문서 정보를 유지하여야 한다. – 조직은 계획에 따른 변경을 통제하고 의도되지 않은 변경의 결과를 검토하여 악영향을 감소시키기 위한 조치를 취하여야 한다. – 조직은 외주 프로세스를 파악하고 통제하여야 한다.
8.2 정보보호 위험평가	– 조직은 계획된 주기에 따라 또는 중대한 변화가 예상되거나 발생한 경우에 6.1.2 a) 에서 수립한 기준을 감안하여 정보보호 위험평가를 수행하여야 한다. – 조직은 정보보호 위험평가의 결과를 문서 정보로 유지하여야 한다.
8.3 정보보호 위험처리	– 조직은 정보보호 위험처리 계획을 구현하여야 한다. – 조직은 정보보호 위험처리의 결과를 문서정보로 유지하여야 한다.
9.1 모니터링, 측정, 분석, 평가	– 조직은 ISMS의 정보보호 성과와 효과성을 평가하여야 한다. – 조직은 모니터링 및 측정 결과에 대한 증적으로 적절한 문서정보를 유지하여야 한다.
9.2 내부감사	– 조직은 SMS에 대해 다음과 같은 사항을 확인할 수 있는 정보를 제공하도록 계획된 주기에 따라 내부 감사를 수행하여야 한다. – 감사 프로그램은 대상 프로세스의 중요성과 이전에 수행한 감사 결과를 감안하여야 한다.
9.3 경영진 검토	– 최고경영진은 조직의 ISMS에 대한 적절성, 타당성, 효과성을 보장하기 위하여 계획된 주기로 검토를 수행해야 한다. – 경영진 검토의 산출물은 지속적인 개선 기회에 관련된 의사결정과 SMS의 변경을 위한 요구를 포함하여야 한다. – 조직은 경영진 검토의 결과에 대한 증적으로 문서정보를 유지하여야 한다.
10.1 부적합 및 시정조치	– 부적합(nonconformity)이 발생하면 조직은 다음과 같은 사항을 수행하여야 한다. – 발생한 부적합 영향에 따라 적절한 시정 조치를 취해야 한다. – 조직은 다음에 대한 증적 문서 정보를 유지하여야 한다.
10.2 지속적 개선	– 조직은 ISMS의 적정성, 정확성, 효과성을 지속적으로 개선하여야 한다.

ISO/IEC 27002 | 27017 | 27018 통제항목

A.5 정보보호 정책
A.5.1 정보보호를 위한 경영 방침 : 업무 요구사항과 관련 법률 및 규제에 따라 정보보호를 수행하도록 경영 방침과 지원을 제공

A.5.1.1	정보보호를 위한 정책	- 정보보호를 위한 정책의 집합을 정의하고 경영진의 승인을 거쳐 직원 및 외부관계자에게 공표하며 소통해야 한다 - [27018] 정책은 적용될 수 있는 관련 법규 및 공공 클라우드 PII수탁자와 클라우드 서비스 이용자간에 합의된 계약 조항을 준수하겠다는 선언 및 그 지원에 관한 서술로 개정되어야 한다. - [27018] 계약 합의는 논의되는 클라우드 서비스의 유형을 고려하여 공공 클라우드 PII 수탁자와 위탁자 및 서비스 이용자간에 책임을 명확히 할당해야 한다.
A.5.1.2	정보보호 정책의 검토	- 정보보호 정책은 계획된 주기에 따라 또는 중대한 변경이 발생했을 때 지속적인 적합성, 적절성, 효과성을 보장하기 위해 검토해야 한다.

A.6 정보보호 조직
A.6.1 내부 조직 : 조직안에 정보보호의 구현과 운영을 실시하고 통제하도록 관리 프레임워크 수립

A.6.1.1	정보보호 역할 및 책임	- 모든 정보보호 책임을 정의하고 할당해야 한다. - [27018] 공공 클라우드 PII수탁자는 클라우드 서비스 이용자가 계약에 따른 PII 처리에 관해 연락할 수 있는 담당자를 지정해야 한다.
A.6.1.2	직무 분리	- 조직의 자산에 승인되지 의도하지 않은 수정 또는 오용이 발생할 가능성을 줄이기 위해 상충하는 직무와 책임영역을 분리해야 한다
A.6.1.3	관련 그룹과의 연계	- 관련 그룹에 대한 연계를 유지해야 한다.
A.6.1.4	전문가 그룹과의 연계	- 특별 관심 그룹 또는 전문가 보안 포럼 및 직능 단체와 적절한 연계를 유지해야 한다.
A.6.1.5	프로젝트 관리에서의 정보보호	- 프로젝트 형태에 상관없이 프로젝트 관리 안에서 정보보호를 다루어야 한다.

A.6.2 모바일 기기와 원격근무 : 원격근무와 모바일 기기의 사용에 따른 보안 보장

A.6.2.1	모바일 기기 정책	- 모바일 기기의 사용으로 인해 유발되는 위험을 관리하기 위해 정책 및 이를 지원하는 보안 대책을 정의해야 한다.
A.6.2.2	원격 근무	- 원격 근무지에서 접근, 처리 저장하는 정보를 보호하기 위하여 정책을 수립하고 이를 지원하는 보안 대책을 구현하여야 한다.

6.3. 클라우드서비스 고객과 클라우드서비스 제공 업체 간의 관계 (27017 클라우드)

A.6.3.1	클라우드 컴퓨팅 환경 내에서 공유 역할 및 책임	- (27017) 클라우드서비스 제공자는 클라우드서비스 사용자 및 제공자의 정보보안 기능 및 역할, 책임 등을 문서화하고 소통하여야 한다.

A.7 인적자원 보안
A.7.1 고용 전 : 직원 및 계약직이 책임을 이해하고 주어진 역할에 적합한 자임을 보장

A.7.1.1	적격심사	- 고용할 모든 후보자에 대한 배경 검증은 관련 법률, 규정, 윤리를 준수해야 하며, 업무 요구사항과 접근할 정보의 등급 및 예상되는 위험에 따라 적절하게 수행해야 한다.

A.7.1.2	고용 계약조건	- 직원 및 계약직의 계약서에는 정보보호에 대한 개인과 조직의 책임을 명시해야 한다.

A.7.2 고용 중 : 직원과 계약직이 자신의 정보보호 책임을 인식하고 충실하게 이행하도록 보장

A.7.2.1	경영진 책임	- 경영진은 모든 직원 및 계약직이 조직이 수립한 정책과 절차에 따라 정보보호를 수행하도록 요구해야 한다.
A.7.2.2	정보보호 인식, 교육, 훈련	- 조직의 모든 직원과 관련 계약직은 자신의 직무 기능에 연관된 조직의 정책과 절차에 대해 적절한 인식교육 및 훈련과 정기적인 갱신교육을 받아야 한다. - [27018] 관련 직원이 프라이버시 및 보안 규정의 위반이 공공 클라우드 PII수탁자, 직원, 개인정보 주체에게 미칠수 있는 결과와 개인정보 처리에 관한 절차를 인식하도록 하는 수단이 실행되어야 한다.
A.7.2.3	징계 처분	- 정보보호를 위반한 직원에 대한 조치를 취하도록 공식적인 징계 프로세스를 수립하여 배포해야 한다.

A.7.3 고용 종료 및 직무 : 직무 변경 또는 고용 종료 프로세스를 통해 조직의 이익을 보호

A.7.3.1	고용 책임의 종료 또는 변경	- 고용이 종료되거나 직무가 변경된 후에도 효력이 유지되어야 하는 정보보호의 책임과 의무를 정의하고 직원 또는 계약직에게 통지하여 시행하도록 하여야 한다.

A.8 자산관리

A.8.1 자산에 대한 책임 : 조직의 자산을 식별하고 적절한 보호책임을 정의

A.8.1.1	자산 목록	- 정보 및 정보처리 시설과 연관된 자산을 식별하고 자산에 대한 목록을 작성하여 유지해야 한다.
A.8.1.2	자산 소유권	- 목록으로 유지되는 자산은 소유자가 존재해야 한다.
A.8.1.3	자산 이용	- 정보 및 정보처리 시설에 연관된 자산의 적절한 사용을 위한 규칙을 식별하고 문서화 및 구현해야 한다.
A.8.1.4	자산 반환	- 모든 직원과 외부 사용자는 고용이나 계약 또는 협약의 종료에 따라 자신이 소유한 조직의 자산을 모두 반환해야 한다.
A.8.1.5	클라우드 서비스 고객의 자산 제거	- (27017) 클라우드서비스가 종료되는 경우 클라우드서비스 제공자는 사용자의 자산 회수 및 삭제에 관한 절차를 문서화하여 제공하여야 한다. - SLA 내 회수 및 삭제될 자산에 대하여 명시되어야 한다.

A.8.2 정보 등급화 : 조직에서의 중요성에 따라 정보에 적절한 보호 수준을 부여하도록 보장

A.8.2.1	정보 등급화	- 정보는 비인가 유출 또는 수정에 대한 법적 요구사항, 가치, 중요도, 민감도의 측면에서 등급화해야 한다.
A.8.2.2	정보 표식	- 조직에서 채택한 정보 등급화 체계에 따라 정보 표식을 위한 적절한 절차를 개발하고 구현해야 한다.
A.8.2.3	자산 취급	- 조직에서 채택한 정보 등급화 체계에 따라 자산 취급 절차를 개발하고 구현해야 한다.

A.8.3 매체 취급 : 매체에 저장된 정보의 비인가 유출, 수정, 삭제, 파손을 방지

A.8.3.1	이동식 매체 관리	– 조직에서 채택한 정보 등급화 체계에 따라 이동식 매체의 관리를 위한 절차를 구현해야 한다.
A.8.3.2	매체 폐기	– 더 이상 필요하지 않은 매체는 공식적인 절차를 통해 안전하게 폐기해야 한다.
A.8.3.3	물리적 매체 이송	– 정보를 포함한 매체는 운반 도중에 비인가 접근, 오용, 훼손으로부터 보호되어야 한다.

A.9 접근통제
A.9.1 접근통제 업무 요구사항 : 정보

A.9.1.1	접근통제 정책	– 업무 및 정보보호 요구사항을 기반으로 한 접근통제 정책을 수립하고 문서화 및 검토해야 한다.
A.9.1.2	네트워크 및 네트워크 서비스 접근통제	– 사용자는 특별히 인가된 네트워크 및 네트워크 서비스에만 접근이 허용되야만 한다.

A.9.2 사용자 접근 관리 : 시스템과 서비스에 인가된 사용자 접근을 보장하고 비인가된 접근을 금지

A.9.2.1	사용자 등록 및 해지	– 접근 권한의 할당이 가능하도록 공식적인 사용자 해지 프로세스를 구현애야 한다. – [27018] 사용자 등록 및 해지 절차는 사용자 접근통제가 손상되는 상황을 다루어야 하며, 우연한 노출의 결괄로 패스워드 또는 다른 사용자 등록정보가 변경 또는 손상되는 경우가 발생되지 않도록 관리해야 한다. (사용자 인증 크리덴셜의 주기적 점검 절차를 수립한다.)
A.9.2.2	사용자 접근 권한 설정	– 모든 사용자 유형에 대한 접근 권한을 모든 시스템과 서비스에 할당하거나 폐지하기 위해 공식적인 사용자 접근 권한설정 프로세스를 구현해야 한다.
A.9.2.3	특수 접근 권한 관리	– 특수 접근권한에 대한 할당과 사용을 제한하고 통제해야 한다.
A.9.2.4	사용자 비밀 인증정보 관리	– 비밀 인증정보의 할당은 공식적인 관리 프로세스를 거쳐 통제해야 한다.
A.9.2.5	사용자 접근권한 검토	– 자산 소유자는 정기적으로 사용자 접근권한을 검토해야 한다.
A.9.2.6	접근권한 제거 또는 조정	– 정보 및 정보처리 시설에 대한 모든 직원과 외부 사용자의 접근권한은 고용, 계약, 협약의 종료에 따라 제거하거나 변경된 상황에 따라 조종해야 한다.

A.9.3 사용자 책임 : 사용자가 자신의 인증정보를 보호할 책임을 부과

A.9.3.1	기밀 인증정보 사용	– 사용자에게 비밀 인증정보의 사용 시 조직의 실무를 따르도록 요구해야 한다.

A.9.4 시스템 및 어플리케이션 접근통제 : 시스템과 어플리케이션에 대한 비인가 접근을 방지

A.9.4.1	정보 접근제한	– 접근통제 정책에 따라 정보와 응용 시스템 기능에 대한 접근을 제한 해야 한다.
A.9.4.2	안전한 로그인 절차	– 접근통제 정책에서 요구하는 경우에 시스템과 어플리케이션에 대한 접근은 안전한 로그인 절차에 따라 통제해야 한다. – [27018] 공공 클라우드 페수탁자는 필요한 경우 클라우드 서비스 사용자(관리자)의 모든 계정에 대하여 안전한 로그온 절차를 제공해야 한다.

번호	항목	내용
A.9.4.3	패스워드 관리 시스템	– 패스워드 관리 시스템은 대화식으로 양질의 패스워드를 보장해야 한다.
A.9.4.4	특수 유틸리티 프로그램 사용	– 시스템과 어플리케이션의 통제를 초월할 수 있는 유틸리티 프로그램은 제한적으로 사용하고 철저히 통제해야 한다.
A.9.4.5	프로그램 소스 코드 접근통제	– 프로그램 소스 코드에 대한 접근은 제한해야 한다.

9.5. 공유 가상 환경에서 클라우드서비스 고객데이터에 대한 액세스 제어 (27017 클라우드)

번호	항목	내용
A.9.5.1	가상 컴퓨팅 환경에서의 분리	– (27017) 클라우드서비스 제공자는 클라우드서비스 사용자의 데이터, 가상 응용프로그램, 운영체제, 스토리지 및 네트워크에 대하여 적절히 논리적 분리를 수행하여야 한다. 　* 멀티 테넌트 환경에서 클라우드서비스 사용자가 사용하는 리소스의 분리 　* 클라우드서비스 제공자의 내부 관리 리소스와 클라우드서비스 사용자의 리소스 분리 – 클라우드서비스가 멀티 테넌시를 포함하는 경우 클라우드서비스 제공자는 다른 테넌트가 사용하는 리소스를 적절히 격리할 수 있도록 정보보안 통제를 구현하여야 한다. – 클라우드서비스 제공자는 클라우드서비스 사용자가 클라우드서비스 환경에서 제공된 응용프로그램을 실행하는 것에 대한 위험을 고려하여야 한다.
A.9.5.2	가상 머신 강화	– (27017) 가상 머신을 구성하는 경우, 클라우드서비스 사용자 및 제공자는 적절한 기술적 조치 및 보안환경 설정을 확인하여야 한다. 　* 불필요 포트 및 프로토콜, 서비스 제거 　* 악성코드 방지 및 로깅

A.10 암호화

A.10.1 암호통제 : 정보에 대한 기밀성, 인증, 무결성을 보호하도록 암호화의 적절하고 효과적인 사용을 보장

번호	항목	내용
A.10.1.1	암호 통제 사용 정책	– 정보의 보호를 위한 암호 통제의 사용 정책을 개발하고 구현해야 한다. – [27018] 공공 클라우드 PII수탁자는 처리하는 개인정보를 보호하기 위해 암호를 사용하는 상황에 관한 정보를 클라우드 서비스 이용자에게 제공해야 한다. – [27018] 법률에서 요구하는 개인정보 주체에 관한 민감정보, 고유식별정보 등 특정 종류의 개인정보를 보호하기 위해 안전한 암호알고리즘을 적용하도록 요구할 수 있다.
A.10.1.2	키 관리	– 전체 생명주기에 걸쳐 암호키의 사용, 보호, 수명에 대한 정책을 개발하고 구현해야 한다.

A.11 물리적 및 환경적 보안

A.11.1 보안 구역 : 조직의 정보 및 정보처리 시설에 대한 비인가된 물리적 접근, 파손, 간섭을 방지

번호	항목	내용
A.11.1.1	물리적 보안 경계	– 기밀 또는 중요 정보와 정보처리 시설을 포함한 구역을 보호하기 위해 보안 경계를 정의하고 이용해야 한다.
A.11.1.2	물리적 출입 통제	– 보안 구역은 인가된 접근이 허용됨을 보장하기 위해 적절한 출입 통제로 보호해야 한다.
A.11.1.3	사무 공간 및 시설 보안	– 사무공간 및 시설에 대한 물리적 보안을 설계하고 적용해야 한다.
A.11.1.4	외부 및 환경 위협에 대비한 보호	– 자연 재해, 악의적인 공격, 또는 사고에 대비한 물리적 보호를 설계하고 적용해야 한다.

A.11.1.5	보안 구역 내 작업	- 보안 구역 내에서의 작업을 위한 절차를 설계하고 적용해야 한다.
A.11.1.6	배송 및 하역 구역	- 배송 및 하역 구역과 같이 비인가자가 구내로 들어올 수 있는 접근 장소는 통제해야 하며, 비인가 접근을 피하기 위해 정보처리 시설에서 가능한 고립시켜야 한다.

A.11.2 장비 : 자산의 분실, 손상, 도난, 훼손 및 조직의 운영 중단을 방지

A.11.2.1	장비 배치 및 보호	- 장비는 환경적 위협과 유해요소, 비인가 접근의 가능성을 감소시킬 수 있도록 배치하고 보호해야 한다.
A.11.2.2	지원 설비	- 지원설비의 장애로 인한 전력중단이나 기타 저해요인으로부터 장비를 보호해야 한다.
A.11.2.3	배선 보안	- 데이터를 전송하거나 정보서비스를 지원하는 전력 및 통신 배선을 도청, 간섭, 파손으로부터 보호해야 한다.
A.11.2.4	장비 유지보수	- 장비는 지속적인 가용성과 무결성을 보장하도록 정확하게 유지해야 한다.
A.11.2.5	자산 반출	- 장비, 정보, 소프트웨어는 사전 승인 없이 외부로 반출되지 않도록 해야 한다.
A.11.2.6	구외 장비 및 자산 보안	- 조직 외부에서의 작업으로 인한 다양한 위험을 고려하여 구외(off-site) 자산에 보안을 적용해야 한다.
A.11.2.7	장비 안전 폐기 및 재사용	- 저장 매체를 포함하고 있는 모든 장비는 폐기 또는 재사용하기 전에 기밀 데이터와 라이센스 소프트웨어를 삭제하거나 안전한 덮어쓰기 처리를 보장하기 위해 검증해야 한다. - [27018] 안전한 폐기 및 재사용의 목적으로 개인정보를 포함할 수 있는 저장매체를 포함하는 장비는 추가 통제 및 지침을 마련해야 한다.
A.11.2.8	방치된 사용자 장비	- 사용자는 방치된 장비에 대한 적절한 보호를 보장해야 한다.
A.11.2.9	책상정리 및 화면정리 정책	- 서류와 이동식 저장 매체를 대상으로 한 책상정리 정책 및 정보처리 시설에 대한 화면 정리 정책을 적용해야 한다.

A.12 운영 보안

A.12.1 운영 절차 및 책임 : 정보처리 시설의 정확하고 안전한 운영을 보장

A.12.1.1	운영 절차 문서화	- 운영 절차를 문서화하고 필요한 모든 사용자가 이용할 수 있도록 해야 한다.
A.12.1.2	변경 관리	- 정보보호에 영향을 주는 조직, 업무 프로세스, 정보처리 시설, 시스템의 변경을 통제해야 한다.
A.12.1.3	용량 관리	- 필요한 시스템 성능을 보장하기 위해 자원의 사용을 모니터링 및 조절하고 향후 용량 요구사항을 예측해야 한다.
A.12.1.4	개발, 시험, 운영, 환경 분리	- 운영 환경에 대한 비인가 접근 또는 변경의 위험을 감소시키기 위해 개발 및 시험과 운영 환경은 분리해야 한다. - [27018] 피할수 없는 테스트를 위해 개인정보를 사용하는 경우에는 위험평가를 수행하고, 식별된 위험을 완화하기 위해 기술적 및 조직적 수단을 구현해야 한다.
A.12.1.5	관리자의 운영 보안	- (27017) 클라우드서비스 제공자는 클라우드서비스 사용자에게 중요 운영 및 절차에 대한 기반 문서를 제공하여야 한다.

A.12.2 악성코드 방지 : 정보 및 정보처리 시설이 악성코드로부터 보호됨을 보장

A.12.2.1	악성코드 통제	– 악성코드로부터 보호하기 위하여 탐지, 예방, 복구 통제를 구현하고 적절한 사용자 인식 교육을 연계해야 한다.

A.12.3 백업 : 데이터의 손실 방지

A.12.3.1	정보 백업	– 합의된 백업 정책에 따라 주기적으로 정보, 소프트웨어, 시스템 이미지에 대한 백업 복사본을 생성하고 시험해야 한다. – [27018] 공공 클라우드 PII수탁자가 명시적으로 백업 및 복구 서비스를 클라우드 서비스 이용자에게 제공하는 경우 이용자 데이터의 백업 및 복구에 관련된 능력에 관한 정보를 이용자에게 제공해야 한다. – [27018] 클라우드 컴퓨팅 모델에 기초한 정보처리시스템은 데이터 손실을 보호하고 데이터처리 운영의 연속성을 보장하며, 데이터 서비스 중단 사건이 발생되면 복구 능력을 제공하기 위하여 추가적인 복구백업시스템(DR센터)을 도입해야 한다. – [27018] 법률에서 요구하는 데이터 백업 저장주기에 관한 구체적인 요구사항을 명시한 문서화된 절차를 마련하고 주기적 검토가 시행되어야 한다. – [27018] 처리되는 데이터의 복사 및 백업본을 저장하기 위한 하청 업체의 사용 및 물리적 매체 전송이 일어날 경우 이 표준을 따른다.

A.12.4 로그기록 및 모니터링 : 이벤트를 기록하고 증거를 생성

A.12.4.1	이벤트 로그기록	– 사용자 활동, 예외, 고장, 정보보호 이벤트를 기록하는 이벤트 로그를 생성하고 보존하며 주기적으로 검토해야 한다. – [27018] 비정상(irregularities)을 식별하고 교정 노력을 제안하기 위해 명시되고 문서황된 주기로 이벤트 로그를 검토하기 위한 프로세스가 수립되어 있어야 하며, 개인정보가 어떤 이벤트의 결과로 누구에 의해 변경(추가, 삭제) 되었는지의 여부를 기록해야 한다. – [27018] 클라우드 서비스 이용자의 접근로그 기록에 접근할 경우 공공 클라우드 PII수탁자는 본인의 정보 이외에 다른 이용자의 로그기록에 접근할 수 없도록 해야 한다.
A.12.4.2	로그 정보 보호	– 로그기록 설비와 로그 정보를 변조 및 비인가 접근으로부터 보호해야 한다. – [27018] 보안 모니터링 및 운영적 진단과 같은 목적으로 기록하는 로그정보는 개인정보를 포함할 수 있으며, 오직 의도된 목적을 위해서만 사용되도록 접근통제가 이루어져야 한다. – [27018] 기록된 로그 정보가 명시되고 문서화된 기간내에 삭제되도록 절차를 수립하고 주기적 검토가 시행되어야 한다.
A.12.4.3	관리자 및 운영자 로그	– 시스템 관리자와 시스템 운영자의 활동을 기록하고 로그를 보호하여 주기적으로 검토해야 한다.
A.12.4.4	시각 동기화	– 조직 또는 보안 영역 내에서 모든 관련 정보처리 시스템의 시각은 동일한 출처의 참조 시간으로 동기화해야 한다.

항목	제목	내용

A.12.4.5	클라우드서비스 모니터링	– (27017) 클라우드서비스 제공자는 클라우드서비스 사용자에게 제공하는 특정 서비스 운영에서의 모니터링 기능을 제공하여야 하여야 한다.
		  * 특정 클라우드서비스가 해킹 플랫폼으로 사용 및 중요 정보 유출 등의 보안 이슈에 대하여 모니터링되어야 한다. 적절한 접근 통제를 통하여 모니터링 기능을 보안하여야 한다.
		  * 클라우드서비스 사용자 별 서비스 인스턴스에만 접근을 허용하여야 한다.
		– 클라우드서비스 제공자는 클라우드서비스 사용자에게 모니터링 기능에 대한 문서를 제공하여야 한다. "12.4.1. Event logging"의 이벤트 로그 및 모니터링 기능에 대하여 SLA에 반영되어야 한다.

A.12.5 운영 소프트웨어 통제 : 운영 시스템의 무결성을 보장

항목	제목	내용
A.12.5.1	운영 시스템 소프트웨어 설치	– 운영 시스템 상의 소프트웨어 설치를 통제하기 위한 절차를 구현해야 한다.

A.12.6 기술적 취약점 관리 : 기술적 취약점의 악용을 방지

항목	제목	내용
A.12.6.1	기술적 취약점 관리	– 사용 중인 정보시스템의 기술 취약점 정보를 적시에 수집하고, 해당 취약점에 대한 조직의 노출 정도를 평가하여 관련 위험을 해결할 수 있는 적절한 조치를 취해야 한다.
A.12.6.2	소프트웨어 설치 제한	– 사용자의 소프트웨어 설치를 제한하는 규정을 수립하고 구현해야 한다.

A.12.7 정보시스템 감사 고려사항 : 운영 시스템에 대한 감사활동 영향 최소화

항목	제목	내용
A.12.7.1	정보시스템 감사 통제	– 운영 시스템의 검증에 필요한 감사 요구사항과 활동은 업무 프로세스의 중단을 최소화하도록 신중하게 계획하고 합의를 거쳐야 한다.

A.13 통신 보안

A.13.1 네트워크 보안 관리 : 네트워크 상의 정보와 이를 지원하는 정보처리 시스템의 보호를 보장

항목	제목	내용
A.13.1.1	네트워크 통제	– 시스템과 어플리케이션에서 처리되는 정보를 보호하기 위해 네트워크를 관리하고 통제해야 한다.
A.13.1.2	네트워크 서비스 보안	– 내부 또는 외부에서 제공하는 모든 네트워크 서비스의 보안 메커니즘, 서비스 수준, 관리 요구사항을 식별하고 네트워크 서비스 협약에 포함시켜야 한다.
A.13.1.3	네트워크 분리	– 정보서비스, 사용자, 정보시스템을 그룹화하여 네트워크 상에서 분리해야 한다.
A.13.1.4	가상화 및 물리적 네트워크에 대한 보안 관리 조정	– (27017) 클라우드서비스 제공자는 물리적 네트워크 보안 정책에 기반한 가상 네트워크 보안 정책을 수립 및 이행하여야 한다.

A.13.2 정보 전송 : 조직 내부에서 또는 외부자에게 전송되는 정보의 보안을 유지

항목	제목	내용
A.13.2.1	정보 전송 정책 및 절차	– 모든 유형의 통신 시설을 거치는 정보의 전송을 보호하기 위해 공식적인 전송 정책, 절차, 통제를 마련해야 한다. – [27018] 정보 전송에 물리적 매체가 사용될 경우 개인정보를 저장한 물리적 매체의 반출입 기록(매체의 유형, 송/수신자, 일시, 물리적 매체번호 등)을 저장하는 절차를 수립되어 있어야 한다. – [27018] 클라우드 서비스 이용자는 목적지점에서만 데이터에 접근할 수 있고 이동 중에는 접근할 수 없도록 암호화 적용 등 추가적인 수단을 사용하도록 요청 받아야 한다.

A.13.2.2	정보 전송 협약	– 조직과 외부자간의 업무정보를 안전하게 전송하기 위한 협약을 체결해야 한다.
A.13.2.3	전자 메시지 교환	– 전자적인 메시지 교환에 포함된 정보는 적절하게 보호해야 한다.
A.13.2.4	기밀 유지 협약	– 정보보호에 대한 조직의 요구를 반영한 기밀유지협약 및 비밀유지서약 요구사항을 식별하고 주기적으로 검토 및 문서화해야 한다.

A.14 시스템 도입, 개발, 유지 보수

A.14.1 정보시스템 보안 요구사항 : 공중망을 통해 서비스를 제공하는 정보시스템에 대한 요구사항을 포함하여 정보시스템의 전체 생명주기에 걸쳐 정보보호가 필수적인 부분임을 보장

A.14.1.1	정보보호 요구사항 분석 및 명세	– 정보보호 관련 요구사항을 신규 정보시스템의 요구사항이나 기존 정보시스템의 개선 사항에 포함시켜야 한다.
A.14.1.2	공중망 응용 서비스 보안	– 공중망을 통해 전달되는 응용 서비스의 정보는 부정행위, 계약 분쟁, 비인가 유출 및 수정으로부터 보호해야 한다.
A.14.1.3	응용. 서비스 거래 보호	– 응용 서비스 거래의 정보는 불완전 전송, 경로 이탈, 비인가 메시지 변경, 비인가 노출, 비인가 메시지 중복, 재사용을 방지하도록 보호해야 한다.

A.14.2 개발 및 지원프로세스 보안 : 정보시스템 개발 생명주기 내에 정보보호를 설계하고 구현함을 보장

A.14.2.1	개발 보안 정책	– 조직 내에서 소프트웨어와 시스템의 개발을 위한 규칙을 수립하고 적용해야 한다.
A.14.2.2	시스템 변경 통제 절차	– 공식적인 변경 통제 절차를 사용하여 개발 생명주기 내에서 시스템의 변경을 통제해야 한다.
A.14.2.3	운영 플랫폼 변경 후 어플리케이션 기술적 검토	– 운영 플랫폼이 변경되면 조직의 운영이나 보안에 부정적인 영향을 미치지 않음을 보장하기 위해 업무에 중요한 어플리케이션을 검토하고 시험해야 한다.
A.14.2.4	소프트웨어 패키지 변경 제한	– 소프트웨어 패키지에 대한 변경은 반드시 필요한 경우에만 제한적으로 허용하고 모든 변경을 엄격하게 통제해야 한다.
A.14.2.5	시스템 보안 공학 원칙	– 시스템 보안 공학을 위한 원칙을 수립하여 문서화하고 유지하며 모든 정보시스템의 구현에 적용해야 한다.
A.14.2.6	개발 환경 보안	– 조직은 시스템의 전체 개발 생명주기를 포괄하는 시스템 개발 및 통합을 위해 안전한 개발 환경을 수립하고 적절히 보호해야 한다.
A.14.2.7	외주 개발	– 조직은 외주 시스템 개발 활동을 감독하고 모니터링 해야 한다.
A.14.2.8	시스템 보안 시험	– 개발 기간 동안에 보안 기능의 시험을 수행해야 한다.
A.14.2.9	시스템 인수 시험	– 신규 정보시스템, 업그레이드, 신규 버전에 대한 인수 시험 프로그램과 관련 기준을 수립해야 한다.

A.14.3 시험 데이터 : 시험에 사용되는 데이터의 보호를 보장

A.14.3.1	시험 데이터 보호	– 시험데이터를 신중하게 선택해 보호하고 통제해야 한다.

A.15 공급자 관계

A.15.1 공급자 관계 정보보호 : 공급자가 접근할 수 있는 조직 자산에 대한 보호를 보장

A.15.1.1	공급자 관계 정보보호 정책	– 조직 자산에 대한 공급자 접근과 연관된 위험을 감소시키기 위한 정보보호 요구사항은 공급자와 합의를 거쳐 문서화해야 한다.
A.15.1.2	공급자 협약 내 보안 명시	– 모든 관련 정보보호 요구사항을 수립하여 조직 정보에 대한 접근, 처리, 저장, 통신을 수행하거나 IT기반 구성요소를 제공하는 공급자와 합의해야 한다.
A.15.1.3	정보통신기술 공급망	– 공급자와 관련된 협약에는 정보통신기술 서비스와 제품 공급망에 연관된 정보보호 위험을 다루는 요구사항을 포함해야 한다.

A.14.3 시험 데이터 : 시험에 사용되는 데이터의 보호를 보장

A.15.2.1	공급자 서비스 모니터링 및 검토	– 조직은 공급자의 서비스 전달을 주기적으로 모니터링하고 검토 및 감사를 수행해야 한다.
A.15.2.2	공급자 서비스 변경 관리	– 기존 정보보호 정책, 절차, 통제의 유지관리와 개선을 포함 공급자의 서비스 제공에 대한 변경은 업무정보, 시스템, 프로세스의 중요성과 위험의 재평가를 감안하여 관리해야 한다.

A.16 정보보호 사고 관리

A.16.1 정보보호 사고 관리 및 개선 : 보안 이벤트와 약점에 대한 의사소통을 포함하여 정보보호 사고의 일관되고 효과적인 접근을 보장

A.16.1.1	책임 및 절차	– 정보보호 사고에 대한 신속하고 효과적이며 순차적인 대응을 보장하기 위해 관리책임과 절차를 수립해야 한다. – [27018] 정보보호 사고가 발생하면 사고관리 프로세스에 의하여 개인정보와 관련된 데이터 훼손(유출)이 존재하는지를 확인하기 위한 절차가 마련되어 있어야 하며, 주기적 검토가 시행되어야 한다.
A.16.1.2	정보보호 이벤트 보고	– 적절한 관리채널을 통해 가능한 신속하게 정보보호 이벤트를 보고해야 한다.
A.16.1.3	정보보호 약점 보고	– 조직의 정보시스템과 서비스를 사용하는 직원 및 계약자는 시스템 또는 서비스에서 정보보호 약점을 발견하거나 의심되는 경우에 주의깊게 살펴서 보고해야 한다.
A.16.1.4	정보보호 이벤트 평가 및 의사결정	– 정보보호 이벤트를 평가하고 정보보호 사고로 분류할지 여부를 결정해야 한다.
A.16.1.5	정보보호 사고 대응	– 정보보호 사고는 문서화된 절차에 따라 대응해야 한다.
A.16.1.6	정보보호 사고로부터의 학습	– 정보보호 사고를 분석하고 해결하는 과정에서 습득한 지식은 추후 사고의 가능성 또는 영향을 줄이는데 사용해야 한다.
A.16.1.7	증거 수집	– 조직은 증거로 활용할 수 있는 정보를 식별, 수집, 획득, 보존하기 위한 절차를 정의하고 적용해야 한다.

A.17 업무연속성 관리의 정보보호 측면
A.17.1 정보보호 연속성 : 조직의 업무연속성 관리체계 내에 정보보호 연속성을 포함

A.17.1.1	정보보호 연속성 계획	– 조직은 위기 또는 재난과 같이 어려운 상황에서 정보보호와 정보보호 관리의 연속성에 대한 요구사항을 결정해야 한다.
A.17.1.2	정보보호 연속성 구현	– 조직은 어려운 상황에서 정보보호에 필요한 수준의 연속성을 보장하기 위해 프로세스, 절차, 통제를 수립하고 문서화하여 구현 및 유지해야 한다.
A.17.1.3	정보보호 연속성 검증, 검토, 평가	– 조직이 수립하고 구현한 정보보호 연속성 통제가 어려운 상황에 적절하고 효과적임을 보장하기 위해 주기적으로 검증해야 한다.

A.17.2 이중화 : 정보처리 시설의 가용성을 보장

A.17.2.1	정보처리 시설 가용성	– 정보처리 시설은 가용성 요구사항을 만족하는데 충분하도록 이중화하여 구현해야 한다.

A.18 준거성
A.18.1 법적 및 계약 요구사항 준수 : 정보보호에 관련된 법률, 법령, 규정, 계약 의무와 보안 요구사항의 위반을 방지

A.18.1.1	적용 법규 및 계약 요구사항 식별	– 정보시스템과 조직에 관련한 모든 법령, 규제, 계약 요구사항과 조직의 요구사항 만족을 위한 접근방법을 명시적으로 식별하고 문서화하며 최신으로 유지해야 한다.
A.18.1.2	지적 재산권	– 지적 재산권 및 소프트웨어 제품 소유권의 행사에 관련된 법령, 규정, 계약 요구사항의 준수를 보장하기 위하여 적절한 절차를 구현해야 한다.
A.18.1.3	기록 보호	– 기록은 법령, 규정, 계약, 업무 요구사항에 따라 분실, 파손, 위조, 비인가 접근, 비인가 공개로부터 보호해야 한다.
A.18.1.4	프라이버시 및 개인정보 보호	– 프라이버시와 개인정보의 보호는 관련 법규와 규제에서 요구하는 바에 따르고 있음을 보장해야 한다.
A.18.1.5	암호 통제 규제	– 암호 통제는 모든 관련 협약, 법규, 규제를 준수하며 사용해야 한다.

A.18.2 정보보호 검토 : 조직의 정책과 절차에 따라 정보보호를 구현하고 운영하고 있음을 보장

A.18.2.1	정보보호 독립적 검토	– 정보보호와 그 구현(예: 정보보호에 대한 통제목적, 통제, 정책, 프로세스, 절차)에 대한 조직의 접근방법은 계획된 주기 또는 중대한 변경이 발생한 시점에 독립적으로 검토해야 한다. – [27018] 개별 클라우드 서비스 이용자의 감시가 현실적이지 않거나 보안 위험을 증가시킬수 있는 경우 공공 클라우드 PII수탁자는 이용자가 회원가입 또는 계약체결 전에 개인정보처리방침(정책과 절차)에 따라 운영되고 있다는 독립적인 증거와 충분한 투명성이 제공되어야 한다.
A.18.2.2	보안 정책 및 표준 준수	– 관리자는 자신의 책임 영역 내에서 적절한 보안정책, 표준, 기타 보안 요구사항에 대한 정보 처리 및 절차의 준거성을 주기적으로 검토해야 한다.
A.18.2.3	기술 준거성 검토	– 조직의 정보보호 정책 및 표준에 대한 정보시스템의 준거성을 주기적으로 검토해야 한다.

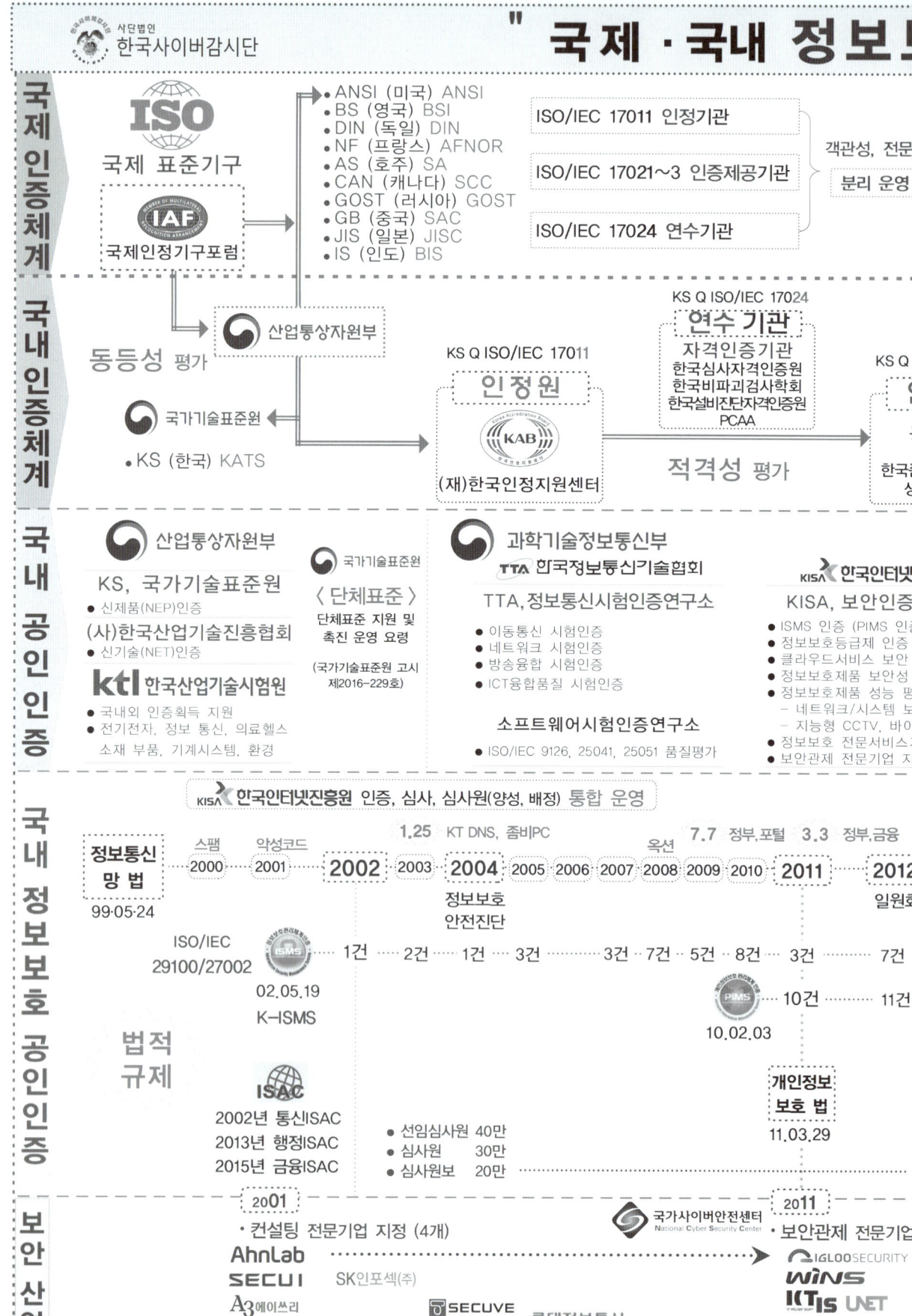

인증제도 현황

정보보호인정협회
Information Security Accreditation Association

ISO/IEC 9001
27001
22301

ISO/IEC 27017 클라우드 정보보안 인증
ISO/IEC 27018 공공클라우드 PII 인증
ISO/IEC 27019 산업제어시스템 보안 인증
ISO/IEC 27701 개인정보 관리관리체계

GDPR
General Data Protection Regulation
유럽연합(EU) 개인정보 보호 규정

- 단체표준 ⇒ 한국사이버감시단
- 심사원
- 인증심사
정보보호인정협회

21~65

- 외부심사원 3자 심사

적합성 평가

심사 기관
공공, 기업
수출입, 제조
〈소비자 / 고객〉

- 내부심사원 보안감사 1/2자 심사

ISO S·L·I·N·K 정보보호연수원
Information Security Training Institution

지능정보 보안 아카데미
인재 양성 사업 (등록민간자격)

- 정보보안관제사 Information Security Controller
- 정보 보안 진단원 Information Security Diagnosis consultant
- Gipa 정보보호활용능력
- CISO 정보보호최고책임관리사
- OT보안관리사 Operations Technology Security Specialist
- PIPS 정보보호보안 전문강사

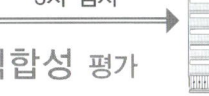
NIPA, 정보통신기술진흥센터
- 기술개발
- 기술사업화(ICT-Bay)
- 표준화
- 인력양성, 기반조성

소프트웨어정책연구소
- 미래 소프트웨어 인재 육성 정책연구
- 소프트웨어 신사업 발굴 및 기획연구

중소벤처기업부
정보화 경영체제 인증
(IMS : Information Management System)

기술유출 방지시스템 구축
대·중소기업·농어업협력재단
기술보호울타리

행정안전부
재해경감 우수기업 인증
BCDM (특)기업재해경감협회
기업재난관리사
우수기업 인증평가분야 인증분야
재해경감활동계획 수립 대행분야
재해경감활동 실무분야

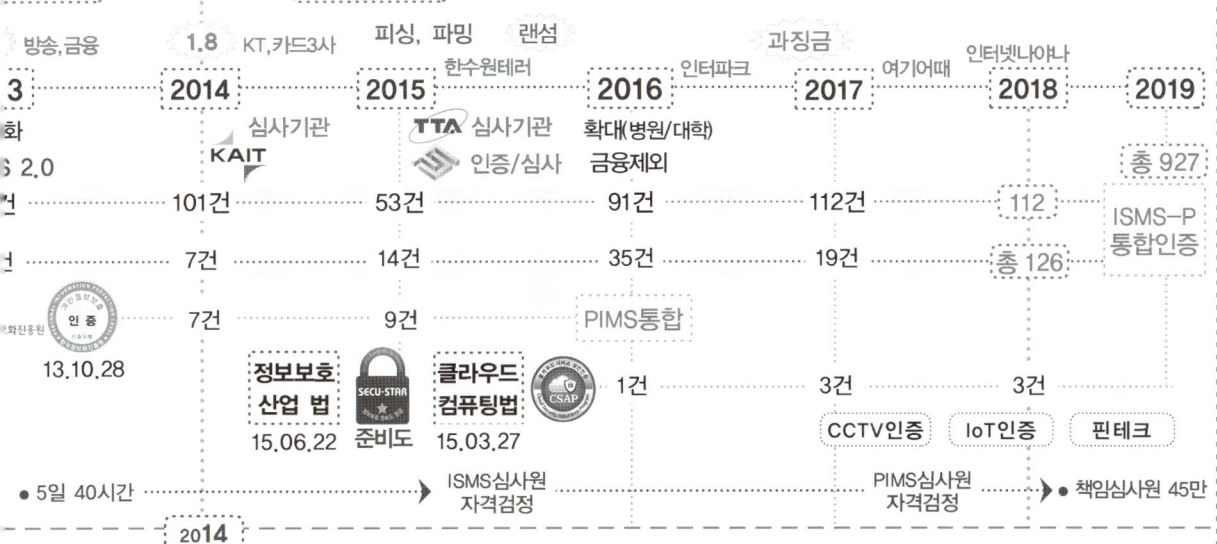

협회 소개

- **2014년도 10월 협의회 결성** 한국정보보호심사원협의회

- **2015년도 [창립 단계]**  한국정보보호심사원협회
  Korea Information Security Certified Auditor Association

  - 01. 26 한국정보보호심사원협회 설립준비위원회 발족
  - 02. 09 교육, 아카데미 'ISMS 실무 강좌' 스킬업 1차
  - 03. 05 (사)한국인터넷정보학회(KSII) MOU 체결
  - 03. 12 협회 부설 '운영보안 연구회' 발족
  - 03. 31 한국정보보호심사원협회 '발기인(창립) 총회'
  - 05. 27 KSII학회, 부설 '정보보호연구회' 발족
  - 06. 30 후원기관, PISFAIR 2015 행사
  - 07. 18 교재 편찬위원회 구성 및 집필진 1차 모임
  - 08. 20 교재 편찬 'ISMS 실무가이드'
  - 08. 31 KSII학회, 추계학술대회 논문투고 3편
  - 09. 03 후원기관, ISEC 2015 행사
  - 11. 24 교재 편찬 '정보보호인증제도 개론'
  - 12. 30 KSII학회, 학회지 논문투고 4편

- **2016년도 [활성화 단계]** Research Council of Information Security 정보보호연구회

  - 01. 07 정기 총회, 중앙정보기술인재개발원 MOU 체결
  - 02. 15 교육, 아카데미 'ISMS 실무 강좌' 시행
  - 02. 24 교재 편찬 '정보보안(신업)기사 필기' 〈2주완성〉
  - 03. 16 후원기관, SECON 2016
  - 03. 28 교육, 아카데미 '보안관제 실무 강좌' 시행
  - 04. 25 교재 편찬 '정보보안관제 실무가이드'
  - 04. 30 KSII학회, 춘계학술대회 논문투고 5편 (정보보호세션)
  - 05. 04 교재 편찬 '정보보안(신업)기사 실기' 〈2주완성〉
  - 06. 09 후원기관, PISFAIR 2016
  - 06. 31 KSII학회, 학회지 논문투고 1편
  - 07. 09 교육, 아카데미 'ISMS 자격검정 필기시험 강좌' 4주
  - 08. 04 교재 편찬 'ISMS 보안인증 관리'
  - 08. 30 후원기관, ISEC 2016
  - 09. 26 교육, 아카데미 'ISMS 자격검정 실기시험 강좌'
  - 11. 12 인재양성 자격검정, '정보보안관제사 2급 1회 시행'
  - 12. 30 KSII학회, 학회지 논문투고 1편

• 2017년도 [대외활동 단계] 지능정보 보안 아카데미

- 02. 10   정기 총회
- 03. 04   교육, 아카데미 'ISMS 실무 강좌' 스킬업
- 03. 15   교육, '지능정보보안아카데미' 설립 〈MOU체결〉
- 03. 16   후원기관, SECON 2017 특강 행사
- 04. 20   교재 편찬 '정보보안 기사 핵심노트(필기_실기)'
- 04. 26   정보보안관제 실무담당자 간담회 개최
- 04. 29   교육, 아카데미 'ISMS 자격검정 필기시험 강좌' 4주
- 06. 22   후원기관, PISFAIR 2017 특강 행사
- 06. 30   교육, 아카데미 'ISO 27001 인증심사원 강좌'
- 07. 07   교육, 아카데미 'ISO 19011 AU/TL 강좌'
- 08. 19   교육, 아카데미 'ISO 22301 인증심사원 강좌'
- 09. 15   교재 편찬 '정보보호활용능력 2급'
- 09. 26   후원기관, ISEC 2017 특강 행사
- 10. 14   교육, 아카데미 'ISO 9001 인증심사원 강좌'
- 11. 06   교재 편찬 '정보보관제 실무가이드(플러스)' 개정판
- 11. 25   인재양성 자격검정, '정보보호활용능력 2급 1회 시행'

• 2018년도 [성장 단계]  정보보호인정협회

- 01. 05   정기 총회
- 01. 19   교재 편찬 '정보보안관제사 1, 2, 3급' 개정판
- 01. 25   교육, 아카데미 'ISMS 실무 강좌' 스킬업 3일
- 02. 12   교재 편찬 '정보보안관제사 문제집'
- 03. 14   후원기관, SECON 2018 특강 행사
- 03. 23   교재 편찬 '정보보호활용능력 1급'
- 03. 24   교육, 아카데미 'ISO 27001 인증심사원 강좌'
- 03. 31   교육, 아카데미 'ISO19011 AU/TL 강좌'
- 04. 01   협회 명칭 변경 '정보보호인정협회'
- 06. 31   KSII학회, 학회지 논문투고 1편
- 08. 23   교재 편찬 '정보보안진단원'
- 09. 15   인재양성 자격검정, '정보보안진단원 시행'
- 11. 03   KSII학회, 추계학술대회 논문투고 5편
- 11. 03   교육, 솔데스크, 쿠트, SD아카데미 〈MOU체결〉
- 11. 15   교재 편찬 '정보보호최고책임관리사'
- 11. 24   인재양성 자격검정, '정보보호최고책임관리사 시행'
- 12. 26   교재 편찬 'ISMP-P 실무가이드'

• 2019년도 [성장 단계] 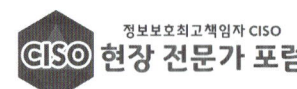 정보보호최고책임자 CISO 현장 전문가 포럼

01. 11	정기 총회
01. 15	교육, '정보보호 썰전' 영상촬영
04. 15	CISO 현장 전문가포럼 발족 (이상민 의원)
05. 18	교육, 아카데미 'ISMS-P 자격검정 대비반' 강좌
06. 12	교육, '국방통합데이터센터' 강좌 & 자격검정
06. 29~	교육, 아카데미 'KOSA 재직자' 무료 강좌 (총 4회 128시간)
06. 30	KSII학회, 학회지 논문투구 1편
09. 27	후원기관, 안전산업박람회 2019 컨퍼런스
12. 19	인재양성 자격검정, '정보보호·정보보안 전문강사' 등록

• 2020년도 [성장 단계] 정보보호연수원

01. 02	인재양성 자격검정, 'ISO 정보보호연수원' 등록
01. 10	정기 총회
01. 11	교육, 'ISO27001+19011' 연수교육 시행
01. 18	인재양성 자격검정, '정보보호·정보보안 전문강사' 1회 시행
03. 10	전문인력, 정보보호 정기점검 지원 사업추진
04. 04~	교육, 아카데미 'KOSA 재직자' 무료 강좌 (총 5회 160시간)
04. 30	교재 편찬 'ISO 27001 실무가이드'
05. 06	ISO인증원, 호주 TQCSI 협력 체결
07. 16	국방통합데이터센터 ISO27001 인증 취득
09. 27	업무협약, (주)씨티아이랩 MOU 체결
11. 04	교육, 육군사이버작전센터 ISO27001 연수과정
11. 11	업무협약, 대전 아이섹 MOU 체결
12. 15	업무협약, 건양대학교 MOU 체결
12. 30	자격검정, OT보안관리사(OTS) 등록 진행

2020. 07.24 국방통합데이터센터 인증취득

2020. 11.10 육군사이버작전센터 수료식

협회 발자취

2015. 03.31 KISCA협회 발기인총회

2016. 01.07 회원 총회

2017. 03.15 지능정보보안아카데미 협약식

2017. 04. 26 보안관제 담당자 간담회

2017. 09.09 ISEC 2017 특강

2018. 03.30 회원 총회

2018. 03.16 SECON 2018 특강

2018. 12.15 CISO 자격검정 시행

2019. 04.15 CISO현장전문가포럼 발족

2019. 6. 12 국방통합데이터센터 인재양성

참고문헌

- 국가표준종합정보센터 (http://www.standard.go.kr)
- KS X ISO/IEC 27000:2014
- KS X ISO/IEC 27001:2013
- KS X ISO/IEC 27002:2014
- KS X ISO/IEC 27017:2015
- KS X ISO/IEC 27018:2014
- 국가법령정보센터 (www.law.go.kr)
- 국가기술표준원, 스마트공장 주요 기술
- 중소벤처기업부, 스마트공장 지원사업 성과조사·분석 결과
- 중소벤처기업부, 2020년 중소기업 전략기술 로드맵
- 중소기업기술정보진흥원, 스마트제조혁신추진단
- 한국전산원, 정보시스템 재해복구 지침 2005
- KISA, 스마트공장 사이버보안 가이드 2019.12
- KISA, 스마트공장 보안 모델 2020.12
- KISA, 스마트공장 중요정보 유출방지 가이드 2017.3
- KISA, 2021년 사이버 위협 전망 2021.02
- TTA, ICT 표준화전략맵 스마트공장 Ver.2021
- ETRI, 스마트제조 기술 및 표준 (표준화동향 2018-01)
- ETRI, 디지털트윈의 꿈 2020.12
- NIST, SP 800-82 Guide to Industrial Control Systems (ICS) Security (2015)
- ISA, 사이버보안 프레임워크, 국제자동화학회(NIST_ISA99)
- OPA포럼, 개방형 프로세스 자동화 참조 아키텍처
- IoT보안얼라이언스, IoT 공통 보안 원칙 (2015)
- IoT보안얼라이언스, IoT 공통 보안 가이드 (2016)
- 국내 중소제조기업 기술혁신 및 스마트팩토리 고도화를 위한 전문인력 양성전략 연구, 유선진 한국산업기술대학교
- 스마트팩토리 공정구현을 위한 PLC기반 디지털트윈 설계방법에 관한 연구, 우재우 공주대학원
- 스마트제조 및 산업제어시스템 융합보안 동향, 최윤성 고려대 융합보안대학원
- 시큐레이어, ICS & OT 산업 보안 이해하기

국내 최초 OT보안 실무가이드!
OT보안관리사 필기/실기

2021년 03월 04일 초판 1쇄 인쇄
2021년 03월 12일 초판 1쇄 발행

지은이　　공병철 외 23인
펴 낸 이　　(사)한국사이버감시단
진　행　　정보보호인정협회
감　수　　정보보호연구회

펴낸곳　　정보보호북스 (info@security-iso.com)
홈페이지　　www.security-iso.com
전　화　　(02) 555-0816
팩　스　　(070) 7614-2221
발행자번호 964448

Copyright ⓒ 공병철, 여동균, 심택수, 송병룡, 오법영, 김형구, 김상원, 마기평
윤병희, 조홍연, 양주현, 장진섭, 한철동, 김정여, 국경완, 최성재, 서승우, 박상진
고광수, 진환호, 박태균, 김한재, 방필석, 임범석　2021, Printed in Seoul, Korea

본 도서는 저작권법에 의해 보호를 받는 저작물이므로 내용을 무단으로 복사, 복제,
전제 및 발췌하는 행위는 저작권법에 저촉되며, 민형사상의 처벌을 받게 됩니다.

정가 39,000원

979-11-964448-5-3 (93560)